国家安全学系列丛书

总主编：叶 青
执行主编：李 翔

Introduction to
DIGITAL SECURITY
Law

数字安全法治概论

主 编 马长山

图书在版编目(CIP)数据

数字安全法治概论 / 马长山主编. -- 北京：北京大学出版社, 2025.8. -- (国家安全学系列丛书). ISBN 978-7-301-36417-8

Ⅰ. D922.17

中国国家版本馆CIP数据核字第2025P3B911号

书　　名	数字安全法治概论
	SHUZI ANQUAN FAZHI GAILUN
著作责任者	马长山　主编
责 任 编 辑	李小舟
标 准 书 号	ISBN 978-7-301-36417-8
出 版 发 行	北京大学出版社
地　　　址	北京市海淀区成府路205号　100871
网　　　址	http://www.pup.cn　新浪微博：@北京大学出版社
电 子 邮 箱	zpup@pup.cn
电　　　话	邮购部 010-62752015　发行部 010-62750672　编辑部 021-62071998
印 刷 者	北京鑫海金澳胶印有限公司
经 销 者	新华书店
	730毫米×980毫米　16开本　29.75印张　503千字
	2025年8月第1版　2025年8月第1次印刷
定　　　价	98.00元

未经许可，不得以任何方式复制或抄袭本书之部分或全部内容。
版权所有，侵权必究
举报电话：010-62752024　电子邮箱：fd@pup.cn
图书如有印装质量问题，请与出版部联系，电话：010-62756370

总　序

国家安全学系列丛书由华东政法大学与北京大学出版社联合推出。系列丛书坚持总体国家安全观，注重体现新时代国家安全特点，注重反映国家安全理论与实践最新动态，包括教材、专著、论文集等多种形式，旨在为高校院所国家安全相关专业学生、研究人员和国家安全实务工作者提供可资学习、研究和工作指导的专业读物。

国家安全是指国家政权、主权、统一和领土完整、人民福祉、经济社会可持续发展和国家其他重大利益相对处于没有危险和不受内外威胁的状态，以及保障持续安全状态的能力。习近平在2014年4月15日召开的中央国家安全委员会第一次会议上强调指出："当前我国国家安全内涵和外延比历史上任何时候都要丰富，时空领域比历史上任何时候都要宽广，内外因素比历史上任何时候都要复杂，必须坚持总体国家安全观，以人民安全为宗旨，以政治安全为根本，以经济安全为基础，以军事、文化、社会安全为保障，以促进国际安全为依托，走出一条中国特色国家安全道路。"习近平明确提出了总体国家安全观，为我国国家安全工作提供强大思想武器。坚持总体国家安全观，统筹发展和安全，增强忧患意识，做到居安思危，已经成为我们党治国理政的一项重大原则。在总体国家安全观指引下，我国不断完善国家安全战略体系、政策体系和法治体系，持续推进国家安全治理体系和治理能力现代化，取得了前所未有的成果。

我国具有悠久历史，也曾多次经历治乱循环和兴衰更替，国家安全和社会安定是全体人民的共同期待，历代仁人志士为之不断探索奋斗，形成了非常丰富的国家安全经验和智慧。中国共产党诞生于国家内忧外患、民族危难之时，对国家安全的重要性有着刻骨铭心的认识。中华人民共和国成立后，党和国家高度重视国家安全工作，通过一系列重大举措巩固新生政权，巩固国防，不断推进社会主义改造和工业化、现代化建设，有力捍卫国家安全。改革开放以来，党和国家把维护国家安全和社会安定作为一项基础性工作来抓，为改革开放和社会主义现代化建设营造了良好安全环境。进入新时代，我国面临更为严峻的国家安全形势，外部压力前所未有，传统安全威胁和非传统安全威胁相互交织，"黑天鹅"事件和"灰犀牛"事件时有发生，国家安全工作在党和国家事业全局中的重要性进一步提升。习近平指出，党的十八届三中全会决定成立国家安全委员会，是推进国家治理体系和治理能力现代化、实现国家长治久安的迫切要求，是全面建成小康社会、实现中华民族伟大复兴中国梦的重要保障，目的就是更好地适应我国国家安全面临的新形势、新任务，建立集中统一、高效权威的国家安全体制，加强对国家安全工作的领导。

国家安全工作在中央国家安全委员会统一部署下，坚决贯彻落实总体国家安全观。我国对内对外国家安全工作实践的突飞猛进对国家安全学术研究和学科发展提出迫切要求。与法学、政治学、经济学、社会学等传统学科相比，国家安全学学科发展相对滞后，相关研究长期分散在其他学科领域，未能形成独立的理论体系、话语体系和学科体系。全面贯彻落实总体国家安全观，要求建立与之相匹配的国家安全理论体系、话语体系和学科体系。2018年以来，教育部在试点基础上不断推进国家安全学学科建设。2021年，国务院学位委员会、教育部在交叉学科门类下正式设立国家安全学一级学科，标志着我国国家安全理论研究和学科建设迈入新的历史阶段。

一般认为，国家安全研究起源于20世纪六七十年代，是在反思"一战""二战"和思考"冷战"的基础上逐渐形成的一个特定研究领域，是对战略研究的延续和拓展。早期的国家安全研究受战略研究影响比较明显，研究议题较为狭窄，主要局限于政治安全、军事安全、国土安全等传统安全领域，相关研究成果也主要分布于政治学、军事学、国际关系学等传统学科之中。随着国家安全环境和形势变化，人们对国家安全的认识也不断深入，新兴安全领域如经济安全、金融安全、社会安全、文化安全、生态安全、生物安全、科技安全、网络安全、数字安全、人工智能安全、资源安全、粮食安全、核安全、海外利益安全、太空安全、深海安全、极地安全、公共卫生安全等不断出现。当前，在总体国家安全观指引下，我国国家安全体系日益扩大，国家安全领域不断拓展，国家安全任务日益复杂化和专业化，新时代呼唤新的国家安全学。

在2017年2月17日召开的国家安全工作座谈会上，习近平明确要求："要加大对维护国家安全所需的物质、技术、装备、人才、法律、机制等保障方面的能力建设，更好适应国家安全工作需要。"国家安全工作特别是维护国家安全的专门工作，是对抗性、专业性、机密性极强的工作，从事这项专门工作的人员除具有坚定的政治立场、爱国主义精神外，还必须具备一定的专业知识和较强的专业能力。为此，《中华人民共和国国家安全法》规定，国家采取必要措施，招录、培养和管理国家安全工作专门人才和特殊人才。华东政法大学是中华人民共和国成立后创办的第一批社会主义高等政法院校。建校70年来，华政人遵循"笃行致知，明德崇法"的校训，发扬"逆境中崛起，忧患中奋进，辉煌中卓越"的精神，把学校建设成为一所以法学学科为主，兼有经济学、管理学、文学、工学等学科的办学特色鲜明的多科性应用研究型大学，被誉为"法学教育的东方明珠"。

依托法学、政治学等学科优势，华东政法大学多年来为我国政法战线、国家安全战线培养了一大批讲政治、懂法律、精外语的国家安全专业人才。进入新时代，华东政法大学在国家安全学术研究、智库研究、学科建设和人才培养上不断探索。2016年，华东政法大学整合校内多学科资源，组建成立中国法治战略研究中心。中心围绕法治中国、平安中国、美丽中国、科技强国、长三角一体化等国家重大战略持续开展学术与智库研究，积极发挥咨政建言和社会服务作用，取得了丰硕成果，先后获评"上海高校二类智库"和"上海市重点智库"。中心多位老师长期从事国家安全研究，发表了一系列高质量研究成果，为国家相关决策部门提供了许多有价值的智库专报。2020年，由我担任首席专家、上海市国家安全机关专门研究团队和我校中国法治战略研究中心的专门研究人员共同参与的国家社科基金重大项目"新时代国家安全法治的体系建设与实施措施研究"获批立项，阶段性成果已分别在《中国法学》《法学》《政治与法律》《光明日报》《中国社会科学报》等核心期刊报纸公开发表。同年，在上海市法学会的领导与支持下，上海市法学会国家安全法律研究会成立，并有组织地开展国家安全法律理论与实务研究活动，编辑出版了《国家安全比较研究》会刊。2021年，我校"十四五"规划将国家安全学一级学科列为"十四五"时期学科建设重点任务，明确由中国法治战略研究中心具体承担国家安全学一级学科培育任务。2022年2月，我校自主设置交叉学科"国家安全法学"获教育部备案通过。2023年，我校成立国家安全研究院，作为国家安全学和国家安全法学学科建设平台。2024年，我校在涉外法治专项博士中设置"涉外安全法治"方向。2025年，我校在法律博士中设置"新型犯罪治理与国家安全"方向。近年来，我校连续举办四届"华东政法大学国家安全·明珠论坛",围绕国家安全法治相关重大理论问题和重点实践问题展开研讨。未来,我校将不断拓展国家安全学二级学科布局,不断丰富国家安全学一级学科内涵,逐渐形成本硕博一体化人才培养体系,努力打造以国家安全法治为特色、覆盖各重点安全领域的国家安全科研智库品牌和人才培养高地。

长期以来,由于缺乏独立的国家安全学学科,我国从事国家安全教学科研的人员力量较为分散,研究成果相对也比较薄弱,很多领域缺少高质量的专著、译著和教材。鉴于此,我校联合北京大学出版社推出国家安全学系列丛书,希望对国家安全学理论创新、学科发展、人才培养起到一定推动作用。系列丛书由我担任总主编,我校发展规划处处长、学科建设办公室主任李翔教授担任执行主编,撰稿人均为我校长期研究国家安全理论的优秀中青年学者。系列丛书以习近平新时代中国特色社会主义思想为根本遵循,坚持总体国家安全观,着力阐述习近平法治思想,内容涉及国家安全学基础理论、国家安全战略、国家安全法治以及各重点安全领域等。目前,该系列丛书已有多部著作出版,有的还在写作之中,之后将陆续出版面世。

"安而不忘危,存而不忘亡,治而不忘乱。"当今世界正经历百年未有之大变局,新一轮科技革命和产业变革深入发展,国际力量对比深刻调整,国际经济政治格局复杂多变,单边主义、保护主义、霸权主义对世界和平与发展构成威胁,我国所面临的国家安全风险挑战日益严峻复杂。必须坚持总体国家安全观,坚持统筹发展和安全,深入推进国家安全理论研究和学科建设,夯实国家安全的理论基础、制度基础、人才基础。"不积跬步,无以至千里。"华东政法大学将以系列丛书的编著为依托,扎实推进国家安全学一级学科建设,大力培养能够胜任各安全领域工作的专门人才。由于我国国家安全学学科建设刚刚起步,相关研究成果较少,又缺少成熟的建设经验作为参考,加之作者研究能力与写作水平有限,系列丛书难免存在诸多不足之处,希望各位方家不吝赐教,我们将虚心听取,并逐步完善和努力提升系列丛书质量,为我国国家安全事业和国家安全学学科发展添砖加瓦。

是为序。

华东政法大学原校长、教授　叶青
2025 年 6 月 20 日于华政园

编 写 说 明

信息革命的数字化后果,深刻改变了人类生活的时空条件、生存方式、主体属性、社会关系和价值观念,实现了从经济、政治、社会到文化的全覆盖,从而形成了继农业社会、工商社会之后的新型数字社会,数字竞争成为未来发展的核心动力。为此,西方主要国家纷纷制定相应的数字化发展战略,加速构建数字法律体系,如欧盟《数字市场法》《数字服务法》《人工智能法》,以及美国《人工智能应用规范指南》《人工智能行政令》《AI 问责政策(征求意见稿)》等。联合国教科文组织在 2021 年 11 月通过了《人工智能伦理问题建议书》;在 2024 年 9 月的联合国未来峰会上,又通过了《未来契约》及其附件《全球数字契约》《子孙后代宣言》,勾画了"数字合作路线图",其中涉及可持续发展和发展筹资,国际和平与安全,科学、技术和创新及数字合作,青年和子孙后代,全球治理变革五大领域,阐明国际社会共同立场,为全球治理发展完善指明方向。此外,2020 年 9 月,联合国教科文组织、国际电信联盟和联合国儿童基金会联合发布了《教育数字化转型:学校联通,学生赋能》,欧盟发布了《数字教育行动计划(2021—2027)》。这表明,数字安全法治已成为全球共同关注的时代问题,新文科建设和法学教育改革也将成为社会发展的主流。

目前,我国的数字经济发展已经跻身全球第二位,并在《国民经济和社会发展第十四个五年规划和 2035 年远景目标纲要》(2021)、《"十四五"数字经济发展规划》(2021)、《提升全民数字素养与技能行动纲要》(2021)、《关于加强数字政府建设的指导意见》(2022)等规划政策中制定了系统性的战略推进策略,出台了《网络安全法》《数据安全法》《个人信息保护法》《互联网信息服务算法推荐管理规定》等法律、法规和规章。为此,法学教育既然要反映这一时代趋势,培养适应时代变革和数字社会要求的法律专门人才,那就必须改变传统的法学教育内容与模式,积极推进面向数字法学教育的体系化重建。

正是在这一背景下,很多高校纷纷开设互联网法学、人工智能法学、计算法学、数据法学、信息法学等新兴交叉学科,新法学也成为法学教育的改革前沿。为此,我们组织编写了这本《数字安全法治概论》,力图由浅入深、由点到面地系统阐释数字安全法治的基本原理和相关专业知识,进而为新型法学人才培养提供专业基础和理论支撑。

本书无疑是集体智慧的结晶。撰写团队成员均为近年来法学界较为活跃、在数字法学、数字法治领域具有丰厚成果,且有影响的青年学者,撰写体系和内容也反映了法学界的最新动态和专业水准。本书由主编拟定大纲,经集体讨论后,团队成员按分工撰写,最后由主编统稿、定稿。各章撰写的具体分工如下:

绪　言　华东政法大学法律学院教授马长山

第一章　华东政法大学中国法治战略研究院副教授危红波

第二章　黑龙江大学法学院讲师牛丹彤

第三章　华东政法大学刑事法学院副教授吴思远

第四章　华东政法大学中国法治战略研究院特聘副研究员童云峰

第五章　华东政法大学中国法治战略研究院副教授于柏华

第六章　华东政法大学法律学院副教授韩旭至

第七章　河北地质大学法政学院副教授贺季敏

第八章　华东政法大学中国法治战略研究院教授杨显滨

第九章　华东政法大学纪检监察学院特聘副研究员薛小涵

第十章　上海政法学院人工智能法学院讲师余圣琪

第十一章　华东政法大学中国法治战略研究院副研究员张迪

第十二章　华东政法大学法律学院副教授张文龙

第十三章　华东政法大学教授陆宇峰;上海中联律师事务所高级合伙人方懿

第十四章　华东政法大学中国法治战略研究院助理研究员钟浩南

第十五章　东北林业大学文法学院教授王玉薇

第十六章　上海对外经贸大学法学院副教授高阳

第十七章　华东政法大学中国法治战略研究院特聘副研究员徐则林

在此,感谢撰写团队所有青年学者的辛勤努力,感谢北京大学出版社各位老师对本书出版的指导帮助,也感谢学界同仁长期以来的鼓励支持!

由于本书主要涉及全新的法学领域和实践问题,其中的很多理论和制度都在探索和创新之中,因此不足和错讹之处在所难免,还望学界同仁和社会朋友不吝赐教和批评指正。

编　者

2025 年 5 月

目 录

绪 言 ……………………………………………………………… (1)

第一编 总 论

第一章 数字安全法治概述 ……………………………………… (11)
 第一节 数字安全与国家安全 ……………………………… (11)
 第二节 数字安全法治的内涵 ……………………………… (19)
 第三节 数字安全法治的对象与范围 ……………………… (29)

第二章 数字安全法治原则 ……………………………………… (36)
 第一节 坚持总体国家安全观原则 ………………………… (37)
 第二节 维护数字主权原则 ………………………………… (43)
 第三节 保障数字权益原则 ………………………………… (48)
 第四节 安全与发展相协调原则 …………………………… (54)

第三章 数字安全法律制度体系 ………………………………… (63)
 第一节 数字安全法律制度体系的发展沿革 ……………… (64)
 第二节 数字安全法律制度体系的基本架构 ……………… (71)
 第三节 数字安全法律制度体系的特殊属性 ……………… (85)

第二编 数据信息安全

第四章 数据安全保护义务 ……………………………………… (93)
 第一节 数据安全保护义务的基本范畴 …………………… (93)
 第二节 数据安全保护义务的类型划分 …………………… (102)
 第三节 数据安全保护义务的实现方式 …………………… (110)

第五章　数据安全与开放共享 (122)
　　第一节　数据开放共享的概念 (123)
　　第二节　数据开放共享的趋势与风险 (130)
　　第三节　开放共享中数据安全的法治保障 (136)

第六章　个人信息处理与安全 (145)
　　第一节　个人信息安全保护概述 (145)
　　第二节　个人信息安全评估与认证 (148)
　　第三节　个人信息安全保护措施 (153)
　　第四节　个人信息安全事件应对 (158)

第三编　网络空间安全

第七章　网络运行安全 (169)
　　第一节　网络运行安全概述 (170)
　　第二节　一般性网络运行安全 (176)
　　第三节　关键信息基础设施运行安全 (184)

第八章　网络信息安全 (194)
　　第一节　网络信息安全的理论范式 (195)
　　第二节　网络信息安全的基本要求 (202)
　　第三节　网络信息安全的制度保障 (209)
　　第四节　网络信息安全的实现机制 (217)

第九章　网络监测预警与应急处置 (224)
　　第一节　网络监测预警与应急处置概述 (224)
　　第二节　网络安全监测预警和信息通报 (228)
　　第三节　网络安全事件应急处置 (237)
　　第四节　网络安全监督管理约谈 (246)
　　第五节　与网络安全相关的突发事件应对 (250)

第四编　数字经济安全

第十章　产业数字化的安全保障 (257)
第一节　产业数字化的概念和特征 (258)
第二节　产业数字化的安全治理 (263)
第三节　产业数字化的法治保障 (270)

第十一章　数字产业化的安全保障 (279)
第一节　数字产业化的内涵与发展样态 (280)
第二节　数字产业化所面临的安全风险 (284)
第三节　数字产业化内部安全保障体系 (289)
第四节　数字产业化外部安全保障体系 (292)

第五编　数字主权安全

第十二章　数字主权与数字主权安全 (303)
第一节　数字主权概述 (303)
第二节　数字主权安全的范畴与原则 (313)
第三节　数字主权安全的法律体系及保障 (321)

第十三章　数据跨境流动安全 (331)
第一节　全球数据跨境流动的现状与安全风险 (332)
第二节　国际协定中的数据跨境流动机制 (337)
第三节　全球主要经济体的数据跨境流动规则设计 (341)
第四节　数据跨境流动安全机制的中国探索 (347)

第十四章　全球数据治理环境安全 (355)
第一节　全球数据治理概述 (355)
第二节　全球数据治理环境的安全风险 (361)
第三节　全球数据治理环境的安全保障 (369)

第六编　数字安全法律责任

第十五章　数字安全法律责任的属性 ……………………（379）
　第一节　数字安全法律责任的概念 …………………………（379）
　第二节　私法责任说与公法责任说 …………………………（387）
　第三节　数字安全法律责任的实现 …………………………（401）

第十六章　数字安全法律责任的种类 ……………………（410）
　第一节　数字安全法律责任概述 ……………………………（411）
　第二节　数字安全法律责任的分类 …………………………（415）
　第三节　数字安全法律责任的竞合与细化 …………………（430）

第十七章　数字安全法律责任与数字法治 ………………（436）
　第一节　数字法治框架中的数字安全法律责任 ……………（437）
　第二节　数字安全法律责任的保障功能 ……………………（445）
　第三节　数字安全法律责任的秩序功能 ……………………（453）

绪　　言

当今网络化、数字化和智能化的深度融合与迭代发展,深刻地改变了人类的生产生活方式,人类从此进入了数字化生存时代。与此相应,数字经济、数字政府、数字社会、数字司法、数字治理等也成为一种全球趋势。然而,数字时代既带来了前所未有的机遇,也出现了很多全新的挑战,从而使得制度形成了显著的超负荷,"许多以前我们曾经依赖的东西,正在数字化时代支离破碎"①。尤其是数字技术的不当使用或恶意滥用,很可能会引发国家内部分裂、激化国与国之间的矛盾、增加不安全性、损害人权并加剧不平等。为此,2021 年 9 月,联合国秘书长安东尼奥·古特雷斯提交《我们的共同议程》,呼吁制定《全球数字契约》(Global Digital Compact),旨在建立一个包容性的国际数字合作框架。2023 年 5 月,联合国发布《我们的共同议程》政策简报 5:《全球数字契约——为所有人创造开放、自由、安全的数字未来》,提出了"弥合数字鸿沟,加快实现可持续发展目标""扩大所有人在数字经济中的参与度及其利益""打造包容、开放、安全、可靠的数字空间,尊重、保护和促进数字人权""推进负责任、公平和可互操作的数据治理方法""加强人工智能的国际治理,造福人类"五项重大任务,强调以人为本、以普遍人权为基础并促进可持续发展,且提升数字信任和安全性必须持续成为优先事项。这就为各国携手应对数字挑战、共同推动数字合作进程提供了行动指南,承载起规划世界数字未来图景的重要使命,并落实《数字合作路线图》。

为了适应数字时代的变革发展,世界各国都纷纷立法,促进数字发展、防范数字风险,从而构建安全可信的数字秩序,如欧盟《通用数据保护条例》(General Data Protection Regulation,GDPR)(2018)、《数字市场法》(2022)、《数字服务法》(2022)、《人工智能法案》(2023),以及美国《人工智能权利法案》(2022)等。我国则制定了"数字中国""法治中国"的发展战略,并在《数字中国建设整体布局规划》进一步指出:"建设数字中国是数字时代推进中国式

---

① 〔德〕克里斯多夫·库克里克:《微粒社会——数字化时代的社会模式》,黄昆、夏柯译,中信出版社 2018 年版,"前言"第 XIII 页。

现代化的重要引擎,是构筑国家竞争新优势的有力支撑。"近年来,国家先后发布了《国民经济和社会发展第十四个五年规划和 2035 年远景目标纲要》《"十四五"数字经济发展规划》《法治政府建设实施纲要(2021—2025 年)》《关于加强数字政府建设的指导意见》等一系列政策文件,提出了发展数字经济、打造数字政府、建设数字社会、营造数字生态的重要目标,部署了"数字法治政府""数字机关"等建设目标。同时,全国"数字检察""数字法院""数字纪检监察"改革建设等也都纷纷启动,其主要特点是程序重塑和机制再造,但数字安全问题也就越来越至关重要。目前,国家通过《网络安全法》《数据安全法》《个人信息保护法》以及《互联网信息服务算法推荐管理规定》《生成式人工智能服务管理暂行办法》《区块链信息服务管理规定》等规章,构筑了我国的数字安全屏障。

事实表明,安全行业正在超越传统网络安全范畴,升级为涵盖更广泛领域的概念。它以数字身份为核心,以元安全为底座,涵盖了信息安全、网络安全、数据安全、隐私保护等领域或场景,也包括利用数字技术保障数字基础设施的物理安全。可见,数字安全是一个综合性的概念,涉及法律、技术、管理等多个方面,旨在保护数字经济、数字政治、数字社会、数字司法、数字治理的系统性安全以及数字主权的可靠安全。与传统安全不同,数字安全应该确立符合时代要求的安全理念和价值原则,从而构建有效的数字安全秩序。

一、控制数字风险

自人类进入现代社会以来,总是会涉及风险观念。风险主要分为两类:一是外部风险(external risk),即来自外部的、由传统或自然的不变性和固定性所带来的风险,如洪灾、瘟疫、饥荒等;二是被制造出来的风险(manufactured risk),"指的是由我们不断发展的知识对这个世界的影响所产生的风险,是我们在没有多少历史经验的情况下所产生的风险。被制造出来的风险日益取代外部风险而占据了主要地位"[①]。在当今迭代发展、高速流动、颠覆性重建的数字时代,则更是如此。换句话说,"我们所处的年代并不比以前更危险、更危机,但是危险的状况发生了变化","危险更多地来自于我们自己而

[①] 〔英〕安东尼·吉登斯:《失控的世界:风险社会的肇始》,周红云编译,载薛晓源、周战超主编:《全球化与风险社会》,社会科学文献出版社 2005 年版,第 50 页。

不是来自于外界"①。此时,风险社会已具有世界性,它"也不仅仅是个环境问题和单单的涉及政治制度的环境问题,而是涉及安全与生存的制度化了的基本权利问题"②。

以人工智能安全为例,2022年11月底OpenAI发布ChatGPT,引发了世界性的AI大模型发展浪潮。但AI大模型也存在着多种风险,主要风险有四个:一是信息保护风险。AI大模型需要海量的数据、参数和训练,这就涉及各类数据来源合法性、数据处理的正当性、模型设计和训练的科学性等问题,很容易出现个人信息保护风险。二是数据安全风险。AI大模型拥有大量的用户和多种应用场景,这些用户在使用时会在不经意之间输入一些敏感数据,被AI大模型所收集和利用,造成数据安全问题。2023年4月,中国支付清算协会倡议支付行业从业人员谨慎使用ChatGPT,西班牙、法国、欧洲数据保护委员会则分别宣布成立专门工作组对ChatGPT展开调查;5月,三星电子发现员工将敏感的代码上传到ChatGPT后,也宣布禁止使用此类生成式人工智能工具。三是数字能力风险。AI大模型的重要功能在于替代简单的脑力劳动,提高工作效率,但它也有一个使用方法上的问题,即使用不当造成效果并不理想。同时,AI大模型也会出现不准确甚至错误的情况,这就需要用户能够对大模型的输出结果作出科学判断。这两方面合在一起,就是数字能力问题。特别是青少年,如果从小就依赖于ChatGPT写论文、完成各种任务,那很可能就会失去自身的知识积累、思维训练和创造能力,形成"机器教导人类"的社会风险。四是意识形态风险。无论AI大模型多么"智慧",都是由人来设计和训练出来的,而且也时刻在人的控制范围之内。在这一过程中,就难免有意或无意地渗入设计和训练者的价值观。例如,ChatGPT在很多问题上给出的答案,都带有西方文化和价值观,用户也往往把它作为"客观"的计算结果来接受。因此,如果不加限制地大量、长期使用,必然会潜移默化地影响用户的思想和行动,形成严峻的意识形态风险。

面对这些风险,就必须采取与传统安全完全不同的防控措施,建立新型的系统化防控体系。一是推动核心算法的自主创新。AI大模型是数字时代

---

① 〔英〕安东尼·吉登斯:《失控的世界:风险社会的肇始》,周红云编译,载薛晓源、周战超主编:《全球化与风险社会》,社会科学文献出版社2005年版,第55页。
② 〔德〕乌尔里希·贝克:《关于风险社会的对话》,路国林编译,载薛晓源、周战超主编:《全球化与风险社会》,社会科学文献出版社2005年版,第14页。

发展的必然趋势,也是全球竞争的关键支撑。因此,需要控制各种风险、促进自主创新,加快研发和部署中国自主设计、训练的 AI 大模型。这里的一个关键点就是,无论是垂直大模型还是通用大模型,我们很多时候都是借助于开源平台,缺少中国自己的核心算法设计和底层逻辑创新,这就限制了我们的创新能力和竞争优势。因此,急需制定政策和采取措施,鼓励和推进具备核心算法的 AI 大模型发展。二是采取"沙盒"监管模式。也就是,可以根据垂直和通用两个大模型的属性、不同的应用领域、分类分级的不同风险,划定相应的"沙盒"范围,对"沙盒"内采取包容审慎、容错纠错、全过程跟踪与测评的监管措施,防止把风险扩散到"沙盒"之外,实现鼓励创新与风险控制的有效平衡。三是制定伦理规范指引。实现对 AI 大模型发展的风险治理,需要健全多元的规制体系,包括出台法规规章,制定伦理规范、行业自律规范和加强企业合规建设等。其中,与地方立法相比,制定地方伦理规范没有"上位法"的限制,伦理规范的弹性空间大,且联合国教科文组织《人工智能伦理问题建议书》,中办、国办《关于加强科技伦理治理的意见》,以及科技部、国家新一代人工智能治理专业委员会等方面的规范基础较好,能够实现更多的规制创新。四是完善"全生命周期"的风险监测。主要是健全第三方风险评估机制和体系,完善对 AI 大模型"全生命周期"的风险评估和监测,包括数据收集、模型设计、模型训练、模型优化、模型测试、模型部署、应用完善和性能维护等。

二、坚持"以人为本"

数字安全的核心是维护国家主权和保障全体人民安全利益,为此,我国《国家安全法》第 3 条规定:"国家安全工作应当坚持总体国家安全观,以人民安全为宗旨,以政治安全为根本,以经济安全为基础,以军事、文化、社会安全为保障,以促进国际安全为依托,维护各领域国家安全,构建国家安全体系,走中国特色国家安全道路。"在数字安全体系中,人工智能领域的安全无疑是重中之重,其首要原则就应该是"以人为本"、保障人民安全。

其一,反对"技术至上"论。现在有一种说法,认为技术有自己独立的逻辑,可以解决人解决不了的问题,即"技术救世"主义。它反对人类中心主义。从人工智能发展的角度来讲,这将会引发人类灾难。具体来说,如果一切由技术决定,那么技术会成为控制人类的一种方式,将会带来对人性的严重侵蚀。目前,国际社会的共识是,技术的发展一定要服务于人,要增进人类的福祉,而不是变成一个更有效地控制人类的手段。如果造成了数字权力化、权力数字化,这样的社会是难以接受的。数字技术发展应该让所有人受惠,防范安全风险。至少公平地分享数字红利,实现真正的"共建共治共享",过度强调技术至上并不是我们的目标,而是确保人民安全利益。

其二,遵循技术向善原则。技术发展应尊重人格、符合人性、可信向善,致力于科技普惠、扶持弱者、安全负责。我们常常会遇到一些诈骗网站、钓鱼网站、"流氓"软件,例如生成诈骗软件,不断变换虚拟号码的骚扰电话、广告弹窗关不掉或者点击显示关闭的"×"后恰好是打开、回复"退订"恰好是"订阅"等;再如"抢票软件",一秒能抢100次,人再快的手,一秒也抢不过三次,这就等于一秒在你前面有97个人插队。这些都属于数字安全范围,而只有技术向善,才能保障安全负责,维护人民切身利益。

其三,确保技术发展合理合规。遵守法律、法规和伦理规则,确保合理合规是联合国及世界各国安全立法的基本准则。我国《网络安全法》第9条规定:"网络运营者开展经营和服务活动,必须遵守法律、行政法规,尊重社会公德,遵守商业道德,诚实信用,履行网络安全保护义务,接受政府和社会的监督,承担社会责任。"《数据安全法》第8条规定:"开展数据处理活动,应当遵守法律、法规,尊重社会公德和伦理,遵守商业道德和职业道德,诚实守信,履行数据安全保护义务,承担社会责任,不得危害国家安全、公共利益,不得损害个人、组织的合法权益。"《个人信息保护法》第5条规定:"处理个人信息应当遵循合法、正当、必要和诚信原则,不得通过误导、欺诈、胁迫等方式处理个人信息。"这些规定明确了技术发展合理合规的原则尺度。此外,联合国教科文组织《人工智能伦理问题建议书》(2011.11)以及《新一代人工智能伦理规范》(2021.9)、《关于加强科技伦理治理的意见》(2022.3)、《中国关于加强人工智能伦理治理的立场文件》(2022.11)、《新一代人工智能行业自律公约》(2019.8)等,也为我国防范数字安全提供了必要的伦理规范和价值指引。

其四,提升全民数字素养。全社会的科技素养和技能,是实现风险治理,促进AI大模型发展的基础和保障。建议在落实中央网信办《提升全民数字素养与技能行动纲要》的基础上,采取以下措施:一是鼓励机关企事业单位、团体组织等依法依规开放公共数据资源,优化全社会的数字环境;二是动员社会力量建设数字教育培训平台,构筑数字基础设施,确保设施安全;三是从小学到大学,开设人工智能伦理课,培养数据保护意识、风险意识和安全意识;四是针对不同职业群体,进行数字技能教育培训,增强 AI 大模型应用能力和防范安全能力。只有培养这些数字公民能力,才能更好地维护数字安全,构建新型的数字法治秩序。

三、保护数字人权

人权的核心问题是保护作为一个人应该有的权利。这里的人主要是指在物理空间中活动的、生物性的自然人。如今的数字时代,发生了三个革命性的变化:一是形成了虚拟和现实的双重空间,人们的大量活动都需要通过在线方式进行,构建了虚实交融的数字生活;二是形成了生物人、数字人的两种属性,人们每天都会产生大量的身份数据、关系数据、行为数据、影像数据、语音数据等,这些数据可以把一个人清晰地识别出来,并对其行为进行预测、分析和引导;三是建立了人与机器的交互关系,人工智能体不再是"死"的工具,而是"活"的伙伴,能够协助甚至代替人类作出某些决策,推动社会系统的自动化运行。

上述这些革命性变化改变了人类千百年来的传统生活方式,从物理性、生物性的生存状态迈向了数字化生存状态,每个人都不再仅仅是一个生物人,同时也是一个数字人。在这种情况下,数字鸿沟、算法歧视、信息茧房、数字控制等问题深刻地影响了人们的数字身份、数字人格、数字平等、数字自主。例如,美国的总统大选中,Facebook、推特、YouTube 等平台公司通过大量用户信息分析,进行数据画像和个性化推送,从而操纵选民的意识和行为。"这种影响不会触发用户的意识,而是一种潜意识,使它们成为你思想的一部分,还让你觉得这是自己的主见。"[①]同时,每个人在大数据和算法面前,都只是一个全景敞视的"透明个体",形成了一个"没人能够逃离的电子牢笼"[②],美国"棱镜计划(PRISM)"和斯诺登事件就是其中的典型,也都是明显的数字人权问题。

当前,联合国人权理事会通过的《互联网上人权的促进、保护与享有》决议,承认"以人权作为互联网治理的基础",主张"线下人权"与"线上人权"同样必须受到保护。联合国教科文组织第 41 届大会审议通过的《人工智能伦理

[①] 《算法操控大选,数据左右美国》,https://new.qq.com/rain/a/20201015a025hs00,2021 年 9 月 28 日访问。

[②] 〔美〕安德鲁·基恩:《科技的狂欢》,赵旭译,中信出版社 2018 年版,第 177 页。

问题建议书》也强调,"在人工智能系统的整个生命周期内,必须尊重、保护和促进人权和基本自由","确保人权和基本自由以及法治在数字世界与现实世界中同样得到尊重"。《全球数字契约》再次重申,要"打造包容、开放、安全、可靠的数字空间,尊重、保护和促进数字人权"。这些都是国际社会在保护数字人权上的重大建设性努力,也是数字安全的必然要求。

四、构建"数字文明共同体"

由于当今世界已经是一个"全球村",因此安全从来都不是一个国家、一个地区的事,而是需要积极合作来应对。进入数字时代后,则更是如此。

从人类发展史来看,先后经历了农业文明和工商文明,如今则是迈进了数字文明时代。从某种意义上说,农业文明是以农耕经济为基础的等级社会,它处于分散独立的发展状态,形成了众多不同的文明古国;工商文明是以商品经济(市场经济)为基础的平权社会,它通过多边贸易塑造了相互联系、相互依存的发展状态,形成了全球一体化;数字文明则是以数字经济为基础的"微粒"社会,它凭借数据、算法和平台建构起包容共治的发展状态,形成了"数字文明共同体"。最近联合国也提出了订立"全球数字契约"的路线图,力图探索出为"所有人共享开放、自由和安全的数字未来的共同原则"。此时,保障每个人的数字身份、数字人格、数字尊严、数字自主不受侵犯,就成为一项最基本的价值目标;相互尊重数字主权、促进数字生存发展、维护全球数字正义,成为一项重要的国际伦理准则。这样,数字安全既是构建"数字文明共同体"的必然要求,也是构建"数字文明共同体"的关键支撑。因此,需要"上合组织""一带一路""中非合作论坛"等多种形式的国际数字合作,从而实现包容共享的数字化发展,更好地促进全球数字法治秩序。

第一编
总 论

第一章 数字安全法治概述

法律故事

某政府机关工作人员小何因欠外债经济压力过大,主动登录浏览境外某网站,并加入诸多群组,寻求赚钱渠道。在一次网聊中,小何结识了一名自称研学机构的人员"小静"。在了解到小何拮据的经济状况后,"小静"表示,只要小何提供一些单位内部资料,就可以轻轻松松赚取"外快"。面对"小静"开出的高价,小何开始频繁拷贝并私自留存各类单位内部培训课件、偷拍办公室的涉密文件、挖空心思寻找内部讲话材料,并按照约定时间发送给"小静"。为了诱导小何继续获取更多有价值的涉密材料,"小静"还奖励了小何一个"大红包"。在金钱和利益的不断驱使下,小何逐渐迷失自我……

很快,小何的异常行为引起了国家安全机关的注意。经过调查,小何一共向境外非法提供涉密文件资料近30份,违法获利6万余元人民币,而"小静"的真实身份,则是境外间谍情报机关人员。2022年6月,小何因涉嫌"为境外窃取、非法提供国家秘密罪"被批准逮捕。最终,小何被依法判处十年有期徒刑。

近年来,信息科技高速发展,为人们生活带来了便利,但同时也让一些新的"危险"悄悄潜伏在了我们身边。从国家安全机关破获的多起案件看,境外间谍情报机关利用网络实施"障眼法",在眼花缭乱的虚拟空间里对我境内人员进行"钓鱼",从而窃取我国家秘密的情况屡见不鲜,给我国家安全带来严重威胁。

第一节 数字安全与国家安全

一、数字安全

随着当前新一轮科技革命和产业变革的深入发展,以数字技术为代表的高技术领域成为国际竞争的最前沿和主战场。虽然数字技术的不断革新有力促进了数字经济的蓬勃发展和社会的全面转型,但相伴而生的数字安全问题也愈发凸显,不容忽视,例如网络攻击、数据信息泄露、隐私侵犯、数字歧视、算法控制、自动化决策、公民和组织的合法正当权益受损等。由于数字技术日渐深度融合到了人类经济社会和生产生活的方方面面,数字安全问题越来越复杂,已不再局限于数字领域的网络安全、数据安全、舆论操纵等问题,也延伸到了物理世界中,出现关键基础设施风险、供应链风险等问题,具有鲜明的全域性、综合性和系统性的特征。

(一)数字安全的概念

在中国的传统观念中,无危为安、无缺为全,按照这般理解,有"绝对安全"的意味。而身处当今的风险社会(Risk Society),并不存在绝对的安全,我们通常所说的安全仅是"相对安全"的概念。"危险性"(D)是"安全度"(S)的互为补数,即 $S=1-D$。简言之,当危险性低于某种程度时,人们就认为是安全的。[①]

不同于以往,当今人类身处以 A(AI,人工智能)、B(Blockchain,区块链)、C(Cloud,云基础设施)、D(Data,数据)为要件的数字环境中[②],数字安全(Digital Security)成为所有安全的底座和基石。有学者认为,数字安全是存在于物理世界与虚拟世界的一个大的概念,它是与数字技术直接相关的网络空间安全、数据安全以及由于应用数字技术而带来的物理世界安全、社会治理安全等复合性、综合性安全。[③]

数字安全既是指数字领域的安全,也包括运用数字技术维护安全。安全范式与技术进步之间相互联系,人工智能(AI)、机器学习(ML)和区块链等数字技术的发展在加强数字安全措施方面发挥了关键作用。此外,利益相关者之间协同努力非常必要,研究人员、从业者和政策制定者共同建立安全、有弹性的网络空间,为数字基础设施安全做出贡献。[④]数字安全还可以从网络安全和数字信任两个方面去理解,通过保护数字资产(如数据、应用程序和网络)

[①] 参见苗金明:《安全法学导论——风险、理性与安全》,清华大学出版社2014年版,第9页。

[②] 参见赵磊:《国家安全学与总体国家安全观——对若干重点领域的思考》,中国民主法制出版社2023年版,第223页。

[③] 参见李勇坚:《全球数字安全新态势与中国应对策略》,载《国家治理》2023年第23期。

[④] See Mohammad N. Alanazi, 5G Security Threat Landscape, AI and Blockchain, *Wireless Personal Communications*, Vol. 133, No. 3, 2023.

免受恶意行为者攻击来提升用户对其数字资产安全性的信心,即在网络安全的基础上增加数字信任。[1]

(二)数字安全的内容

数字安全涵盖了多个领域,参照网络空间物理层、代码层和数据层的三层结构[2],我们可以将数字安全的内容从"物理层、数据层和应用层"这三个主要维度予以概括:

1. 数字设施和网络安全

(1)数字设施安全:对网络设备、终端设备等物理设施进行保护;保护以技术创新为驱动、以新一代通信网络为基础、以数据和算力设施为核心、以融合基础设施为突破的新型数字基础设施[3];保护为经济社会数字化转型提供感知、传输、存储、计算等基础性数字公共服务的新型信息基础设施。[4]

(2)网络安全:保护计算机网络免受黑客、恶意软件和其他威胁的攻击。主要包括防火墙、入侵检测系统(IDS)或入侵防御系统(IPS)、防病毒软件等措施。

2. 数据信息和隐私安全

(1)数据保护:采取加密、备份、访问控制、安全认证等技术措施和其他必要措施,保护网络数据免遭篡改、破坏、泄露或者非法获取、非法利用。确保只有经过身份验证(如密码、指纹或人脸等生物识别)和授权的用户可以访问系统和数据,执行特定的操作。使用安全的通信协议(如 HTTPS)进行数据传输,也有助于确保数据的机密性和完整性。

(2)敏感信息和隐私保护:保护个人或组织的敏感信息不被不当使用或泄露。这涉及合规性以及隐私政策的制定和实施,欧盟的《通用数据保护条例》(GDPR)和美国的《健康保险可移植与责任法案》(Health Insurance Portability and Accountability Act)即为典型。

---

[1] See Praveen Kumar Malik, The Role of Digital Trust in Enhancing Cyber Security Resilience, in Ashutosh Mishra, May El Barachi, Manoj Kumar, eds., *Transforming Industry using Digital Twin Technology*, Springer, 2024.

[2] 参见许可:《数据安全法:定位、立场与制度构造》,载《经贸法律评论》2019年第3期。

[3] 参见《"十四五"信息通信行业发展规划》,https://www.gov.cn/zhengce/zhengceku/2021-11/16/5651262/files/96989dadf83a4302895cd17cbeec6600.pdf,2024年6月27日访问。

[4] 参见《工业和信息化部等十一部门关于推动新型信息基础设施协调发展有关事项的通知》(工信部联通信〔2024〕165号),https://www.gov.cn/zhengce/zhengceku/202409/content_6972409.htm,2024年9月27日访问。

(3) 数据跨境流动安全：以网络空间主权理论为基础,数据主权获到了越来越多的认可,主权者对数据行使主权已成为当今世界各国的普遍做法。① 要设置严格的数据跨境流动的安全标准,重要数据要通过国家网信部门组织的数据出境安全评估,防止数据不当流动进而影响国家安全；个人数据要符合国家网信部门制定的关于个人信息出境标准合同的规定。

3. 数字应用和安全塑造

(1) 应用程序安全：开发和维护安全的软件应用,防止应用漏洞被利用来进行攻击。

(2) 数字韧性：定期对重要数据进行备份,确保在发生安全事件或系统故障后,组织能够迅速恢复正常运行,数据和系统能够恢复。

(3) 安全培训和教育：提高员工和社会公众对安全威胁的认识,教育他们如何识别和应对潜在的安全风险。

(4) 提升安全感：安全既要考虑客观威胁,也要顾及主观感受。随着人工智能技术从弱人工智能(ANI)向强人工智能(AGI)、超级人工智能(ASI)的迅速演化,机器不仅仅是专注于某个领域,可以击败国际象棋世界棋王,或是可以推理规划、解决问题、进行抽象思考、理解复杂思想、快速深度学习,而是可能会在 21 世纪 30 年代,全面超越所有人类的智力水平。② 如何帮助人们减少对日新月异发展的数字社会的恐惧,提升安全感,也是数字安全研究亟需回应的问题。

总之,数字安全的内容是全方位、多层次的,通过以上各方面的措施,建立安全防护体系,旨在构建一个安全的数字环境,保护个人、组织和社会的数字资产和信息。

(三) 数字安全的辩证意蕴

网络安全是动态的而不是静态的、开放的而不是封闭的、相对的而不是绝对的,要立足基本国情保安全,避免不计成本追求绝对安全,那样不仅会背上沉重负担,甚至可能顾此失彼。③ 为此,我们在理解数字安全时,要注意处理好以下几对辩证关系：

---

① 参见梁坤：《数据主权与安全：跨境电子取证》,清华大学出版社 2023 年版,第 11—13 页。
② 参见〔英〕克里斯·斯金纳：《数字人类》,李亚星译,中信出版社 2019 年版,第 52 页。
③ 参见《习近平：在网络安全和信息化工作座谈会上的讲话》,https://www.gov.cn/xinwen/2016-04/25/content_5067705.htm,2024 年 7 月 25 日访问。

1. 客观安全与主观安全

一方面,从客观的数字安全来说,在数字技术应用过程中,各方应通过技术手段和法律治理,确保国家及社会成员不受数字技术威胁。另一方面,就主观的数字安全而言,国家不仅有义务保障公民免受国家权力或他人的不法侵害,而且理应为增强公民的数字安全感提供各类物质条件和制度保障。

2. 静态安全与动态安全

根据我国《国家安全法》对于国家安全的定义,可知安全是静态和动态的统一,它不仅是指一种不受威胁的状态,还指保障安全状态的能力。数字安全是国家安全的重要组成部分,理应具有同样的持续性,即应具备保障持续安全状态的能力。与此同时,数据的流动性也决定了数据安全并非一劳永逸,而是需要持续投入和动态关注,以不断应对可能出现的安全风险和挑战。

3. 绝对安全与相对安全

从技术层面,数据可以分为静态电子数据和动态电子数据、封闭系统中电子数据、开放系统中电子数据与双系统中电子数据、绝对电子数据和非绝对电子数据等。[①] 即便数据只存储在个人手中或组织内部,不对外流动、交换和共享,也不能保证绝对的安全。因为技术、系统和网络本身就有内在缺陷,更遑论外来的蓄意攻击和窃取,以及利益驱动所致的人为的信息外泄。因此,"相对安全"观更加科学,但有必要进行风险治理,使其在可控范围内。

二、国家安全

在过去的很长一段时期内,国家安全仅仅限于传统的"军事安全",但随着20世纪70年代初石油危机爆发,各国认识到国家安全的最大威胁可能"来自非军事领域",包括能源危机、人口爆炸和经济增长停滞、工业生产的高成本、国际贸易中的巨额赤字以及通货膨胀。[②] 在《重新定义安全》(Redefining Security)中,美国学者理查德·乌尔曼(Richard H. Ullman)明确提出扩大国家安全内涵,把非军事性的全球问题,如人类的贫困、疾病、自然灾害、环境退

---

① 参见汪振林:《电子数据分类研究》,载《重庆邮电大学学报(社会科学版)》2013年第3期。
② 参见刘卫东、刘毅、马丽、刘玉:《论国家安全的概念及其特点》,载《世界地理研究》2002年第2期。

化等包容其中。①

中国的"国家安全观"也随着时代和实践的发展而不断丰富。2006年,《中共中央关于构建社会主义和谐社会若干重大问题的决定》提出,要"有效应对各种传统安全威胁和非传统安全威胁"。2015年7月1日起施行的《国家安全法》规定,国家安全是指国家政权、主权、统一和领土完整、人民福祉、经济社会可持续发展和国家其他重大利益相对处于没有危险和不受内外威胁的状态,以及保障持续安全状态的能力。

党的十八大以来,党中央以系统观念统筹发展和安全,将安全上升到前所未有的战略高度,对国家安全工作进行顶层设计,成立国家安全委员会,加强了党对国家安全工作的集中统一领导,把总体国家安全观纳入中国特色社会主义的基本方略,国家安全法律法规相继出台。2014年4月,中央国家安全委员会首次会议提出十一个国家安全领域于一体的"国家安全体系";2017年10月,党的十九大将总体国家安全观纳入新时代坚持和发展中国特色社会主义的基本方略,并写入党章,特别是在《中共中央关于制定国民经济和社会发展第十四个五年规划和二〇三五年远景目标的建议》中,首次将统筹发展和安全写入"十四五"时期我国经济社会发展的指导思想,并专章进行战略部署;2020年12月,中央政治局举行第二十六次集体学习时,提出了"十个坚持"要求,强调"把国家安全贯穿到党和国家工作各方面全过程,同经济社会发展一起谋划、一起部署,坚持系统思维,构建大安全格局";2021年11月,《中共中央关于党的百年奋斗重大成就和历史经验的决议》系统总结了新时代在政治、军事、国土、经济、文化、社会、科技、网络、生态、资源、核、海外利益、太空、深海、极地、生物等国家安全领域取得的历史性成就;2022年10月,党的二十大报告设立了国家安全专章,对"推进国家安全体系和能力现代化,坚决维护国家安全和社会稳定"进行专门部署,并明确提出,要坚持以人民安全为宗旨、以政治安全为根本、以经济安全为基础、以军事科技文化社会安全为保障、以促进国际安全为依托,统筹外部安全和内部安全、国土安全和国民安全、传统安全和非传统安全、自身安全和共同安全,统筹维护和塑造国家安全,夯实国家安全和社会稳定基层基础,完善参与全球安全治理机制,建设更高水平的平安中国,以新安全格局保障新发展格局。

---

① See Richard H. Ullman, Redefining Security, *International Security*, Vol. 8, No. 1, 1983.

概言之,自 2014 年 4 月 15 日习近平总书记提出总体国家安全观以来,历经十多年的实践创新和理论创新,总体国家安全观的内涵不断丰富,外延持续拓展,国家安全的领域从最初的 11 个发展到现今的 20 个,虽然目前没有单独列出"数字安全",但其中的数据安全、网络安全都属于数字安全之列。同时,其他传统安全和非传统安全,由于其与数字技术密不可分的联系,都具有数字安全的属性。

三、数字安全与国家安全

数字安全与国家安全紧密相关,因为数字安全的威胁和风险正日益向政治、军事、经济、文化和社会等领域传导渗透,从而对国家安全产生牵一发而动全身的重大影响。在总体国家安全观的指引下,中国将网络、人工智能、数据等数字安全问题纳入二十个国家安全领域。[①]为了更好地说明数字安全与国家安全之间一荣俱荣、一损俱损的关系,以下列出了几个关键方面:

1. 数字安全与关键基础设施

现今国家的关键基础设施(如电力网、交通系统、金融系统、通信网络等)越来越依赖于数字技术。如果这些系统受到网络攻击,可能会导致大规模的停电、交通瘫痪、金融混乱等,对国家安全构成严重威胁。

2. 数字安全与网络战

数字时代国家之间的对抗和博弈越来越多地通过网络空间进行。国家需要防范和应对来自其他国家或非国家行为体的网络攻击,以保护其军事和战略资产。例如,俄乌冲突就是典型的"新型混合战争",俄乌双方在网络空间发起了大规模攻防斗争,对关键信息基础设施进行攻击,对网络舆论环境进行控制等,为实体作战提供军事情报支持,使网络空间成为重要战场。

3. 数字安全与国家机密

政府机构和军事组织存储着大量敏感信息,涉及国家机密、外交政策和军事战略。近年来,因使用网上办公程序而导致的失泄密案件屡屡发生,暴露出一系列风险隐患。我们在享受科技带来的便利的同时,也要坚决绷紧保密防范之弦,警惕境外间谍情报机关利用网络窃取国家秘密,采取数字安全措施防止这些信息被窃取或泄露,更好维护国家的政治安全。

---

① 参见陈文清:《牢固树立和践行总体国家安全观 谱写新时代国家安全新篇章》,载《求是》2022 年第 8 期。

4. 数字安全与经济安全

数字经济以大数据、人工智能、云计算、区块链、移动互联网、物联网等信息通信技术的应用为基础和载体，信息通信技术的先进性、适用性、完整性、可靠性等直接决定了网络运行的安全性程度及其潜在风险。由于数字经济的高度一体化，网络攻击可能导致金融市场动荡、企业知识产权被窃取、重要经济数据被篡改等，进而影响国家的经济稳定和发展，因此数字安全对于保护国家经济至关重要。

5. 数字安全与社会稳定

网络攻击和数字犯罪（如虚假信息传播、数据泄露滥用等）可能引发社会恐慌、动乱和信任危机，影响国家的社会稳定。政府需要确保数字空间的安全与稳定，防止恶意行为对社会秩序造成破坏。

6. 数字安全与国家主权

随着数字技术的发展，网络空间已成为继陆、海、空、天之后的第五大战略空间，也是国家主权的一个新领域。国家需要制定和实施数字安全战略，保护其网络空间主权，防止外国势力的干预和控制。

7. 数字安全与国际合作

国家间的数字安全合作和法规制定对维护全球网络空间的安全至关重要。国家需要积极参与国际合作，制定和遵守相关的网络安全法规和标准，加强跨境网络安全事件联动处置，共同应对跨国网络威胁。

综上所述，数字安全的实质是以国家安全为根本归依，以数字技术为主要场域，以法治价值为基本架构的体系性概念，具有人民性、全面性和协调性三重特征。[1]数字安全是国家义务和核心议题，维护人民利益构成了国家安全的价值取向。数字安全与国家安全的关系是多层次、多方面的，数字安全是国家安全的重要组成部分，确保数字安全是维护国家整体安全的应有之义和必然要求。由于数字技术的广泛应用和近乎全覆盖性，这把双刃剑会产生溢出效应、蝴蝶效应、多米诺骨牌效应等多种效应的叠加影响，因此在数字时代国家安全的诸多领域中，数字安全占据举足轻重的战略地位，维护和塑造数字安全具有重大深远的战略意义。国家需要采取综合措施，提升其数字安全能力，保护国家利益和公民福祉。

---

[1] 参见蒋银华：《论数字法治政府建设的安全之维》，载《法律科学（西北政法大学学报）》2024年第4期。

第二节　数字安全法治的内涵

一、数字安全法治

(一)　数字时代呼唤数字法治

世界上几乎不存在公开反对法治的国家。① 现代法治的三大核心要素,即规则与形式合法性、限制政府的专断权力、法律之治而非法官之治,对于尊重个人权利、重视法律程序性要求和培育理性的公民文化有其重要的价值。但随着人类步入数字时代,也开启了数字社会治理和数字法治建设的新时代。面对数字社会中人类的双重空间生活逻辑、人机交互的工作场景、兼有的生物和数字人类二重属性、建模算法的价值偏好、代码规制的制度化应用等前所未有的新问题和新挑战,我们要加快从现代法治向数字法治转型升级。②

数字社会的本质即规则之治。数字社会的架构,无论是横向的场景分布还是纵向的分层维度,从平台搭建、数据利用、算法设计等整个数字社会的运行都需要依靠科技规则与契约规则予以保障。③ 在数字时代,代码成为规制行为和塑造治理秩序的一个重要的新型途径,促使在相关领域出现从"代码即法律"到"法律即代码"的转向。④ 例如,美国等西方发达国家已经开始探索法律代码化——以法律技术规制信息技术发展的规制策略,并取得了良好的成效。

(二)　数字安全与数字法治

数字时代呼唤数字法治,数字法治保障数字社会安全有序发展,数字安全与数字法治相互依存,内在耦合。

第一,安全是数字法治的基本价值。 正如霍布斯宣称"人民的安全乃是至高无上的法律",安全构成了现代法治的基本价值,安全甚至被视为成立政

---

① 参见〔美〕布雷恩·Z.塔玛纳哈:《论法治——历史、政治和理论》,李桂林译,武汉大学出版社2010年版,第1—2页。
② 参见马长山主编:《数字法治概论》,法律出版社2022年版,第1—4页。
③ 参见〔德〕托马斯·威斯迈耶、蒂莫·拉德马赫编:《人工智能与法律的对话2》,韩旭至、李辉等译,上海人民出版社2020年版,第13页。
④ 参见马长山:《智能互联网时代的法律变革》,载《法学研究》2018年第4期。

府的最主要目的之一。①"利维坦"的主要职责在于对内谋求和平,对外团结起来抗御外敌,从而获得和平与安全的保障。②随着数字经济的快速发展,衍生了直播经济、平台经济等新兴业态,出现了网络理财、网络借贷、平台垄断、算法"杀熟"等诸多新问题和新矛盾,对传统的经济秩序和金融监管造成挑战。数字安全维护牵涉个人财产和人身权利保护、企业正常生产经营活动开展、经济社会长足发展乃至国家安全保障。筑牢安全这一数字法治的基本价值底座,保护数字人类的合法权益,让数字文明造福各国人民,是全球面临的重大实践课题。

第二,数字安全以数字法治来保障。随着数字技术在社会运行中的广泛嵌入,数据安全风险也与日俱增,人们对于安全的需求在不断增加,而法律以其可预期性与稳定性,有助于增加社会成员的安全感。因此,为了更好满足人民群众的数字安全诉求,党和国家对数字安全法治建设进行了全面部署。2014年10月,党的十八届四中全会通过的《中共中央关于全面推进依法治国若干重大问题的决定》提出"加强互联网领域立法"。近年来,我国《网络安全法》《关键信息基础设施安全保护条例》《数据安全法》《个人信息保护法》等数字安全领域基础性的法律法规相继出台,初步构建起数字安全法律保护体系。如何更好地以数字法治保障护航数字安全,促进数字经济和数字社会的发展,是当前亟待解决的关键问题。

二、数字安全法治的内涵

当前,我国在数字安全领域虽然进行了密集的立法,并多次修正《刑法》以精准打击计算机和网络领域的犯罪行为,但是诸如侵犯公民个人信息、侵入计算机网络、不履行数据安全保护义务等数字安全领域的案件仍然屡禁不止。这就需要我们在总体国家安全观视域下,进一步明确数字安全法治的概念和内涵,结合数字安全法治整体目标的要求,探索更为有效的规制进路,加强数字安全保障。

(一)数字安全法治的概念

法治是与人治相对立的,也不同于法制。法治是以制约权力、保障自由

---

① 参见〔美〕E. 博登海默:《法理学:法律哲学与法律方法》,邓正来译,中国政法大学出版社2004年版,第318页。
② 参见〔英〕霍布斯:《利维坦》,黎思复、黎廷弼译,商务印书馆1985年版,第138页。

和权利为核心价值取向,以法律制度为主导调控形式,以普遍法律规则为根本行为尺度及生活准则的国家—社会治理方式、运行机制和秩序形态。① 法治是人类社会进入现代文明的重要标志。现代法治,并不仅仅是一种制度,而更主要的是一种生活状态、行为方式和文化模式。② 随着人类步入数字社会,数字安全法治应运而生,它是指制约数字技术赋予各方的权力(包含公权力和私权力),保障数字人类的自由和权利,以数字领域相关法律制度为主导调控形式,通过法律和法规的制定和实施,保障数字环境的安全和有序的数字社会治理方式、运行机制和秩序形态。

(二)数字安全法治的性质

与其他法治相比,数字安全法治具有其特有的属性,主要表现在以下几个方面:

1. 规范和治理内容的特定性。从前面所述的数字安全法治概念中,我们不难发现,数字安全法治所规范的内容与传统安全法治不同,它与数字技术紧密相关,规制的是发生在数字场域中,危及数字人类安全的行为,以减轻、消除和预防不良后果。

2. 调整社会关系的广泛性。由于数字技术的广泛应用,经济社会发展和人们工作生活的各个方面都涉及数字安全问题,数字安全生态系统具有跨部门、跨领域、跨地域、公私合作的特点,因此通过数字技术连接的所有社会关系均可纳入数字安全法治调整的范围之中。

3. 惩治手段的严厉性。鉴于数字安全对于个人、社会和国家安全的战略地位和重要意义,危害数字安全的后果可能影响和侵犯公民、组织和国家利益。为了更好地维护相关主体的合法权益,对于数字网络犯罪行为,必须严厉制裁,以保障数字社会的安全和秩序。

4. 法治任务的艰巨性。随着信息化技术日新月异的发展,各国正处于数字化转型升级关键期,各种新场景、新问题、新技术、新方法层出不穷,数字安全保护所面临的任务越来越繁重、挑战越来越艰巨。这对数字安全法治提出了更高的要求,不仅需要与时俱进地制定和修订相关法律法规,甚至还应具有适当的前瞻性和有效的预防性。

---

① 参见马长山主编:《法理学导论》,北京大学出版社2014年版,第143页。
② 参见马长山:《公共领域兴起与法治变革》,人民出版社2016年版,第1页。

(三) 数字安全法治的定位

当前业界（含理论界和实践部门）对数字安全法治的定位，主要有以下三种：

一是回应型法治。 顾名思义，它是指为了更好地应对数字时代的各类安全问题，依法进行数字领域的治理。对使用数字技术犯罪、侵犯数字人类的权益、造成危害后果的行为进行惩处是必要的，但事后的惩处手段难以形成有效威慑，事后的保障措施难以弥合前期损失，而且有些案件中还存在归因困境、责任难以落实等问题，这些客观事实都进一步弱化了回应型法治的约束力。

二是管控型法治。 也就是依法管控，更好维护数字领域的安全与秩序。这里的管控，包括事前、事中和事后的管控，管控的领域比较普遍和全面，管控的部门和主体众多，这是为了全覆盖的需要。但也存在权力分散、各行其是的问题，缺乏统一协调机制，常出现"九龙治水"的局面，难以发挥整体性治理的效能。

三是预防性法治。 "数字安全风险既涉及数字时代出现的新技术、新要素及新关系的安全，也覆盖数字应用衍生的安全，还包括数字产业所涵盖的安全问题，常常表征为一个复杂、多变的综合风险集，传统的回应型法治模式难以应对不断演化、传导、叠加、升级的数字安全风险，容易造成风险的沉积，无法解决不可逆的危害结果。"[①]于是，预防性法治应运而生，这种定位是一种源头治理的思维，即立法不单单是用来治罪，而要更看重风险治理。预防性法治表现为时间维度上治理手段的前移、法律规范的前置。[②] 它充分依托数字技术，通过大数据集成，实现更加精准的数字安全风险预防治理。它强调多方治理主体共同参与的话语体系，确定面向研发设计、技术应用和服务反馈等各阶段的风险预防义务，形成全流程、全环节的治理机制，形成协同式、系统性的治理架构。[③]

从域外来看，相比强调事后约束的回应型法治模式，以常态化预防和穿透性监管为核心的预防性法治成为数字安全治理的主流选择。欧洲为了强化安全与秩序，采取保守立法控制数字风险，对数字安全进行前端限制；而美

---

① 邹东升：《加强数字安全预防性法治建设》，载《国家治理》2024 年第 8 期。
② 参见单勇：《数字平台与犯罪治理转型》，载《社会学研究》2022 年第 4 期。
③ 参见赵精武：《谨防人工智能滥用规范信息内容生成》，载《法治日报》2023 年 9 月 8 日第 5 版。

国为了鼓励数字创新发展、维护公民基本权利,采取后端裁判控制数字风险。但是,近年来,以美国为代表的国家又有强烈的滥用和泛化国家安全的倾向。例如,2018年美国政府发布的《国家网络战略》提出"防御前置"理念,2022年美国国会通过《2022年芯片与科学法案》,2023年美国总统拜登发布了对涉及国家安全的产品和技术投资进行限制的行政命令。

从中国来看,习近平总书记在中央全面深化改革委员会第十八次会议上强调:"法治建设既要抓末端、治已病,更要抓前端、治未病。"在中央政治局第十九次集体学习时强调:"要健全风险防范化解机制,坚持从源头上防范化解重大安全风险,真正把问题解决在萌芽之时、成灾之前。"国家也通过数字安全专门立法对规范前端监管、构建前端防范机制、完善相关主体的前端义务等作出规定,同时对传统的部门法进行了修订,增加了专门条款对数字安全风险予以前端规制,但当前预防性立法仍旧面临着规范粗糙、缺乏一致性、操作性等问题。因此,中国的数字安全预防性法治仍处于起步阶段,尚需进一步完善和细化。

本书不否认回应型法治和管控型法治的正面意义,但更强调预防性法治在数字安全法治中的作用和价值。对于数字技术可能带来的负面后果,"我们需要制定和论证新政策(法律、法规和关税)以规范各种新情况。有时,我们可以预见技术的使用将产生明显的不可取的后果,尽可能多的是,我们需要预见这些后果并制定政策,最大限度地减少新技术的有害影响"①。在日益"智能"的机器面前,为了防控人类社会文化价值的流失,在算法时代更好地保持人性,需要在法律体系中对数据使用、算法审计、权利义务和法律责任等做出合理的制度安排,确立有效的数据正义观、代码正义观和算法正义观。②

各国的数字安全法治都与其国家政权、社会制度和意识形态息息相关,中国已在总体国家安全观的科学指引下,深入贯彻落实习近平法治思想,坚持党的全面领导,坚持中国特色社会主义制度,以人民为中心,遵循伦理驱动的价值导向,实现法律与技术的深度融合,在数字领域依法开展全生命周期风险治理,构建预防性的法律体系,形成数字时代的法治新秩序。但要警惕另一种极端,即过度的预防性法治手段既可能影响数字化的创新进程,又容

---

① 〔荷〕尤瑞恩·范登·霍文、〔澳〕约翰·维克特:《信息技术与道德哲学》,赵迎欢等译,科学出版社2014年版,第29页。
② 参见马长山:《智能互联网时代的法律变革》,载《法学研究》2018年第4期。

易侵犯公民基本权利,甚至反噬良性发展的社会安全和秩序。① 因此,在中国式现代化的新征程上,需要坚持统筹发展和安全的理念,保持安全风险防范和促进创新发展的动态平衡。

(四)数字安全法治的内容

坚持全面推进科学立法、严格执法、公正司法、全民守法,是习近平法治思想的核心要义之一,也是各国数字安全法治的核心内容。下面将结合法律运行过程中的法律制定(立法)、法律执行(执法)、法律适用(司法)、法律遵守(守法)四大环节,从法律规范体系、法治实施体系、法治监督体系、法治保障体系,以及国际合作几个维度阐述数字安全法治的内容。

1. 形成完备的法律规范体系

一是构建数字安全法律体系。通过立法确立数字安全的基本原则和标准,规范各类数字行为;制定详细的法律法规,明确各方在数字安全中的权利和义务。主要聚焦以下几个重点方面构建法律体系:第一,保护个人隐私和数据安全。确保个人数据在收集、存储、处理和传输过程中的隐私和安全;赋予个人对其数据的控制权,并建立数据泄露应急处理机制。第二,网络空间治理。建立健全的网络空间治理体系,规范网络行为,防止网络犯罪;通过法律手段打击网络欺诈、黑客攻击、数据盗窃等违法行为。第三,保障关键基础设施。保护关键信息基础设施免受网络攻击,确保国家安全和公共利益;制定防护措施和应急预案,提升关键基础设施的安全防护能力。第四,企业合规与责任。要求企业遵守相关的数字安全法律法规,确保其信息系统和数据的安全;明确企业在信息安全管理、数据保护等方面的责任和义务。

二是要根据实践的不断变化,以数字安全规制规则细化完善法律体系。近年来,中国在数字安全领域进行了密集立法,但也显著增加了企业及其他社会主体的遵从成本。以数据出境安全管理为例,《数据安全法》和《网络安全法》对数据出境安全管理仅作了概括性规定,国家网信办虽然制定了《数据出境安全评估办法》等部门规章,但主要限于安全评估等方面的框架性和程序性规定。实践中,数据出境安全评估存在评估程序不透明、评估标准不一致、评估效率低下等问题,严重影响了跨境数据的正常流动。2024年3月,国家网信办公布的《促进和规范数据跨境流动规定》对重要数据的识别、不需要

---

① 参见邹东升:《加强数字安全预防性法治建设》,载《国家治理》2024年第8期。

申报数据出境安全评估的具体情形等作了明确规定或列举,这对于明确数据出境安全评估的制度边界是至关重要的,极大降低了数字安全方面的制度遵从成本。及时回应数字经济迅猛发展所带来的法治需求,不断完善相关制度体系,这也是数字安全法治的应有之义。

三是"软硬兼施",加强数字安全的软法之治。尽管私营部门合同、国家法律等规则的来源必然会弥补监管的漏洞,但这些方式都将导致治理规则缺乏一致性。云行业的治理规则需要反映更为广泛的云行业共同体的需求与利益,且该规则仅能够由共同体自身进行适当的规定。[①]数字安全法治,除了依靠国家和政府出台法律制度和政策等硬性规定,还应倡导数字行业制定行业规范,形成企业自律机制,充分发挥软法与硬法协同治理之综合功效。

2. 形成高效的法治实施体系

一是建立多部门协作的综合监管体系,确保数字安全法律法规的有效实施。首先,推进综合协同监管。完善并严格执行抽查事项清单,建立健全行业监管部门与综合监管部门协调配合机制,推进部门联合监管常态化。同时,加强重点领域监管,对数字安全问题高发领域和关键环节,建立监管联动机制,加强政府部门间的信息统一归集共享。其次,健全对新业态的包容审慎监管制度。按照统筹发展和安全的原则,对数字时代的新技术、新产业、新业态、新模式等实行包容审慎监管,分类实行相应的监管规则和标准,加强和规范事中事后监管,不得简单化予以禁止或者不予监管。

二是强化执法力度,及时查处和打击各类数字安全违法行为。公安机关对不履行网络安全法定责任义务的单位和个人,加大行政执法力度,压紧压实网络运营者主体责任。对网络安全问题突出、风险隐患严重的单位和部门,进行挂牌督办,切实保护网络运行安全。以民为本,加强数据安全和公民个人信息保护。监督指导网络运营者规范重要数据特别是个人信息数据的处理活动,依法严厉打击非法获取、出售、向他人提供重要数据等违法活动,切实保护公民和组织的合法权益。对非法侵入、控制、破坏计算机信息系统和窃取重要数据等来自境内外的黑客类违法犯罪行为,坚持斩链条、铲源头、除危害,形成高压威慑态势,切实提升人民群众的数字安全感。

三是加强宣传教育,提高公众的数字安全意识,普及基本的网络安全知

---

① 参见〔英〕克里斯托弗·米勒德编著:《云计算法律》,陈媛媛译,法律出版社2019年版,第547页。

识。法律要发挥作用,需要全社会信仰法律。要把树立法治信仰作为法治宣传教育的重点任务,引导全体公民把法治内化为内心信仰、外化于行为习惯。要通过深入社区、街道、学校、企业进行数字安全宣传,筑牢数字安全人民防线。深入全面落实"谁执法谁普法"的普法责任制,加强以案普法、以案释法。落实媒体公益普法责任,综合运用"报、网、端、微、屏"等资源和平台,推动法治融媒体建设,创建法治品牌栏目、节目,提高法治宣传教育实效。

四是鼓励公众参与数字安全治理,共同维护网络空间的安全和秩序。全民守法是法治社会的基础工程。全面依法治国,必须深入推进全民守法,让法治成为全民思维方式和行为模式。在数字安全法治实施中,要积极引导公民在日常的数字化工作和生活中遵守法律规则,培养规则意识,从小事做起,从细节入手,培育良好法治环境。要完善激励机制,褒奖善行义举,形成好人好报、德者有得的正向效应。[①]要坚决改变违法成本低、守法成本高的现象,让遵纪守法成为理性选择,充分发挥法治的惩恶扬善功能。此外,法治也要与自治、德治相结合,倡导公众自觉维护和塑造数字安全清朗空间。

3. 形成严密的法治监督体系

法治监督是国家监督体系的重要内容。数字安全法治要加强国家机关监督、民主监督、群众监督和舆论监督,形成法治监督合力,发挥整体监督效能。建立健全与执法司法权运行机制相适应的制约监督体系,构建权责清晰的执法司法责任体系。

一是加强立法监督工作。建立健全立法监督工作机制,完善监督程序。推进法律法规章起草征求人大代表、政协委员意见工作。加强备案审查制度和能力建设,完善备案审查程序,明确审查范围、标准和纠正措施。加快建立全国统一的备案审查信息平台。建立健全备案审查工作年度报告制度。

二是加强对执法权的监督。坚决排除对执法活动的非法干预,坚决防止和克服地方保护主义和部门保护主义,坚决防止和克服执法工作中的利益驱动,坚决惩治腐败现象。加强政府各层级全覆盖的行政执法协调监督工作体系建设,强化全方位、全流程监督,提高执法质量。

三是加强对监察权的监督。正如习近平总书记指出的,监察权是把双刃剑,也要关进制度的笼子,自觉接受党和人民监督。监察机关工作人员行使

---

① 参见《中共中央印发〈法治社会建设实施纲要(2020—2025年)〉》,https://www.gov.cn/zhengce/2020-12/07/content_5567791.htm,2024年7月25日访问。

权力必须十分谨慎,严格依纪执法。

四是加强对司法权的监督。2021年8月印发的《中共中央关于加强新时代检察机关法律监督工作的意见》是完善法治监督体系的又一重大举措,把司法权关进制度的笼子,最大限度减少权力出轨、个人寻租的机会。

五是加强对监管机构的监督。健全对监管机构履行职责的监督机制。强化对监管机构依法履行监管职责情况的监督检查,促进监管权力规范透明运行。对监管机构不作为、乱作为要依法依规严肃问责追责。推动监管部门建立健全工作人员廉洁从业相关制度,实现依法监管、公正监管、廉洁监管。

六是健全社会监督机制。推动行业协会建立健全行业经营自律规范和公约,鼓励行业协会制定发布产品和服务标准,参与制定国家标准、行业标准、团体标准及有关政策法规。加快培育第三方服务机构和市场中介组织,促进第三方检验检测机构和认证机构发展。健全公众参与监督的激励机制,修订完善有奖举报制度,建立健全消费者投诉信息公示制度。

4. 形成有力的法治保障体系

数字安全体系是涉及数字安全的各领域、各要素的综合体系,包括法治体系、战略体系、政策体系、风险监测预警体系、国家应急管理体系等,数字安全治理需要构建全域联动、立体高效的数字安全防护体系。众所周知,法治是制度之治,我们要充分发挥法治的固根本、稳预期和利长远的作用,但法治本身也需要其他条件和因素进行保障。换言之,数字安全法治体系也需要数字安全体系中其他要素的协同。

其一,以数字安全国家战略引领数字安全法治体系构建。2023年美国最新颁布的《国家网络安全战略》不仅继续将中国视为主要威胁,还从网络安全战略定位、保护关键基础设施、推进公私合作和国际合作等战略举措方面进行了创新和改革,以实现从"实施威慑战略"到"主动防御"转变。在这样的背景下,中国需要在2016年《国家网络空间安全战略》的基础上,根据2021年印发的《国家安全战略(2021—2025年)》,立足于本国数字经济发展现状、国际竞争态势和未来发展目标构建数字安全国家战略,并以此来引领数字安全法治体系建设,充分应对国际竞争。

其二,以数字安全管理体制机制优化数字安全法治体系。为了促进数字安全法治建设,必须形成高效权威的数字安全领导体制和工作协调机制。以我国为例,具有数字安全管理职权的部门数量众多,不同部门之间和不同层级政府之间的安全管理权限缺乏清晰划分,需要优化数字安全管理的整体架构,构建互联互通的数据安全监管平台,保证网络基础设施、信息系统的安全稳定运行和维护重要数据安全。另外,数字安全管理部门应当加强自身能力建设,改善人员知识结构,通过监管的数字化和智能化转型,全面提升数字安全监管能力。

其三,以数字安全多元共治格局丰富数字安全法治主体。数字安全法治不能仅靠国家一己之力,需要政府、平台、企业、行业组织和社会公众等多元主体的共同参与,形成政府、市场和社会的合力,协同推进。由于数据安全风险评估、报告、信息共享、监测预警机制等具有公共物品属性,由政府部门提供才是更有效率的制度选择;基于受益标准、能力标准或最低处理成本标准,在很多情形下,由数据处理者承担数据安全保护义务都是恰当的。既要通过一般性规则发挥企业在安全维护方面的主体作用,全面落实安全保护义务,也要兼顾企业所处经济、技术环境以及市场地位,对数字平台企业、重要数据的处理者和关键信息基础设施的运营者进行分类管理,打造数字安全保护共同体。

其四,以数字安全技术发展提升数字安全法治水平和能力。在当前的人工智能时代,无处不在的算法和蓬勃涌现的新技术不仅是法律规制的对象,也被用作规制工具治理和塑造着人类自身。英国学者罗杰·布朗斯沃德(Roger Brownsword)教授认为,我们已经进入规则、规制和技术三种思维与对话并存的法律3.0时代,需要重新构想和塑造法律,将技术问题摆在法律思考的突出位置,通过把技术工具纳入法律所在的规制环境以拓宽法律研究的领域,并将技术治理置于法治约束之下,实现规制目标。① 各个法治国家也充分运用大数据、云计算、人工智能等现代科技手段,全面建设"智慧法治"。数字安全法治本身更要充分利用数字安全技术,在立法、执法、司法等领域实现"数智赋能"。

其五,以数字安全治理的国际合作推动全球数字安全法治建设。面对"数字化"的"全球化"进程,"共同规制似乎成了跨越国境的互联网活动的主要治理结构",也"只有共同规制才是互联网活动治理的唯一途径,只有共同规制才有成功的合理希望"。因此,全球治理的框架和机制就面临着深度的

---

① 参见〔英〕罗杰·布朗斯沃德:《法律3.0:规则、规制和技术》,毛海栋译,北京大学出版社2023年版。

变革,需要从"主权优先"迈向"协同共治",这也是数字社会治理和包容共享型法治在全球范围内的逻辑展开,进而实现全球的数字善治和法治秩序。[①]为此,我们需要推动数字安全国际合作,共同应对跨国网络威胁。通过推动制定各方普遍接受的网络空间规则、加强全球信息基础设施建设和保护、培养网络空间国际治理领域的复合型专业人才等措施[②],加快全球数字安全法治建设进程。

第三节 数字安全法治的对象与范围

一、数字安全法治的对象

与"人治"相对,现代法治是指按照法律规则与程序治理国家的政治主张或治国方式,其核心取向是限制权力、保障权利。一般而言,法治对象包括公民和组织,主要是规范公民和组织的行为,避免其产生不良后果,并保护其合法权益。由于数字安全问题可能来源于政府、企业和社会,数字安全法治对象涉及多元主体,包含个体、组织(企事业单位和社会组织)、平台和政府部门。

1. 个人:保护个人的隐私和数据安全,防止个人信息被非法收集、使用、披露或出售。法律法规需要明确个人数据的保护标准和处理规范,赋予个人对其数据的控制权。

2. 企业:企业在数字经济中扮演着重要角色,需要遵守相关的数字安全法律法规,确保其在数据收集、存储、处理和传输过程中的安全性。企业还需保护自身的知识产权和商业机密。

3. 政府机构:政府机构负责制定和执行数字安全法律法规,并确保自身在数据管理和信息系统中的安全性。政府还需保护国家机密和公共服务系统,防范网络攻击和信息泄露。

4. 关键信息基础设施运营者:如电力、通信、金融、交通等关键行业的运营者,这些行业的数字安全对于国家安全和社会稳定至关重要,需要严格的法律法规进行保护和监管。

---

① 参见马长山:《迈向数字社会的法律》,法律出版社 2021 年版,第 300 页。
② 参见罗楚湘:《网络空间国际治理中国方案的形成、遵循与路径》,载《广西社会科学》2024 年第 1 期。

5. 网络平台服务提供者：包括互联网服务提供商、云计算服务提供商、社交媒体平台等。它们需要确保其平台的安全性，防止网络攻击、数据泄露和恶意行为，并配合执法机构的调查和监管。大型网络平台服务提供者应当每年度发布个人信息保护社会责任报告。

6. 网络数据处理者和接收方：网络数据处理者向其他网络数据处理者提供、委托处理个人信息和重要数据的，应当通过合同等与网络数据接收方约定网络数据安全保护义务，并对网络数据接收方履行义务的情况进行监督。

7. 数字产品和服务的开发者和供应商：这些主体提供的数字产品、服务应当符合相关国家标准的强制性要求；发现产品、服务存在安全缺陷、漏洞等风险时，应当立即采取补救措施，按照规定及时告知用户并向有关主管部门报告。

8. 执法和司法机关：负责调查和打击网络犯罪，确保法律法规的有效实施。执法和司法机关需要具备相应的技术能力和法律授权，以便更好应对复杂多变的数字安全威胁。

9. 外国政府和企业：数字安全问题具有跨国性，需要各国政府、国际组织和跨国企业的合作，共同制定和遵守国际网络安全标准和协议，打击跨国网络犯罪和网络恐怖主义。

通过对这些对象的规范和保护，数字安全法治旨在构建一个安全、有序和可信的数字环境，保障国家安全、社会稳定和公民权益。

二、数字安全法治的范围

（一）地域范围

总体国家安全观强调，要统筹好内部安全和外部安全。从地域范围来看，数字安全法治应该统筹推进国内法治和涉外法治，更好维护国家数字主权、安全和发展利益。

新兴技术的迅速发展，催生了一系列新业态、新模式、新行业，同时也"伴生"了更多安全风险变量。互联网日益成为各类风险的策源地、传导器、放大器。例如，网络暴恐风险犹存，大量涉暴恐音视频信息在网络渠道的传播路径更加多样、手法更加隐蔽，相关风险由境外向境内倒灌的危害依然复杂。以ChatGPT为代表的生成式人工智能技术正在深入地影响和塑造使用者的价值观，日益成为认知战、舆论战的重要工具。由于数据要素的乘数效应，其安全治理难度也在加大。大规模数据泄露问题屡禁不止,威胁国家安全、社会经济运行和个人合法权益。

从国内来看,数字安全法治建设要着力健全我国的数据安全标准体系、完善网络安全审查评估制度、加强人工智能安全发展风险规制,通过立法、执法、司法和守法环节,增强我国境内的关键信息基础设施、产业链供应链、数据流动的安全保护,保障我国关键领域的数字应用安全,引导数字产业安全有序发展,筑牢可信可控的安全屏障。同时,通过建设高水平的数字法治学科,培育高素质的数字法治人才队伍,切实提升维护我国数字安全和国家安全的能力。

就涉外数字安全法治而言,其作用范围主要有以下两个方面:

其一,数据跨境流动安全。数据作为数字经济的核心生产要素,与其他要素不同,它具有强流动性和跨界性,特别是当数据发生跨境流动时,数字安全法治的范围就必然要扩展至域外。数据跨境流动是指数据处理者向境外提供个人信息等数据,一般将其理解为"数据从一法域被转移至另一法域的行为"或"跨境对存储在计算机中的机器可读数据进行处理",主要包括两种情形:(1) 数据跨境的传输、转移行为;(2) 尽管数据尚未跨境,但能够被境外的主体进行访问处理。[①]从国际经验来看,各国一般通过"数据出口限制"和"数据本地化"两种方式来加强数据出境的管控。同时,网络强国均积极谋求跨境的数据管辖权,例如美国的"长臂管辖"。我国应"攻""守"兼顾,注重"效果管辖",即无论数据是否存储于我国,只要其处理和使用在我国领土之内产生或意图产生不利影响,均属我国管辖。[②]我国对于数据出境安全评估、个人信息出境标准合同、个人信息保护认证等数据出境制度的施行,制定了《促进和规范数据跨境流动规定》,更好地保障数据安全,保护个人信息权益,促进数据依法有序自由流动。

其二,数字核心技术安全。2024年4月20日,美国国会参议院通过投票重新授权了美国一项重要的涉外监控法。这意味着美国又可以借助数字技术对境外监控。那么,美国涉外情报监视和互联网数据监测的重点对象是哪些国家?早在2021年2月4日,美国总统拜登发表了上任后的首份外交政策

---

① 参见《专家解读|促进和规范数据跨境流动的重要规定》,https://www.cac.gov.cn/2024-03/22/c_1712776625820516.htm,2024年6月30日访问。

② 参见许可:《数据安全法:定位、立场与制度构造》,载《经贸法律评论》2019年第3期。

演讲,他称中国是对美国构成挑战的"最严峻的竞争者"(the most serious competitor),誓言要对抗和反击中国,同时在符合美国利益时与中国合作。美国对外监测依托的不只是 Google、Facebook、X(Twitter)、亚马逊等超级网站,还有微软、安卓、苹果等软硬件系统。可是,不同于日本、德国、英国、法国等西方国家高度依赖美国互联网,中国已建立相对自主的互联网生态。长期以来,中国手机及电脑操作系统被美国谷歌旗下安卓、微软及苹果操作系统垄断。随着中美经济矛盾加大,尤其是美国对华脱钩断链持续加码,中国数字物流与供应链安全风险日益凸显。实践证明,只有把关键核心技术牢牢掌握在自己手里,才能在数字化、智能化竞争的新时代占据有利位置。2024 年 4 月 17 日,华为副董事长徐直军在华为分析师大会上呼吁全国所有的应用开发者和应用拥有者能够尽快加入鸿蒙的原生应用生态。鸿蒙操作系统的发展减少了本土应用生态对外部的依赖,也推动了国内开发者联合创新,提高自主创新生态的稳定性与韧性[①],这对于我国的涉外数字安全具有里程碑意义。

(二) 领域范围

数字安全法治不仅有地域之分,还涵盖了广泛的领域,涉及多种类型的活动和行为。以下是数字安全法治的主要领域范围:

1. 关键信息基础设施的保护

关键信息基础设施是数字时代社会运行的"神经中枢",是网络安全的重中之重。[②]金融、能源、电力、通信、交通等是事关国计民生的重要领域,一旦被入侵、控制、篡改或破坏,可能导致交通中断、金融紊乱、电力瘫痪等严重后果。因此,数字安全法治的范围首先应包括关键信息基础设施的安全保护要求、运营者的安全责任和应急预案。

2. 数据信息和网络安全的规范

(1) 隐私保护和信息安全:数据是数字时代的"石油",数字安全法治一方面要对个人数据的收集、存储、处理和传输进行规范,保护隐私权,防止未经授权的访问、使用和披露个人信息,且要有数据泄露应急响应和通知机制;另一方面也包括企业和机构的信息安全管理体系的建立和维护,安全风险评估和管理,定期的安全审计和评估,安全策略、标准和流程的制定和实施。

---

① 参见《美国刚通过涉外数据"窃取"法案,华为呼吁全国应用尽快加入鸿蒙》,https://baijiahao.baidu.com/s?id=1796937150068984729&wfr=spider&for=pc,2024 年 6 月 30 日访问。

② 参见陈一新:《加强数字时代的国家安全治理》,载《中国网信》2023 年第 9 期。

(2) 网络安全：近年来，境外间谍情报机关针对我国党政机关、国防军工、科研院所等单位的网络攻击窃密活动日益呈现出组织化、规模化、持续化等特征，带来严重的失泄密风险。数字安全法治的范围也应包括：网络系统和信息基础设施的安全性要求；防火墙、入侵检测系统、加密等技术措施的使用规范；网络攻击防范和应急响应机制。

3. 数字产品和应用的安全保障

(1) 数字产品和服务安全：包括制定数字领域的软件和硬件产品的安全性标准和认证程序；厘定开发商和供应商的责任，确保产品和服务不含安全漏洞或恶意代码。

(2) 电子商务和金融安全：通过设立相应条款确保电子商务交易和支付系统的安全性；对金融数据和交易进行保护，防止欺诈和盗窃；对加密技术和数字签名的使用予以规范。

(3) 知识产权保护：通过数字安全法治措施，保护数字内容和软件的版权，防止非法复制、传播和使用知识产权内容。

4. 数字安全教育和犯罪惩治

数字安全法治，除了科学立法，还需要严格执法、公正司法和全民守法。尤其要在预防犯罪和惩治犯罪两端上着力，两手抓，两手都要硬。

(1) 安全意识教育：数字安全法治范围包括数字安全的普法教育，通过安全培训和法治教育，提高公众和企业对数字安全的认识和防护意识，普及基本的安全知识和技能。

(2) 网络犯罪打击：执法和司法机关依照法律规定的权限和职责，对计算机犯罪、网络欺诈、身份盗用等网络犯罪行为进行调查取证和严厉制裁。

5. 数字安全法治的国际合作

由于虚拟空间的无界性，以及数字技术的快速传播性与广泛渗透性等特点，数字安全是整体的不是局部的，是共同的不是孤立的，已然成为全球性问题。数字安全法治离不开国际合作，需要各国协同共治。然而，当前各国在数字安全治理上还存在观念分歧与政策错位，各国数字安全法规和政策的冲突还有待协调。作为世界第二大经济体和最大的发展中国家，中国有责任也有义务积极参与全球数字治理规则制定，对标国际高标准经贸规则、制定数据跨境流动标准、落实数据跨境流动安全法规制度。例如，2023年国务院印发了《全面对接国际高标准经贸规则推进中国（上海）自由贸易试验区高水平制度型开放总体方案》,为我国数字安全法治对接国际规则积累了经验。此外,数字安全法治的领域也包括国际网络安全标准和协议的制定和遵守、人工智能领域安全立法的国际衔接、跨国网络犯罪的合作打击和执法互助等。

通过覆盖上述范围,数字安全法治旨在建立一个全面的法治体系,确保数字环境的安全、稳定和可信,保护个人、企业和国家的利益。鉴于数字安全的全域性,数字安全法治涉及领域是全方位的,从辩证唯物主义角度看,我们既要顾及全面,也要善于抓重点。本教材将重点介绍数据信息安全、网络空间安全、数字经济安全、数字主权安全,并就数字安全的法律责任作阐述和分析。

典型案例

近年来,"人脸识别"作为一项新的信息技术,因其识别的精准性、便捷性在各类领域得到广泛应用,如刷脸支付、刷脸打卡、刷脸门禁等,铁路运输企业等公共交通领域也广泛将其应用于旅客身份识别。在公共交通领域处理人脸等敏感个人信息是否需要取得乘客单独同意?运输部门有哪些告知义务?汪某某与中国铁路成都局集团有限公司个人信息保护纠纷案,为平衡个人数字安全和公共安全,厘清公共利益维护和个人信息保护的边界提供了有益启示。

2021年11月25日,汪某某通过12306购票系统购买了一张从贵阳东站至贵阳北站的C6368次高铁二等座客票。同日,汪某某于贵阳东站进站乘车时,有人工验票通道和自助验票通道,车站广播提示乘客需要手持身份证,摘掉口罩刷脸进站。汪某某购票后通过自助闸机刷脸验票后进站乘车。但汪某某认为,铁路部门在采集其人脸信息时,未依法作出明确告知,也未取得其授权或同意,侵害了她的合法权益,遂向法院提起诉讼。

2023年4月27日,成都铁路运输中级法院依法在线开庭审理了此案,这也是全国首例公共交通领域使用人脸识别技术引发的个人信息侵权案件。法院经审理认为,铁路部门基于履行维护公共安全的法定义务,处理乘客人脸信息符合个人信息保护法不需取得乘客个人同意的情形;但取得同意义务的免除并不免除告知义务,成都铁路局未对采集乘客人脸信息的目的、方式、信息处理等事项履行告知义务,存在告知缺陷。综合考量成都铁路局为乘客提供人工通道选择权、多方广告告示、未过度使用人脸信息以及告知义务缺陷对汪某某的影响和损害小等因素,告知缺陷亦不足以单独构成侵权。法院对汪某某请求判令成都铁路局停止违法采集人脸信息、赔礼道歉、赔偿损失800元等诉讼请求不予支持。宣判后,当事人未上诉。

案件宣判后,成都铁路运输中级法院向中国国家铁路集团有限公司发送司法建议,建议在互联网以及车站进站口以多种方式对个人信息处理进行明确告知。中国国家铁路集团有限公司于2023年8月就司法建议的整改情况正式复函,立即推动全国铁路运输企业及时采取更新网站、优化设备等措施,履行人脸信息采集告知义务,通过12306网站更新隐私政策、设置提示标志、提供人工通道等方式,满足人民群众的知情权和选择权。

问题与思考

1. 什么是数字安全?它与国家安全有何关系?
2. 如何正确理解数字安全法治的内涵?
3. 数字安全法治的对象是什么?
4. 数字安全法治的范围包括哪些?

延伸阅读

1. 马长山:《迈向数字社会的法律》,法律出版社2021年版。
2. 马长山主编:《数字法治概论》,法律出版社2022年版。
3. 黄大慧主编:《国家安全学基础理论》,时事出版社2024年版。
4. 叶青主编:《国家安全法学》,北京大学出版社2023年版。
5. 〔德〕托马斯·威斯迈耶、蒂莫·拉德马赫编:《人工智能与法律的对话2》,韩旭至、李辉等译,上海人民出版社2020年版。

第二章　数字安全法治原则

法律故事

在这个信息爆炸的时代,互联网如同一张无形的网,将世界紧密相连,它为我们带来前所未有的便利与快捷。然而,在浩瀚的数字世界中,数字安全问题却如同潜藏的暗流,对个人的信息安全与隐私保护构成严峻挑战。

2024年2月,美国最大的医疗处方服务公司Change Healthcare遭遇BlackCat(也称ALPHV)网络犯罪团伙的网络袭击,从而引发美国医疗保健系统大规模中断。攻击者通过未知手段渗透系统,加密关键数据并要求赎金以恢复访问权限。此次事件影响深远,众多药店与医院等医疗机构因此无法处理药品订单及接收付款,严重干扰了正常的医疗服务流程。与此同时,三分之一美国公民的个人隐私数据泄露,其中涵盖了诊断记录、药物信息、检验结果等敏感信息。患者隐私的泄露不仅增加了身份盗用与诈骗的风险,也进一步加剧了医疗保健系统的混乱状态,对患者的就医体验造成了不可忽视的负面影响。此外,Change Healthcare作为受害方,其企业声誉因此次事件遭受了重大损害,面临巨额罚款和诉讼。

由此看出,数字创新革命带来的安全问题对人们的日常生活产生重大影响,人们在享受人工智能等新技术带来的便利时,也伴生了新型安全风险。平台经济不规范竞争、"大数据杀熟"引发私权不平等化、信息鸿沟、信息茧房、算法歧视等非传统安全问题,深刻地影响着人们的生产生活。试想一下,如果我们的银行账户密码被黑客窃取,个人隐私被泄露于众,甚至国家机密被不法分子获取,那将是一场怎样的灾难?因此,数字安全已成为维护国家安全、促进数字产业健康发展以及人权保障的重要内容。

随着信息技术革命的兴起,人类逐步迈入数字时代。在数字技术与社会运转秩序深入融合的进程中,数字安全风险与日俱增,国家、社会与公民对于安全的需求也不断增加。全球化数字革命在带来新的历史机遇的同时,也引发出一系列新的风险与挑战。《数字中国建设整体布局规划》明确将构筑数字安全屏障作为数字中国"2522"框架中关键能力之一。安全是"一种合理的稳定生活状况",人们的幸福生活只有在一定程度的安全、和平及有序的基础上才能得以实现。① 在数字时代背景下,安全不仅具有国家面向,也关涉公共利益与公民、组织的合法权益。同时,安全也影响着诸多法定或非法定权利范畴,其为各项具体权利的保障与实现提供必备的客观条件。数字安全法治原则,至少包含以下四个方面的内容:一是坚持总体国家安全观原则;二是维护数字主权原则;三是保障数字权益原则;四是安全与发展相协调原则。

第一节 坚持总体国家安全观原则

《数字中国发展报告(2023年)》显示,数字安全是数字中国建设的重要内容,也是推动经济社会高质量发展的重要保障。完善数字安全保障体系,构建坚实的数字安全屏障是建设数字中国的重要目标。在数字技术与各领域的深度融合过程中,全球安全格局正经历着深刻变革,各类安全风险应运而生,形成了传统安全风险与非传统安全风险相互交织、相互影响的复杂态势,对我国安全稳定构成了严峻的挑战。这些风险较之于传统风险传播速度更为迅猛,辐射范围更加广泛,复杂程度显著提升,且表现出较强的不确定性和更大的影响力。总体国家安全观作为新安全格局是国家安全的战略指导思想,数字安全已成为维护国家安全、促进数字产业健康发展的重要内容。

一、时代主题下总体国家安全观的发展脉络

安全对国家发展具有重要意义,在应对国内外复杂多变的安全威胁时,秉持科学、系统、全面的安全观念是指导我们有效维护国家安全、保障社会稳定以及提升人民福祉的关键所在。对安全观发展历程的梳理,可以大概概括出一条由传统安全观向非传统安全观再到总体国家安全观的发展路径,安全观的内涵与外延呈现出动态发展的趋势。

通过对西方国际关系理论流派观念的梳理,安全观可大致划分为两大类别。一类是以国家安全为核心的传统安全观。此观念关注点主要聚焦于国

---

① 参见〔美〕E.博登海默:《法理学:法律哲学与法律方法》,邓正来译,中国政法大学出版社2017年版,第323页。

家层面的安全议题;目标是保障政权的巩固与稳定,具有明显的"对抗性特征";主要强调政治安全、军事安全、主权与领土完整等内容。另一类则为非传统安全观。此观念认为安全的主体不应局限于国家,而应拓展至个人、群体乃至全人类范畴;在维护国家安全的同时,亦需全面关照个人安全、群体安全、社会安全以及全人类安全。随着世界格局的持续演变,各国间共同的安全利益日益凸显,安全已成为一个需要各国携手合作、共同努力方能达成的目标。

在新中国成立的初期阶段,我国安全观念体系以传统安全观为主导,核心聚焦于保障国家领土完整与军事安全。在此期间,美苏之间的遏制与反遏制战略博弈,对新中国的国家安全观念及其实践产生了复杂的影响。面对以美国为首的资本主义阵营所施加的强大外部压力,新中国的整体国家安全环境显得尤为严峻。资本主义国家采取了明显的敌视立场与封锁策略,意图干涉中国内政,对新中国的主权与独立构成了严重威胁。在此历史背景下,中国将注意力集中于维护军事与政治安全,遵循传统安全观的基本原则,以此捍卫国家独立、保护民族尊严并有效应对外部挑战与威胁。

随着全球范围内各国相互依存关系的日益深化,安全的定义与范畴不断扩展。传统安全观念在面对国际社会多元化、复杂化的安全威胁时,逐步显露出其局限性。自改革开放以来,"和平与发展"已成为时代主题。在此背景下,中国安全观所面临的挑战已不再局限于传统安全领域,而是广泛涵盖政治、军事、经济、文化、生态以及信息安全等多个非传统领域,非传统安全因素的重要性愈发显著。与此同时,安全的主体也由国家层面逐渐扩展至个人、公共、社会乃至人类安全的范畴。在经济全球化加速发展的背景下,金融危机、公共卫生危机等安全事件频发,加之中国经济体制改革的持续深入,人民内部利益、社会组织结构与运行机制等方面的矛盾日益凸显,安全问题变得尤为突出。为应对这些挑战,国家积极调整安全观念,在传统安全观基础上增加了非传统安全观,并确立了"互信、互利、平等、协作"的新安全观。然而,新安全观在关注对外关系及维护我国国际社会利益时,对国内安全问题的重视尚显不足,因而尚不能视为完整意义上的非传统安全观。

在当前信息技术飞速发展的时代背景下,安全形势不断变化。数字安全作为国家安全的新维度,日益受到各国的重视。中国特色社会主义进入新时代,面对这一时期国内外错综复杂的安全环境,更高层次的国家安全理念——总体国家安全观应运而生。2014年,习近平总书记在总结传统安全观与非传统安全观精髓的基础上,创造性地提出了总体国家安全观。在融合两者合理要素的同时,克服传统与非传统安全观所存在的局限性,以实现安全理论层面的重大飞跃,赋予了安全观以全新的内涵与外延。党的二十大报告明确指出,国家安全是实现民族复兴的根基,社会稳定是国家强盛的前提。我们应坚定不移地贯彻总体国家安全观,将维护国家安全的任务贯穿于党和国家工作的各个领域及全过程,确保国家安全和社会的长期稳定。总体国家安全观作为新时代国家安全工作的根本指导原则和行动纲领,充分展现了中国共产党对于国家安全问题的全局性、系统性、综合性、辩证性的深刻洞察与理解。①

二、数字安全是总体国家安全观的重要维度

总体国家安全观内涵丰富,从多维度视角涵盖了国家安全的各个关键环节。在内涵层面,总体国家安全观界定了国家安全风险应对的"五大范畴",涵盖了人民安全、政治安全、经济安全、军事社会文化安全以及国际安全五大核心要素。其中,人民安全被确立为宗旨,政治安全为安全之本,经济安全构成了安全之基,军事社会文化安全则作为保障力量,促进国际安全为重要的依托,精准阐释了国家安全的内在逻辑链条与相互依存关系。在外延层面,总体国家安全观致力于构建一个全面的国家安全体系,涵盖政治安全、国土安全、军事安全、经济安全、文化安全、社会安全、科技安全、信息安全、生态安全、资源安全、核安全等多个领域,并为新的安全领域留有空间,如生物安全、深海安全等。② 总体国家安全观基于全面与系统的视角,构成一个开放且统一的整体。在风险关系认知层面,总体国家安全观在吸收马克思主义唯物辩证法的基础上,基于本体关系之考量形成了"五对关系",即外部安全与内部安全并重、国土安全与国民安全兼顾、传统安全与非传统安全并行、发展问题与安全问题动态平衡以及自身安全与共同安全统筹,在对传统安全观念升华与超越的基础上,精确体现了辩证、全面、系统的国家安全观念。作为总体国家安全观的核心要义,五大范畴、十一大领域与五对关系共同构筑了维护国

---

① 参见刘跃进:《非传统的总体国家安全观》,载《国际安全研究》2014年第6期。
② 参见《坚持总体国家安全观 走中国特色国家安全道路》,载《人民日报》2014年4月16日第1版。

家安全的坚实屏障,汇聚成强大的合力。①

　　数字安全作为一个系统工程,是总体国家安全的重要组成部分。数字安全的本质是以数字技术为主要手段,以保障国家安全为根本目的,以法治价值为基本框架的体系性概念。数字安全具有以下显著特征:首先,数字安全具有人民性特征。"全部人类历史的第一个前提无疑是有生命的个人的存在"②,总体国家安全观的核心价值在于以人民安全为出发点与落脚点,这一理念在"以人民安全为宗旨"与"保障公民权利"的法治目标中得以体现,人民在国家安全中具有主体地位。在数字中国建设进程中,数字安全的人民性体现在数字保护优于数字利用原则,即便数据蕴含着巨大的经济价值,也必须以维护国家数据安全和个体数据权益为前提,保障人民的生命财产安全和生活幸福。③ 其次,数字安全具有系统性特征。相较于传统和非传统国家安全观,总体国家安全观更具全面性与包容性特征。一方面,采用宏观视角审视国家安全问题,运用立体思维解决矛盾冲突,为构建健全的国家安全体制和法治体系提供了至关重要的战略指导。另一方面,兼顾传统安全与非传统安全问题,以开放包容的视角,构建多元融合的、独具中国特色的国家安全理论体系,以合作共赢的新型安全理念保障整体安全。而在这动态开放的整体性安全体系中,数字安全是不可或缺的重要因素,也是承载其他安全领域的关键载体。因此,在数字中国建设过程中,保障数字安全成为中国式现代化建设的基本要求与核心追求。最后,数字安全具有全球性视野与协调性特征。在全球政治经济深度融合的当下,总体国家安全观致力于形成中国与世界各国紧密相连的命运共同体,世界是一个相互依存、有机统一的整体,总体国家安全观既要关注自身安全,又要兼顾共同安全问题,充分展现了现代国际关系的新理念。同时,总体国家安全观兼顾"安全与发展""内部与外部"以及"自身与整体"三大紧密交织、相辅相成的辩证维度。在数字法治的语境下揭示了安全并非"强制性的秩序维护",而是蕴含了鲜明的持续性与制度性特质。这要求我们在建设数字中国进程中,秉持高度的协调性与全局观,妥善处理内部与外部、自身与整体之间的复杂关系,力求实现多维度、全方位的和

---

① 参见《总体国家安全观干部读本》编委会:《总体国家安全观干部读本》,人民出版社2016年版,第22—23页。
② 《马克思恩格斯文集》第1卷,人民出版社2009年版,第519页。
③ 参见蒋银华:《论数字法治政府建设的安全之维》,载《法律科学(西北政法大学学报)》2024年第4期。

谐统一。

三、数字时代总体国家安全观的地位及适用

在数字安全治理领域,总体国家安全观发挥着至关重要的统领作用。党的十九大报告中提及"安全"一词55次,党的二十大报告中共出现"安全"一词91次,专章讨论安全问题。党的二十大报告重新理顺了国家安全、公共安全与社会治理的关系,逐步形成"大安全"理念。可见,国家安全是民族复兴的根基,社会稳定是国家强盛的前提。当前,我国国家安全的内涵与外延之丰富、时空领域之宽广、内外因素之复杂,呈现出前所未有之态势。数字安全风险及其所衍生的各类安全风险,不仅是总体国家安全观框架下亟待解决的重要议题,更与总体国家安全观的多个安全面向紧密相连,构成了不可分割的有机整体。总体国家安全观原则在数字安全法治中的重要作用和地位主要体现在以下几个方面:

(一)总体国家安全观为数字安全提供战略引领

《国民经济和社会发展第十四个五年规划和2035年远景目标纲要》提出:"加强网络安全关键技术研发,加快人工智能安全技术创新,提升网络安全产业综合竞争力。"在复杂多变的风险社会背景下,治理的核心理念已悄然转变,从以往侧重秩序维护的传统模式,逐步迈向以风险防控为核心的新阶段。对外面临维护国家主权与安全,对内维护政治安全和社会稳定,各种风险因素明显增多。[①] 在此过程中,数字技术应用的高效性与便捷性获得了社会各界的广泛认可,其快速发展的同时也伴随着数字风险的问题。安全理念作为行动的指南,其重要性不言而喻,安全实践正是在科学、先进的安全理念指引下不断前行的。在新时代,我国国家安全和社会稳定事业的持续发展,是系统化与协同化并进的过程,并以现代理念化为核心驱动力,强调理念、体系与能力三者之间的紧密配合与相互促进。总体国家安全观作为数字安全的战略指引,确保了发展方向的科学性,进而推动国家安全和社会稳定事业的全面进步。数字安全作为总体国家安全观中的关键组成部分,还直接或间接涉及其他安全问题。不仅具有独立性,还通过直接或间接的方式,与其他各类安全问题紧密相连,共同构成了国家安全和社会稳定的坚实基石。总体国家

---

① 参见中共中央文献研究室编:《十八大以来重要文献选编》(上),中央文献出版社2014年版,第506页。

安全观具有整体性与全局性特征,在国家治理体系现代化进程中占据着核心地位。此观念从顶层设计的战略高度,明确界定了数字安全领域的价值取向与体系定位,为数字安全的发展提供了根本引领。

(二)总体国家安全观为数字安全提供实践导向

数字安全领域涵盖内容广泛,风险类型亦呈多样化态势。在总体国家安全观的框架下,数字安全治理策略与总体国家安全观紧密相连,受其统筹指导。在当下信息化时代,各类非传统安全风险遍及网络、数据、人工智能等众多领域,不同于传统安全风险,非传统安全风险由物理世界拓宽至网络世界,呈现出虚实结合、域内域外交错的局面;同时,具有危害主体匿名化、危害行为复杂化、危害结果扩散化等特征。在数字治理过程中,数字安全的风险难以控制,数字流动中存在诸如数据跨境流动风险、数据设施运营风险、数据开放风险等问题。总体国家安全观为数字安全提供了实践导向,一方面,通过完善的法律体系实现法的安定性,确保法律在立法、执法、司法、守法、监督的综合治理体系之各环节稳定实施;另一方面,为应对数字时代社会面临的重大关切问题,将威胁民生福祉的各类危害行为纳入法律规制范畴,以促进法律体系的适应性与稳定性,通过变革与创新,确保数字安全领域的长期稳定与发展。

(三)形成以人民安全为宗旨的价值目标

总体国家安全观一贯秉持"以人民安全为宗旨"的原则,以保障人民性理论的基本要求。人民性作为总体国家安全观追求的最高价值理念,也必然是数字安全所追求的价值目标。人民安全是总体国家安全观的第一要义,只有保障人民的安全,国家才能得到长期的发展。数字安全乃至国家安全最终落脚点是人民安全。有学者敏锐地提出了"数字人权"概念,将其视为数字时代变革的标志性产物。数字人权紧密围绕数据与信息,催生了一系列非传统法律权益类型,其影响力重大。① 在此基础上,我们应以人民安全为价值导向,深度融合人民性理论与"第四代人权"理论的精髓,保护人民在数字安全领域的各项利益。通过对数字安全治理体系的全面优化与升级,确保其在维护人民安全方面发挥更加积极有效的作用。从人民性出发指导数字安全治理的目的在于增进人民的安全感并强化权利保障。在推进数字安全的过程中,通

---

① 参见马长山:《智慧社会背景下的"第四代人权"及其保障》,载《中国法学》2019年第5期。

过优化民意表达渠道与落实有效的反馈机制来达成目标。然而,在实践中自下而上的数据安全反馈机制可能会受到多种因素的影响,包括但不限于主体间的复杂性、决策过程中的偏好倾向以及行动执行中的偏好差异。这些因素可能对人们的数据安全构成潜在风险。因此,我们需要审慎对待这些挑战,并采取有效措施加以应对,以确保数字安全工作的顺利进行。

第二节 维护数字主权原则

随着网络信息技术的不断进步,现代主权覆盖网络这一虚拟空间已成为共识,"位于一个特定国家领土上的网络基础设施连接到网络空间,不能解释为该国放弃其主权"[①]。近年来,由于数据泄露、网络攻击、数字规则缺失而引发的主权安全风险日益为人们所重视,保障数字安全法治的有序进行离不开维护数字主权原则。

一、数字主权的发展历程

维护数字主权原则是保障国家数字安全法治的重要内容。现代主权系统理论来源自欧洲,16 世纪的法国思想家让·博丹首次提出国家主权的概念,并将其界定为"国家所有的绝对且永久的权力"[②],反映出封建君主制统治集团的利益。18 世纪的卢梭通过《社会契约论》提出人民主权学说,认为主权属于人民,该项权利不可转让、不可分割、不可代表,应以直接民主的方式得以实现。19、20 世纪由于帝国主义大肆扩张,否定国家主权理论思潮兴起,许多学者认为国家主权是不必要的。国家主权的内涵随着政治体制的变革而不断更迭,带有极为深刻的时代烙印。进入 21 世纪后,随着数字网络空间的发展,国家将主权由现实空间延伸至网络空间中,数字技术的大规模应用使得数字空间与现实空间相互交错。网络主权是国家为应对网络空间发展带来的安全风险而提出的概念,是国家对本国网络空间的自主控制权。2013 年曝光的美国全球监听项目"棱镜计划",2016 年剑桥分析公司基于数据分析的精密算法,通过微目标定位、精准投放政治广告帮助政治运动,2018 年"脸书

[①] 〔美〕迈克尔·施密特主编:《网络行动国际法塔林手册 2.0 版》,黄志雄等译,社会科学文献出版社 2017 年版,第 58 页。

[②] 〔法〕让·博丹:《主权论》,李卫海、钱俊文译,北京大学出版社 2008 年版,第 25 页。

数据丑闻",2022年"马斯克解密推特档案"等热点事件,使各国普遍意识到网络空间运用到军事、政治领域可能带来的巨大威胁。随着人工智能等数字技术推动网络的数字化转型,网络空间升级扩容,形成了借助数字技术、数字基础设施和数据组成的数据流联动操控现实与虚拟空间,无形间增大了风险传导,加大了网络安全风险的联动性与破坏性。对此,为了有效应对网络数字化升级带来的网络安全风险,国家加强对本国开放的数字空间独立自主的控制权,即数字主权。

数字主权作为界定数字空间治理范畴与方式的核心概念,在全球范围内不同国家观点各异。这些差异化的理解,进一步催生了国际数字主权战略与政策层面的多元化交流与互动。2018年欧盟首次引入"数字主权"的概念,委员会主席冯德莱恩2020年发布《欧洲数字主权》报告。主权概念随后的欧盟关键政策文件,诸如《2030数字罗盘:欧盟数字十年战略》《塑造欧洲数字未来》均得到了全面深入的贯彻落实,成为欧洲数字化战略转型新阶段的重要基点。欧盟注重市场监管的数字主权,将数字主权解读为"在数字空间中独立行动的能力",借助27个主权国家将市场监管主权交由欧盟委员会统一行使,以此强化市场监督与管理,进而提升对数字空间的掌控力。美国致力于追求全球数字主权的霸权地位,企图实现对全球数字空间的单边控制,并否定其他国家对其本国数字空间的合法控制。在全球网络空间治理机制的构建上,美国以"互联网自由说"反对网络主权,质疑政府对网络空间进行治理的合法性,并将网络主权与专制相关联;反对建立联合国框架下政府发挥主导作用的协商合作互联网治理机制,意图通过私营企业、技术社群、社会机构等多元利益攸关方的跨国协商来构建互联网治理体系。中国依托数字技术领域的领先地位及与发展中国家建立的长期稳固合作基础,提出构建数字空间秩序的新主张;强调主权国家作为数字空间治理的核心主体,各国应依法享有并行使对本国数字空间的治理权;同时,国家倡导通过平等、开放和包容的协商对话,共同制定并遵守全球数字网络空间治理的统一国际规则,以此增强数字空间治理领域的话语权,并引领构建公正合理的数字空间治理机制。2017年,中国出台《网络空间国际合作战略》,明确指出网络空间作为人类共同活动的全新领域,亟须确立一套行之有效的行为规范。网络空间同样适用主权原则,主权国家在网络治理的公共政策与安全方面扮演着至关重要的角色,国家间应相互尊重自主选择网络发展道路、网络管理模式、互联网公共政策和平等参与国际网络空间治理的权利。各国政府有权依法管网,有权管辖本国境内信息通信基础设施和资源、信息通信活动,保护本国信息资源免受干扰和破坏,有权制定本国互联网公共政策和法律法规,免受外来干扰,共同推动网络空间国际秩序与规则的形成。2022年国务院新闻办公室发布《携手构建网络空间命运共同体》白皮书,倡议在发挥联合国核心作用的基础上,展望网络空间国际合作前景。《联合国宪章》确立的主权平等原则是当代国际关系的基本准则,主张国家拥有平等参与国际规则与秩序建构的权利,呼吁国际社会在相互尊重网络主权的基础上,加强对话与合作,共同构建和平、安全、开放、合作、有序的网络空间。

二、数字主权原则的具体内容

数字主权作为传统主权脉络的时代延伸,体现出与传统主权理论相一致的对内对外两个维度。对内表现为对其本国开放的领土内的网络空间的支配与管辖,对外表现为在国际社会秩序中一国独立治理本国网络空间的权力,并有权与其他国家平等协商解决数字纠纷。数字主权的内容主要包含:一是国家凭借数字技术与数字规则对本国数字空间内的数字用户、数字行为、数据、数字设备等享有的排他性管辖权;二是排除干涉处理本国数字事务的独立权,独立权是对外主权的重要表现形式,对外主权是数字主权的核心,国家对本国数字享有独立占有、使用、管理的权力,不受他国或国际组织的干预与制约。三是平等参与国际数字事务协商的平等权。具有身份意义是数字主权的基础和前提,各国平等享有主权,不受领土大小、实力强弱的影响,其他国家不得侵犯他国的数字主权。四是在国家及公民数字权益受损时发起反击的防卫权等。当数字主权受到侵犯时,国家有权采取必要的手段抵御外部攻击。

数字网络空间中,国家是重要的行为主体,体现国家权力关系的主权原则也是网络空间秩序构建的基本原则。数字主权具有以下特征:首先,主权边界模糊性。信息革命带来了网络化、数字化、智能化的迅猛发展,主权能力被数字化所结构,主权边界变得模糊。[①] 其次,地域界限溢出性。现实活动的地域性影响较强,国家依据归属地管辖可以实现对领土空间的人、事、物进行

[①] 参见马长山:《数字时代的人权保护境遇及其应对》,载《求是学刊》2020年第4期。

管辖,但由于发生于网络空间的数字活动跨国影响突出,仅靠属地管辖无法将损害国家或国民权益的境外数字活动纳入自身管辖范围,需借助管辖权域外扩张或跨国司法合作加以处理。再次,多边规则制约性。现实活动多发于一国境内,主要受一国规则的制约,但网络活动通常涉及多领域多地区,通常受到双边或多边规则的制约。最后,技术分散性。在现实空间主权主要由政府机构代表国家集中行使,但在数字空间政府不再是国家主权的唯一行使者,而是将部分主权分散给制定全球互联网技术标准、治理机制的国际组织、受政府委托承担管辖权的数字平台或技术人员。

关于"数字主权"内容的理解可以从国家安全、社会经济发展与公民技术使用的视角进行讨论。首先,从国家安全层面考察,数字主权强调对国家或地区的数字基础设施与技术部署采取行动和决定,并且拥有对本国领土内公民数字通信事务的治理权力。其次,从社会经济发展视角考察,数字经济的自主权强调数字平台与国家经济竞争力的相互作用,通过经济战略和产业政策调整,促进国内经济创新能力,通过数字主权控制他国在全球数字市场实施的过度主导,减少过度依赖。最后,从数字技术使用者公民视角考察,通过加强公民自主权与个人自决权推动数字主权的构建。在"数字殖民主义"思潮的广泛影响下,以全球南方为代表的"后发国家"往往会借助这一治理路径构建国家对数字平台治理的自主权力,并在治理标准与规则的设定中体现特定国家—地区的数字价值观。有趣的是,这一维度的政策话语看似"偏离"了以国家公权力为中心的主权概念理解,实则通过主权概念的"让渡"以公民权利重构了民族国家的自主权。数字主权有效均衡了互联网全球性与国家监管模式之间的"张力"。

三、维护数字主权原则的价值意蕴

数字已成为驱动社会发展的新型关键资源,其重要性不言而喻。数字主权安全,作为支撑数字领域蓬勃发展的基石,对于捍卫国家主权、加速经济发展及确保国家安全具有不可估量的价值。在数字化浪潮席卷全球的今天,积极维护数字主权,不仅是对我国数字安全法治体系的强有力支撑,更是推动国家整体安全战略向前迈进的关键因素。

(一)保障数字主权原则是维护国家主权的重要支撑

数字主权日益成为发展数字经济、实现网络强国目标、建设数字中国的重要内容,其囊括大数据时代的国家利益需求。一方面,数字主权作为国家主权的数字领域的新形式,丰富了国家主权的内涵和外延。作为重要生产要素的数据,其使用、储存、流动都由主权国家加以控制和掌握,在数据跨境流动中被境外主体获取并使用时,国家有权管理跨越国界的本国数据,并根据实际情况进行规制。另一方面,维护数字主权有助于高质量实现网络强国的战略目标。为构建网络强国,应确保网络信息化基础措施达到世界先进水平;掌握关键技术的自主控制权;具备明确的网络空间战略与网络话语权;拥有强大的网络安全保障能力;网络应用在规模与质量上处于世界领先地位;在网络空间战略中,具备占据制高点的能力与水平。[1] 网络强国得以实现的标准为我国数字主权维护提供了具体方向与实践指南。数字主权的相对独立性保障我国的数据资源牢牢掌握在自己的手中,便于直接管理,以促进网络强国的实现。我国数字发展的广泛性得益于数字主权系统性及合作性的坚实保障。在当前时代背景下,各国发展形势各异,我们致力于加强全球化的合作与交流,避免成为信息时代的孤岛。积极提升在网络空间中的话语权与影响力,以确保网络强国目标的实现能够与世界趋势相契合,共同推动全球数字领域的繁荣与发展。

(二)维护数字主权原则是推动数字经济发展的重要指引

随着数字时代的到来,数字技术的发展加速了全球资源的整合与协同,使全球的联系更加紧密。随之产生的数据在经济社会中占据重要的地位。数据,作为一种新兴的生产要素,展现出规模庞大、流转迅速以及价值非凡等显著特征,这些特点使其与传统生产要素相比存在显著差异。数据本身所蕴含的巨大价值,正不断推动主权国家综合实力的显著提升。作为新型生产要素,数据是数字化的基础,深入融入生产生活等各个环节中,改变了传统的生产方式、生活方式和社会治理方式。数据随着新一代信息技术的发展,在生成、采集、储存、加工、分析和服务的过程中实现了价值转化,衍生出大量数字产品和服务,形成了数字产业。[2] 应大力促进大数据产业的发展,推动数据经济成为经济社会发展的重要支撑,助力数字中国建设。数据与数字技术是经济发展的重要力量,在数字化社会中衍生出一种新型经济范式即"数字经济",它以数据为生产要素,以数据设施与技术为载体,以数字产业为依托,成

---

[1] 参见荣开明:《习近平新时代建设网络强国思想论略》,载《江汉论坛》2020年第3期。
[2] 参见 2021 年 11 月工业和信息化部印发的《"十四五"大数据产业发展规划》。

为经济社会发展的新形态。维护数字主权原则进一步推动了数字经济的发展,为数字经济发展提供重要的战略资源,保障经济发展的稳步推进。

(三)维护数字主权原则是保障数字安全的重要支撑

数字主权与国家安全之间密不可分。具体而言,数字主权为抵御数字安全威胁提供了坚实的支撑。而数字安全的稳固,则是数字主权得以实现并有效维护的具体体现。作为人口和制造大国,我国数据资源极其丰富,随着数字中国建设的不断推进,各行业的数据资源采集、应用能力不断提升。《数字中国发展报告(2023年)》指出,我国数据生产总量达32.85 ZB,同比增长22.44%,数据存储总量达1.73 ZB。数据流量规模持续增长,2023年我国移动互联网接入总流量约为0.27 ZB,同比增长15.2%。可以看出,我国数据要素市场日趋活跃,数据产量快速增长,数据交易市场活跃,数据流量规模持续增长。在数字化社会转型的过程中,数据泄露等安全问题不仅威胁数字主权安全,也对国家总体安全造成了重要影响。此外,数据技术既是数字安全的重要支撑,也是数字资源发挥作用、维护数字主权原则的重要技术支撑。如今,跨境数据流动成为数字治理的重要场域,数据流动不可避免地会引发数字主权问题,伴随着数据流动产生的巨大经济效益和附带效益,与数字安全和发展息息相关。全球化数字大潮势不可挡,以跨境数据为代表的各国数字主权面临重大挑战,维护数字主权原则进一步保障了国家数字安全,以便构建新型全球数字治理体系。

第三节 保障数字权益原则

随着数字化发展变革的强力驱动,人类社会向数字全球化时代大步迈进。数字竞争力作为国家综合实力不可或缺的一环,正逐渐凸显其重要性。同时,数字权益问题也日益成为学术界及实务部门关注的焦点。坚守保障数字权益的原则,不仅能够有效捍卫公民的合法权益,更是推动数字经济稳健前行的关键所在。此外,还将为科技创新注入强劲动力,进一步促进社会的全面进步与发展。

一、数字权益原则的内涵要义

按照发展阶段,人类社会历经了狩猎采集社会、农业社会、工商社会、信息社会和数字社会的发展。随着数字时代的发展，人类逐步迈进"数字化生存"时代①。数字技术深刻地改变着人们的生产生活，5G通信、大数据、物联网、区块链、人工智能、量子计算等已经成为人们生活中必不可少的技术方式。数字技术投入与使用改变了社会资源的配置结构，推动了社会转型，也产生了新的权益需求。数字时代的到来和数字技术的高速发展，产生了新兴的数字权益。

数字权益作为数字社会的衍生物，是根植于数字基础之上的一种权益形式，其存在与数字密不可分，保障数字权益涉及保障特定主体的权利与实际利益。关于数字权利的概念尚未达成广泛共识。有学者认为："数字权利是一个集合性的权利，数字权利背后需要加以保护的不仅是物质性的利益也包含精神性的利益，其保护的法益具有政治权利、经济权利、文化权利、社会权利等对应的法益的特性。"②有学者将"数字时代的权利差序分为基于隐私、信息与数据三种客体之上的隐私权、个人信息权与个人数据所有权"③。尽管传统民法中对于主客观主体的二元划分不能直接适用于数字本身，但对于附着于数字之上的权利，我们应给予其同等的法律保护。数字权利，作为个人基本权利在网络空间的延伸，其重要性不容忽视，必须得到全面地尊重与保障。正如联合国大会及人权理事会明确规定的权利保护的"规范性等同"原则，人们在网络空间的权利也应得到同等的保障。

"信息革命已经深远地、不可逆转地改变了世界，其步调惊心动魄，其范围前所未有。"④随着人工智能、区块链以及大数据带来的深刻变革，数字化的加速发展带来了根本性的变迁转型与总体性的制度塑造，在数字全球化的进程中产生日益深刻的颠覆性重建。在数字化时代影响下，现代法学以国家—社会为基础的公权力—私权利二元框架理论逐渐转向国家—平台—社会的公权力—私权力—私权利三元框架体系，呈现出数字生活的新型发展规律，形成了诸多新型"数字权利"。与此同时也带来了数字权显性与隐性的扩张，一定程度限制了公民数字权的行使，主要包含两个方面：一是国家权力的数字化扩张。在当今数字时代，"世界人口大约每25年翻一倍，而监控能力则每

---

① 参见〔美〕尼古拉·尼葛洛庞帝：《数字化生存》，胡泳、范海燕译，电子工业出版社2017年版，第16—17页。
② 莫纪宏：《论数字权利的宪法保护》，载《华东政法大学学报》2023年第4期。
③ 申卫星：《论数据产权制度的层级性："三三制"数据确权法》，载《中国法学》2023年第4期。
④ 〔英〕卢恰诺·弗洛里迪：《信息伦理学》，薛平译，上海译文出版社2018年版，第1页。

18月翻一倍。监控曲线压过了人口增长曲线"[①]。国家对个人层面的监控不断攀升,这是源自政府机构等相关部门权力使然,为了防止间谍活动、恐怖主义抑或犯罪活动对人们的侵害。国家无形间凭借数字化手段不断扩张国家权力,而公民无形间则处在数据分析、网络连接、算法建模所搭建的监控之中,公民的数字权利受到了限缩。二是平台权力的形成与膨胀。平台作为数字经济的主导形式,在寻求利益最大化的同时拥有自身的私权利。在"平台加责"监管模式下作为平台治理的规制主体,通过制定规则、设定程序、处罚违规现象、处理矛盾纠纷等方式,行使平台规制功能,从而拥有平台私权力。这种私权力如果不受控制,极易造成平台权力滥用,从而损害公民的合法权益。随着经济的发展,平台在获得垄断地位场景下,通过收集用户数据的方式牟取利益,如利用垄断地位实施价格歧视或利用发布定向广告的方式谋取超额利润,严重侵害了公民的数字权益等。事实上,与普通民众相比,掌握"技术霸权"的技术公司、商业平台和政府部门均拥有着巨大的数字优势,与公民或者用户之间具有明显的不对称性。普通民众难以对抗这样的数字技术发展与应用,想要享有数字技术带来的便利与体验,往往不得已放弃一部分既有的权益。同时,部分平台在治理过程中,与公权力形成一定的合作式共谋,造成对不同群体的公民或用户权利享有与行使上的差异性挤压和减损,使得公民或者用户与平台之间,以及公民或者用户之间的权利落差,威胁公民的隐私、信息和数据方面的权利。

二、数字权益保障的目标指向

数字化社会发展造就了现实与虚拟交融的数字空间,同时也赋予了人们以生物人与数字人的双重属性。在"数字化生存"状态下,形成了诸多新兴"数字权力"。传统利益升级与新兴权益衍生存在相互包容、吸收与转化的过程。数字权益保障问题直接影响到数字时代数据安全的治理模式,数字权益保障的目标指向,是数据安全治理需要解决的重要理论问题。

数字社会使个人主体被赋予"数字属性",同时拥有数字身份,数字权益正是其作为"数字人"时所享有的基本权益。如何为公民保持和利用其数字身份提供依据,维持公民数字化生活条件,防止数字鸿沟阻碍数字权益全面

[①] 〔澳〕朱利安·阿桑奇:《密码朋克:自由与互联网的未来》,Gavroche 译,中信出版社 2017 年版,第 47 页。

实施是保障数字权益的重要内容。随着数字时代带来权利与权力的结构性变革,"第四代人权"应运而生。以双重空间的生产生活关系为社会基础、以人的数据信息权益为表达形式、以智慧社会中人的全面发展为核心诉求,应然地将数字社会涌现的各种新兴数据信息权益作为保护对象,包括围绕数据信息使用所产生的"知情—同意权""删除权""变更权"等,其本质是在数字时代中发展和保护人应该享有的权利。① 在当今数字社会,数字化生存使人们的生活摆脱了土地束缚,跳出了物理场域,打破了地域、领域及族阈的界限②,充分体现"数字人"身份的价值意义。

在个人层面,数字权益保障的目标聚焦于对"数字弱势群体"的权益保障。提供维持数字化生活"适当水准"的条件,确保个人享有基本的数字化生活条件,如互联网连接、数字设备使用等,以维持其数字化生活的最低水准。同时,共享数字红利。数字弱势群体共享数字红利为基于个体权利的社会应得,确保他们能够平等地享受数字化发展带来的便利和成果。结合现代人权理念,将数字权益保障从个体性社会救助转向普惠式社会福利,使更多人能够受益于数字化社会的发展。

在社会层面,数字权益保障的目标主要关注于维护数据要素市场的秩序和公平正义,以及推动数据的高效、合规、有序流通。通过加强数据权益保护,维护数据要素市场的秩序,防止不正当竞争和侵权行为的发生。确保数据权益的分配和保障能够体现社会公平正义的原则,防止数据垄断和数据歧视等现象的出现。建立健全的数据权益保障机制,推动数据的高效、合规、有序流通,为数字经济的发展提供有力支撑。

在国家层面,数字权益保障的目标在于维护数字主权、保障数据安全与隐私、促进数字经济健康发展以及推动数据跨境交流与合作等方面。国家层面的数字权益保障目标首先要确保国家的数字主权不受侵犯,如数据中心、网络基础设施等,确保这些资源不被外部势力控制,保障国家的数字独立和自主。随着数字化进程的加速,数据安全和个人隐私保护成为国家层面的重要议题。提升网络安全防护能力,健全数据安全治理体系,切实有效防范各类风险。确保数据的收集、存储、使用、加工、传输、提供、公开等各个环节都符合法律法规要求,防止数据泄露和滥用。数字经济已成为国家经济发展的

---

① 参见马长山:《智慧社会背景下的"第四代人权"及其保障》,载《中国法学》2019年第5期。
② 参见张康之、向玉琼:《网络空间中的政策问题建构》,载《中国社会科学》2015年第2期。

新引擎。国家层面的数字权益保障通过推动数字技术创新、优化数字经济发展环境、加强数字经济统计监测等方式予以完善。同时,加强国际合作,共同应对数据安全、隐私保护等全球性挑战,推动构建数字命运共同体。

最终,在数据安全风险治理的进程中,确保基本权利获得全面保障。从法律层面确立并强化人民的主体地位,以防范政府与企业在处理民众意见时产生的偏见,进而激发人民对数据安全治理的积极参与和热情。从保护人民基本权利的视角出发,还应确保人民在数据领域享有包括数据所有权、数据用益权、数据携带权、数据删除权以及数据利用收益请求权等在内的基本数据权利,以全面维护人民的合法权益。

三、保障数字权益的基本方式

数字技术发展所带来的科技革命和产业革命推动着人类社会进入新的发展阶段,推进国家治理现代化的方式和要求也随之发生改变。保障数字权益原则回应了科技进步与社会转型的需求,为国家治理提供了新的手段、模式与策略。

(一)认同数字人权保障个人权利

数字化技术的广泛应用使数字成为人们生产生活的重要组成部分,数字人权作为重要的新兴权利占据着重要地位,是新一代人权的战略需要。马长山教授最早提出了数字人权的概念,认为数字人权是信息革命所带来的新兴问题,也是基于智慧社会发展诉求的"第四代人权",个人数据权、个人信息权等权利应当作为一项基本人权被确定下来。但关于数字人权的合法性证成学界有诸多的争议,有学者对此提出了全面质疑,认为数字人权不仅不是人权更迭的新兴权利,而且也不适宜作为人权的下位概念。[①] 随着数字化社会的逐步发展,人们对数字技术的依赖不断加深,数字技术逐步改变了人们的生活方式。对此,把对数字科技的掌握和运用奉为"权利",并将其归属于"人权",提炼出"数字人权"概念,普及"数字人权"理念,既十分必要、甚为迫切,也顺理成章、水到渠成。"无数字、不人权"[②],通过认同数字人权,最大限度保障公民的合法权益。数据"塑造着人们的数字属性、数字面向和数字生态,构

[①] 参见刘志强:《论"数字人权"不构成第四代人权》,载《法学研究》2021年第1期。
[②] 张文显:《无数字 不人权》,载《网络信息法学研究》2020年第1期。

成了人的资格所需要的一种核心资源"①。保障公民的基本权利,使人们有尊严地生活是每个公民的内心渴望,也是国家行使公权力时的重要考量,以保障公民数字生活的安宁与稳定。对此,国家在数字时代通过电子监控、人脸识别、手机扫码等方式收集到的个人数据信息应予以规制,严控国家的信息收集与处理活动,注重数字监控的方式与限度,保障公民的信息自由与安全。同时,通过公权力处理并监管数据时,注重保障公民的数据隐私权的保障。

（二）构建数字权利保护的制度体系

为了便于将数字技术发展的成果予以制度化肯定,并强化政府对公民数字权利的保障,可以通过必要的法律制度和权利治理相结合的方式进一步推动数字权利制度化、法律化。一是加强网络空间安全保护机制。多措并举加强网络安全管理,建立健全网络安全的法律保障体系,加强网络安全监管,实现权责明确的多部门联动监管和合作体系,开展日常巡查和自查,及时采取措施查漏补缺确保网络安全。加强技术创新,以科技赋能网络安全发展,提升自主可控能力。提升全民网络安全素养,制订人才专项计划,加强网络安全宣传。推动国际网络安全多元化合作,构建网络安全命运共同体,加强网络犯罪综合防治体系,共同打击网络犯罪。二是建立数据权利保护制度。数据是数字技术应用中重要的新型生产要素,是数字化的基础。作为数字技术应用中的衍生产品,数据逐步改变了人们的生活方式。然而,在此过程中也伴随着一系列风险与挑战,特别是数据个人信息保护及数据使用风险规避等复杂议题。因此,将权利治理方式纳入数字权利保障体系之中,显得尤为关键。由于数据领域涉及不同的利益主体,因此可以通过对数据权利进行分类立法以实现对数据权利的保护,通过侧重于对数据领域各种主体的合法权益的甄别,给予不同程度的法律保护。三是加强对公民信息权的法律保护。数字化权利制度对于每一个社会成员都具有普惠性,为人们的生活带来诸多的便利,但同时由于数字技术的不当使用也不可避免地对隐私权和人格权益造成侵犯。可以尝试通过加强法律制度对个人信息权的保障以实现对数字技术发展带来风险的规制,现有的个人信息保护的法律法规已经构成一个较为完善的法律责任体系,可以在微观保护的基础上,在宏观上承认个人信息权在法律制度上受到整体性保护的可行性。四是明确数字侵权责任。数字权

---

① 马长山:《智慧社会背景下的"第四代人权"及其保障》,载《中国法学》2019 年第 5 期。

利保护一方面通过传统法律制度直接设定权利的方式予以实现,另一方面通过建立侵权责任防范对数字权利的侵犯,并进一步强化政府在数字治理中的主导作用,在企业与政府间建立起规制数字经济的合作治理模式。

第四节 安全与发展相协调原则

安全与发展相协调,作为数字安全战略观念的核心要素之一,是国家治理体系中科学辩证地处理发展与安全之间内在关联与逻辑关系的重要原则。在奋力推动经济社会持续、快速发展的同时,国家应保持对潜在风险因素的高度警觉与密切关注,致力于实现高质量发展和高水平安全保障的和谐共生与相辅相成,确保两者共同推动国家治理体系的稳健前行。

一、安全与发展相协调原则的实质内涵

安全与发展的关系,承载着鲜明的时代烙印,深植于国家发展的历史脉络之中。自新中国成立以来,我国安全与发展的天平更倾向于安全;随后,进入改革开放时期,国家发展战略逐步向发展倾斜,以经济建设为中心成为党和国家的基本路线与发展重点;步入新时代,我国明确提出了发展与安全并重的战略导向,这标志着对安全与发展关系的认知达到了更为全面、辩证的新高度。安全与发展的协调并进,是对两者内在联系的深刻把握和科学运用。

随着进入数字时代这一新发展阶段,构建起新的战略发展格局。目前,中国仍然处于重要的战略机遇期。在风险社会中,仍存在发展的非均衡性、增长动力不足、产业布局不够合理、对外贸易压力变大等问题。随着全球政治经济格局的深度调整和非传统安全威胁的日益加剧,中国面临的风险挑战更为复杂化、多元化。而伴随着全球化、经济一体化、多领域国际合作效应的程度加深,一个国家的经济社会发展与国际开放环境之间的交互性也越来越强,国家宏观经济形势已越来越依赖诸如国际经济贸易整体状况、国家间经济实力对比、重要战略资源储备与价格、全球性重大公共危机与自然灾害、个别国家与区域的政局与军事冲突等,非传统风险对国家的发展产生重要的影响。安全和发展相融合原则是在马克思主义发展理论与安全理论创新运用和发展的基础上形成的重要成果。因此,必须把维护安全和推动发展贯穿于国家发展的各领域和全过程,以应对前进道路上的发展性挑战和安全性危机。切实维护和塑造国家安全,为经济社会的持续健康发展创造有利的国际国内安全环境。

安全与发展的协调并进是数字安全战略观念的重要组成部分,它展现了对于安全与发展之间关系更为深刻且全面的辩证理解。当前,中国正处于重要的战略机遇期,我们需坚定不移地以经济建设为中心,致力于推动经济实现高质量发展,同时着力解决发展过程中的不平衡、不充分问题,以更好地满足人民群众日益增长的对美好生活的向往与需求。与此同时,全球政治经济格局正处于深刻调整之中,且非传统安全威胁日益严峻,中国所面临的风险与挑战也呈现出更加复杂、多样的特点。鉴于此,我们必须将维护国家安全与推动经济社会发展紧密结合,贯穿于国家发展的各个领域与全过程之中,以确保在维护国家安全的同时,也为经济社会的持续健康发展创造出一个有利的国内外安全环境。

处理好发展和安全的关系,是中国共产党在治国理政中一直特别重视的问题。党的十八大以来,以习近平同志为核心的党中央通过积极探索创造性地提出统筹发展和安全理念,坚持走发展和安全并重之路,以有效应对错综复杂的国内外环境变化,更好地实现高质量发展和高水平安全。2014年4月15日,中央国家安全委员会第一次会议中提及总体国家安全观战略思想时强调了"发展是安全的基础,安全是发展的条件"。2015年1月23日,中共中央政治局会议审议通过的《国家安全战略纲要》中提出"在发展和改革开放中促安全"。党的十九大报告中正式提出了"统筹发展和安全"是"党治国理政的一个重大原则"。党的十九届四中全会通过的《中共中央关于坚持和完善中国特色社会主义制度、推进国家治理体系和治理能力现代化若干重大问题的决定》中明确要求"统筹发展和安全"。党的二十大报告从回望历史成就、承接历史使命与开启新征程的两个角度继续升华"统筹发展和安全"的内涵,进而赋予、彰显其不断跃升的时代价值。

安全与发展相协调原则的核心内涵就是要科学地认知、思考并正确处理发展与安全的辩证关系与战略布局,以达到两者动态平衡的目标。处理发展和安全的关系是国家治理语境下的重大战略问题,是一个根据开放的内外环境与条件资源构成,以明确的目标、完整的计划、可操作的方案、有效的执行以及有针对性的控制,从而实现将战略目标转化为现实绩效的动态过程。安全是发展的保障,发展是安全的目的。不发展是最大的不安全,发展问题也是安全问题。① 将发展与安全进行总体考虑和战略统筹，是对开放的内外部环境的科学预判，是对影响发展的安全因素和保障安全的发展动力进行总体系统把握，体现的是对当代国际社会不确定性和风险易发的精准研判。"安全只有在一个不断发展的社会结构中才能体现出对于行动者的意义。"② 安全与发展相协调原则以"最低限度"的安全为前提，首先满足最基本的国家安全与个体安全需求，在此基础上通过对数据的分类分级与安全评估，尽可能减少对数据流动的人为限制。

"现代性孕育着稳定，而现代化过程却滋生着动乱。"③ 在现代化进程之中，诸多冲突与风险实为不可避免之挑战。当前，中国正迈步于社会主义现代化强国与中华民族伟大复兴的崭新征途之上，同时亦置身于全球变局深刻调整的浪潮之中。在此情境下，统筹发展和安全，不仅是一项基本事实，更是我们必须直面并把握的必然趋势。"生产力在现代化进程中的指数式增长，使风险和潜在自我威胁的释放达到了前所未有的程度。"④ 安全与发展呈现出正相关的关系模式。发展和安全作为治理难题的本质在于，二者如何可能被一套体制逻辑所统筹容纳。中国作为世界上最大的发展中国家，在国家治理层面始终秉持着统筹发展和安全的坚定立场，通过国家发展战略与安全战略深度融合，进而达成了高质量发展和高水平安全的双重目标。在此过程中，中国所提出的创新理念、所探索的实践路径以及所积累的宝贵经验，为全球范围内破解发展与安全难题提供了重要参考与借鉴。在人类推进现代化的过程中，如何在确保经济社会持续稳定发展的同时，有效应对发展过程中所涌现的各类安全风险，成了一个亟待解决的重大课题。这既要求我们在理念上进行深刻的反思与重塑，也呼唤着国家战略层面的调整与优化。

安全发展的核心理念在于，其发展必须构筑于坚实的安全基础之上，安全需全方位、全周期地融入发展的每一个环节。在发展的各个阶段与环节，均需给予安全以充分的重视与保障，确保发展与安全保障之间达到和谐统一，这有效破解了当今全球众多国家所遭遇的发展瓶颈与安全挑战，从而彰

---

① 参见《总体国家安全观学习纲要》，学习出版社、人民出版社 2022 年版，第 47 页。
② 〔美〕塔尔科特·帕森斯：《社会行动的结构》，张明德等译，译林出版社 2003 年版，第 107—108 页。
③ 〔美〕塞缪尔·P. 亨廷顿：《变化社会中的政治秩序》，王冠华、刘为等译，上海人民出版社 2008 年版，第 31 页。
④ 〔德〕乌尔里希·贝克：《风险社会：新的现代性之路》，张文杰、何博闻译，译林出版社 2018 年版，第 2 页。

显了其独到的创新价值。

二、安全与发展相协调原则的创新逻辑

立足于新时代中国特色社会主义发展的具体实际以及复杂的国内外环境变化,统筹安全与发展理念,协同推进构建新安全格局以实现高质量发展和高水平安全的良性互动,在治国理政中呈现出多视角的创新。

(一)以人为本的均衡安全发展观

国民安全是国家安全不可或缺的一环。国民个人的安全问题,乃是衡量国家安全状态的根本标尺。总体国家安全观不仅聚焦于国内外复杂形势下的整体国家安全,更将国民整体安全状态置于核心地位,以保障国民个人安全为重要基础。[①] 人民至上的核心理念在于人民安全至上,这一原则在国家安全的各项工作中均占据核心地位。国家安全战略的制定与实施,始终将人民安全视为出发点与归宿,将维护人民安全作为根本任务,深入贯彻以人民为中心的国家治理理念。无论是大平安理论,还是总体国家安全观,核心精髓均紧密围绕着人民群众这一主体,将人民安全视为宗旨,以满足人民对美好生活的向往。同时,还强调让人民群众成为平安建设的积极参与者、公正评价者以及最终受益者,这深刻体现了我国在社会发展与建设过程中,始终坚持人民至上与生命至上的基本原则与坚定立场。人民至上是中国共产党长期执政所秉持的根本逻辑,同时也是社会主义国家建设不可或缺的基础特征。将人民安全置于核心地位彰显了国家安全治理领域坚持以人民为中心的根本理念,进一步凸显了总体国家安全观所蕴含的人民性特质。[②] 国家安全工作的规划与执行,均紧密围绕人民这一核心主线展开,确保国家安全治理的各项内容紧密契合人民的安全需求。唯有切实保障人民的安全利益,方能汇聚起广大群众的坚定支持,为社会的和谐稳定与国家的长治久安奠定坚实基础。

我国的主要矛盾经历了从社会主义制度建立初期的"落后的农业国与发展的工业国之间的矛盾",到改革开放初期的"人民日益增长的物质文化需要同落后的社会生产之间的矛盾",再到新时代的"人民日益增长的美好生活需

[①] 参见何贻纶:《国家安全观刍议》,载《政治学研究》2004年第3期。
[②] 参见刘远亮:《总体国家安全观中"以人民安全为宗旨"的内在逻辑与实践进路》,载《世界社会主义研究》2023年第8期。

求和不平衡不充分的发展之间的矛盾"的演进过程。这一系列变化深刻体现了国家在发展问题上一以贯之的以人为本立场。对于发展与安全问题的综合考量,必须牢牢把握以人民的需要、人民的期待和人民的支持作为价值追求与前提基础。在资源配置的各个层面,最终导向均应聚焦于实现人的全面自由发展,尤其在全球性风险日益增多的国际环境下,"以人为本"更是不可或缺的核心价值属性。

(二)以安全发展为目标的系统发展观

党的十八大以来,以习近平同志为核心的党中央在领导国家治理中通过积极探索提出了安全发展理念。安全发展理念的核心在于将发展与安全深度融合,展现出一种新的发展模式,强调将国家发展置于更为稳固的基础之上。在经济社会全面进步的过程中,这一理念要求我们将安全发展的原则贯穿于国家发展的全领域,实现既高效又安全的发展状态。发展与安全两者相辅相成,互为支撑,共同推动国家持续稳健前行。鉴于当前国家安全与社会稳定面临的多样化威胁与挑战日益增多,且这些威胁与挑战之间存在着显著的联动效应,科学统筹发展和安全成为至关重要的战略选择。关键在于我们要深刻理解和准确把握发展与安全之间的辩证关系及其内在互动机制,坚持运用系统思维进行创新性探索,并紧密围绕问题导向与目标导向进行总体科学规划,确保国家的可持续发展。

强调对发展和安全的系统谋划,是治国理政中的重要创新。鉴于我国当前发展阶段面临的不平衡、不协调、不可持续的显著问题,我们必须在实践中坚定不移地推动区域间的协调发展、城乡之间的平衡进步,以及物质文明与精神文明的和谐共生。同时,还需促进经济建设与国防建设的深度融合,以实现国家的综合发展与安全保障。在全面深化改革的进程中,着力增强改革的系统性、整体性、协同性,将安全提高到同发展同等重要的位置,统筹推进重点领域与关键环节的改革。将发展融入安全的理念,是新发展格局不可或缺的组成部分。同样,在国家安全治理领域,我们应避免"只见树木不见森林"的片面视角,秉持全局观念,统筹兼顾。统筹推进发展和安全,要求我们对国家安全工作进行整体性规划,以凝聚各方力量,形成强大的合力。

(三)安全与发展并重的治国理政新理念

在推进国家治理的进程中,我们致力于实现发展与安全的统筹兼顾,力求达到两者之间的动态平衡,从而赋予这一过程以更为深刻的内涵。具体而言,发展并非孤立存在,它必须建立在坚实的安全保障之上,而发展的过程本身也是提升安全能力的有效途径。与此同时,安全也不再仅仅作为发展的附属品,而是成为国家治理中不可或缺的重要方面。我们已经深刻认识到,发展的基石在于国家的安全与社会的稳定,只有在这一前提下,我们才能稳步推进各项发展事业。实现发展与安全的动态平衡,有效规避了传统治理模式中片面追求发展或安全所带来的种种问题。在此框架下,我们坚定不移地将发展视为执政兴国的首要任务,通过发展来强化安全。具体而言,我们应致力于创新驱动发展战略的实施,增强发展的系统性、整体性和协调性,推动人与自然和谐共生,并借助内外双循环机制提升发展成效。国家持续稳定健康地发展,使中国特色社会主义制度优势得以充分展现,也是人民美好生活得以实现和国家长治久安的重要保障。同时,我们深刻认识到国家安全是民族复兴的根基,应以安全来保障发展。面对社会急剧转型所带来的诸多矛盾,以及复杂多变的外部环境,各种威胁和挑战的联动效应日益显著。这要求我们对外维护国家主权、安全、发展利益,对内维护政治安全和社会稳定。为此,完善国家安全体系,有效防范和化解影响现代化进程的各类安全风险与挑战,提升国家安全治理效能,已成为我们工作的重中之重。基于上述对发展与安全两大核心议题的协调考量,我们在解决两者之间的矛盾中寻求动态平衡,以此推动治国理政理念与实践的不断创新与发展。

三、数字安全法治原则下安全与发展相协调的价值意蕴

在复杂的国际形势下,安全与发展相协调原则完整表达了数字社会中数字安全法治的多方面的价值与保护取向,需要予以全面把握。

(一)安全与发展相协调是贯彻中国式现代化数字法治国家建设的行动指南

在推进现代化建设的过程中,面临着来自多方的困难、风险与挑战。尤其是在数字社会迅猛发展的背景下,数字安全的重要性日益凸显,安全和发展并重是应对复杂国内外环境变化的战略选择,也是新时代法治国家建设的必然要求。统筹发展和安全是确保社会主义现代化国家建设行稳致远的行动指南。在社会主义现代化国家建设中,发展和安全是一体两面的问题。片面强调发展或安全,往往会导致另一方面的失衡。因此,将发展与安全有机统一,实现二者的良性互动与相互促进,是构建新发展格局与新安全格局的核心要义与内在需求。事实上,诸多安全问题都需要通过国家的不断发展来加以解决,而发展中面临的风险和挑战客观上也需要不断提升国家安全能力,促进国家发展和维护国家安全是内在统一的。办好发展和安全两件大事,既要注重推进经济社会更加平衡充分可持续发展,通过塑造新的发展样态切实提升发展质量,又要注重打好主动仗,完善国家安全体系,不断提升国家安全能力,从而为社会主义现代化国家建设提供坚实基础和坚强保障。处理好发展战略和安全战略的关系,坚持发展和安全并重,以发展促安全,以安全保发展,为破解前进道路中面临的诸多发展问题和安全问题进而实现高质量发展和高水平安全提供了路线图和方法论,对于全面建设社会主义现代化国家进而推进实现中华民族伟大复兴具有重要实践指导意义。

(二)安全与发展相协调是支撑国家数字安全法治体系建设的必然要求

第54次《中国互联网络发展状况统计报告》显示:"截至2024年6月,我国网民规模近11亿人,较2023年12月增长742万人,互联网普及率达78.0%。"[①]该数据表明,我国逐步构建起全球规模最大且充满活力的数字社会体系。随着我国向数字大国的稳步迈进,构建数字安全体系已成为实现从数字大国向数字强国跨越的关键要素,安全是发展的前提,发展是安全的保障。党的十八大以来,我国逐步加快了在网络安全领域顶层设计的推进步伐,《网络安全法》《关键信息基础设施安全保护条例》《数据安全法》《网络数据安全管理条例》等法律法规密集发布,数字安全作为国家安全的重要组成部分,被提升到国家战略的高度。

我国数字安全工作已步入快速发展的轨道,致力于为广大人民群众营造一个安全、可信的数字环境。在数字领域的立法与实践应用进程中,安全与发展始终占据着核心地位。例如,《网络安全法》第1条将"保障网络安全"与"促进经济社会信息化健康发展"作为立法目的与任务。《数据安全法》第1条规定,既要规范数据处理活动,也要促进数据开发利用,保障数据安全,保护个人和组织的合法权益。《个人信息保护法》第1条规定,保护个人信息权益、规范个人信息处理活动与促进个人信息合理利用是立法目的。《网络数据安全管理条例》第1条规定,"为了规范网络数据处理活动,保障网络数据安全"与"促进网络数据依法合理有效利用"制定本条例。上述立法均将安全与发

---

① 《第54次〈中国互联网络发展状况统计报告〉发布》,https://m.gmw.cn/2024-08/29/content_1303834022.htm,2024年12月1日访问。

展作为立法目的,共同奠定了安全与发展的重要地位。安全与发展也应当是数字立法的最核心内容,是支撑国家数字安全法治体系建设的必然要求,脱离安全与发展构建数字理论建构与立法,都是有所偏颇的。

此外,在应用场景中,也充分体现出安全与发展并重的立场。网络数据安全领域,任何细微的变动都可能引发连锁反应,其管理不仅涉及数据本身作为关键生产要素的开发利用与安全保障,更与国家主权、国家安全、社会秩序及公共利益紧密相连,不容忽视。《网络安全法》第 3 条规定,国家坚持网络安全与信息化发展并重,遵循积极利用、科学发展、依法管理、确保安全的总体方针。《数据安全法》第二章专门规定了"数据安全与发展",其第 13 条规定,国家统筹发展和安全,坚持以数据开发利用和产业发展促进数据安全,以数据安全保障数据开发利用和产业发展。《个人信息保护法》第二章至第四章分别规定了个人信息处理规则、个人在个人信息处理活动中的权利以及个人信息处理者的义务。《网络数据安全管理条例》在已有数据安全法律基础上进一步完善数据安全管理制度体系,切实保障国家数据安全。

总之,数字安全离不开法治的保障,数字法治建设为经济社会高质量发展提供了强大动力,法律的可预期性与稳定性有助于增强社会成员的安全感。

典型案例

美国联邦通信委员会执法局于 2024 年 10 月 1 日发布通报,指出电信运营商 T-Mobile 在 2021 年至 2023 年的连续三年间,遭遇了多起数据泄露事件。数百万用户的个人信息遭到黑客非法获取,具体泄露的数据范围广泛,包括用户的姓名、居住地址、出生日期、社会保障号码、驾驶证件详情以及财务账单等高度敏感的个人资料,给受影响的用户带来了严重的隐私安全风险。

联邦通信委员会指出,T-Mobile 未能履行其保护用户私人信息机密性的法律义务,并且没有采取合理的措施来确保其数据的安全性。此外,该委员会还指控 T-Mobile 向客户歪曲了其信息安全的做法。基于这些违规行为,联邦通信委员会对 T-Mobile 处以 1575 万美元(约合 1.1 亿元人民币)的罚款。尽管 T-Mobile 并不完全认同联邦通信委员会的指控,但为了尽快解决这一问题,双方最终达成了和解协议。根据协议内容,T-Mobile 同意支付这笔罚款,并承诺在未来加强其数据安全措施,以防止类似事件再次发生。

 **问题与思考**

1. 为什么要坚持数字安全法治原则?
2. 如何理解总体国家安全观原则?
3. 如何理解数字主权原则?
4. 如何理解保障数字权益原则?
5. 如何调整安全与发展的动态平衡?

 **延伸阅读**

1. 〔英〕莉娜·丹席克等:《数据正义》,向秦译,上海人民出版社2023年版。

2. 〔美〕伊森·凯什、〔以色列〕奥娜·拉比诺维奇·艾尼:《数字正义——当纠纷解决遇见互联网科技》,赵蕾等译,法律出版社2019年版。

3. 〔德〕克劳斯·施瓦布:《第四次工业革命——转型的力量》,李菁译,中信出版社2016年版。

4. 〔英〕阿里尔·扎拉奇、〔美〕莫里斯·E.斯图克:《算法的陷阱:超级平台、算法垄断与场景欺骗》,余潇译,中信出版社2018年版。

5. 马长山:《迈向数字社会的法律》,法律出版社2021年版。

第三章 数字安全法律制度体系

法律故事

美国"棱镜"计划自曝光之日起,就受到了世界各方面的关注,该事件所揭露的网络信息安全问题,不仅仅是个人的隐私保护问题,更是美国不断将网络信息"安全化",进而"军事化"的问题。棱镜计划是一项由美国国家安全局实施的绝密级网络监控计划,保密性极高,该计划官方名称是 US-984XN,又被称为 PRISM 计划。

"棱镜"计划的源头可以追溯到美国"9·11"事件之后,美国总统乔治·沃克·布什授权了国家安全局(National Security Agency,NSA)秘密执行一项无授权恐怖分子监听项目(Terrorist Surveillance Program,TSP)。该项目无须获得美国法院授权,也无须顾及基本的民权,就可以监听美国公民的国际电话和电子邮件。截至 2013 年 10 月,斯诺登的披露显示,美国已监视的国家包括法国、墨西哥、德国、巴西、英国、中国和西班牙等,世界上 35 个国家的领导人的电话通话遭遇监听,这造成了美国和一些亲密盟友关系的紧张。

开展 PRISM 计划的同时,2012 年美国奥巴马政府正式启动"大数据发展计划"。该计划将提升美国利用庞大而复杂的数字资料分析能力,推进和改善联邦政府部门的数据收集、组织和分析的工具及技术,以提高从大量、复杂的数据集中获取知识和洞见的能力,强化美国国家安全。同时,企业承包商高级主管直接为国安局与中情局服务;退休情报人员被返聘到承包商工作。这样,承包商与情报界两者之间的密切关系与利益共同体使彼此之间形成"情报—企业复合体"。

第一节　数字安全法律制度体系的发展沿革

一、传统国家安全立法的特点

国家安全是国家生存和发展的首要保障,其与社会秩序、社会生活中某一方面的安全是完全不同的,主要体现为重要性的程度不一样。国家安全是我国人民民主专政、社会主义政治和经济等各项根本制度的安全的整体。社会主义社会关系某一方面的安全与国家安全相比,是具体与整体、一般与根本的关系。由于某一方面的安全并不直接危及国家利益和安全的根本,因此其重要的程度远不如国家安全。以我国《国家安全法》为核心,传统国家安全具备如下特点:

第一,传统国家安全立法具备结构上的整体性。社会系统论认为当代社会具有高分化、专业化、系统化的基本特征,在这个条件下,对国家安全法的探讨应当从探讨国家安全法律体系内部整体与部分的差异性转向探讨国家安全法律体系本身与环境的差异性,以及应当如何通过系统的自我调整,实现对环境的适应。上述要求实际上包含两个层面:从第一个层面来说,国家安全法律体系本身是一个完整的系统,该系统在结构上具备整体性的特征,结构上的不完整致使国家安全法律系统也无法完成与外部环境进行联络以改善自身的使命,国家安全法律体系作为与其他外部环境进行交流的主体,首先应当是一个整体,这是其能够完成相应功能的基础要素;从第二个层面来说,国家安全法律体系与其他法律体系共同构成一个多层次的结构体,这个结构体从整个社会的维度来看具有整体性。从宏观上看,国家安全法律体系与社会系统的互动,可以使得国家安全法律体系成为整个社会法治系统运作的组成部分,同时也使得社会法治系统自觉地选择和改良国家安全法律体系。也就是,国家安全法律系统及其周边的产物,本身即应当成为环境的选择,完成国家安全法律系统和社会系统之间相互的动态影响。尽管我国国家安全法律制度体系的基本框架已经构建,但主要以政治安全、国土安全、军事安全等传统安全的规定为主。相比非传统安全立法,传统安全不论是在宏观立法架构方面,还是在微观法律规范方面,都显得更为翔实细密。

第二,国家安全法律体系具备认知上的开放性。基于社会功能的分化,法律系统由之分化而出,其中国家安全法律体系与其他法律子系统存在结构耦合的条件和可能。在这种情况下,国家安全法律体系具备认知上的开放性——复杂的社会条件使得诸多法律系统的衔接存在着多种可能性,构成各法律子系统的要件,其最基本的单元之间也存在着互通的可能。从系统论的视角来看,系统最基本的单元是沟通,而沟通可以分为"信息、告知与理解"三个步骤。在这三个步骤中选择何种信息,信息的发出者决定要释放哪些信息,信息接收者会如何理解该信息,都会影响法律要解决问题的条件,这种类似于"多宇宙"的可能选择会使得法律所要解决的问题无比复杂,而这种复杂的状态使法律无法通过简单的逻辑来化繁为简,因而需要诸法律子体系具备认知上的开放性,彼此之间互相沟通和融合,通过这种方式使诸多角色集中在不同种类的要素中。国家安全法律体系作为诸法律子系统的成员,也具备上述特征,在认知上具有开放性。

第三,国家安全法律体系具备形式上的去中心化。从社会系统论的角度来看,国家安全法律体系达成的效果应当是将贯彻落实总体国家安全观,此为一个持续性的目标,而非国家安全法律体系的终极理性价值。总体国家安全观应当是国家安全法律体系所追求的目标,是国家安全法律体系作为一个系统需要进行持续建构以达成的目的,在达成这个目的的过程中的每一阶段性的目标或价值,卢曼将之称为"意义",而"意义是对潜在性的持续实现"。总体国家安全观应当是国家安全法律体系所持续追求的目标,在追逐这个目标的过程中,其意义通过现实性和可能性加以区分,现实性即为现阶段国家安全法律体系已经达成的某种实在,可能性则是国家安全法律体系现阶段所没有达成的实在,在未来可以通过修改制定相关法律形成。从某种程度上来说,总体国家安全观是一个目标,这个目标需要所有国家安全法律体系框架下的诸子法律通过意义来进行持续的建构。在这个过程中,各子法律的目标是贯彻落实总体国家安全观,但是各自的意义存在不同,达成目标的方式和步调具有不确定性,不存在一个唯一正解加以桎梏,因而在形式上应当具备去中心化的特征。[1]

---

[1] 参见马千里:《总体国家安全观视阈下国家安全法律体系重构——基于卢曼社会系统论之省思》,载《上海法学研究》集刊2022年第6卷。

二、新型数字安全立法的发展

国家安全法律建设经历了一个由政治话语到法律话语的过程,在整个过程中,经历了从起步探索到逐步发展再到全面发展的阶段。自 2014 年至今,在总体国家安全观的指引下,我国的国家安全法律建设进入了新的历史时期,也取得了较大的成果,在法律意义上实现了从传统安全观到总体国家安全观的转变[①]。党的十八大以来,我国更加高度重视数据安全制度建设。在总体国家安全观的指导下,统筹发展和安全,不仅将促进网络、数据和个人信息的合理开发利用写入相关安全法律的立法目标,而且搭建了维护网络与数据安全、保护个人信息与开发利用数据和个人信息的衔接机制。目前,与数据开发利用有机衔接的数据安全法治体系——以《国家安全法》为龙头,以《网络安全法》《数据安全法》和《个人信息保护法》为主体的数据安全制度体系基本建成。

对数据这一核心概念进行多维度的辨析,有助于深入推进数据法学研究,有助于促进数据法律制度构建及其实施。我国《数据安全法》提到的数据相关概念,不仅包括政务数据、涉及个人信息的数据、军事数据等侧重数据内容的类别,而且包括诸如重要数据、核心数据等侧重分级管理的数据类别。我国《个人信息保护法》提及了敏感个人信息、未成年人个人信息等个人信息类别。其中,政务数据是非常重要的数据资源,推进政务数据共享和开放,是数据基础制度建设的重要内容。另外,相关数据概念还包括公共数据、企业数据、个人数据。个人数据是企业数据、政府数据或者政务数据以及公共数据、社会数据的来源和基础。在既有的政策文件中,个人数据多指关于个人的数据。然而,个人数据被持有状态非常多样、复杂,不仅被该个人持有,而且可能被其他个人、企业或者政务部门同时持有。不容忽视的是,个人控制或者处理的数据,并不限于该个人的数据,个人也可能会控制或者处理有关其他个人、企业或者政务部门的数据。"政府数据""政务数据"多指政府机构、政务部门"控制或者处理"的数据,有时还包括关于该政务机构及其事务的数据,个人数据、企业数据甚至社会数据囊括其中,构成公共数据的来源和基础。"企业数据"有时指关于企业的数据,有时指企业控制或者处理的数

[①] 参见马千里:《总体国家安全观视阈下国家安全法律体系重构——基于卢曼社会系统论之省思》,载《上海法学研究》集刊 2022 年第 6 卷。

据,这两种含义单独使用和合并使用的情形,均有之。①

前已述及,与数据开发利用有机衔接的数据安全法治体系基本建成。这几部法律有一个共同的特点,即均在立法目标中贯彻着发展与安全并重的指导思想。以《数据安全法》为例,第1条规定了"保障数据安全,促进数据开发利用"相关内容,充分体现了统筹发展和安全的指导思想。保护数据安全,就是采取必要措施,确保数据处于有效保护和合法利用的状态,以及具备保障持续安全状态的能力。数据安全法应贯彻到数据的收集、存储、使用、加工、传输、提供、公开以及删除等全部处理活动和过程。数据安全,既包括静态的信息安全和数据资源安全,又涵盖数据价值链和产业链安全。这就需要通过保护数据相关主体的正当权益,持续提升数据相关主体维护数据安全的自觉性和积极性,促使数据相关主体不断加强安全能力建设。

中国数据法律制度涉及的法律法规不仅限于《数据安全法》等数据专门性立法所规定的内容,还包括《民法典》《电子商务法》《个人信息保护法》等相关立法中涉及的制度规则。② 例如,《个人信息保护法》包含很多行政法乃至刑法上的条款,民法性质的规范极少,具有非常浓厚的公法性质,个人数据信息权也被建议稿定性为公法上的权利。但实际上,《个人信息保护法》应是以保护个人权利为主要目标,以如何规制个人数据处理为主要内容。个人数据权利保护的基础是赋予个人数据主体民事上的权利,其调整的主要是个人数据主体与个人数据处理者之间围绕个人数据处理而产生的权利义务关系,其规则应主要是任意性的而非强制性的,其救济手段也主要应为民事上的救济,因此宜将《个人信息保护法》视为民商法而非行政法。如果《个人信息保护法》不是以民事规范为重点,那么个人数据主体将很难通过自己的行为真正享有个人数据权益。此外,对于恶意滥用个人数据等行为,其处罚可以是行政甚至刑事上的。

在中国数字经济发展过程中,中国立法机构和监管部门准确把握数据发展规律,坚持科学立法、民主立法、依法立法,大力推进数据法律制度建设,先后制定发布一系列法律法规和政策文件,中国数据立法随着数字经济发展经历了从无到有、从少到多、由点到面、由面到体的发展过程。整体来看,中国

---

① 参见时建中:《数据概念的解构与数据法律制度的构建——兼论数据法学的学科内涵与体系》,载《中外法学》2023年第1期。
② 参见谢祜、何波:《中国数据法律制度体系研究》,载《大数据》2024年第1期。

初步构建了中央和地方立法相结合,涵盖法律、行政法规、部门规章以及地方性立法多个法律层级,涉及数据安全与发展、个人信息保护、商业数据流通以及政务数据管理等多个方面的数据法律制度体系。具体而言,中国数据法律制度体系可以分为两个维度,即数据法律制度的纵向体系和横向体系。

其中,数据法律制度的纵向体系主要是指中国数据法律制度的层级,具体来看,包含了法律、行政法规、部门规章等中央立法以及相关管理规定,如《数据安全法》《数据出境安全评估办法》等。2024年8月30日,国务院总理李强主持召开国务院第40次常务会议,审议通过了《网络数据安全管理条例》。从条例的法律定位来看,其属于典型的行政法规,属于对此前《数据安全法》要求的进一步具体化。除此之外,还包括地方性法规和地方政府规章在内的地方性立法,如《上海市数据条例》《福建省政务数据管理办法》等。如此便形成了"上下有序、央地结合"的纵向法律体系。

横向体系是指中国数据法律制度包含的主要内容或制度板块,结合各层级数据立法的具体内容来看,中国立法机关围绕社会各界广泛关注、经济社会发展迫切需要的"数据安全与发展制度""个人信息保护制度""商业数据流通制度""政务数据管理制度"等重点领域作了相关制度设计,构建了与中国数字经济发展相适应的横向制度规则。

值得注意的是,中国数据法律制度的横向体系和纵向体系之间是彼此联系互动的,每一个横向体系制度的内部,都是由多个不同层级法律法规构成的,形成了各自单独的子系统。例如,在数据安全与发展制度领域,既包括法律层面的《数据安全法》,也包括《关键信息基础设施安全保护条例》《数据出境安全评估办法》等行政法规和部门规章,还包括《上海市数据条例》等地方性法规。[1]

三、数字安全立法的重要意义

中国的国家安全法律体系建设肇始于20世纪末,从最初的巩固革命成果、保证政治斗争下的国家安全,到现阶段以总体国家安全观为思想内核,推动国家总体安全的系统性构建,国家安全法律体系建设已经取得一定的成果。中国于1994年接入国际互联网,从此开启互联网和数字时代。数字时代

---

[1] 参见谢祎、何波:《中国数据法律制度体系研究》,载《大数据》2024年第1期。

的到来不仅对国人工作生活产生了深刻影响,也成为国家经济发展的强大动力。①。

首先,数字法律嵌入网络综合治理能力。社会权力的分配,虽然部分由历史决定,然而仍有积极变化的空间,作为新兴事物的数字空间更是权力空白疆域。网络综合治理可以缓解甚至克服传统权力的不对称,从而带来更有效的政策干预,并从"线上"向"线下"传导,在整体上促进安全、增长和公平的可持续改善。在我国,"国家治理体系是在党领导下管理国家的制度体系,包括经济、政治、文化、社会、生态文明和党的建设等各领域体制机制、法律法规安排,也就是一整套紧密相连、相互协调的国家制度"。由于网络技术全面而深刻地影响了人们的行为、资源生产及权利分配,推进国家治理体系和治理能力现代化建设尤其需要重视网络法治的作用。在网络法治中,数据法律对网络综合治理能力的提升具有重要作用。鉴于我国政府管理在治理中的重要作用,要更注重"发挥法治对转变政府职能的引导和规范作用"。例如,通过政府对企业、政府对政府和政府对公民等电子政务形式,加强不同政府部门和机构之间的互动,增加公共服务对于公民的可及性。当前我国各地积极推进的"网格化管理"的良好运转就体现出了基层治理的新成效。在大数据时代,数据及算法变成了新的网络架构,在貌似客观分析海量数据的同时,也将这种描述性的遍历性事实作为一种规范性规则施加给每一个人。②

其次,数字法律反作用于经济发展。法律和经济有许多不同,但也有内在的关联。经济决定法律的内容及形式,法律也会反作用于经济,造成其发展或迟滞。现代法律被认为是"工业经济的功能先决条件",法律被视为一种可以被塑造和操纵以改变人类行为并实现发展的力量。法律的不完善及其应用的不确定性则是阻碍经济发展的一个因素。对不完善的制度如果不加以矫正,就会影响经济的发展路径,造成"路径依赖"。一方面,数字法律通过公法与私法两种进路调节经济。公法旨在通过社会和经济立法纠正网络市场环境的结果,而私法则通过意思自治帮助在市场中进行谈判的网络主体。另一方面,在治理视野下,法律对经济的影响并非单纯的法律条文,而是以法律框架的形式发生综合作用。基于不同的政治制度、数字经济发展阶段、数

---

① 参见闫志开:《网络强国战略视阈下网络法律制度之体系化解析》,载《西安电子科技大学学报(社会科学版)》2022年第2期。

② 参见胡凌:《网络法的政治经济起源》,上海财经大学出版社2016年版,第236页。

字文化特征等国情影响,数字法律制度的作用也会有差异。在当下以及未来,当大数据和算法成为社会、企业和个人已经无法忽视的资产时,就会催生一些新型经济模式。①

最后,数字法律影响科学技术进步。人们普遍认为,产权对于激励生产行为至关重要。由于传统财产不包括新技术设计等知识创造,国家扩大了这一制度,将对知识创造行为的有限形式的保护纳入进来。有争议的是,法律在多大程度上可以通过创造劳动力市场或发展先进技术来促进经济增长? 理论和经验都表明,法律和法律机构可以在技术发展中发挥重要但有限的作用。例如,法律在通过知识产权法开发新技术方面发挥着重要作用,这种激励作用可促进技术发展和就业,从而提高社会总体福利。反过来看,在法律与市场的互动中也存在失败的例子。例如,在较简单时代发展起来的产权制度不能保护知识,后起的知识产权法又带来了权利滥用的风险。整体而言,现行法律制度是能够通过演化不断适应社会需求的,因而是有助于科学技术发展的,给人类带来了巨大的利益。根据科林格里奇困境,一种技术的社会后果不能在技术生命的早期被预料到,然而,当不希望的后果被发现时,技术却常常成为整个经济和社会结构的一部分。② 因此,可以说,数字法律存在巨大的改进空间。③

从立法成效来看,中国数据法律制度体系在保障数据安全、维护用户权益、促进产业发展等方面效果显著,为数字经济健康发展提供了良好的制度基础,助力经济由高速增长转向高质量发展,基本实现了以良法促发展、保障善治的目的。例如,在个人权益保护方面,通过依法治理,侵害用户个人信息权益的违法违规行为得到有力遏制,个人信息保护意识显著增强,个人信息保护合规水平明显提升,全社会尊重和保护个人信息权益的良好局面初步形成。再如,根据中国信息通信研究院发布的数据显示,2017年到2021年,中国数字经济规模从27万亿元增长到超45万亿元,在整个GDP中的比重提升至39.8%。④

---

① 参见〔美〕卢克·多梅尔:《算法时代》,胡小锐、钟毅译,中信出版社2016年版,第1页。
② 参见连玉明主编:《数权法1.0:数权的理论基础》,社会科学文献出版社2018年版,第235页。
③ 参见闫志开:《网络强国战略视阈下网络法律制度之体系化解析》,载《西安电子科技大学学报(社会科学版)》2022年第2期。
④ 参见谢玮、何波:《中国数据法律制度体系研究》,载《大数据》2024年第1期。

第二节 数字安全法律制度体系的基本架构

一、宪法

作为国家根本大法的我国现行《宪法》于1982年12月4日通过,在1988年、1993年、1999年、2004年、2018年先后经历五次修改。有关国家安全最直接的规定体现在《宪法》第28条:"国家维护社会秩序,镇压叛国和其他危害国家安全的犯罪活动,制裁危害社会治安、破坏社会主义经济和其他犯罪的活动,惩办和改造犯罪分子。"除此之外,《宪法》序言中强调要"对敌视和破坏我国社会主义制度的国内外的敌对势力和敌对分子,必须进行斗争"。《宪法》第1条第2款规定:"社会主义制度是中华人民共和国的根本制度。中国共产党领导是中国特色社会主义最本质的特征。禁止任何组织或者个人破坏社会主义制度。"第29条第1款规定,国家武装力量的任务是"巩固国防,抵抗侵略,保卫祖国,保卫人民的和平劳动,参加国家建设事业,努力为人民服务"。《宪法》在第二章"公民的基本权利与义务"中,以较大篇幅规定了公民有维护国家安全的宪法义务:"中华人民共和国公民有维护国家统一和全国各民族团结的义务。"(第52条)"中华人民共和国公民必须遵守宪法和法律,保守国家秘密,爱护公共财产,遵守劳动纪律,遵守公共秩序,尊重社会公德。"(第53条)"中华人民共和国公民有维护祖国的安全、荣誉和利益的义务,不得有危害祖国的安全、荣誉和利益的行为。"(第54条)"保卫祖国、抵抗侵略是中华人民共和国每一个公民的神圣职责。依照法律服兵役和参加民兵组织是中华人民共和国公民的光荣义务。"(第55条)同时,《宪法》亦在第40条规定:"中华人民共和国公民的通信自由和通信秘密受法律的保护。除因国家安全或者追查刑事犯罪的需要,由公安机关或者检察机关依照法律规定的程序对通信进行检查外,任何组织或者个人不得以任何理由侵犯公民的通信自由和通信秘密。"《宪法》第40条规定的公民通信自由和通信秘密可以作为数字安全中个人信息安全的直接宪法来源。

另外,应当注意的是,国家安全法律有很强的行政法色彩,但不能机械地将其划归为行政法律部门。国家安全法律行政法化,不足以反映出国家安全法律的地位和作用。在我国社会主义法律体系中,应以宪法作为构建国家安全法律体系的指引。《中共中央关于全面推进依法治国若干重大问题的决定》指出:"坚持依法治国首先要坚持依宪治国,坚持依法执政首先要坚持依宪执政。"在国家安全(法律)制度体系构建过程中,必须遵循宪法的原则和精神,与宪法保持一致。换句话说,构建国家安全体系的顶层设计是要规划好国家安全宪法。总体国家安全观指导下构建的国家安全法律制度体系,涵盖所有国家安全领域,突出大安全格局,体现系统思维,结构上呈现出明显的体系性、层次性与逻辑性。《宪法》中有关国家安全的规定是国家安全法律制度体系的根本旨趣。《宪法》第28条和第54条从国家打击犯罪和公民义务的两个角度对维护国家安全进行了规定,是构建国家安全法律制度体系在宪法中的直接依据。《国家安全法》和其他的涉及国家安全的专门法律都在法律条文中写明了宪法依据,如《国家安全法》第1条、《反间谍法》第1条、《反恐怖主义法》第1条、《国家情报法》第1条等,都出现了"根据宪法,制定本法"的规定。因此,《宪法》是国家安全法律制度体系的上位法和立法依据,根据《宪法》构建国家安全法律制度体系,彰显了国家安全法律制度体系的重要性。

二、传统部门立法

自总体国家安全观提出以来,党和国家对国家安全领域立法高度重视,中央国家安全委员会的职责之一就是推进国家安全法治建设,全国人大常委会在国家安全领域的立法从数量和速度上来看都是空前的。到目前为止,形成了以《国家安全法》为纲领,涵盖了《反间谍法》《反恐怖主义法》《境外非政府组织境内活动管理法》和《网络安全法》等各细分领域的国家安全法律体系框架,国家安全法律体系已经大体形成。按照总体国家安全观的要求,国家安全涵盖了十几个领域的安全,范围似乎无所不包。但从功能和地位分析,纳入国家安全法律体系的各部法律在性质与地位上各有不同。

国家安全综合性法律,是国家安全法律制度体系中其他法律的纲领,起到统领、示范的作用,也为其他法律的制定提供了接口。《国家安全法》就是我国国家安全法律制度体系的综合性法律,是国家安全法律体系的核心和总则,因此我国的核心国家安全法律即《国家安全法》。随着国家安全法律体系的不断完善和法典化趋势的加强,这种基础性、综合性在未来会有更好的体现。国家安全法为构建中国特色国家安全法律制度体系,推进国家安全各项工作法治化提供了基础支撑。国家安全法是一部维护国家安全的综合性、全局性、基础性的法律,在国家安全法律制度体系中起统领、支撑作用。国家安全法对国家安全领导体制机制,国家安全工作应当遵循的原则,维护国家安全的任务、职权划分、保障措施规定了完整的框架,预留了接口。国家安全法的制定,为开展国家安全工作和制定其他国家安全相关法律法规和配套规定提供了依据和遵循。在这部法律的统领下,国家安全领域的法律制度建设、规范体系和保障体系等各项建设,将得到进一步完善和发展[①]。

在总体国家安全观下的十几类国家安全领域中的国家安全法律,与国家安全综合性法律相比,专门国家安全法律局限在国家安全之下的某一安全领域;与关涉国家安全法律相比,国家安全的条款在整个法律中占比高,体现明显。新中国成立之初,保卫新生的人民政权、镇压反革命是当时立法的首要任务,以1951年制定的《惩治反革命条例》《保守国家机密暂行条例》等为代表的第一批国家安全专门法律应运而生,其后作为维护国家主权与国土安全的《反分裂国家法》(2005年3月14日通过并实施)相继实施,为强力维护政治安全、军事安全、国土安全、社会安全提供明确的法律依据,并由此形成了重点维护政治安全、军事安全、国土安全等传统安全领域的传统安全观。自2014年4月总体国家安全观提出以来,《反间谍法》(2014)、《反恐怖主义法》(2015)、《境外非政府组织境内活动管理法》(2016)、《网络安全法》(2016)、《国防交通法》(2016)、《国家情报法》(2017)等都属于专门国家安全法律。其实,在总体国家安全观提出之前,就出台了一些专门国家安全法律,如政治安全领域的《保守国家秘密法》《戒严法》,国土安全领域的《出境入境管理法》《反分裂国家法》《领海及毗连区法》,军事安全领域的《军事设施保护法》《国防法》,经济安全领域的《反垄断法》,社会安全领域的《突发事件应对法》,等等。

与专门国家安全法律体系类似的是,关涉国家安全法律同样可以纳入某一特定的国家安全领域之中,但从法律的主旨和关涉国家安全的程度上看,与专门国家安全法律相比,此类法律的关涉程度有限。一个典型特征是整部法律只有个别条款涉及国家安全,且多为排除性适用条款。关涉国家安全法律的确与国家安全相关,但不能完全地将之纳入国家安全法律体系,或者成为国家安全部门法。一是其本身可能就属于其他法律部门体系,典型的如

[①] 参见李建国:《全面实施国家安全法共同维护国家安全——在贯彻实施国家安全法座谈会上的讲话》,载《中国人大》2016年第8期。

《刑法》《刑事诉讼法》《民法典》等;二是关涉国家安全法律立法的主要目的和原则是针对特定领域的非国家安全事项,而非纯粹的国家安全立法;三是将关涉国家安全法律设定在国家安全法律体系的外围,可以更加灵活地解决国家安全法律部门与其他法律部门的衔接和联系问题,使社会主义法律体系的构建和部门划分更加协调。其中,《民法典》《刑法》及其诉讼程序法中亦有维护国家安全的重要法律规定。《民法典》贯彻以人民为中心的理念,重构民事主体制度和财产权制度,对巩固和维护中国特色社会主义经济制度,维护国土安全、社会安全、生态安全、生物安全等均有重要意义。民事诉讼法是配套程序法律。刑法则是打击危害国家安全犯罪的法律武器,设专章规定危害国家安全罪和危害国防利益罪等。刑事诉讼法规定办理危害国家安全犯罪的特别诉讼程序等[①]。

新中国成立以来很长一段时间,我国维护国家安全的法律主要是宪法、刑法,没有专门的国家安全法。改革开放之初,我国法制尚不完备,很多重要领域的立法基本处于空白,优先考虑的目标就是建构民法、刑法、经济法、行政法等部门法律体系,开始启动国家安全立法。进入新时代,国家安全立法数量剧增,2020年出台的《生物安全法》《出口管制法》《长江保护法》《退役军人保障法》等都属于国家安全立法。据统计,我国现有190多部法律法规涉及国家安全问题,其中30多部法律主要规范国家安全问题,内容涵盖国家安全各领域,已初步搭建起中国特色国家安全法律制度体系框架。[②]

三、国家安全法及相关立法

1993年2月,七届全国人大常委会第三十次会议通过《国家安全法》,这是国家安全法治建设所迈出的重要一步,也在维护国家安全领域初步实现了"有法可依"。2014年总体国家安全观的提出,全面依法治国的深入推进,推动了国家安全法治建设进入新阶段。在总体国家安全观的指引下,2015年通过的《国家安全法》作为国家安全的基本法,突破了1993年《国家安全法》主要关注反间谍领域的局限,由传统安全领域向传统和非传统安全两个方向、11个大领域扩展,在国家安全法律制度体系中起到了综合性、全局性、基础性作用,为国家安全法律制度体系提供了完整的框架,也为其他的法律制定预留

---

① 参见刘孝虎:《中国特色国家安全法律制度体系论析》,载《党政干部论坛》2021年第5期。
② 同上。

了重要接口,为走中国特色国家安全道路提供了坚实有力的制度基础。围绕这一基本法,国家安全各个领域开始了紧锣密鼓的立法,国家安全法律制度体系初现轮廓,科学立法、严格执法、公正司法、全民守法成为国家安全法治建设的重要任务,依法维护国家安全的法治理念、法治思维已经成为国家安全工作的重要指导与保障。改革开放以来,和平与发展成为时代主题,社会主义现代化建设需要国际和平、国内稳定的安全环境,传统的以军事斗争、反间防谍和对外情报为主的国家安全工作,已经难以应对日益复杂的国家安全形势,国家安全重点领域逐渐由传统安全领域不断扩大到社会安全、经济安全、文化安全等非传统安全领域,国家安全观由传统国家安全观逐渐转变为传统安全与非传统安全并重的国家安全观。

(一)《国家安全法》的特征与地位

所谓国家安全法的特征,是指国家安全法区别于其他法律的特殊方面。1993年2月审议通过的《国家安全法》是新中国成立后第一部关于国家安全的专门性法律,是国家安全机关开展国家安全工作的主要法律依据。这部法律有以下几个特征:第一,它不是一个包含国防、外交、经济、文化和社会治安等诸方面的大国家安全法,而是以防范、制止和惩治境外各种势力及境内外各种势力相勾结,通过隐蔽方式危害我国国家安全的行为为主要内容的狭义上的国家安全法。第二,该法既具有刑事法律的性质,又有行政法律的性质。它的刑事法律性质,主要体现在对危害国家安全行为的法律界定上,较好地与刑法衔接。行政法律性质,主要体现为对国家安全机关在维护国家安全工作中的行政管理职能和行政执法手段,赋予了国家安全机关没收、行政拘留、限期离境和驱逐出境等必要的行政处罚权。第三,该法是实体法和程序法的结合体,虽然是以实体法为主,但也有程序法的内容。它既规定了国家机关、公民和组织维护国家安全的权利和义务,具有实体法的特征,同时又规定了相关的执法程序和法律救济程序,有程序法的内容。第四,该法比较恰当地处理了国家安全工作的隐蔽性和法律的公平性的矛盾,是法律规范与隐蔽斗争规律的有机结合,使公开的法律更好地为隐蔽斗争提供法律保障。第五,该法是一部涉外性、政策性和策略性很强的法律。它所规定的惩罚对象主要是来自境外的和境内外相勾结的危害国家安全的违法犯罪行为,并规定了特殊的刑事政策。在运用这一法律武器时,既要坚持法律的权威性、原则性,维护法律尊严,又要根据国际斗争的形势、国家的整体利益和外交斗争的需要,注意执法中的策略性和灵活性。①

另外,《国家安全法》具有重要的地位。它是"统领国家安全各领域工作的基本法律","明确了维护国家安全的基本原则和任务,规定了国家安全的基本制度,覆盖了国家安全各领域的工作,是一部名副其实的国家安全基本法"。《宪法》是对国家根本问题的总体回应,而国家安全又涉及国家的根本问题。《宪法》在国家安全层面的回应既包括对于国家职权的规定,又包括公民个人权利和义务的内容,而《国家安全法》是对国家安全问题的相对细化。《国家安全法》所关注的国家权力和公民权利,是国家法学研究的重要内容,是国家安全法律制度体系的"心脏"。

(二) 其他相关立法

国家安全观的演进推动着国家安全法律制度体系不断充实与完善。新中国成立以来的传统安全观时期,国家安全立法以维护国内稳定为主要任务,仅有的立法集中于政治安全、军事安全领域。改革开放以来的传统安全与非传统安全并重时期,虽然非传统安全领域不断扩大,但国家安全工作仍然以传统安全领域为重点,国家安全法律制度的建设与完善主要还是集中在传统安全领域方面。例如,2009 年对 1993 年《国家安全法》进行了全面修订,2010 年修订《保守国家秘密法》,2014 年颁布实施《反间谍法》、废止 1993 年《国家安全法》等。进入新时代,我国传统安全领域的问题依旧存在,面对不断涌现的新的安全问题所带来的挑战,从法律制度体系建设方面作出回应已经成为必然。2014 年总体国家安全观提出后,2015 年颁布实施的《国家安全法》奠定了总体国家安全观指导下的国家安全法律制度体系框架,在继续完善传统安全立法基础上,加强非传统国家安全法律制度体系建设成为国家安全法治建设的重点,一系列非传统安全领域法律不断涌现:如《外商投资法》(2020 年 1 月 1 日起施行)、《生物安全法》(2021 年 4 月 15 日起施行)、《网络安全法》(2017 年 6 月 1 日起施行)、《核安全法》(2018 年 1 月 1 日起施行)、《数据安全法》(2021 年 9 月 1 日起施行)、《密码法》(2020 年 1 月 1 日起施行)、《香港特别行政区维护国家安全法》(2020 年 6 月 30 日起施行)、《出口管制法》(2020 年 12 月 1 日起施行)、《反外国制裁法》(2021 年 6 月 10 日起施行)、《陆地国界法》(2022 年 1 月 1 日起施行)、《反有组织犯罪法》(2022 年 5

---

① 参见李竹主编:《中国国家安全法学》,人民出版社 2006 年版,第 7 页。

月1日起施行)等。其中,《国家安全法》作为国家安全基础法律,确立了国家安全法治原则,主要是在宏观上统领国家安全的各项工作及其相关法律;其他相关法律是对《国家安全法》中涉及的具体国家安全类型的相关法律规定的细化,其构成了国家安全立法的骨架。

总体国家安全观、国家安全法、国家安全各部门法之间的关系应是层层细化、层层推进的关系。总体国家安全观的功能立足于宪法对于国家安全的需要,国家安全法的功能是回应总体国家安全观的要求,国家安全各部门法的功能应当是国家安全法在某一领域的具体细化,各部门法所应达到的功能应当是在某一领域落实国家安全法的职责要求,而不应在其立法目的工作原则中过于强调维护国家安全。另外,我国立法机关积极推进网络安全立法工作,1993年通过《国家安全法》对传统国家安全进行了法治保障,2015年通过新的《国家安全法》进一步明确了政治安全、国土安全、军事安全、文化安全、科技安全等11个领域的国家安全任务;2016年通过《网络安全法》为"保障网络安全,维护网络空间主权和国家安全、社会公共利益,保护公民、法人和其他组织的合法权益,促进经济社会信息化健康发展"提供了法律框架;2021年通过《数据安全法》为"规范数据处理活动,保障数据安全,促进数据开发利用,保护个人、组织的合法权益,维护国家主权、安全和发展利益"提供了法律框架。上述法律条文虽然字面表述略有差异,但实质内容基本类似,均表达了通过保护网络及信息、数据的安全来保障国家、社会及公民利益的立场。

四、重点领域立法

(一) 法律

新中国成立后的很长一段时期,影响我国国家安全的主要是政治、军事等传统安全问题,我国制定了一系列相关法律法规,如《兵役法》《保守国家秘密法》《集会游行示威法》《军事设施保护法》《领海及毗连区法》《专属经济区和大陆架法》《戒严法》《国防法》《人民防空法》《国防动员法》《反分裂国家法》等。改革开放以来,《对外贸易法》《出境入境管理法》《外商投资法》等多个专项法律出台,有力维护了我国以经济建设为中心的发展利益。进入新时代,我国经济、社会、文化、生态、能源、海洋等非传统安全问题对国家生存和发展的影响越来越大。2015年8月,《刑法修正案(九)》将五种与恐怖相关的活动列入刑事追责范围。同年12月,我国审议通过了《反恐怖主义法》,随后又陆续出台了《网络安全法》《境外非政府组织境内活动管理法》《国防交通法》《核安全法》《生物安全法》《出口管制法》《海警法》等。2020年,为解决香港特别行政区面临的现实问题,制定了《香港特别行政区维护国家安全法》,更加丰富了国家安全法律制度体系。①

在法律规则层面,目前主要以《数据安全法》等专门法律为核心,以《民法典》等相关法律为补充。2012年12月,全国人大常委会通过了《关于加强网络信息保护的决定》,规定国家保护公民个人电子信息,拉开了中国数据立法的序幕。2016年11月,《网络安全法》制定出台,规定了网络数据安全和个人信息安全保护的基本要求,加速了中国数据立法进程。此后,《数据安全法》《个人信息保护法》等专门立法相继出台,逐步建立了数据领域基本原则和主要制度规则。与此同时,在《民法典》《密码法》《电子商务法》《测绘法》等相关法律中,也都有涉及数据的条款规定,进一步丰富了数据法律规则。②

(二)行政法规、规章

1. 国务院行政法规、部门规章

根据我国《立法法》的规定,国务院有权根据宪法和法律,制定行政法规。行政法规可以就下列事项作出规定:(1)为执行法律的规定需要制定行政法规的事项;(2)《宪法》第89条规定的国务院行政管理职权的事项。行政法规中规定国家安全事项的,最典型的当属《反间谍法实施细则》《保守国家秘密法实施条例》《外国记者和外国常驻新闻机构管理条例》《计算机信息系统安全保护条例》等。数据领域现行有效的、专门的行政法规主要包括《关键信息基础设施安全保护条例》《征信业管理条例》《政府信息公开条例》《网络数据安全管理条例》。

其中,2021年7月出台的《关键信息基础设施安全保护条例》将维护数据的完整性、保密性和可用性作为关键信息基础设施安全保护的重要内容。2021年11月,《网络数据安全管理条例(征求意见稿)》正式向社会公开征求意见,对数据管理的一般规定、个人信息保护、重要数据安全、数据跨境安全管理等作了全面规定。2024年9月,国务院总理李强签署国务院令,公布《网络数据安全管理条例》,自2025年1月1日起施行。该条例旨在规范网络数据处理活动,保障网络数据安全,促进网络数据依法合理有效利用,保护个

---

① 参见刘孝虎:《中国特色国家安全法律制度体系论析》,载《党政干部论坛》2021年第5期。
② 参见谢祎、何波:《中国数据法律制度体系研究》,载《大数据》2024年第1期。

人、组织的合法权益,维护国家安全和公共利益。其中,有诸多内容属于前沿、突破性规定,如进一步细化个人信息保护规定,明确处理个人信息的规则和应当遵守的具体规定;完善重要数据安全制度;明确制定重要数据目录职责要求;优化网络数据跨境安全管理规定;进一步明确网络平台服务提供者义务;等等。

根据我国《立法法》第 91 条的规定,国务院各部、委、行、署和具有行政管理职能的直属机构,可以根据法律和国务院的行政法规、决定、命令,在本部门的权限范围内,制定规章。《立法法》第 117 条规定:"中央军事委员会根据宪法和法律,制定军事法规。中国人民解放军各战区、军兵种和中国人民武装警察部队,可以根据法律和中央军事委员会的军事法规、决定、命令,在其权限范围内,制定军事规章。军事法规、军事规章在武装力量内部实施。军事法规、军事规章的制定、修改和废止办法,由中央军事委员会依照本法规定的原则规定。"目前,国务院、相关部门以及最高人民法院、最高人民检察院联合或单独颁行了许多行政规章或规范性文件,如《禁止寄递物品管理规定》《银行业金融机构协助人民检察院公安机关国家安全机关查询冻结工作规定》《关于依法保障律师执业权利的规定》《关于进一步规范司法人员与当事人、律师、特殊关系人、中介组织接触交往行为的若干规定》《关于办理刑事案件严格排除非法证据若干问题的规定》等。中央军委也联合或单独颁行了诸多军事法规,中央军事委员会各总部、军兵种、军区还颁行了众多军事规章,它们或多或少与维护国家安全工作相关。2011 年 3 月,我国发布《2010 年中国的国防》白皮书,首次全面介绍了中国军队法规体系建设等情况。据统计,截至 2010 年 12 月,国务院、中央军委联合制定的军事行政法规 97 件,中央军委制定的军事法规 224 件,各总部、军兵种、军区和武警部队制定的军事规章 3000 多件。近年来,我国军事法规体系建设又取得新进展,其中多个法规涉及维护国家安全,如《中国人民解放军军事训练监察条例(试行)》《中国人民解放军执行重大任务中政治工作规定》《中国人民解放军信息通信战备工作规定》《专职人民武装干部工作规定》等。[①] 部门规章主要是具有数据管理职责的部门为落实法律和行政法规的规定,就某些特定领域数据管理或者某些特定数据法律制度作出的具体规定。例如,2021 年 8 月,国家互联网信息办

---

① 参见李竹、肖君拥主编:《国家安全法学》,法律出版社 2019 年版,第 54 页。

公室、国家发展和改革委员会等部门联合发布《汽车数据安全管理若干规定（试行）》，对智能网联汽车产生的数据进行了界定，并明确了责任主体、数据范围、收集方式、隐私保护、数据出境等问题。近年来，工业和信息化部、国家互联网信息办公室等部门先后制定了《电信和互联网用户个人信息保护规定》《儿童个人信息网络保护规定》《数据出境安全评估办法》等多部部门规章，对涉及特定行业、特定主体、特定环节的数据管理进行细化规定。[①]

2. 地方性法规、地方政府规章

根据《立法法》第80、81、93条等的规定，省、自治区、直辖市的人民代表大会及其常务委员会根据本行政区域的具体情况和实际需要，在不同宪法、法律、行政法规相抵触的前提下，可以制定地方性法规。设区的市的人民代表大会及其常务委员会根据本市的具体情况和实际需要，在不同宪法、法律、行政法规和本省、自治区的地方性法规相抵触的前提下，可以制定地方性法规，报省、自治区的人民代表大会常务委员会批准后施行。省、自治区、直辖市和设区的市、自治州的人民政府，可以根据法律、行政法规和本省、自治区、直辖市的地方性法规，制定规章。

作为满足地方治理制度缺口和现实化需求的地方性法规，其无论是从精细化还是可操作性上，都是提高法律效能的必要举措。一方面，从目前通过互联网检索到的地方性法规和地方政府规章看，有关国家安全的规定不多，属于地方政府规章类别的规范性文件要明显多于地方性法规类别。可以归类为地方性法规的地方国家安全立法如：《四川省涉外建设项目国家安全事项管理条例》《河南省国家安全技术保卫条例》《山东省国家安全技术保卫条例》《山西省涉及国家安全事项建设项目管理条例》《南昌市涉及国家安全事项建设项目管理条例》等。另一方面，为了发挥数据和数字技术的牵引和赋能作用，提高数据开发利用的规范化程度，目前已有28个省市出台了与数据相关的地方立法或者规范性文件，呈现出地方包围中央的态势。地方对数据立法的普遍需求，证明了全国性立法的必要性、迫切性和可行性。数字经济无疑更应该是全国统一开放、竞争有序的经济活动。

目前，可以归类为地方政府规章的有关国家安全规范性文件主要涉及四个方面的规定：(1) 关于国家安全审查的规章，如《青岛市涉外建设项目国家

[①] 参见谢祎、何波：《中国数据法律制度体系研究》，载《大数据》2024年第1期。

安全事项审查规定》《辽宁省涉外建设项目国家安全事项审查规定》《广西壮族自治区涉外建设项目和场所国家安全事项管理办法》等。(2)关于国家安全机关执法保障的规章,如《南京市国家安全机关工作人员使用侦察证暂行办法》等。(3)关于技术保卫的规章,如《湖北省国家安全技术保卫办法》《浙江省国家安全技术保卫办法》等。(4)实施性规定,如《重庆市实施国家安全法规定》《福建省国家安全工作若干规定》等。从地方数据领域立法情况来看,自2015年《促进大数据发展行动纲要》发布以来,地方立法机关和政府部门充分发挥主观能动性,因地制宜,通过制定本地数据法规和规章进行制度创新探索。有研究显示,截至2022年5月,我国地方数据相关立法已经达到九十余部。这些地方立法涉及内容广泛,涵盖数字经济发展、数据安全、公共数据授权运营、数据交易等诸多制度内容,在确保安全的同时推动释放数据资源价值,进一步充实了中国数据法律法规体系。

五、国际条约与多边条约

维护国家安全的涉外法律法规、维护国际安全的国际法体系与我国国内法域外适用法律体系,共同构成国家安全涉外法治体系。国家安全立法、执法、司法等活动必须妥善处理好国内法与国际法的关系,确定涉外刑事案件管辖权,依法处理实施危害中国国家安全行为的外国人,积极参与国际刑事司法协助,依法处理涉外行政案件,保障涉外行政案件当事人的行政救济权利。在防止核扩散,打击分裂主义、极端主义、恐怖主义,应对气候变化等方面,我国还缔结和加入了一系列国际条约、公约,承担维护国际安全的义务和责任。

国家安全法的制定与实施必须遵守国际法基本原则,同时要善于运用这些原则来捍卫国家主权和安全。譬如,国家安全涉外执法,各国应平等适用对罪犯的惩处方面的诉讼与合作,彼此尊重其立法与司法权、国家的属地和属人管辖权,尊重各国对其领土与国民的管辖权;坚持不干涉内政原则,坚决反对来自各方面敌对势力对我国内政的粗暴干涉,打击"台独""藏独""疆独"势力的分裂活动,捍卫国家主权、领土完整;在坚持国际合作原则方面,国家安全机关与他国以及国际组织通力合作,以及时有效地防范和打击各种危害国家安全的活动。

国际法最重要的渊源是国际条约和国际习惯。国际条约是国际法主体之间，主要是国家之间缔结的，据以确定其相互权利与义务的国际协议。条约的名称有公约、条约、宪章、规约、盟约、议定书、谅解备忘录、宣言等。无论其名称如何，条约必须信守，各缔约国必须按照条约的规定，行使自己的权利和履行自己的义务。缔约国不得援引其国内法规定不履行条约。如果缔约国违反其所承担的国际义务，构成国际不法行为，则导致国家的国际责任（或称国家责任）。一般来说，条约仅对当事国有拘束力，非经第三国同意，不为该国创设义务或权利；但是在维护国际和平与安全必要的范围内，国际法也允许例外，可以为非缔约国施加义务。例如，《联合国宪章》第2条第6款规定，联合国在维持国际和平及安全之必要范围内，应保证非联合国会员国遵行这些原则。国际习惯是被国家接受为法律的一般实践、惯例或做法。与条约仅约束缔约方不同，习惯法对国家具有普遍约束力。在"尼加拉瓜诉美国军事和准军事行动案"中，国际法院指出，尽管美国在其1946年接受国际法院强制管辖权的声明中对涉及多边条约的案件作出一项保留，不接受国际法院强制管辖，但是禁止使用武力、不干涉、尊重他国独立和领土完整、航行自由都是习惯法，对美国具有拘束力。为了确定习惯法规则的存在，国际法院从《联合国宪章》、1928年美洲国家第六次国际会议谴责侵略的决议、1928年《国内冲突中各国权利和义务公约》、1933年《蒙特维多国家权利义务公约》、1948年《美洲国家组织宪章》、1965年《关于各国内政不容干涉及其独立与主权之保护宣言》、1970年《关于各国依联合国宪章建立友好关系及合作之国际法原则之宣言》、1974年联合国大会《关于侵略定义的决议》等重要国际文件中确定禁止使用武力的习惯法存在的证据。①

  各国一般把国际习惯视为国内法的一部分，不会制定与国际法相冲突的国内法，我国亦如此。对于国际条约，各国法律会规定其在国内法中的地位。但我国宪法及宪法性法律、刑事法律没有明确规定相关条约的地位，民商事法律规定相关条约优先。根据我国《宪法》《立法法》《缔结条约程序法》，国际条约在我国分为"由全国人大常委会批准的条约和重要协定""由国务院核准的条约和协定"以及"不需要批准和核准的条约和协定"三个级次，其地位与相应国内法等同，依循"上位法优于下位法，同位法国际条约优先"原则予以适用。我国《刑法》第9条规定，"对于中华人民共和国缔结或者参加的国际条

---

① 参见李竹、肖君拥主编：《国家安全法学》，法律出版社2019年版，第13页。

约所规定的罪行,中华人民共和国在所承担的条约义务的范围内行使刑事管辖权的,适用本法"。此规定尽管没有明确国际条约在刑法中的地位,但首次在国内刑事立法中增加了与国际条约有关的内容,使国际条约在我国成为刑事法律的补充。国家安全执法机关除了适用我国国内一系列国家安全法律法规之外,还应严格遵守我国缔结和参加的双边、多边条约,如《联合国特权与豁免公约》《维也纳外交关系公约》《禁止酷刑和其他残忍、不人道或有辱人格的待遇或处罚公约》《公民权利和政治权利国际公约》以及我国与他国签订的双边司法协助协定。国家安全涉外执法除了要遵守国际法基本原则、我国参加的国际条约以外,还应熟悉了解国际法中的国籍制度、普通外国人和享有特权与豁免的外国人的法律地位以及庇护、引渡制度等,它们都与我国国家安全的涉外执法活动有关。[①]

(一)联合国

在数字化时代,基本权利不仅不应受到数字技术的消极影响,而且应当受到积极保护。数字化时代的网络隐私权和言论自由权,是典型的数字人权,是联合国《世界人权宣言》规定的相关权利在数字化时代的延伸。在理论上,《联合国宪章》确立的主权平等原则是当代国际关系的基本准则,其原则和精神也适用于数字空间。但在实践中,各界对数字空间行使主权的概念和具体做法仍存在不同理解。网络空间不仅作为一种交流手段出现,而且作为全球资本运作的新剧场而出现。1990年12月14日,联合国大会通过《关于自动资料档案中个人数据信息的指南》,该指南分为两大部分:第一部分从个人数据信息保护的基本原则、监督与处罚、跨国资料流通、适用范围等方面,为联合国各成员国进行个人数据信息保护的国内立法设定了最低保护基准;第二部分是对政府间国际组织所保有的个人数据信息加以适用的有关规定。该指南为各成员国进行个人数据信息保护的国内立法设定了六项基本原则,分别是合理合法原则、准确性原则、目的明确原则、当事人查阅原则、无歧视原则和安全原则。[②]

(二)欧盟

欧盟是最早关注个人数据信息保护的区域性组织之一,首先,其于1995

[①] 参见李竹、肖君拥主编:《国家安全法学》,法律出版社2019年版,第57页。
[②] 参见刘红:《大数据时代数据保护法律研究》,中国政法大学出版社2018年版,第88页。

年制定了《关于自动处理个人数据信息自由流动的指令》,并在1997年制定了《电信事业个人数据信息处理及隐私保护指令》。依据最新指令,欧盟各成员国相继制订了个人数据信息保护法或者类似的法律。这样一来,不仅基本上统一了欧盟成员国保护个人数据信息的实体法规范,而且使得欧盟在个人数据信息保护方面处于世界领先地位。其次,为了应对数字时代个人数据的新挑战,并且确保欧盟规则的前瞻性,欧盟委员会重新审视既有的个人数据保护法律框架,于2012年起草了具有更强包容性和合作性的《通用数据保护条例》(GDPR),其目的在于在当今快速的技术变化中,加强对欧盟所有人和物联网的隐私权保护,并简化数据保护的管理。新的数据监管方案将取代欧盟1995年的《个人数据保护指令》,着重强调个人隐私权利以及欧盟内部的隐私和安全法律。[①] GDPR促进了欧盟范围内个人数据保护立法的统一,旨在推动欧盟内数据流动的安全与高效。[②] 最后,在2020年,欧盟制定的《欧洲数据战略》提出,应以欧盟为中心对成员国开展组织协调,建立单一的数据市场,以确保欧洲的全球竞争力和数据主权。欧盟《通用数据保护条例》《开放数据指令》等引领了世界多国立法潮流。由此可见,数字空间在扩张疆域的同时推动了全球一体化,但也引发了多元化竞争。

由于国家安全和全球安全之间具有天然的分歧,而网络空间存在一些任何国家安全机构都没有能力自行处理的问题,因此国家间合作成为必然。习近平总书记提出要"共同构建网络空间命运共同体",体现了中国参与网络空间国际制度完善的话语主张。传统的国际法的既定原则是否适用于网络空间的国家行为?不同国家之间的立场各异的网络法律如何对接?这些均是国际治理的新型难题。虽然国际网络治理目前还没有一个普遍接受的定义,但它描述了各国政府和其他行为者之间的制度化集体行动,以超越民族国家的层面来管理其事务。现存的国际组织(广义上包括政府间组织、非政府组织和多方利益相关者)缺乏强力支撑,需要与主权国家配合,才能更好发挥沟通协调等作用。

[①] 参见李爱君、苏桂梅主编:《国际数据保护规则要览》,法律出版社2018年版,第3页。
[②] 参见京东法律研究院:《欧盟数据宪章:〈一般数据保护条例〉GDPR评述及实务指引》,法律出版社2018年版,第24页。

第三节 数字安全法律制度体系的特殊属性

一、以总体国家安全观为"灵魂"

新时代新形势新发展,国家安全事业的推进与发展需要新的国家安全理论作为指导。党的十八大以来,以习近平同志为核心的党中央基于对国内国际复杂安全形势的科学判断,从坚持维护国家安全事业的战略高度出发,确立对国家安全基本规律的新认识,密切联系了新的时代条件下我国国家安全工作的实际情况与改革需求,创造性地提出了总体国家安全观。2014年4月15日,习近平总书记在中央国家安全委员会第一次全体会议上首次正式提出了"总体国家安全观",并强调:"必须坚持总体国家安全观,以人民安全为宗旨,以政治安全为根本,以经济安全为基础,以军事、文化、社会安全为保障,以促进国际安全为依托,走出一条中国特色国家安全道路。"自此以后,习近平总书记又对总体国家安全观的基本内涵、指导思想与原则等内容进行了深刻阐释,为我国国家安全工作的新局面指明了方向。2015年7月颁布的新《国家安全法》,以法律的形式确立了总体国家安全观的指导地位。

从国家安全法学的角度来看,总体国家安全观的提出,其定位应当是规范性期望稳定化的基石,国家安全法诸部门法的制定都是围绕总体国家安全观这一基础来进行设计的。申言之,总体国家安全观即是规范性期望本身,围绕这一规范性期望,国家安全诸部门法的确立具有保护性价值,并鼓励社会对这一规范性期望做出选择。《国家安全法》在总则中开宗明义,国家安全应当坚持总体国家安全观,并亮明总体国家安全观的"五大要素"和"五对关系"。国家安全法律制度统筹传统安全和非传统安全,将国内国家安全法律制度向国际法领域延伸,突破了仅关注自身安全的传统安全观,展现了创新全球共同安全治理体系的先进理念,深刻地反映了习近平总书记关于建立国家安全体系、保证国家安全各个方面的工作都做到有法可依的新理念新思想新战略,是习近平总体国家安全观在国家安全立法中的生动体现。

二、以国家安全法为"核心"

2015年《国家安全法》第1条明确了"保卫人民民主专政的政权和中国特

色社会主义制度,保护人民的根本利益"的立法任务;第3条确定了总体国家安全观指导下的中国特色国家安全道路,突出以人民安全为宗旨、以政治安全为根本;第7条确立了法治原则与保障人权原则。因此,坚持主权、安全与发展等国家利益至上,以维护人民利益的人民安全为宗旨,保障政权安全等政治安全为根本,不仅是中国特色国家安全道路的基本特征,也是国家安全立法的核心任务。

国家安全法律制度拓展了治理维度,突破了法律部门、法律门类之间的隔阂,高屋建瓴地统筹了国家安全实体法、程序法和组织法,使国家安全法律成为规范一个国家所有领域、所有方面、所有层级安全关系的法律,成为推动国家治理体系和治理能力现代化的重要保障。在这个体系中,肩负"统筹"任务的正是2015年《国家安全法》。这一部专门法推陈出新、承上启下、链接各方并且关联起国家法律和党内法规,体现党对国家安全绝对领导和依法执政,这是新时代的立法创新。这部法既规定了维护国家安全的任务、职责和公民的权利义务,具备实体法的特点,又明确了"中央国家安全领导机构"的法定地位、国家安全领导体制、维护国家安全的职责分工、工作制度和保障等,具有组织法的特点,更是将国家安全法律事务程序与各领域的程序法自然结合。

三、以国家安全重点领域立法为"支撑"

随着2015年新《国家安全法》的颁布实施,我国国家安全法律体系开始形成,并还在不断完善中。可以说,2015年《国家安全法》为了充分发挥基础性法律作用,按照总体国家安全观的基本要求,对维护国家政治安全、国土安全、军事安全、经济安全、资源安全、文化安全、科技安全、社会安全、生态安全、信息安全、核安全、海外利益保护、深海、外太空等各领域的国家安全工作和活动都提出了最基本的法律要求,为这些领域进一步立法奠定了基础。

越来越多研究者开始关注国家安全法学领域的相关问题,我国国家安全法研究呈现出日益繁荣的发展趋势。除了研究话题由浅入深、研究视野不断扩大、研究方法不断多元之外,我国国家安全法学研究更是朝着全方位、多领域深入推进,国家安全各领域的法治建设与实践得到了密切关注。研究者围绕国家安全各领域的法治建设与实践所展开的研究,具有很强的现实意义与实践价值,对于我国正在面临或即将面临的国家安全问题起到了重要参考。

特别是在当下及未来全球风险上升的态势下,如何运用法治手段维护我国自身安全和国际社会共同安全、化解国家发展过程中的威胁风险,仍有诸多探讨的空间。

在刑事法领域,有关国家安全的规定主要集中于我国《刑法》分则中有关危害国家安全犯罪的规定,以及《刑事诉讼法》中有关国家安全机关办理危害国家安全犯罪案件的程序法规范之中。研究者先后围绕危害国家安全的犯罪行为展开研究,近年来,网络舆论表达与维护国家安全之间的界限则受到较多关注。但相较刑事实体法而言,刑事程序法领域涉及国家安全的研究成果则较少。实际上,对于国家安全机关权力行使与规制的研究有着非常重要的意义。在现代法治社会,维护国家安全的行为必须在正当原则之下展开,基于保障国家安全而对公民自由和权利加以减损时,也必须遵循相应的程序与方式。

经济安全是国家安全的基础,也是国家安全体系的重要组成部分。20世纪90年代,国内对国家经济安全的研究已经渐成体系,经济法领域有关国家安全的研究成果也相对丰富。早在21世纪初,不少研究者就提出应当结合我国国情及国际发展趋势,制定独立的国家经济安全法。特别是随着我国加入WTO后,国家、区域间的联系愈加紧密,随之而来的贸易纠纷、经济壁垒等国家经济安全问题也愈加凸显,主张通过独立的国家经济安全法来预防与应对国家经济安全问题的研究者也越来越多。当前,全球化程度不断加深,国际形势动荡不安,国际经济面临前所未有的挑战,国家经济安全也受到越来越多复杂因素的影响。但由于涉外法治仍然存在不少短板和弱项,亟须对国家面临的新型涉外经济安全领域进行与时俱进的理论拓展,提高应对挑战、防范风险的能力,因此《国家安全法》与经济法的协调、国家经济安全保障机制建设等相关问题,应当是今后研究的重点,值得进行更为深入细致的分析。

当前,非传统国家安全因素日益重要,国家安全法律体系的涉及面也日益拓展。因此,除了传统部门法领域,当前新兴领域如生物安全、网络安全、个人信息安全、资源安全、文化安全等国家安全立法的问题,也成为近年来的研究热点。这为我国数字安全法律制度体系的建构和完善提供了有利条件。相关研究成果对于推动我国国家安全法律体系的完善以及国家安全法学研究的发展起到了积极作用。在总体国家安全观的指导下,未来我国数字安全立法需要尽快厘清立法理念、基本原则、调整机制、管理制度、立法技术等层面的关键问题。此后的国家安全立法正会沿着这一方向,分领域不断弥补空白和短板,积极引导国家安全治理体系法治化。

四、以中国特色社会主义法律制度体系为"根基"

中国特色社会主义法律体系已经初步形成,一些固有的边界应该得到承认。例如,《刑法》《刑事诉讼法》《行政处罚法》《行政强制法》一些条文可能涉及国家安全事务,但不应该被纳入国家安全法律制度体系之内,这样才能更好地发挥衔接刑事法律和行政法两大法律部门的作用。同样,在涉及国家安全职能的法律领域内,不能因为涉及对行为的认定可能采取刑罚处罚或行政处罚时,将其简单纳入刑法或行政法部门中去,国家安全法律制度体系的存在恰好可以在刑事领域和行政领域平衡出一定的缓冲区域。中国特色国家安全法律制度体系是我国宪法和法律法规中有关国家安全的法律规范的总和,是中国特色社会主义法律制度体系的组成部分。中国特色社会主义法律制度体系是联系紧密、结构完整、形式严谨的统一整体。国家安全法律制度体系是中国特色社会主义法律制度体系的有机组成部分,以《宪法》《民法典》《刑法》为依据,统筹发展和安全,在促进经济社会规范发展的同时维护国家安全,与其他重点领域的法律制度之间没有绝对的界限,不可分割,而是相互作用、相辅相成的。

习近平总书记在中央全面依法治国工作会议上发表重要讲话时指出:"要坚持建设中国特色社会主义法律制度体系。中国特色社会主义法律制度体系是推进全面依法治国的总抓手。要加快形成完备的法律规范体系、高效的法治实施体系、严密的法治监督体系、有力的法治保障体系,形成完善的党内法规体系。"完善的法治体系是"良法"与"善治"的结合。《国家安全法》第11条第1款规定:"中华人民共和国公民、一切国家机关和武装力量、各政党和各人民团体、企业事业组织和其他社会组织,都有维护国家安全的责任和义务。"各行各业、各种力量都应坚决履行宪法和国家安全法律制度规定的维护国家安全的责任和义务,凝聚共同维护国家安全的磅礴力量,用实际行动维护国家主权、安全和发展利益。①

---

① 参见刘孝虎:《中国特色国家安全法律制度体系论析》,载《党政干部论坛》2021年第5期。

典型案例

2022年6月22日,西北工业大学发布《公开声明》称遭受域外网络攻击,随后西安警方对此进行立案调查。经过中国国家计算机病毒应急处理中心和360公司联合组成技术团队进行技术分析,相关部门于9月5日发布了第一份《西北工业大学遭美国NSA网络攻击事件调查报告》。报告指出,此次网络攻击源头系美国国家安全局(NSA)下属的特定入侵行动办公室(TAO)。该机构通过在西北工业大学运维管理服务器安装嗅探工具"饮茶",长期隐蔽嗅探窃取西北工业大学运维管理人员远程维护管理等信息,进而利用窃取到的网络设备账号口令,以"合法"身份进入中国某基础设施运营商服务网络,控制相关服务质量监控系统,窃取用户隐私数据。

问题与思考

1. 为什么要进行数字安全立法?
2. 如何进行数字安全法律制度体系构建?
3. 如何理解数字安全法律制度体系的特殊属性?
4. 如何看待数字安全法律制度体系的根基?
5. 如何看待数字安全法律制度体系的未来发展方向?

延伸阅读

1. 陈庄等编著:《数据安全与治理》,清华大学出版社2022年版。
2. 王寒梅、惠志斌编著:《数字化转型时代网络安全环境治理——以上海为例》,学林出版社2022年版。
3. 周鸿祎:《数字安全网络战》,中国科学技术出版社2023年版。
4. 王怀勇、常宇豪:《新安全格局下数据安全法治研究》,重庆出版社2024年版。
5. 黄道丽编著:《数据安全法:国际观察、中国方案与合规指引》,华中科技大学出版社2023年版。

第二编
数据信息安全

第四章 数据安全保护义务

法律故事

　　李明是一家科技公司的数据工程师,一天他发现同事小王未经授权,偷偷将用户数据拷贝到个人设备上。李明知道这样做不仅违反公司规定,还可能触犯法律。经过一番思考,李明决定向公司报告此事。公司立即采取了措施,阻止了数据泄露,并对小王进行了调查。最后,小王因违反公司数据安全规定被解雇,并且还可能面临法律责任。这让李明意识到,数据安全不仅是企业的责任,更是每个员工应尽的法律义务,稍有疏忽就可能带来严重后果,甚至需要承担刑事责任。

　　进入数字社会,随着信息技术的飞速发展和数字经济的不断壮大,数据已成为现代社会的重要资源和生产要素。然而,数据的广泛应用和流通也带来了严峻的安全挑战,尤其是在数据泄露、滥用等问题日益突出的背景下,数据安全保护成为亟待解决的关键问题。在这一背景下,明确数据安全保护义务的基本范畴、类型划分及其实现方式,已成为各方关注的焦点。基于此,需要对数据安全保护义务展开深入探讨,以期为相关主体更好地履行其义务提供理论支持和实践指导。

第一节 数据安全保护义务的基本范畴

　　在数字经济时代,数据已经成为重要的生产要素,是新质生产力的核心要素。根据《"十四五"数字经济发展规划》中的统计,2020年我国数字经济核心产业增加值占国内生产总值(GDP)比重达到7.8%。2020年3月,中共中央、国务院《关于构建更加完善的要素市场化配置体制机制的意见》明确将数据列为新型生产要素,与土地、劳动力、资本、技术等传统要素并列,并提出要加强数据资源整合和安全保护。数据内容与国家安全、经济发展、社会稳定、公众健康与安全的联系愈加紧密,其重要性不言而喻;同时面临的数据安全风险和威胁自然越大,一旦遭遇泄露、窃取、篡改、毁损、非法使用等不法侵害,引起的危害后果往往也尤为严重。① 因此,2022年1月12日国务院发布的《"十四五"数字经济发展规划》中提出,要"建立健全数据安全治理体系,研究完善行业数据安全管理政策","推动数据使用者落实数据安全保护责任"。面对数据安全保护的时代需求,《数据安全法》(自2021年9月1日起施行)和《网络数据安全管理条例》(自2025年1月1日起施行)从维护国家安全和社会公共安全的角度出发,明晰数据安全的意涵,规范网络数据处理活动,赋予数据处理者对数据的安全保护义务,构建起"以数据处理者义务为中心"的法律框架。②

一、数据安全保护义务的内涵

数据安全作为国家安全的重要组成部分,已成为重塑全球经济结构、改变全球竞争格局的关键力量。根据《数据安全法》第3条对数据安全的概念的界定,数据安全是指通过采取必要措施,确保数据处于有效保护和合法利用的状态,以及具备保障持续安全状态的能力。据此可知,数据安全保护义务是指有关组织或个人负有的采取必要措施,保护数据的安全,从而防止未经授权的访问以及数据的泄露、篡改、丢失,并在已经或可能发生数据泄露、篡改、丢失时采取相应补救措施的义务。③

近几年密集的规范性法律文件的出台,展示了数据安全保护义务内涵的一个动态变化。

第一,从静态安全转向静态与动态安全并重的数据安全理念。数据的静态安全是指,数据处理者应当在发生或者可能发生信息泄露、损毁、丢失的情况时,立即采取补救措施或其他必要措施确保信息安全。④ 随后,安全的含义扩展至数据的动态监测、有序流动、公民合法权利的保护、社会公共秩序和伦理道德的遵守等层面。数据安全理念从静态安全转向静态与动态安全并重,

---

① 参见刘双阳:《论数据处理者的重要数据安全保护义务及刑事责任》,载《北京社会科学》2022年第6期。
② 参见王玎:《论数据处理者的数据安全保护义务》,载《当代法学》2023年第2期。
③ 参见程啸:《论数据安全保护义务》,载《比较法研究》2023年第2期。
④ 参见《关于加强网络信息保护的决定》第4条、《消费者权益保护法》第14条、《电子商务法》第30条等法条。

体现了我国法律规范对网络数据安全管理制度的建立健全。

第二,规范方面从基础性、概括性法律条款扩展到包含政策、技术标准、场景规范等丰富的规范体系。随着数字技术的迭代升级,一般性的法律法规已无法满足数据活动的动态多样和庞杂体系。为了适应数据活动的新形态,加强行业自律,针对现实中所出现与数据安全相关的问题,不断细化与数据安全相应的法律规范、政策等,逐步形成了以法律法规为一般规则,以政策性文件、技术标准、具体场景化保护为细化补充的数据安全保护义务规范体系。

第三,数据安全保护从结果型义务转向数据事前事中事后全生命周期覆盖性义务。在结果型义务中,数据处理者仅对数据安全的结果负责。而在数据全生命周期覆盖性义务中,数据处理者不仅需要对数据安全的结果负责,也需履行日常数据安全运行的管理义务。例如,建立健全网络数据安全事件应急预案,并对网络数据接收方履行义务情况进行监督等。这体现了我国法律在维护数据安全方面更加完善,对数据处理者的要求更加严格。此外,数据保障义务的对象不仅包含用户数据主体、监管部门,还对第三方接入平台的数据安全提出了明确要求。无论从数据安全理念、数据安全的制度层次还是数据安全保障义务的类型来说,平台的数据安全保障义务体系正在逐步丰富与多样化。①

二、数据安全保护义务的主体

根据《数据安全法》第 27 条规定可知,任何实施数据处理活动的组织或个人都是数据处理者,负有数据安全保护的义务。数据处理包括数据的收集、存储、使用、加工、传输、提供、公开等活动。数据安全保护义务的主体即数据处理者具体可以划分为平台、用户、政府三个方面。

(一)平台的数据安全保护义务

平台作为数字网络空间中的中介组织,它通过搭建交易及互动的方式,将双边(或多边)市场中的用户集合到一起,为公众提供产品或服务。平台作为整合和配置数据资源的新型组织,经用户自主授权后,汇集了海量用户数据,在计算机技术的加持下,可以对数据进行快速识别和分析,经过数据清洗、处理、再创作后,数据衍生出新价值从而为公众提供更加优质的服务。平

---

① 参见张凌寒:《数据生产论下的平台数据安全保障义务》,载《法学论坛》2021 年第 2 期。

台的数据安全保护义务以数据安全事件发生的时间为节点,分为事前防范义务和事后处置义务。

首先,平台的事前防范义务主要包括技术保障和风险管理。其一,技术措施是指平台为确保数据开展活动处于安全状态所需要采取的各种技术方法或技术手段。根据《数据安全法》《网络安全法》《个人信息保护法》中的相关规定,保护数据安全应当采取安全技术措施如采取加密技术等,数据加密是将可读取的数据以技术手段转化为不可读取的密文之过程,没有密钥便不能访问该数据,从而确保数据安全控制在得到授权的人员手中,避免他人未经授权访问或对之进行非法窃取、篡改等。① 其二,完善数据处理规则以及督促第三方产品和服务提供者加强网络数据安全管理,提高风险监测灵敏度。重要数据一旦遭受泄露或被非法获取、利用,就很可能会危及国家安全、公共安全等重要利益。因此,平台应定期开展风险评估,预防此类安全事件的发生。相关法律规范也对风险管理进行了规定,《数据安全法》第29条规定"开展数据处理活动应当加强风险监测",第30条规定"重要数据的处理者应当按照规定对其数据处理活动定期开展风险评估"。《网络安全法》第21条也作出类似规定,要求"采取监测、记录网络运行状态、网络安全事件的技术措施"。

其次,平台的事后处置义务主要包括修补漏洞和及时告知。其一,平台监测到漏洞的存在,应及时采取补救措施。平台因其掌握海量数据,极易成为黑客攻击的目标或者因技术升级、更新迭代导致自身出现程序漏洞,造成数据泄露、篡改等安全事件。此时,平台需要立即启动应急预案,采取包括暂停服务、修复程序漏洞等处置措施,阻止危害结果进一步扩大,减少或者消除因数据安全事件给他人合法权益、社会利益和国家安全等带来的不利影响。其二,通过多元渠道定期向公众及相关部门公开发布社会责任或环境报告。用户作为数据的提供者和使用者享有知情权,因此平台需要主动披露相关情况,回应社会公众所关切的社会性问题。例如,《关键信息基础设施安全保护条例》第17条明确要求:"运营者应当自行或者委托网络安全服务机构对关键信息基础设施每年至少进行一次网络安全检测和风险评估,对发现的安全问题及时整改,并按照保护工作部门要求报送情况。"《网络数据安全管理条例》不仅要求向主管部门报告,还要求在数据安全事件对个人、组织合法权益造

---

① 参见王良顺、李想:《生成式人工智能服务提供者的数据安全保护义务研究》,载《南昌大学学报(人文社会科学版)》2023年第6期。

成危害时,网络数据处理者应当及时将安全事件和风险情况、危害后果、已经采取的补救措施等,通知利害关系人。

(二)用户的数据安全保护义务

用户主体是数据的主要来源,数据主体是能够通过数据被识别或与数据具有关联性的自然人。[1] 在数据服务背景下,"用户"可以作为"数据服务的接受者"理解。基于用户是数据来源的身份特征,应当承认数据主体对数据存在一定程度上的掌控,是数据安全保护的参与者。根据用户自己的需求和所面临的环境特点,用户的数据安全保护义务可体现在对数据内部环节和外部环节保护的两个方面。

其一,用户的数据安全保护义务的对内环节。对内保护数据自身的机密性、完整性、可用性。用户应当妥善保护自己的个人信息,不轻易泄露给未经授权的第三方,这包括但不限于个人身份信息、财产信息、健康信息等敏感数据。此外,公民在使用互联网等信息网络时,应当注意保护个人隐私,合理设置个人信息的访问权限,防范个人信息被非法获取或滥用。在处理数据时,应当建立完善的数据安全管理体系,包括数据的分类存储、访问控制、加密保护等,以确保数据在整个处理过程中的安全性和完整性。

其二,用户的数据安全保护义务的对外环节。对外保护数据利用的可控性、正当性,且应当遵守相关法律规定,维护国家安全。用户的数据活动不仅关乎自身利益而且更关乎国家利益,故用户在进行数据活动时,必须依照法律、法规的规定进行,不得违反相关法律法规的规定,以确保数据处理的合法性和安全性。同时,用户应当积极支持和配合国家的数据安全工作,包括向相关部门提供所知悉的涉及危害数据安全活动的线索或证据等,以维护国家的数据安全和社会公共利益。

(三)政府的数据安全保护义务

政府数据的汇聚、融通、应用以及数据要素市场的培育,有助于提升政府社会治理能力和公共服务水平。政府对数据进行保护能够保护国家秘密、商业秘密、商务信息、个人隐私以及个人信息不受损害,维护国家安全、公共安全、经济安全和社会稳定,并且最大限度实现政府数据的合理利用。政府的数据安全保护义务可以通过对数据的收集与处理、数据发布与数据销毁三个

---

[1] 参见郑曦:《刑事司法中的数据安全保护问题研究》,载《东方法学》2021年第5期。

阶段来进行。

首先，政府在数据收集与处理阶段对数据安全进行保护。其一，政府在收集各类数据过程中应当遵循合法、必要、正当的原则。收集数据的种类和范围应与其履行的管理职责或者提供的服务相适应，不得超出管理和服务需要采集数据。没有法律、法规依据，不得采集公民、法人和其他组织的相关数据。政府所收集的数据当限定在必要范围内。[①] 其二，制定政府数据分类分级规则，针对不同的数据制定差异化的安全保护措施。《数据安全法》第 21 条规定，国家建立数据分类分级保护制度，根据数据在经济社会发展中的重要程度，以及一旦遭到篡改、破坏、泄露或者非法获取、非法利用，对国家安全、公共利益或者个人、组织合法权益造成的危害程度，对数据实行分类分级保护。制定政府数据分类分级规则，行政主管部门应结合政府数据安全要求、个人信息保护要求和应用要求等因素，确定本地区、本部门以及相关行业、领域的重要数据具体目录，对列入目录的网络数据进行重点保护。

其次，行政机关应当在数据发布阶段对数据进行保护。其一，政府应当完善数据储备。行政机关对数据分级分类管理，选择安全性能、防护级别与安全等级相匹配的存储载体，对敏感数据和重要数据还应采取加密存储等安全保护措施。其二，行政机关在数据传输过程中进行风险预防。如果传输过程缺乏安全保障，数据就有可能被窃取、泄露、篡改。行政机关应根据数据类型、级别和应用场景，制定数据安全传输策略和规程，合理选择传输渠道，采取校验技术、密码技术等安全控制措施，保障数据传输过程可信、可控，从而预防此类事件的发生。

最后，政府应当在数据销毁阶段对数据进行保护。政府应当建立数据销毁策略，确保数据有效销毁，确保数据销毁符合组织内外部监管需求和业务需求。一方面，政府应根据法律规定和实践情况梳理需要销毁的数据，对于不需要继续使用、保存的数据，以及损害国家利益、公共利益以及个体合法权益的数据，应予以销毁或进行匿名化处理。另一方面，为防止因数据未被彻底删除而导致的安全风险，行政机关应对数据销毁流程进行严格把控，设置相关监督角色，以不可逆方式销毁数据，并对销毁过程进行记录和备案。

---

① 参见《浙江省公共数据开放与安全管理暂行办法》第 31 条。

三、数据安全保护义务的来源

数据安全保护义务的来源，除了法律规定与合同约定两种外，建立在数据行业特有要求之上，基于诚实信用产生的行业惯例、规则也被认为是数据安全保护义务的来源。对于法定的数据安全保护义务，是通过法律、法规中的强制性规范而直接确定相应主体所负有的保护数据安全的义务，如我国《数据安全法》《个人信息保护法》《网络数据安全管理条例》等文件中规定的数据安全保护义务。约定的数据安全保护义务是在数据处理活动中，当事人之间通过合同的约定而产生的一方所负有的数据安全保护义务。[1] 行业惯例是指特定行业中经过长期业务活动而形成的一些通用习惯规则，因其"是市场参与者在相关市场内通过反复博弈而普遍接受的行为模式，具有主体的复数性、时间的延续性、效果的约束性以及形成机制的非建构性"[2]。

（一）法律规定

数据安全保护义务可以回溯宪法找到答案。立法设定数据安全保护义务的根本目标在于保障数据权利人的合法权益。我国《宪法》第 38 条之"中华人民共和国公民的人格尊严不受侵犯"的规定可成为个人数据、信息受保护权被纳入基本权利范围的宪法文本依据。国家根据宪法要求负有对公民人格尊严和隐私、安宁进行保护的义务。[3] 我国对数据安全保护义务作出规定的法律主要包括数据安全、网络安全、个人信息安全三个方面。

其一，在数据安全方面，制定数据安全相关方面的法律规范是维护人民群众合法权益的客观需要，是维护国家安全的必然要求。当前，我国维护数据安全相关方面的法律主要是《数据安全法》。《数据安全法》以保护数据安全为立法目的，做出数据分类分级保护、数据安全风险评估、数据安全应急处置、数据安全审查以及数据出口管制等相关规定，并专门在第四章规定了数据安全保护义务，是数据安全保护义务基本的法律来源。

其二，在网络安全方面，数据安全需要一个安全可控、合规有序的网络流通环境。相关方面的法律主要是《网络安全法》，其第 76 条将网络安全界定为"通过采取必要措施，防范对网络的攻击、侵入、干扰、破坏和非法使用以及意

---

[1] 参见程啸：《论数据安全保护义务》，载《比较法研究》2023 年第 2 期。
[2] 蒋舸：《竞争行为正当性评价中的商业惯例因素》，载《法学评论》2019 年第 2 期。
[3] 参见王锡锌、彭錞：《个人信息保护法律体系的宪法基础》，载《清华法学》2021 年第 3 期。

外事故,使网络处于稳定可靠运行的状态,以及保障网络数据的完整性、保密性、可用性的能力"。

其三,在个人信息安全方面,数据是信息的载体,电子化方式记载的个人信息就是个人数据,保护个人信息当然包含了保护个人数据安全。相关方面的法律主要是《个人信息保护法》,其第五章"个人信息处理者的义务"第51条规定,个人信息处理者应当根据个人信息的处理目的、处理方式、个人信息的种类以及对个人权益的影响、可能存在的安全风险等,采取相应的措施防止未经授权的访问以及个人信息泄露、篡改、丢失;第57条规定,在已经发生或者可能发生个人信息泄露、篡改、丢失时,个人信息处理者应当立即采取补救措施。

(二) 合同约定

数据安全保护义务除法定义务外,在实践中,为了更大程度发挥数据价值,还有合同约定的义务。约定义务主要来自当事人在法律未规定情形下进行的特别约定。合同约定义务主要发生在数据转移、共享和数据委托处理场景中。

其一,在数据转移、共享场景中。当数据持有者需要将数据转移给其他的处理者,或者因数据的共享利用使得数据能够被其他主体所接触时,为了保护数据安全,当事人需要同第三方企业签订相关协议。[①] 例如,当个人下载使用某第三方应用软件时,在注册时无一例外需要勾选相关用户阅读协议,当中会有很多条款约定数据安全保护义务,这些条款包括:"(1) 供应商合规性条款,即要求第三方供应商陈述并保证遵守与个人信息的拥有或使用相关的所有可适用的法律和条例,并要求遵守本企业的隐私和信息保证政策以及相关做法;(2) 安全程序条款,即要求第三方供应商在可行的范围内维护其自身的隐私和信息安全计划,并对其安全和信息保证实践进行定期风险评估;(3) 保障措施条款,即通过合同要求企业的供应商保证其能够实现对企业数据的适当保护;(4) 赔偿条款,即第三方供应商应就为其未能遵守适用的隐私法导致数据丢失或因过错而致数据泄露承担相应的赔偿责任等;(5) 保密条

---

① 《网络数据安全管理条例》第12条第1款规定:"网络数据处理者向其他网络数据处理者提供、委托处理个人信息和重要数据的,应当通过合同等与网络数据接收方约定处理目的、方式、范围以及安全保护义务等,并对网络数据接收方履行义务的情况进行监督。向其他网络数据处理者提供、委托处理个人信息和重要数据的处理情况记录,应当至少保存3年。"

款,即要求第三方供应商确保充分保护企业的数据,并且通过相应的约定来处理合同履行完毕后数据的保护、销毁和归还等问题。"①

其二,在数据委托处理场景中。除国家机关委托他人处理政务数据时,法律上有强制性的规定外②,一方委托另一方处理相关数据,另一方提供相应服务,为了保护数据的安全,双方需要对数据安全保护义务作出约定。例如,数据安全保险合同中,保险公司会组织专业人士对投保人的数据安全保护的现状加以了解,通过详细询问等风险评估流程来了解投保人的数据安全治理水平以及防火墙、加密、补丁、密码强度、多因素身份验证等特定保护措施的使用情况如何。在决定承保后,保险公司会对被保险人提出相应的数据安全保护的要求,要求被保险人承诺采取相应的措施,尽到相应的义务来保障数据的安全。此外,我国《个人信息保护法》第 21 条规定,个人信息处理者在委托处理个人信息时,应当与受托人约定包括个人信息保护措施等在内的事项,并要求委托人要对受托人的个人信息处理活动进行监督。

(三) 行业规则与行业惯例

行业规则、惯例是在特定背景下形成的自发秩序和相对便利的信息中介,是从行业道德中衍生出的竞争行为评价工具。行业规则对于市场良好竞争秩序的维系的重要性不言而喻。③

其一,行业规则作为数据安全保护义务来源具有正当性。在实践当中,行业规则、惯例被认为是"公认的商业道德"。在北京奇虎科技有限公司、奇智软件(北京)有限公司与腾讯科技(深圳)有限公司、深圳市腾讯计算机系统有限公司不正当竞争纠纷案中,最高法指出,认定行为正当性的"关键在于该行为是否违反了诚实信用原则和互联网行业公认的商业道德,并损害了被上诉人的合法权益"④。在北京百度网讯科技有限公司等与北京搜狗科技发展有限公司等一案中,北京高院指出:"对互联网行业公认的商业道德进行认定时,一般综合考虑特定的行业惯例、从业规范或者自律公约以及被诉行为的表现形式、造成的后果以及行为人的主观状态等因素。"⑤据此可以看出,行业

---

① 程啸:《论数据安全保护义务》,载《比较法研究》2023 年第 2 期。
② 《数据安全法》第 40 条规定:"国家机关委托他人建设、维护电子政务系统,存储、加工政务数据,应当经过严格的批准程序,并应当监督受托方履行相应的数据安全保护义务。受托方应当依照法律、法规的规定和合同约定履行数据安全保护义务,不得擅自留存、使用、泄露或者向他人提供政务数据。"
③ 参见蒋舸:《竞争行为正当性评价中的商业惯例因素》,载《法学评论》2019 年第 2 期。
④ 最高人民法院(2013)民三终字第 5 号。
⑤ 北京市高级人民法院(2017)京民终 5 号。

规则作为数据安全保护义务来源为司法机关所承认,具有正当性。

其二,行业规则所赋予企业承担数据保护的社会义务,并非否定其在私法上拥有的数据权利,而是为了实现公共福利与私人权益之间的平衡。① 与数据相关的行业发展中会产生一定的行业习惯对数据安全保护义务作出规定,此时就要求在行业中的经营者、管理者或组织者应当达到同类经营者、管理者或组织者所应达到的通常注意义务。② 网络即时通信和社交媒体软件技术更迭,对于复杂且新颖的数据市场而言,个体参与者掌握知识有限,不确定性更加明显。此时,行业惯例反映了在特定市场背景下优化总福利的各方互动模式,丰富了市场参与者对信息的认知框架,对行为正当性判断有一定的指引作用,可以促进各方采取增进总福利的行为方式。

第二节 数据安全保护义务的类型划分

虽然个人信息与数据的关系争议较大,但一般认为个人信息与数据之间是内容与载体的关系,一定程度上两者可以等同使用。③ 我国走了一条"刑先民后"的个人信息保护道路。2015年,《刑法》通过修正案,将原有的关涉个人信息的罪名正式修订为"侵犯公民个人信息罪",更加完善了关于侵犯公民个人信息的方式和主体,在司法实践中发挥着保护公民个人信息权益,维护公民独立性人格的重要作用。进入数字时代,《民法典》《数据安全法》《个人信息保护法》正式出台,增设了关于个人信息分类分级保护和全生命周期保护的重要规定。然而,《刑法》却坚守个人信息的"模糊化保护"和"分散式保护",与个人信息保护的前置法规定产生了一定的"规范际差",出现了行为认定片面、法益保护不彰、违背罪责刑相适应原则的情形。在此基础上,逐渐形成了统合个人信息前置法和保障法,从整体法视角研究个人信息、保障个人信息或者数据安全的观点。④ 个人信息或者数据安全保护义务的划分正是以整体法秩序为视角和基本脉络,具体而言,主要存在数据安全的分类分级保

---

① 参见周汉华:《个人信息保护的法律定位》,载《法商研究》2020年第3期。
② 参见眭鸿明等:《经营者安全保障义务探析》,载李飞坤、李力主编:《参阅案例研究·民事卷》(第一辑),中国法制出版社2009年版,第24页。
③ 参见韩旭至:《信息权利范畴的模糊性使用及其后果——基于对信息、数据混用的分析》,载《华东政法大学学报》2020年第1期。
④ 参见谢扬强:《法秩序统一原理下读者个人信息的一体化保护》,载《湖南社会科学》2023年第2期;张旭、陈凯琳:《数据犯罪刑法应对的三个维度》,载《法学杂志》2024年第2期。

护义务、数据全生命周期安全保护义务以及数据的处理环境安全保护义务三种类型。

一、数据安全的分类分级保护义务

数据安全的分类分级保护义务包括两个方面。"分类"意指对数据安全的保护义务根据一定的标准分门别类;"分级"意指在分类的基础上,对不同类别的数据采取不同的保护力度,保障数据安全。在我国理论与实践研究中,根据不同的标准,有众多关于数据安全分类的观点。例如,根据数据产生时间段的不同,可以将数据分为原始数据、二次数据和三次数据。[①] 再如,根据数据与个人信息权益的紧密程度的不同,可以将数据分为敏感数据、重要数据和一般数据。[②] 以上分类都从不同侧面揭示了不同数据的特征,有利于数据安全的分类保护,实现对重要法益的着重保护。然而,需要着重指出的是,数据的分类关乎数据背后法益的保障,对数据分类就是要实现对重要数据法益的着重保护、对非重要数据的轻微保护,即采取轻重有别的保护力度,以此实现数据保护与利用的合理平衡。有鉴于此,可以根据数据与其背后权益的关联性强弱的不同而对数据进行分类,继而在数据分类的基础上,对于不同种类的数据采取不同的保护方式与保护力度。

德国的领域理论可以作为数据安全分类分级保护义务的理论根基。领域理论是德国著名民商法学家胡布曼(Heinrich Hubmann)提出的。他认为,人们只有在个人熟悉的环境或者领域中才可以实现自由,在陌生或者不熟悉的环境或者领域中会受到多种限制。[③] 具体而言,关涉人们自己核心利益的范围或者领域内是实现独立人格的重要区域,此领域不应当任人随意侵犯,需要他人予以尊重,并且应当采取严格的保护方式;而与人们核心利益较远、对个人利益难以构成威胁的领域是更具有"开放性"的领域,个人的自由受到相对限制,以此保障他人合法权益或者社会公共利益。在现代,领域理论逐渐衍变为更为具象化的理论。个人生活可以具体分为隐私领域、私人领域、社会领域,三者共同组成个人生活的同心圆。隐私领域位于同心圆的最里

---

① 参见邢会强:《大数据交易背景下个人信息财产权的分配与实现机制》,载《法学评论》2019年第6期。
② 参见周光权:《侵犯公民个人信息罪的行为对象》,载《清华法学》2021年第3期。
③ 参见王锴:《论宪法上的一般人格权及其对民法的影响》,载《中国法学》2017年第3期。

层,该领域关涉个人的核心权益,应当予以严格保护;私人领域位于同心圆的中间层,该领域相较于隐私领域而言,与核心个人权益产生距离,此领域需要平衡好保护与利用的关系;社会领域位于同心圆的最外层,该领域是个人与社会交往而产生的领域,不需要着重保护个人权益,而是应当更加注重对社会公共利益的保护。领域理论之所以能够成为数据安全分类分级的理论根基,主要是因为其能够体现数据分类的差异性。在大数据时代,社会资源有限,需要予以合理分配。对于重要数据,更应当注重其安全性;而对于一般性的数据,显然需要以利用价值为先,而非一味地保护。换言之,领域理论能够合理平衡数据安全保护与数据价值利用之间的关系,这与大数据时代的资源分配理念高度契合。综上所述,遵循领域理论的基本观点,依据与重要权益的关联性,可以将数据分为以下三类,同时采取相应的保护方式。

第一,核心数据安全的保护义务。《数据安全法》第21条第2款特别指出了核心数据的概念与特征。核心数据是指关涉国家安全、关涉国民经济和民生、关涉社会重大公共利益的数据。由此可见,核心数据具有极其重要性,其安全是其他社会活动的基础和保障。核心数据安全具有以下三个典型特征:一是公共利益性。通过数据安全法也可以看出,核心数据被单列一款,足以凸显其重要性。而其重要性来源于其关乎社会公共利益,而非单纯地与个人相关。例如,国家研制的新型导弹数据就属于核心数据,一旦泄露给他国,便会对我国国防事业与国家安全产生不利影响。二是保护的优位性。核心数据关乎社会公共利益和国家安全,因此在与个人数据的保护产生冲突时,核心数据往往需要优先被保护。需要指出的是,核心数据与其他类型的数据同等重要,没有价值和好坏之分,只是在两者产生冲突时,在保护位阶上需要进行取舍。三是公权力保护性。《数据安全法》第24条指出,国家对于可能影响国家安全的数据进行国家安全审查,且其决定为最终决定。这凸显了核心数据的重要性,其安全需要公权力予以保障,且其保护力度不同于私力保护。

第二,重要数据安全的保护义务。《网络数据安全管理条例》第62条对重要数据进行了界定,是指特定领域、特定群体、特定区域或者达到一定精度和规模,一旦遭到篡改、破坏、泄露或者非法获取、非法利用,可能直接危害国家安全、经济运行、社会稳定、公共健康和安全的数据。《数据安全法》第21条第2款之规定界定了核心数据的概念,对核心数据实行更加严格的管理制度。在广义上,重要数据包括核心数据与其他重要数据;在狭义上,重要数据是指除了核心数据以外的其他重要数据。本书此处分类所指的重要数据则是狭义上的,不包括核心数据。重要数据安全的保护与核心数据同等重要,但是强度要低于核心数据,其保护方式主要有以下两种:一是建立数据安全保护责任制。根据《数据安全法》第 27 条第 2 款和《网络数据安全管理条例》第 30 条,重要数据不仅需要开展数据安全的全流程管理,而且需要在此基础上,建立健全保护责任制,将此种责任落实到个人和机构。例如,刑事办案中涉及的涉密证据、涉密鉴定意见、涉密文书一旦泄露或者被不法分子所利用,可能会对当事人利益、案件走向和司法形象产生不利影响,甚至有可能导致相关人员遭到打击报复。[①] 因此,诸如此类的重要数据需要采取严格管理方式,由公权力机关严格保护。二是开展数据安全风险评估。根据《数据安全法》第 30 条和《网络数据安全管理条例》第 31 条,重要数据处理者在处理重要数据时应当开展风险评估,并向主管机关报送风险报告。法律赋予重要数据处理者这样的保护义务,正是契合了重要数据的重要性。

第三,一般数据安全的保护义务。除了核心数据、重要数据以外,其他的数据就是一般数据。一般数据虽然不如核心数据、重要数据重要,但是其仍然需要保护。具体而言,需要合理平衡一般数据保护与利用之间的关系,且往往需要充分发挥一般数据的利用价值。例如,《数据安全法》第 28 条规定了数据处理活动的一般原则,即核心数据、重要数据、一般数据的处理活动都应当以社会公共利益为本,遵守法律法规,符合社会公德。一般而言,个人的电子签名便属于一般数据,因为电子签名不能随意乱用,一旦被滥用则可能存在损害个人利益的风险,因此需要被保护。但是,相比而言,个人数据不如核心数据、重要数据重要,不会涉及公共利益,因此无须着重保护。同时,名字往往是个人独立人格的象征,是社会交往必不可少的要素,倘若采取严格保护方式,可能不利于个人在社会中的交往。[②] 因此,需要发挥一般数据的利用价值。当然,这种利用价值的发挥应当以《数据安全法》第 28 条的规定为基础,不能违反一般数据安全的保护义务。需要指出的是,核心数据、重要数据、一般数据的分类并非楚河汉界、泾渭分明,而是存在一定的缓冲区,或者在不同场景下存在不同的分类。但是,无论如何分类,都可以根据《数据安全

---

① 参见杜邈:《从安全与自由的平衡看刑事涉密证据规则》,载《人民检察》2017 年第 15 期。
② 参见陆青:《数字时代的身份构建及其法律保障:以个人信息保护为中心的思考》,载《法学研究》2021 年第 5 期。

法》第 21 条的规定，区分各种类型数据的重要性，从而采取相应的保护方式、履行不同的保护义务。

二、数据全生命周期安全保护义务

数据全生命周期安全是任何与数据相关行为的安全。我国走的是"刑先民后"的个人信息保护道路，规定了"出售、提供、窃取、非法获取"的行为方式，对于非法利用、非法删除等没有规定。《民法典》《个人信息保护法》相继将个人信息相关的行为规定为"处理"。《数据安全法》则延续了这一规定，其第 3 条第 2 款规定了与数据相关的从数据的产生到消亡的一切行为，这有利于保护数据法益，保障数据安全、履行保护义务。

数据全生命周期安全是以生命周期理论为基础的。生命周期理论最早见于美国图书文献学中，图书文献具有过时和淘汰的问题，如同人的"生老病死"，具有不同的发展和消亡阶段。后来这一理论被引入数据学领域中，正式形成了"数据全生命周期理论"。由此可以看出，《数据安全法》对于数据相关行为的划分正是以数据全生命周期理论为基础的。此外，数据全生命周期理论并不是单纯地规定相关的行为，而是可以按照一定的标准将相关的行为分门别类，但是这些分类均大同小异，具有一些相同的特征。例如，可以根据数据的利用标准，将数据处理分为收集、融合和利用阶段，在不同阶段采取不同的保护方式。[①] 再如，可以根据行为特征的不同，可以划分为事前处理阶段、事中处理阶段以及事后处理阶段。[②] 有鉴于此，本书采取以下三段式分法，将各类行为划入各个阶段，并在此基础上采取不同的保护方式。

第一，数据事前处理阶段的安全保护义务。所谓数据事前处理阶段，是指数据从产生到被使用或者处理的过程，本阶段主要包括数据收集和存储两类行为。数据收集行为是获取和得到数据的行为，是后续处理行为的开始，倘若一开始的数据收集行为难以保障，那么就没有后续的处理行为，数据的价值难以保障。具体而言，数据收集行为中主要包含以下安全保护义务：一是知情同意。知情同意是一个问题的两个侧面，知情是同意的前提，同意是知情的延续。收集数据倘若不能获得信息主体的知情同意，那么数据收集行

[①] 参见丁晓东：《用户画像、个性化推荐与个人信息保护》，载《环球法律评论》2019 年第 5 期。
[②] 参见童云峰、汪淼梁：《运动员生物识别信息双维保护模式之形塑》，载《上海体育学院学报》2022 年第 2 期。

为就是违法的。根据不同数据类型,知情同意的方式也有所区别。例如,对于身份证号码、行程轨迹等个人重要数据,应当获得个人明确和明示的同意,而对于其他一般性数据,个人默示同意即可。① 二是公开透明。这是数据收集行为安全保障的前提,倘若不公开透明收集数据,有可能导致数据被秘密收集或者过度收集。数据存储行为是将收集到的数据予以保存的行为,是后续处理行为有效进行的前提。数据存储行为中主要包含以下安全保护义务:一是有期限的存储。虽然存储行为便于反复使用,但是不能无期限地存储,因为可能带来安全隐患,不利于背后数据权益的保障。二是采取技术措施。《数据安全法》第27条规定,应当采取相应的技术措施和其他必要措施保障数据安全,防止数据被不法分子攻击和泄露。

第二,数据事中处理阶段的安全保护义务。所谓数据事中处理阶段,是指数据处理者控制数据到使用数据,以发挥数据价值的过程。本阶段主要包括数据加工、数据使用、数据传输和数据提供等行为。数据加工是数据使用的前提,某些数据只有经过加工,才可以实现数据的可展示性。数据加工行为中应履行合法性的安全保护义务。因为非法加工数据可能会形成新的数据类型,从而掌握数据主体的其他信息,进而侵犯主体权益。数据使用是利用数据的过程,是数据处理行为的核心。数据使用应当遵循目的性的原则,保障使用的安全。② 例如,图书馆使用读者的数据或者信息应当主要用来为读者提供更好的借阅服务,提升图书馆数字化建设,而不能用于非法售卖或者其他超出授权范围的事项。数据传输是在不同信息处理主体之间进行输送数据的行为。获得数据主体的知情同意是数据传输行为中应当履行的安全保障义务,数据主体的知情同意往往是针对一个处理主体而言的。因此,在未获得数据主体同意的前提下,处理者将数据进行传输的行为超越了原本知情同意的范围,违背了数据主体的意愿。由此可见,在违法数据传输中,存在严重的安全隐患,数据可能遭受其他处理者的非法处理。数据提供行为是指数据在不同处理者之间进行流转的行为,数据传输也可谓数据提供行为的一种类型。因此,数据提供行为也应当注重数据流动的合法性,获得数据主体的知情同意,保障数据的安全。此外,网络数据接收方应当履行网

---

① 参见田野:《大数据时代知情同意原则的困境与出路——以生物资料库的个人信息保护为例》,载《法制与社会发展》2018年第6期。
② 参见孙丽岩:《政府收集个人数据的合理限度》,载《政法论坛》2024年第3期。

络数据安全保护义务,数据提供方应当对接收方履行义务情况进行监督。

第三,数据事后处理阶段的安全保护义务。所谓数据事后处理阶段,是指数据已被处理,发挥了利用价值,并走向失效的过程。本阶段主要包括数据公开、数据泄露、数据删除等行为。数据公开是将数据公之于众的行为,一般认为数据公开是行为人主动性的行为。例如,政务公开就属于数据公开的典型例子,在该行为中,需要严格审查数据是否过了保密期限,是否涉及公共利益,是否评估了相关风险。唯有履行上述安全保障义务后,才可以进行数据公开。数据泄露一般是被动性地公之于众,可能是由于技术保护措施不够健全,或者数据处理者违背数据主体意愿违法公开。为了防止数据泄露,最重要的安全保护义务是加强技术安全防护。例如,《数据安全法》第29条规定了数据安全的风险监测和紧急处置措施,以此避免数据泄露而被不法分子违法使用。数据删除是使数据在现有载体中无法显示,继而走向消亡的行为。由此可以看出,数据事后处理阶段的安全保护义务并非在数据公开、数据泄露、数据删除行为中履行的,而是为了防止数据走向消亡而采取的措施。因此,从严格意义而言,数据全生命周期安全保护义务一般存在于事前或者事中处理阶段,目的是防止事后数据被处理。

三、数据的处理环境安全保护义务

数据的处理环境安全是贯穿数据处理全流程,保障各种类型的数据依法处理的外部环境安全。在大数据时代,数据已然成为经济发展的必要元素,其安全保障关系到各行各业的稳定运行。上述数据安全的分类分级保护义务和数据全生命周期安全保护义务是从数据自身的特征而界定的义务,但是仅仅从数据自身还是难以保障数据的安全。因此,数据的处理环境安全保护义务旨在从支撑数据运行的各种软硬件资源等外部因素方面,对数据安全提供更加稳定的保障。应当明确,数据的处理环境安全保护义务具有明确的法律规范依据。例如,《数据安全法》就设置了数据安全保护义务的专章。从这些规定来看,其中既包含了数据安全的分类分级保护义务和数据全生命周期安全保护义务,也直接或者间接规定了数据的处理环境安全保护义务,共同构筑起一套完整的数据安全防御体系,确保数据处理始终在安全稳定的环境

中运行。[①] 具体而言,主要包括以下三个方面:

第一,数据安全教育培训义务。《数据安全法》第 27 条以及《网络数据安全管理条例》第 30 条就规定了这一原则性规定。应当肯定,数据安全教育培训是必要的,倘若数据处理者都没有保障数据安全的意识,不知如何保障数据安全,不了解数据处理的风险,那么数据的处理活动很可能不够规范,数据处理的衍生风险就会增大,数据权益也极易被侵犯。关于数据安全教育培训义务的具体履行,法律法规并无过多规定。但是根据整体法律规定和立法旨意,可以进一步细化该义务。首先,数据安全教育培训义务的履行主体包括但不限于所有数据处理者。所有数据处理者作为与数据直接相接触的主体,其往往决定了数据的走向,因此其应当组织开展数据安全教育培训。应当注意的是,核心数据、重要数据、一般数据的处理者均应当组织培训,而不应当仅限于核心数据等重要数据。此外,相关政府部门或者有关机构也可以定期开展培训,这有利于充分保障数据安全教育培训落到实处,不流于形式。其次,参与数据安全教育培训的人员与履行主体可以相同。不应当将参与主体限制在相关技术人员范围内,而是应当扩展至更大的范围,从而有利于提升数据处理者的整体素质,更好地保障数据安全。

第二,应急处置保障义务。该义务来源于《数据安全法》第 29 条。虽然该条也规定了数据安全的分类分级保护义务和数据全生命周期安全保护义务,但同时也揭示了数据的处理环境安全保护义务。其中,主要包含两类义务。一是风险监测与补救措施义务。风险监测是保障数据处理活动稳定开展的重要保障,为数据处理和分析提供了安全平台和运行环境,可以及时发现、识别、监测所遇到的风险。这一规定从源头处就保障了数据处理的安全。补救措施义务的前提是数据存在安全缺陷、漏洞等风险,亦即其是可控的尚未发生或者即将发生的风险。补救措施的类型包括技术措施和组织措施。前者如修改代码、完善算法、更新加密系统等,后者如重新划分数据存在和访问权限,切断风险源等。[②] 二是处置措施与报告义务。处置措施与补救措施不同,采取处置措施的前提是发生数据安全事件,而补救措施的前提是数据存在风险。一般而言,数据安全事件往往是人为原因,如因工作人员失误或者黑客攻击而导致。数据泄露属于典型的数据安全事件,处置措施也比补救措施更

[①] 参见王玎:《论数据处理者的数据安全保护义务》,载《当代法学》2023 年第 2 期。
[②] 参见程啸:《论数据安全保护义务》,载《比较法研究》2023 年第 2 期。

为严格和专业,例如关闭系统访问权限、数据隔离等措施。但两者往往也存在一定的重合,只是程度上存在一些差异。① 当发生数据安全事件后,除了处置措施以外,还应当将相关风险、事件、采取措施的内容、相关后果等内容告知用户并向相关主管部门报告。由此可见,数据安全的保障不仅仅需要技术人员采取相关技术措施予以补救,还需要管理部门从行政体制机制方面予以保障,这也符合数据处理环境安全保护义务的本质。

第三,公权力机关依法调取数据义务。《数据安全法》第35条规定了此项义务。为了保障数据安全,即使是公权力机关也需要依照一定的程序和规定调取或者使用数据,而不能凭借公权力的"优越性",随意调取数据。该项义务保障了数据处理活动不被公权力侵犯,继而营造了数据处理的安全环境,本质上是对于数据权利是一种宪法性基本权利的回应。② 该项义务需要说明的有以下三点:一是主体仅限于公安机关和国家安全机关。法律并未规定"等",因此不包括其他公权力机关。二是调取的原因仅限于维护国家安全或者侦查犯罪的需要,亦即是出于公共利益的需要,而不能是为了公权力机关的私利。三是应当依法进行。关于具体规则,《数据安全法》并未规定,但是相关的规定仍然是涉及数据处理安全的法律规范,如《数据安全法》《个人信息保护法》《民法典》等。同时,仍应遵守前述核心数据、重要数据、一般数据的处理规则,不能因为公权力机关的属性而简化处理。

第三节 数据安全保护义务的实现方式

所谓数据安全保护义务,是指有关组织或个人负有的采取必要措施,保护数据的安全,从而防止未经授权的访问以及数据的泄露、篡改、丢失,并在已经或可能发生数据泄露、篡改、丢失时采取相应补救措施的义务。③ 数据安全保护义务是所有数据处理者都应承担的义务,但是如何确保数据处理者在进行数据处理活动时贯彻数据安全保护义务,需要法律体系对其做出回应和落实。在我国法律体系中,民事法、行政法以及刑事法是极为重要的三大部门法,法律责任也主要由民事、行政、刑事责任组成,因此要落实数据安全保

---

① 参见郑曦:《刑事司法中的数据安全保护问题研究》,载《东方法学》2021年第5期。
② 参见范志勇:《论金融监管者的数据安全保护义务》,载《行政法学研究》2022年第5期。
③ 参见程啸:《论数据安全保护义务》,载《比较法研究》2023年第2期。

护义务离不开三大部门法来对其予以贯彻。三大责任体系由轻到重层层递进,形成推动数据安全保护义务有效履行的倒逼机制。

一、数据安全保护义务的民事法贯彻

数据安全保护在民事法律中的重要性不可忽视。随着信息技术的迅猛发展,个人信息已经成为一种宝贵的资源。然而,这也伴随着数据泄露和滥用的风险,对个人权益构成了威胁。因此,在民事法律层面上确立数据安全保护义务具有重要意义。一方面,民事法律能为数据安全保护提供基本的法律框架。它能明确数据主体与数据处理者之间的权利与义务关系,确保个人权益得到尊重。当数据泄露或被不当使用时,受害者可以通过民事诉讼获得赔偿,这不仅包括经济损失,还包括精神损害赔偿等非财产性损害。另一方面,民事法律还能促进数据处理过程中的透明度和责任感。通过制定详尽的合同条款和隐私协议,民事法律要求企业在处理个人信息时必须遵循一定的标准和流程,从而减少数据泄露的风险。总之,数据安全保护在民事法律中的重要性体现在保护个人合法权益、促进数据经济健康发展等方面。随着信息技术的不断发展和社会需求的变化,数据安全保护在民事法律中的地位也将越来越重要,亟须贯彻。

(一)确立数据相关主体的民事权利和义务

民法是最重要的法律之一,在社会经济生活中扮演着极为重要的角色,其通过赋予民事权利和规定民事义务来调整各方的关系,实现民事主体之间利益的合理分配。民事法律确定的秩序也是各方主体在推进数据安全保护中必须遵循的行为规范,为数据相关主体提供了行动指南。落实数据安全义务,必须首先确立数据主体的民事权利和义务,让各方主体知晓自身在数据上享有何种民事权利和承担何种民事义务。只有如此,数据安全义务才能获得民法的保障。确立数据相关主体的民事权利和义务时要做好相应工作。

其一,必须处理好数据来源者和数据处理者之间的民事权利与义务关系。数据是信息社会的重要资源,承载着个人、企业、社会以及国家等各方面的信息,既关涉个人尊严、人身安全及财产安全,也承载着促进社会创新、提高社会生产率等重要公共利益,具有二元属性。换言之,数据是关于对象的信息,但并不专属于对象,数据的价值要在流通中得到释放和体现。而要保护数据在流动中的安全,就必须通过民法划分数据来源者和数据处理者的权利边界。以个人数据为例,个人数据来源于个人,承载着个人的诸多利益,如果数据泄露或受到侵犯,可能引发严重侵犯个人利益的恶劣后果。只要首先明确数据来源者享有的各项权利,数据处理者在数据安全方面的义务就能得到清晰地呈现。[①] 而只要数据处理者积极履行保障数据来源者权利的义务,则数据安全的重任就能得到最大程度的落实。

其二,要依法确立数据处理者对数据享有的民事权利。数据安全除了要保护数据来源者的权利之外,也要保障数据处理者的民事权利。数据处理者为数据价值的挖掘贡献了劳动和智慧,使得数据转化为推进社会生产进步的力量,理应赋予其相应的权利,使其依法获得与其劳动相应的回报。将数据处理者的数据权利固定下来,是民法落实数据安全义务的重要环节。数据处理者的权利得到明确,其他主体的数据安全保障义务也会更明确。

(二)完善侵犯数据安全民事责任体系

贯彻数据安全义务需要构建与数据安全保障力度相适应的民事责任体系。民法与行政法、刑法的惩罚性不同,民法责任主要在于矫正民事不法行为导致的利益错配,使利益分配格局回到原初的状态。[②] 行为人实施侵犯数据行为多是想要获得不法利益,如果不从法律上否定这种不法行为并及时纠正这种利益错配,则无法从根本上制止侵犯数据安全的行为。民事责任的发动采取的"民不举,官不究"的策略,需要权利人积极地行使民事权利才能有效制裁不法行为,民事责任就是民众与侵犯数据安全行为斗争的武器和工具,只有给群众配备合适的武器和工具,群众才会更愿意使用法律工具。目前,我国《民法典》民事责任章专章设置民事责任的类型,但对于侵犯数据权采取何种责任并没有规定。完善侵犯数据安全民事责任体系应做好相应工作。

一方面,设置与数据侵权实际相适应的民事责任类型。目前设定的民事责任类型并不适应数据侵权的实际,我国现在的民事责任主要是针对人身权、物权、债权以及知识产权设置的,并未充分考虑数据权这种权利。民事责任中最常见的就是赔偿损失,而数据的价值却无法准确估价,甚至由于数据的非独占属性,其流动安全受到冲击并不一定会损害持有者的利益。民事责

---

① 参见王利明:《论数据来源者权利》,载《法制与社会发展》2023 年第 6 期。
② 参见黄智杰:《违法处理个人信息行政责任与民事责任的衔接》,载《法律科学(西北政法大学学报)》2024 年第 3 期。

任的核心在于损害赔偿,对于价值无法精确计算的数据,适用民事赔偿救济会面临许多困难,需要对民事责任的类型进行重新设计。①

另一方面,根据情况对数据侵权设定过错责任和无过错责任。大数据时代的数据侵权很多时候是很隐秘的,并不容易被人发现。当事人即便发现自己的数据被侵犯、泄露,也很难证明对方存在过错。目前《民法典》侵权责任编没有对侵犯数据权的责任承担做出专门规定,按照民法典规定,侵犯数据责任的归责原则就只能是过错责任。虽然《个人信息保护法》对侵犯公民个人信息的归责采取过错推定,但个人数据只是数据的类型之一而非全部,无法真正解决数据侵权民法救济的问题。而在实际的数据侵权中,权利人往往很难证明侵权人存在过错,这就会导致数据安全的民法责任保障力度存在欠缺,因此应该根据情形科学设定数据侵权民事责任归责原则。

(三) 强化民事司法确保数据安全义务落实

民事权利和义务、民事责任的调整主要是在实体法层面解决数据安全义务的落实,要想取得实际效果还需要通过司法来将实体法的要求转化为现实,这就需要通过强化民事司法来确保数据安全义务落实。具体应做到以下几点:

首先,需要严格推进数据侵权民事司法,通过典型案例裁判强化数据权利的民事保护。数据侵权案件是伴随大数据时代出现而产生的,随着数据社会的深度发展,案件的数量和复杂性也将会极大提高,需要民事司法予以积极回应。典型数据侵权案例具有典型性,通过发布典型案例来具象化法律意旨,不仅能为法院之后的裁判提供指引,还能以案释法向社会传达司法信号。目前,社会公众虽对于数据侵权的后果存在隐忧,但对何种行为构成民事侵权以及侵权者会受到何种民事法律责任并不完全知晓,这极大制约了社会公众维权的积极性。典型案例是范例,往往会交代案件的前因后果和判决结果,社会公众通过阅读典型案例就能更加全面地了解既有司法系统对案件的处理流程和态度,从而学会如何在实践中识别侵权行为和维护自身合法权益。

其次,要提高司法效率,降低数据司法成本,提高数据民事司法效能。目前,以数据侵权启动民事诉讼的案件数量并不多,与现实中广泛存在的数据侵权无法相比。其中很大程度上是因为司法成本高,除非是数据侵权导致的

---

① 参见王玎:《论数据处理者的数据安全保护义务》,载《当代法学》2023年第2期。

损失确实很大，否则并不会去发动民事诉讼。数据侵权案件很多情况下不会给当事人带来很大的损失，比如网络平台滥用算法推荐、打车平台大数据杀熟等，相比于民事诉讼的成本而言，单独比较损失并不大，因此当事人也不愿意去发动民事诉讼，而可能更寄希望于向监管机关投诉等方式。而数据安全民事义务的落实，需要群众积极运用法律工具进行斗争。对此，法院对于新类型的数据侵权民事案件要通过内部职能优化来提高司法效率，在法律允许的范围内简化程序，尽力减少当事人的时间成本和金钱成本。

最后，要探索和推进数据侵权民事公益诉讼实践。侵犯大多数人数据权的数据侵权，对单个个体的侵害并不大，因此普通个体无意愿提起民事诉讼，需要通过公益诉讼来追究侵权者的民事责任。[①] 目前，《个人信息保护法》第70条在《民事诉讼法》第58条和《消费者权益保护法》第47条的基础上规定，对于违法处理个人信息，侵害众多个体利益的，检察机关、法律规定的组织以及国家网信部门确定的组织可以提起诉讼。该条款为个人数据侵权民事公益诉讼提供了法律规范基础。之后检察机关开始了个人信息检察公益诉讼的实践，也发布了一些典型案例。但从实践来看，法律虽然规定多种主体可以提起个人信息民事公益诉讼，但真正开展个人信息公益诉讼的主要是检察机关，从最高检发布的个人信息检察公益诉讼典型案件中就可看出，民事公益诉讼案件比例占比极大。为了督促数据处理者落实数据安全义务，有必要进一步探索和推进数据侵权民事公益诉讼。

二、数据安全保护义务的行政法贯彻

行政法作为政府实施监管、维护秩序的重要工具，其在数据安全领域的作用不可小觑。

首先，行政法能为数据安全构建全面而系统的法律框架，明确数据保护的基本原则、责任主体、行为规范和法律责任，为数据的全生命周期管理提供明确的指导和约束。这一法律框架不仅能为数据使用者设定清晰的边界，而且能为监管部门提供有力的执法依据，确保数据处理活动的合法性和规范性。其次，行政法在促进跨部门协作与监管方面发挥着重要作用。数据安全涉及众多领域和部门，需要各方共同努力才能形成有效的防护网。行政法通

---

① 参见姚佳：《个人信息保护检察民事公益诉讼的理论基础与实施进路》，载《政法论坛》2024年第4期。

过明确各部门的职责分工和协作机制,促进了信息共享和联合执法,提高了监管效率和效果。这种跨部门协作不仅有助于及时发现和处置数据安全事件,还能有效预防潜在的风险和威胁。最后,行政法在引导行业自律与规范发展方面也具有重要意义。通过制定行业标准和最佳实践指南等,行政法能引导平台企业加强数据安全保护能力,推动形成健康有序的数据产业发展生态。这不仅有助于提升整个行业的数据安全水平,还能促进数据资源的合理流动和有效利用,为经济发展注入新的动力。综上所述,行政法在保障数据安全中发挥着至关重要的作用。

(一)数据安全保护义务的行政立法贯彻

在行政立法中贯彻数据安全保护义务,是一个全面而深入的过程,它要求从行政法律体系的根本构建出发,确保每一环节都紧密围绕数据安全保护的核心原则。这涉及明确数据安全保护的基本原则与规范,使之成为所有数据处理活动的基石。行政立法贯彻数据安全保护义务,应具体做好以下工作。

一方面,行政立法应确立清晰的数据保护框架,明确界定数据处理者的义务,包括数据收集、处理、存储、传输等各个环节的规范。这些规范应既具有前瞻性,又能适应技术发展的快速变化,确保法律的有效性和适应性。随着风险社会的来临,现代行政法的目标已经转向风险行政,出于风险预防的目的为特定主体设定预防性的义务,并通过强化义务的履行来预防可能的风险。[①] 因此,数字化时代数据安全风险外溢性的不可控,决定了行政立法必须出于预防目的为数据处理者设定全生命周期的数据安全保护义务和责任,来确保风险的可控。此外,行政立法还应为数据处理者提供必要的指导与支持,如推广先进的数据保护技术、提供培训资源等,以促进数据保护水平的提升。

另一方面,在行政监管方面,行政立法应建立健全数据处理平台监管机制和数据处理行政责任体系,确保数据保护义务的严格履行。在数据处理平台监管机制方面,行政法需要建立行政机关督促落实机制和程序,为行政监管机关履行监管职责提供法律支撑。网络平台掌握了很强的数字权力,除了通过行政立法使其承担更重的数据安全保护义务来实现平台在数据生产中

---

① 参见赵鹏:《风险社会的自由与安全——风险规制的兴起及其对传统行政法原理的挑战》,载《交大法学》2011年第2期。

的权力纠偏外①,还要设置制度落实机制保证落实,否则数据处理者会懈怠或者逃避义务的履行。具体应设置对数据处理平台的日常监管与检查制度,及时发现并纠正平台数据违规行为;同时,建立公开透明的投诉举报渠道,鼓励公众参与数据保护监督,形成全社会共同参与的良好氛围,为行政监管机关履行职责提供信息来源,强化网络平台数据安全监管。在行政责任体系方面,行政法应该根据为数据处理者所设定义务的重要性为违反义务设定相匹配的行政法责任。在法理学上,法律责任是违反第一性义务而产生的第二性义务,是一种不利的法律后果,责任是督促义务人履行第一性义务的保障措施。② 通过行政责任体系的构建,行政监管机关就有充足的工具与不法数据处理者做斗争,进而督促其履行行政法上的义务。数据处理平台的日常监管机制侧重过程性监督,而数据处理行政责任体系则侧重事后惩戒,相互配合能为数据处理行政法义务的履行提供强有力的保障。

综上所述,行政立法在贯彻数据保护义务方面发挥着至关重要的作用。通过行政立法为数据处理者设定全流程的数据安全保护义务,并建立健全数据处理者义务履行的监管机制和行政责任体系,可以实现行政法律义务的明确和义务履行的制度保障,为数据安全保护义务的落实提供规范依据。

(二)数据安全保护义务的行政执法贯彻

要通过有效行政执法督促落实数据安全保护义务,必须全方位、多层次地聚焦并狠抓落实,以确保数据安全在国家发展的各个层面都得到坚实的保障。这不仅是对法律法规的尊重与执行,更是对国家利益和公民权益的深刻承诺。徒法不足以自行,需要通过行政执法来予以贯彻行政法的要求。

一方面,数据执法过程要加强数据执法力度,这是确保数据安全保护义务得到有效履行的核心,是对数据行政执法手段方面的要求。执法力度有两个面向,一是对执法效率的要求,二是对惩戒力度的要求。只有执法效率和惩戒力度同时具备的执法才是有力度的执法,才能确保行政立法目的实现。就执法效率而言,应该加强数据执法队伍的专业化建设,构建运转顺畅的执法程序机制,通过日常监管与专项检查的有机结合,做到违法必究,实现对数据处理者数据处理活动监管的全方位覆盖和全流程监督。在这个过程中,对

---

① 参见张凌寒:《数据生产论下的平台数据安全保障义务》,载《法学论坛》2021年第2期。
② 参见张文显主编:《法理学(第四版)》,高等教育出版社、北京大学出版社2011年版,第122—123页。

发现的数据安全问题和隐患及时纠正,并对违反数据安全保护义务的行为依法依规进行严肃查处。就惩戒力度而言,应加大对违法行为的处罚力度,通过公开曝光、罚款、吊销执照等多种手段,形成强大的法律震慑力,让数据处理者不敢、不能、不想违反数据安全保护义务。当然,强化数据执法惩戒力度绝对不是一味地从严处罚,而要按照数据违法行为过错及危害后果给予相适应的惩处,既要保证惩罚的严肃性,又要保证惩戒的合理性,一味重惩绝不是数据执法所需要的惩戒力度。通过执法效率和惩戒力度双重强化,能保证数据执法的力度,强化数据安全保护行政法义务的落实。

另一方面,贯彻数据安全保护义务,行政执法除了要强化执法力度外,还要注重数据行政执法的效果,这是从数据行政执法目的层面的要求。数据行政执法的目的不是惩处,而是促进数据处理者依法履行数据安全义务。因此,行政执法必须关注执法效果,否则就是舍本逐末。从有效性的要求出发,行政机关要推动数据安全风险识别与数据违法整改。强化数据安全风险识别是实现数据执法有效性的前提。只有识别出数据安全风险,数据行政执法才会启动。这就要求数据行政执法机关通过各种措施来提高自身识别数据安全风险的能力,及时发现并识别潜在的数据安全风险点和漏洞。对于发现的风险点,要求数据处理者制定并实施有效的风险应对措施。加强数据违法整改,督促数据处理者依法合规处理数据,是实现数据行政执法有效性的另一要求。行政执法不能只注重惩处违法行为,一罚了之,而不关注数据违法土壤的铲除。因此,数据行政执法机关还应加强对整改情况的跟踪和监督工作,确保整改措施得到有效执行和落地见效。只有这样,才能真正将数据安全风险控制在可接受的范围内。当然,对于整改情况比较好的企业,符合行政处罚法主动消除或者减轻违法后果的要求,可以依法给予一定的处罚优待,以更好地调动数据处理者进行合规整改的积极性。

综上所述,通过行政立法和行政执法的相互配合,一方面在规范层面建构数据处理行政规范、行政监管制度以及责任体系,使得数据行政执法有法可依;另一方面从加强执法力度和执法效果两个方面加强执法能力建设,进而形成完善的落实数据安全义务的数据行政法执行体系,可以有效落实数据安全保护义务。

三、数据安全保护义务的刑事法贯彻

在数字化时代,随着信息技术的飞速发展,数据已成为推动社会进步与

经济发展的关键要素。然而,数据的安全性问题也随之凸显,成为国家安全、社会稳定以及公民个人权益保护不可忽视的重大挑战。在这一背景下,刑事法作为法律体系中维护社会秩序、保障公平正义的最后一道防线,其在数据安全保护领域的角色与功能愈发重要,需要全面贯彻数据安全保护义务。

(一)积极推进刑事立法确立明确的数据犯罪规制体系

在数字化浪潮中,数据安全保护的首要任务在于构建一个清晰、明确的刑事责任框架。通过刑事法立法活动,能为数据安全保护义务的落实提供坚实的刑法保障。贯彻数据安全保护义务,刑事法应针对数据泄露、非法获取、滥用等数据安全犯罪行为,详细规定其构成要件、量刑标准及相应的法律责任。通过这种明确的刑事法律责任框架,不仅为数据处理者设定行为的边界,也为其在面对复杂多变的数据安全挑战时提供明确的法律指引。

一方面,刑法应积极根据数据犯罪实际态势来将一些危害较大的数据违法行为犯罪化。目前我国关于数据犯罪的规制体系很不完善,除了非法获取计算机信息系统数据罪之外,其他的侵犯公民个人信息罪、拒不履行网络安全管理义务罪都是在间接规制数据犯罪。非法获取计算机信息系统数据罪的立法目的也主要是保护计算机信息系统数据安全,而非主要保护数据安全本身,没有反映出数据安全犯罪真正的法益侵害性。此外,对于破坏数据可用性及完整性的破坏数据行为、利用数据进行违法活动的行为都需要刑法予以规制。具体而言:其一,数据犯罪刑事立法应以独立的数据犯罪立法为基本前提,将数据犯罪与计算机信息系统相关犯罪分离,建构独立的数据犯罪体系[①],破解现行刑法将数据犯罪与计算机信息系统相关犯罪深度绑定形成的不足。其二,根据保护数据"保密性、有用性、完整性"建构数据犯罪体系。比如,设立非法获取、出售数据罪以保护数据的保密性,设立破坏数据罪来保护数据的有用性和完整性。其三,设立滥用数据罪规制滥用数据行为。数据蕴含着信息,获得数据就意味着可能侵害数据里面的信息,设置滥用数据罪可以避免刑法处罚漏洞,实现对数据内容层信息的周延保护。

另一方面,要精确设定数据犯罪的构成要件和刑罚后果,实现罪刑配置的轻重相适应。将行为规定为犯罪,就需要为行为设定犯罪的构成要件和刑罚后果,只有如此才能让数据犯罪在刑法中得到落实。在构成要件层面,需

[①] 参见姚万勤:《信息视角下数据犯罪的前置化定位及其立法边界》,载《政治与法律》2024年第5期。

要对数据安全犯罪的犯罪主体、主观方面、客观行为及危害结果等要素做出明确规定,这有助于司法实践中对数据安全犯罪行为的准确认定。这里需要注意的是,很多数据处理者是以单位的形式存在的,因此需要为数据犯罪配置单位犯罪的规定。因为根据《刑法》第 30 条的规定,单位只有在法律有规定的情况下才会构成犯罪。在刑罚后果方面,对数据本身的犯罪应采取轻罪模式,不宜设定过重的刑罚,而对于滥用数据的行为应设置相对较高的法定刑。因为刑法保护数据的目的是保护数据中的信息,进而预防性地规制利用信息危害社会的行为。而滥用数据的行为则是直接侵害法益的行为,因此应设置较重的法定刑,以周延地保护法益。

综上所述,刑法通过积极的数据犯罪立法周延地设置数据犯罪体系,并明确设定数据犯罪的构成要件和刑罚后果,可以强化对数据犯罪行为的规制。在明确的刑事法律责任体系下,数据处理者必须严格遵守数据安全保护的刑法相关法律法规,倒逼其建立健全数据安全管理制度,加强数据安全防护措施,确保数据的合法、安全、有效使用。对于违反数据安全保护义务的行为,刑事法将依法追究其刑事责任,形成有效的法律震慑力,促使数据处理者更加积极主动地履行数据安全保护义务。

(二)强化刑事司法形成对数据安全犯罪的刑罚震慑力

刑法规定的宣示效果会给数据处理者以很好的指引,但面对日益严峻的数据安全威胁,还需刑事司法配合来打击数据安全犯罪。这不仅是维护社会秩序和公平正义的需要,也是保护国家安全、社会稳定及公民个人权益的必然要求。刑事司法是实现刑法规定的手段,没有刑事司法的配合,刑法的威慑力就不能得到有效的发挥,因此必须强化刑事司法。数据犯罪一般都是法定犯,因此强化刑事司法除了加强刑事司法的力度之外,还要通过行刑衔接来织密刑事法网。

一方面,刑事司法应强化对数据犯罪的打击力度。刑事司法权力由公安、检察以及法院共同执掌,三者存在不同的分工,强化打击力度需三大机关协同发力。首先,刑法的规定比较原则,对于行为应该达到何种程度可以进行立案、起诉和审判,需要由公安部、最高人民检察院以及最高人民法院联合制定司法解释,对刑法规定的数据犯罪标准予以明确,为三大机关履行职责提供具体指引。其次,当有数据犯罪线索出现时,公安机关应当及时立案查处为追究犯罪人的责任做好准备,检察机关应严格对案件质量把关准确运用起诉裁量权,人民法院应依法对数据犯罪案件审判。这样,刑事司法不仅能够有效遏制数据犯罪的发生,还能够为受害者提供有效的公法救济,维护社会的公平正义。最后,刑事司法应根据情形灵活应用多元化刑罚手段,以更好地应对数据犯罪的复杂性和多样性。除了传统的自由刑外,刑事法还应积极应用财产刑和资格刑等刑罚手段。财产刑如罚金、没收财产等,可以剥夺犯罪分子的经济收益,降低其再犯能力;资格刑如禁止从事特定职业或活动等,则可以限制犯罪分子的行为自由,防止其再次利用数据从事违法犯罪活动。

另一方面,强化行刑衔接提升数据安全刑事司法保护的整体效能。刑事法作为维护社会秩序的重要工具,可以通过促进跨部门协作与刑事司法介入等方式,推动数据安全保护工作的整体效能。首先,可以建立跨部门协作机制,加强信息共享和资源整合,加强行政机关与刑事司法机关的协作配合。数据安全保护涉及多个领域和部门,如公安司法机关、网信、工信、市场监管等。这些部门之间需要建立紧密的协作关系,共同应对数据安全挑战。刑事法可以通过立法活动或司法解释等方式,明确各部门在数据安全保护中的职责和权限,建立信息共享和资源整合的机制,提高数据安全刑事保护的针对性和有效性。其次,刑事司法机关可以根据案件需要,及时介入数据安全事件的调查和处理工作。数据安全事件往往具有突发性、复杂性和敏感性等特点,需要迅速、准确地查明事实真相并依法处理。刑事司法机关作为专业的法律机构,具有调查取证、法律适用等方面的优势。在数据安全事件发生后,刑事司法机关可以迅速介入调查工作,收集固定证据材料,查明案件事实真相;依法对涉案人员进行审查起诉或审判工作,在为受害者提供法律支持和保障的同时,也为数据处理者提供了明确的法律后果预期,进一步强化其履行数据安全保护义务的责任感。

典型案例

2021年7月,中国网信办对滴滴出行进行网络安全审查,因其涉嫌非法收集和使用用户个人信息。审查期间,滴滴出行应用程序被下架,平台被要求整改。此事源于滴滴在未充分保障数据安全的情况下赴美上市,涉及大量敏感信息的跨境传输,违反了《数据安全法》和《个人信息保护法》的相关规定。最终,滴滴被要求采取一系列数据保护措施,并加强对用户数据的管理。该事件引发了社会对数据安全保护的广泛关注。

问题与思考

1. 什么是数据安全保护义务?
2. 数据安全保护义务的规范依据有哪些?
3. 平台、用户和政府所承担的数据安全保护义务有什么区别?
4. 数据安全保护义务和信息安全保护义务有什么区别?
5. 对于数据安全保护义务的贯彻,如何划定民法、行政法与刑法的适用边界?

延伸阅读

1. 〔英〕维克托·迈尔-舍恩伯格、肯尼思·库克耶:《大数据时代》,盛杨燕、周涛译,浙江人民出版社 2013 年版。

2. 〔美〕尼古拉·尼葛洛庞帝:《数字化生存》,胡泳、范海燕译,电子工业出版社 2017 年版。

3. 〔美〕弗兰克·帕斯奎尔:《黑箱社会:控制金钱和信息的数据法则》,赵亚男译,中信出版社 2015 年版。

4. 〔德〕埃里克·希尔根多夫:《德国刑法学:从传统到现代》,江溯、黄笑岩等译,北京大学出版社 2015 年版。

5. 〔美〕劳伦斯·莱斯格:《代码 2.0:网络空间中的法律(修订版)》,李旭、沈伟伟译,清华大学出版社 2018 年版。

6. 〔日〕松井茂记:《互联网法治》,马燕菁、周英译,法律出版社 2019 年版。

7. 〔英〕罗杰·布朗斯沃德:《法律 3.0:规则、规制和技术》,毛海栋译,北京大学出版社 2023 年版。

第五章　数据安全与开放共享

> **法律故事**

2023年12月8日,第二届数字政府建设峰会暨数字湾区发展论坛在广州举行。国家发展改革委党组成员,国家数据局党组书记、局长刘烈宏出席开幕式并致辞。

刘烈宏指出,目前全国省、地两级已上线226个数据开放平台,开放数据集数量从2017年的8000多个增加到2023年的34万多个,17个省(市)、10个副省级城市开展了公共数据授权运营实践,在普惠金融、交通出行等领域形成一批应用场景。

刘烈宏也指出,但总体上看,我国公共数据的开放程度和利用水平,与社会各界期待相比,仍有很大差距。大家普遍反映,数据共享开放阻力大、顾虑多,数据供给的规模和质量都不够,资源利用的渠道和方式不丰富、不便捷。

针对这些问题,刘烈宏分析主要原因是:其一,数据持有者缺乏动力,存在"不愿开放"的问题;其二,数据大范围流通导致安全管理边界扩大,存在"不敢开放"的问题;其三,数据流通的效率、安全和成本难以兼顾,需要专业技术能力支撑,一些单位存在"不会开放"的问题。

刘烈宏指出,解决这些问题,不仅要继续加大共享开放的工作力度,也要总结授权运营的实践经验,采用安全手段开发高价值数据,解决好安全保护和流通利用的矛盾。

刘烈宏强调,针对数据持有者"不愿开放""不敢开放""不会开放"的难题,国家数据局将重点做好以下六方面工作:一是落实产权分置制度,让公共数据"供得出"。二是加快建设安全可信的数据基础设施,让公共数据"流得动"。三是针对行业发展痛点堵点,实施"数据要素X"行动计划,让公共数据"用得好"。四是以公共数据为引领,鼓励探索企业数据授权使用新模式。五是大力发展服务型、应用型、技术型数商,优化数据交易场所布局。六是推动数据领域核心技术创新,为激活数据要素价值,赋能实体经济提供支撑。

第一节　数据开放共享的概念

数据是数字时代的"新石油"（New Oil），数据开放共享是发展数字经济、完善社会治理、改善人民生活的重要前提。2022年12月22日，中共中央、国务院《关于构建数据基础制度更好发挥数据要素作用的意见》（"数据二十条"）提出："坚持共享共用，释放价值红利。合理降低市场主体获取数据的门槛，增强数据要素共享性、普惠性，激励创新创业创造，强化反垄断和反不正当竞争，形成依法规范、共同参与、各取所需、共享红利的发展模式。"

笼统而论，数据开放共享是指数据持有者向其他主体提供其持有的数据供他人使用的行为。为了深入准确地理解数据开放共享的概念，需要依次回答以下三个问题：其一，谁来开放共享数据？其二，开放共享何种数据？其三，如何开放共享数据？

一、数据开放共享的主体

1. 公共机构

人们一般认为"公共机构"是数据开放共享的主要主体。关于"公共机构"的界定，目前尚无全国性的法律制度设计，仅有中央层面的政策引导。例如，《关于构建数据基础制度更好发挥数据要素作用的意见》提出："对各级党政机关、企事业单位依法履职或提供公共服务过程中产生的公共数据，加强汇聚共享和开放开发，强化统筹授权使用和管理，推进互联互通，打破'数据孤岛'。"法律上对"公共机构"的界定散见于数据开放共享的各地方性法规中。

由于缺少中央层面的全国统一立法，相关各地方性法规对"公共机构"的界定并不完全一致，有共性，也有差异。共性体现为，各地方性法规都认为"公共机构"包括"政府机构"在内，都明确承认政府机构负有开放共享数据的义务。差异体现为，有的地方性法规将"公共机构"的范围限定为"政府"，而有的地方性法规还将"公共机构"的范围扩及公用事业、公益事业机构。[1] 例如，2018年的《天津市促进大数据发展应用条例》将数据分为"政务数据"与"社会数据"两大类，前者指政府收集的数据，后者则指政府以外的主体收集

---

[1] 参见高富平：《公共机构的数据持有者权——多元数据开放体系的基础制度》，载《行政法学研究》2023年第4期。

的数据。同时,该条例规定,只有政府负有开放共享数据的义务,公用事业、公益事业机构等社会主体开放共享数据则是"受鼓励"的行为,而非履行义务。2020年的《贵州省政府数据共享开放条例》将开放共享数据的主体限于"政府","法律、法规授权具有公共事务管理职能的组织"的数据开放共享活动"参照适用"关于"政府"的规定;对于"教育、卫生健康、供水、供电、供气、供热、环境保护、公共交通等与人民群众利益密切相关的公共企事业单位"的数据共享开放活动,则未作规定,而是"依照相关法律、法规和国务院、省有关主管部门或者机构的规定执行"。2021年的《上海市数据条例》将公共机构的范围界定为"国家机关、事业单位,经依法授权具有管理公共事务职能的组织,以及供水、供电、供气、公共交通等提供公共服务的组织"。与之类似,2022年的《浙江省公共数据条例》也规定,负有开放共享数据的公共机构包括"本省国家机关、法律法规规章授权的具有管理公共事务职能的组织以及供水、供电、供气、公共交通等公共服务运营单位"。

有一种观点认为,应该以"资金来源"作为判断哪些机构负有开放共享数据义务的标准,凡是以公共财政作为资金来源的机构均应负有开放共享数据的义务。[①] 该观点的理由在于,公共财政资金"取之于民",相关机构利用该资金所得到的数据自然应该"用之于民",即不能将其收集的数据视为"私有",而应开放共享数据。这些机构在履行公共服务过程中收集和产生这些数据,由纳税人负担成本,由于纳税人已经支付了代价,因此有权免费使用它。依照该标准,负有开放共享数据义务的公共机构不仅指政府,还包括所有以公共财政作为资金来源的供水、供电、供气、公共交通等公共服务运营单位。该观点较为契合《关于构建数据基础制度更好发挥数据要素作用的意见》的精神,为其相关规定提供了较为合理的解释。

2. 社会主体

人们一般认为私营企业、民间社会组织等社会主体并不负有开放共享数据的义务,应该由它们自行决定是否开放共享它们持有的数据。国家可以引导、鼓励它们开放共享数据,但不宜强迫它们开放共享数据。例如,2015年国务院《促进大数据发展行动纲要》提出,推动公共数据资源的开放,应当通过

---

① 参见黄尹旭:《论国家与公共数据的法律关系》,载《北京航空航天大学学报(社会科学版)》2021年第3期;邢会强:《政府数据开放的法律责任与救济机制》,载《行政法学研究》2021年第4期;王锡锌、王融:《公共数据概念的扩张及其检讨》,载《华东政法大学学报》2023年第4期;等等。

政务数据公开共享,引导企业、行业协会、科研机构、社会组织等主动采集并开放数据。这样做的理由很明显:社会主体不同于公共机构,它们的活动有其特殊目的,一般并不直接服务于公共利益,如果一般性地课予它们开放共享数据的义务,将对其正常营业造成严重冲击。这在民营企业上表现得尤为明显:企业在经营过程中收集的数据经常构成其"商业秘密"或者为其提供"竞争优势",一般性地要求它们开放共享这些数据将严重妨碍企业的正常营业活动。

社会主体并非绝对地不负担开放共享数据的义务,在特殊情况下它们也有义务开放共享数据。所谓的"特殊情况",主要指它们持有的数据是维护或促进公共利益所必需的情况。①《关于构建数据基础制度更好发挥数据要素作用的意见》提出:"政府部门履职可依法依规获取相关企业和机构数据,但须约定并严格遵守使用限制要求。"政府部门履职总是为了维护或促进某种公益目标,当相关企业和机构持有的数据是实现相关公益目标所必需的时候,那么相关企业和机构就有义务向相关政府部门开放共享数据。

二、数据开放共享的客体

1. 公共机构数据开放共享的客体

一般认为公共机构有义务开放共享的是"公共数据","公共数据"通常被认为是公共机构在履行职务、提供公共服务过程中所收集、产生的数据。"公共数据"该种解读的立法表现以《上海市数据条例》和《浙江省公共数据条例》为代表。《上海市数据条例》第2条第4项规定:"公共数据,是指本市国家机关、事业单位,经依法授权具有管理公共事务职能的组织,以及供水、供电、供气、公共交通等提供公共服务的组织(以下统称公共管理和服务机构),在履行公共管理和服务职责过程中收集和产生的数据。"《浙江省公共数据条例》第3条第1款以近乎相同的方式规定:"本条例所称公共数据,是指本省国家机关、法律法规规章授权的具有管理公共事务职能的组织以及供水、供电、供气、公共交通等公共服务运营单位(以下统称公共管理和服务机构),在依法履行职责或者提供公共服务过程中收集、产生的数据。"

上述"公共数据"有两个构成要素。其一,主体要素,公共数据是"公共机

---

① 参见冉高苒、高富平:《"公益数据私人控制"的破解:确立私主体的数据开放义务》,载《中南大学学报(社会科学版)》2023年第4期。

构"收集和产生的数据,公共机构包括政府部门、法律法规授权的具有管理公共事务职能的组织、提供公共服务的事业单位等。其二,行为要素,公共数据是公共机构在履行管理职责和提供公共服务过程中形成的数据。这两个要素并无实质区别,二者是一体之两面。"履行管理职责和提供公共服务"是"公共机构"的定义性要素,或者说只有"履行管理职责和提供公共服务"的才是"公共机构",不存在没有管理职责或公共服务职能的"公共机构"。

尽管原则上公共机构有义务开放共享数据,但也不是任何它们收集产生的数据都应当开放共享,其开放共享的数据在范围上有其限度。例如,为了维护国家安全,公共数据中那些涉及国家秘密的数据不应当开放共享;为了保护个人信息,公共数据中涉及个人信息的数据在未经相关个体同意的情况下不应开放共享;为了保护知识产权,公共数据中涉及知识产权的数据未经权利人同意不应该开放共享;为了保护企业的正当利益、维护健康的市场竞争环境,公共数据中涉及企业商业秘密的数据以及那些构成企业竞争优势的数据也不应当开放共享。

2. 社会主体数据开放共享的客体

公共机构原则上应当开放共享其持有的公共数据,在上述例外的情形中才不应开放共享相关公共数据。与之相反,社会主体原则上不负有开放共享其持有数据的义务,在特殊情况下,即其持有的数据为实现相关公共利益目标所必需时,它们才负有开放共享数据的义务。因此,社会主体开放共享数据的范围便取决于公共机关所欲实现的公益目标,凡是公共机关实现相关公益目标所必需的,便是社会主体有义务开放共享的数据。

需要强调的是,即便在社会主体持有的数据是实现公益目标所必需的任何情况下,社会主体向政府部门负担开放共享数据的义务也不是绝对的,其需要开放共享数据的范围亦有其限度。2022年的《欧洲议会和欧盟理事会关于公平的数据共享实践和公平地获取和使用数据的协调规则以及修正(欧盟)2017/2394号条例和(欧盟)2020/182号指令(数据法)的条例提案》(以下简称《欧盟数据法提案》)在"立法说明"部分提出,在公共部门有"特殊需要"的情况下,即企业持有的数据是公共部门完成特定公益目标所需的情况下,企业负有开放共享数据的义务。但同时《欧盟数据法提案》也强调:"有必要在欧盟层面建立一个成比例的、有限的和可预测的框架,以确保法律的确定性并减少对企业造成的行政负担。"

《欧盟数据法提案》第五章第 14 至 22 条对企业向公共部门负担的开放共享数据义务做了细化规定,其总体精神是,企业负担的开放共享数据义务需要符合"比例原则"。例如,《欧盟数据法提案》第 15 条规定:"使用本章意义上的非个人数据的特殊需要应在时间和范围上受到限制,并应被视为仅在以下任何一种情况下存在:(a) 所要求的数据是应对公共紧急情况所必需的,而公共部门机构、委员会、欧洲中央银行或联盟机构在同等条件下无法通过其他方式及时有效地获得这些数据……"该条体现了比例原则中的"适当性"与"必要性"要求:一方面,公共机构要求企业提供的数据能够实现特殊公益目标;另一方面,没有其他替代途径能够获得这些数据。《欧盟数据法提案》第 20 条第 1 款规定:"除 2003/361/EC 号建议附件第 2 条定义的小型和微型企业外,数据持有者应根据第 15 条第 1 款(a)项的规定,免费提供应对公共紧急情况所需的数据。"第 20 条第 2 款则规定:"数据持有者应有权因遵照第 15 条第 1 款(b)项的要求提供数据而获得公平的报酬,这种报酬应包括为遵照要求而产生的技术和组织成本,包括在适用情况下的匿名化、假名化、汇总和技术改造的成本,外加合理的差额。"《欧盟数据法提案》第 20 条第 1 款针对的是在公共紧急情况下企业向公共部门提供数据,第 20 条第 2 款针对的是在非紧急情况下企业向公共部门提供数据。在前一情况中(小微企业以外的)企业应免费提供数据,而在后一情况中企业则有权获得公平的报酬。此种差异体现了比例原则中的"平衡性"要求:在紧急情况下企业之所以需要免费提供数据,是因为此时公共利益的分量明显更重,超过了免费提供数据给企业造成的负担,"要求企业免费提供数据"具有"平衡性";在非紧急情况下企业之所以有权得到公平的报酬,是因为此时公共利益的分量没有那么重,不足以抵消免费提供数据给企业造成的负担,"要求企业免费提供数据"不具有"平衡性","要求企业提供数据并给与其公平的报酬"才具有"平衡性"。

三、数据开放共享的模式

1. 公共数据开放共享的模式

依照开放共享的对象,公共数据开放共享可以分为对内和对外两种情况。前者指公共管理和服务机构因履行法定职责或者提供公共服务需要,依法使用其他公共管理和服务机构的数据,或者向其他公共管理和服务机构提供数据的行为;后者指公共机构向自然人、法人或者非法人组织依法提供公共数据的公共服务行为。为了便于区分二者,人们也经常将前者称为"公共数据共享",将后者称为"公共数据开放"。相比于公共数据共享,公共数据开放与数字经济的联系更为直接和密切,因此不论在学理还是制度层面上,公共数据开放都更受关注。

公共数据开放和政府信息公开既有联系也有区别。从形式上看,二者都表现为政府向社会公众提供某种数据(信息);从实质上看,二者都是为了实现公共利益。二者的区别在于,公共数据开放的主要目的在于挖掘数据的价值,使得数据资源得到充分利用,进而促进数字经济发展以及增强政府的公共管理能力。政府信息公开的主要目的则是保障公民的知情权,为公民参政议政以及监督政府提供必要的认知条件。总体来看,政府信息公开侧重于"知",而公共数据开放侧重于"用"。

公共数据开放有两种基本模式:其一,公共数据开放平台模式,即通过建设公共数据资源平台,由公共机构直接向社会主体开放数据;其二,公共数据授权运营模式,即由公共机构授权特定运营主体对公共数据进行加工,形成数据产品与服务,再将其提供给市场与社会。

在公共数据开放平台模式下,公共数据开放分为无条件开放、有条件开放和非开放三类。《上海市数据条例》第 41 条规定:"……涉及个人隐私、个人信息、商业秘密、保密商务信息,或者法律、法规规定不得开放的,列入非开放类;对数据安全和处理能力要求较高、时效性较强或者需要持续获取的公共数据,列入有条件开放类;其他公共数据列入无条件开放类。非开放类公共数据依法进行脱密、脱敏处理,或者相关权利人同意开放的,可以列入无条件开放或者有条件开放类。对有条件开放类公共数据,自然人、法人和非法人组织可以通过市大数据资源平台提出数据开放请求,相关公共管理和服务机构应当按照规定处理。"

近年来,在我国各级政府的大力推进下,公共数据开放平台的数量有明显增长,但公共数据开放的质量不尽如人意。主要原因有二:其一,政府因为担忧公共数据开放的安全隐患而"不敢开放"公共数据;其二,政府因为缺少开放动力而"不愿开放"公共数据。

公共数据授权运营在一定程度上可以有效化解上述"不敢开放"和"不愿开放"难题。一方面,公共数据授权运营面向社会公众提供的是数据产品和服务,并不提供原始数据,将那些开放后具有安全隐患的数据授权给运营机构加工成数据产品和服务,便可以在一定程度上化解"不敢开放"难题。另一方面,公共数据授权运营可以为公共机构带来一定收益,这为政府供给公共数据提供一定激励,从而在一定程度上化解"不愿开放"难题。有一种观点认为,考虑到目前不敢开放、不愿开放是公共数据开放的主要痛点,应该以公共数据授权运营作为公共数据开放的主要模式。①

公共数据授权运营是一种以行政主体为数据提供方,以运营主体为数据处理加工方,以社会主体为数据产品与服务的最终使用方的公私合作模式。②有一种观点认为,政府数据授权运营本质上是一种特许经营,适宜按照基础设施特许经营的模式进行规范。③也有观点认为,公共数据授权运营并不具有单一性质,有些公共数据授权运营在法律性质上属于特许经营,有些公共数据授权运营在法律性质上则属于政府采购。④政府采购式公共数据授权运营对应政府承担狭义的公共服务职能的情形,此种情况下政府应当直接满足社会的公共数据使用需求。典型情形就是针对那些低风险、低价值数据的授权运营。而特许经营式公共数据授权运营是政府由于特定行业的自然垄断特性或者资源的稀缺性,有限制地选择经营者。高风险、高价值数据属于特许性授权运营的典型应用场景。

我国各地方政府的公共数据授权运营一般有三种模式:(1)行业主导模式,即由特定行业主管部门授权运营主体承担本领域公共数据运营;(2)区域一体化模式,即由地区数据管理机构整体授权运营主体开展区域内各类公共数据的市场运营;(3)场景牵引模式,即围绕特定场景的应用需求,在公共数据资源统筹管理基础上,基于特定应用场景将数据分类授权给不同的运营主体。⑤但不论采取何种授权运营模式,各地政府在授权运营对象上具有很强相似性。多数地方政府均选择国有企业作为授权运营对象,只有少数地方政府以(国有资本占主导地位的)混合所有制企业为授权运营对象。

---

① 参见宋烁:《构建以授权运营为主渠道的公共数据开放利用机制》,载《法律科学(西北政法大学学报)》2023年第1期。

② 参见马颜昕:《公共数据授权运营的类型构建与制度展开》,载《中外法学》2023年第2期。

③ 参见张会平、顾勤、徐忠波:《政府数据授权运营的实现机制与内在机理研究——以成都市为例》,载《电子政务》2021年第5期;袁强、石小兵:《政府数据授权运营的法律性质及其制度完善探析》,载《中国信息化》2021年第7期;常江、张震:《论公共数据授权运营的特点、性质及法律规制》,载《法治研究》2022年第2期。

④ 参见马颜昕:《公共数据授权运营的类型构建与制度展开》,载《中外法学》2023年第2期。

⑤ 参见孙清白:《公共数据授权运营营利性与公益性的冲突及其制度协调》,载《行政法学研究》2024年第3期。

2. 社会主体数据开放共享的模式

作为私主体的企业、民间社会组织等并不负有一般性地开放共享其持有数据的义务,它们仅在特殊情况下(在实现特定公共利益目标所必需的情况下)才负有开放共享数据的义务。因此,社会主体数据开放共享难有一般性的模式,更适合采取"一事一议"的方式进行。

社会主体履行开放共享数据义务的对象主要有三类:其一,公共机构;其二,科研机构;其三,其他企业和社会组织。其中,要求企业向其他企业履行开放共享数据的义务更具争议性,原因主要有二:其一,企业持有的数据构成其"竞争优势",如果要求其向其他企业开放共享数据,无疑会破坏企业的竞争优势。其二,要求企业向其他企业履行开放共享数据的义务,有其公益目标,即维护公平的市场竞争秩序,该公益目标与数据提供方受到的损失(竞争优势的减损)之间的相对分量并不容易判断。

第二节 数据开放共享的趋势与风险

一、数据开放共享的趋势

2007年12月,来自不同国家和地区的学者汇聚在美国加州,商讨政府数据开放利用问题。作为本次会议的重要成果,会议提出了政府数据开放的8项核心原则和7项附加原则。[①] 核心原则有:完整原则、一手原则、及时原则、可访问原则、机器可读原则、非歧视原则、非专有原则、无需许可证原则。附加原则有:在线和免费原则、永久原则、可信赖原则、开放默认原则、文档化原则、安全开放原则、根据公众意见设计原则。

美国是世界上较早开展数据开放实践的国家之一,1997年的联邦政府数据网站(FedStats.gov)是美国数据开放的代表性成果。2009年奥巴马政府发布《透明与开放政府备忘录》,同年美国建设了数据开放平台(data.gov),将数据开放推向新的高度。在该时期英国、法国、日本等国家和地区纷纷跟进,先后开展政府数据开放实践。我国开展政府数据开放实践的时间相对较晚,2012年上海市政府建成"上海市政府数据服务网"(现为"上海市公共数据开放平台"),这是我国第一个政府数据开放平台。2015年国务院发布《促进大

[①] 参见姜伟、龙卫球主编:《数字法学原理》,人民法院出版社2023年版,第315页。

数据发展行动纲要》，其中将"加快政府数据开放共享，推动资源整合，提升治理能力"作为未来政府主要工作任务之一。在此之后我国政府数据开放发展迅速，近年来各地方政府纷纷出台数据开放立法以及建设数据开放平台。根据《2022中国地方政府数据开放报告》，截至2022年10月，我国208个省级政府和地市级政府建成了政府数据开放平台。

放眼未来，我国数据开放共享有五大趋势，分别为：数据治理专业化、数据流通生态化、平台发展一体化、开放数据要素化以及开放数据赋能化。[1]

1. 数据治理专业化

2023年10月25日"国家数据局"在北京正式揭牌，该机构隶属国家发改委，是我国第一个全国性的数据资源管理机构，这意味着我国数据开放工作迈上新台阶。该机构负责协调推进数据基础制度建设，统筹数据资源整合共享和开发利用，统筹推进数字中国、数字经济、数字社会规划和建设等。该机构的成立意味着我国将数据资源的开放利用工作视为一个专门领域，因此设立专业机构予以专门管理。在此之前，已经有地方政府设立类似的专门数据资源管理机构。例如，北京市在2018年设置北京市大数据管理局；陕西省西安市在2019年设置西安市大数据资源管理局。国家数据局的成立具有极强的引领、示范效应，以专业机构来领导数据资源的开发利用必将在全国各地方得到普及。例如，在国家数据局成立2个多月之后，上海市便于2024年1月设立上海市数据局。

2. 数据流通生态化

2022年国务院《"十四五"数字经济发展规划》提出："建立完善政府、平台、企业、行业组织和社会公众多元参与、有效协同的数字经济治理新格局，形成治理合力，鼓励良性竞争，维护公平有效市场。加快健全市场准入制度、公平竞争审查机制，完善数字经济公平竞争监管制度，预防和制止滥用行政权力排除限制竞争。进一步明确平台企业主体责任和义务，推进行业服务标准建设和行业自律，保护平台从业人员和消费者合法权益。开展社会监督、媒体监督、公众监督，培育多元治理、协调发展新生态。鼓励建立争议在线解决机制和渠道，制定并公示争议解决规则。引导社会各界积极参与推动数字经济治理，加强和改进反垄断执法，畅通多元主体诉求表达、权益保障渠道，

---

[1] 参见赵需要、姬祥飞、樊振佳：《政府数据开放到公共数据开放的嬗变》，载《情报理论与实践》2024年第4期。

及时化解矛盾纠纷,维护公众利益和社会稳定。"这预示着数据开放未来不再是孤立的行为,而是会形成涵盖数据生产、数据流通、数据利用等多个环节,由政府、企业、社会组织等多方主体共同参与、相互配合的"数据生态圈"。任何一个环节的建设任务都无法依靠某一类型主体单独完成。例如,在数据生产阶段,数据的规模巨大、囤积迅速等特点使得政府自身无法完成全部的数据加工、整理工作;在数据流通阶段,涉及数据确权、数据定价、数据监管等多项颇具专业性的工作,这些任务需要多方主体的共同参与才可能完成;在数据利用阶段,数据作为新型生产要素有着广阔的应用场景,这需要多个行业、多个领域的主体才能充分发掘数据的价值。

3. 平台发展一体化

截至 2023 年年底,我国省、地两级已上线 226 个数据开放平台,开放数据集数量达到 34 万多个。但目前"数据孤岛"现象仍然存在,不仅各省的数据开放平台缺少联通性,各省内部的各地方数据开放平台之间也缺少联通性。随着我国数据开放共享工作的推进,各地方在公共数据开放方面将进一步加强合作。在全国层面加强各地方数据开放、开发上的合作关系,例如,建设"东数西算工程",发挥各地方在数据、算法、算力上的特色优势,让数据在西部计算、在东部消费。在各省内部,数据开放平台的一体化建设也将得到加强,形成区域数据开放平台,执行统一技术标准、进行统一行政管理。2023 年 9 月,上海市政府印发《上海市进一步推进新型基础设施建设行动方案(2023—2026 年)》,其中提出率先创建国家级数据交易平台。在上海数据交易所建设产品交易、资产凭证服务、交易合规监管等业务系统,为场内交易提供高效率、低成本、可信赖的流通环境;建设产业数据、政府采购、国际采购等交易板块,满足跨行业、跨区域数据产品流通交易需求,打造"上海交易、全球交付"新模式。构建"数据交易链—核心业务系统—特色板块"为一体的数据交易所基础设施体系,支撑全国多层次数据要素交易市场互联互通。

4. 开放数据要素化

2020 年 3 月,中共中央、国务院《关于构建更加完善的要素市场化配置体制机制的意见》强调,要"加快培育数据要素市场",这是我国第一次明确将数据与土地、劳动力、资本、技术这四个传统生产要素并列视为生产要素之一。数据要素市场的建设涉及不同方面的工作,其中需要解决的一个非常关键的问题在于数据如何资产化。2023 年 8 月,财政部发布了《企业数据资源相关会计处理暂行规定》,其中允许企业持有的数据资源在满足一定条件下可以归入企业的"无形资产",这是我国探索数据资源资产化迈出的重要一步。数据资源的资产化将使各方进一步明确数据资源的价值,刺激数据资源流通,激励数据资源利用创新,鼓励企业基于数据资源探索新型商业模式。

5. 开放数据赋能化

2022年11月,美国人工智能研究实验室(OpenAI)推出了ChatGPT (Chat Generative Pre-trained Transformer),此后生成式人工智能不断迭代升级,进入飞速发展期。2023年7月,我国国家网信办、国家发改委、教育部等七部委联合发布了《生成式人工智能服务管理暂行办法》,其中第5条第2款规定:"支持行业组织、企业、教育和科研机构、公共文化机构、有关专业机构等在生成式人工智能技术创新、数据资源建设、转化应用、风险防范等方面开展协作。"第6条第2款规定:"推动生成式人工智能基础设施和公共训练数据资源平台建设。促进算力资源协同共享,提升算力资源利用效能。推动公共数据分类分级有序开放,扩展高质量的公共训练数据资源。鼓励采用安全可信的芯片、软件、工具、算力和数据资源。"由此可以预见,未来公共数据开放与生成式人工智能发展将形成彼此支援、相互促进的良性互动关系。一方面,公共数据开放的拓展与深入将为生成式人工智能的发展提供更多、更优质的"养料";另一方面,生成式人工智能的发展完善也将助力数据的高质量开放利用。

二、数据开放共享的风险

数据开放共享呈现为从数据采集开始,经由数据整理、数据存储、数据公开,最后到数据利用的动态链条,它们共同构成数据开放的完整"生命周期"。在数据开放生命周期的每一个环节中都存在一定安全风险[1],可能对个人权益、企业权益、社会利益以及国家利益造成损害。

1. 数据采集环节的风险

不同的公共部门在采集数据时,可能因为缺少统一的采集原则和采集标准,从而一方面导致采集的数据"碎片化",另一方面导致对于同一事实可能会采集形成内容有偏差的不同数据,造成"数据冲突"。例如,国家统计局在

---

[1] 参见张涛:《政府数据开放中个人信息保护的范式转变》,载《现代法学》2022年第1期。

2009年统计报告中记载,70个大中城市房屋销售价格上涨1.5%。但是,中国土地勘测规划院全国城市地价监测组所提供的数据则显示,2009年全国住宅平均价格涨幅为25.1%。之所以造成此种差异,正是因为不同机构使用的统计模型和统计方法存在差异。

公共部门在采集个人数据时还可能滥用权力,主要表现为过度收集个人信息、未履行告知义务或未经个人同意收集个人信息,这也是数据采集环节的最主要风险。2019年,中央网信办、工信部、公安部、市场监管总局四部门在全国范围内组织开展了"App违法违规收集使用个人信息专项治理"运动。调查中发现,违法违规收集个人信息的App不仅来自私营企业,公共机构主办或运营的App也存在违法违规收集个人信息的现象。例如,安徽省数据资源管理局运营的"皖事通"在未经明示的情况下收集用户详细地址、支付宝账号、社保账号等个人信息。湖北省人民政府主办、湖北省楚天云有限公司运营的"鄂汇办"在未明示收集目的、方式和范围的情况下收集人脸特征等个人信息,并在用户明确表示不同意打开位置权限后,仍频繁征求用户同意,干扰用户正常使用。

2. 数据整理环节的风险

对于任何数据开放主体而言,由于数据来源广泛、类型众多,结构性数据与非结构性数据并存,为了便于数据公开以及其他主体获取和利用,便需要利用一定技术手段对数据进行整理。数据开放中的数据整理环节是对数据进行的一系列活动的组合,包括预处理、清洗、去重、格式化、转换等操作。在数据整理环节,常见风险包括由于数据整理缺乏统一、有效的标准,隐私技术不完备,工作人员不尽职,从而导致数据内容不准确、缺少可读性、危害国家安全和个人隐私等。例如,2021年5月,江苏南通市民房女士在查询个人征信时发现,其征信报告"工作单位"一栏中竟出现"专业做鸡十年"字样,其主要原因是征信机构在整理个人信息时未能尽职。

3. 数据储存环节的风险

数据存储环节的风险可分为三大类型:其一,数据超期存储风险;其二,数据存储主体失职导致的数据泄露、毁损风险;其三,外部攻击导致的数据窃取、篡改、毁损风险。

数据超期存储风险主要与个人数据有关。依照个人数据保护的基本原则,相关主体对个人数据的存储应该与处理目的相匹配,避免个人数据被无目的、无限期地存储。例如,欧盟《通用数据保护条例》第 5 条规定,个人数据的保存时间不得超过处理个人数据所需的时间。我国《个人信息保护法》第 19 条规定:"除法律、行政法规另有规定外,个人信息的保存期限应当为实现处理目的所必要的最短时间。"但在实践中,数据存储主体可能出于各种动机(如减少运营成本、有备无患),有意或无意地延长个人数据的存储时间。

在数据存储中,相关工作人员可能出于故意或过失造成数据泄露、毁损。例如,2005 年,美国一家癌症诊断检测机构由于员工违规在公司电脑安装文件共享软件,并将一个包含 9300 名患者医疗保健信息的文件上传至共享软件,致使上百万用户可以查看并下载这些患者的个人信息。再如,2024 年中信银行泄露个人账户交易信息,某公司将个人近两年的流水打印出来,而中信银行称"是配合大客户的要求"。

数据开放平台网络节点多、业务系统多、数据资源多,各类平台数据安全保护机制不尽相同,系统安全防护水平参差不齐,这带来了数据窃取、篡改、破坏等风险。例如,2015 年 2 月 4 日,美国安瑟姆(Anthem)保险公司发表声明称,其信息系统遭遇黑客袭击,大量用户个人信息被盗。安瑟姆公司是美国第二大医疗保险公司,其用户约占全美国九分之一人口,本次被盗取的个人信息近 8000 万条。安瑟姆公司并非首次遭遇黑客攻击,早在 2010 年,黑客便侵入该公司信息系统盗走 61.2 万人的个人数据。安瑟姆公司此次数据被盗的主要原因是其未采取有效的数据安全保障措施,如访问控制、数据加密。安瑟姆公司为此付出了沉重代价,其中包括:花费 1.15 亿美元完善安全保障措施,花费 3100 万美元向受影响机构和个人发布通知,花费 250 万美元聘请专家顾问,以及花费 1.12 亿美元为受影响的用户提供信用保护。

4. 数据公开环节的风险

数据公开环节的主要风险是泄露国家秘密信息以及过度披露个人敏感信息,其中以后者为甚。国家互联网应急中心在《2020 年中国互联网网络安全报告》中指出,各级各类政府数据公开平台披露未脱敏公民个人信息事件超百起,涉及未脱敏个人信息近 10 万条。四川省成都市人民政府官网 2017 年 8 月 30 日公布的《关于新都区军屯小学 2017 年秋一年级新生分班花名册的公示》中出现了完整的学生姓名、身份证号、监护人姓名和联系电话等敏感个人信息。山东省聊城市政府门户网站,由市城管局发布于 2019 年 11 月 18

日的266名执法人员名录库中,不止是他们的姓名、性别、工作单位、执法证号等基本信息,完整的身份证号码也同样被披露出来。2020年5月,江西省某县农业农村局在官方网站公布农机购置补贴情况,其中披露了1044人的身份证号码、家庭住址、银行账户、手机号码等敏感个人信息。

5. 数据利用环节的风险

数据利用环节的风险有两大类型:其一,已公开数据可能会被相关主体滥用,进而损害个人权益和社会、国家利益。例如,诈骗团伙利用公开数据建立假冒政府部门网站从事诈骗活动。其二,已公开数据经由数据关联分析可能会产生损害个人隐私和国家安全的后果。即便数据开放平台公布的数据自身并不涉及个人隐私和国家秘密,但通过数据关联分析,通过多个相关数据集的"碰撞",原本被匿名化的个人信息可能被"去匿名化",事关国家安全的秘密信息可能从诸多公开数据中"浮出水面"。例如,2017年11月,美国一款健身软件发布了其全球用户GPS定位的热力地图。尽管该公司在发布用户定位数据时并未预见到其行为会泄露美军军事基地,但热力地图发布的轨迹经分析后暴露了驻阿富汗和叙利亚美军基地和作战地带的准确坐标。

第三节 开放共享中数据安全的法治保障

一、数据安全保障法律制度的基本架构

2021年9月1日,《数据安全法》正式生效,我国数据安全保障法律制度基本架构得以确立。该架构以风险预防为核心,包括数据分类分级保护、数据安全责任人、数据安全风险评估、数据安全审查、数据泄露通知以及数据安全应急响应与监测预警等基本制度。

1. 数据分类分级保护制度

我国《数据安全法》第21条第1款规定:"国家建立数据分类分级保护制度,根据数据在经济社会发展中的重要程度,以及一旦遭到篡改、破坏、泄露或者非法获取、非法利用,对国家安全、公共利益或者个人、组织合法权益造成的危害程度,对数据实行分类分级保护。国家数据安全工作协调机制统筹协调有关部门制定重要数据目录,加强对重要数据的保护。"依照该条款,数

据分类分级的标准有二：其一，直接标准，即依照数据在社会经济生活中的重要性进行分类分级；其二，间接标准，即依照数据被篡改、破坏、泄露或者非法获取、非法利用后可能产生的不利后果的严重程度进行分类分级。依照这两个标准，可将数据分为"重要数据""一般数据"等不同类型，对不同数据采取严密程度不同的安全保障措施，越是重要的数据，安保措施便需要越严密。

2. 数据安全责任人制度

数据安全责任人制度是指数据处理机构内部应当设置负责保障数据安全的管理岗位。《数据安全法》第27条第2款规定："重要数据的处理者应当明确数据安全负责人和管理机构，落实数据安全保护责任。"依照2024年《网络数据安全管理条例》相关规定，数据安全责任人需要具备相关专业知识和能力，需要接受相关培训和安全审查。数据安全责任人的职责主要有：（1）制定实施网络数据安全管理制度、操作规程和网络数据安全事件应急预案；（2）定期组织开展网络数据安全风险监测、风险评估、应急演练、宣传教育培训等活动，及时处置网络数据安全风险和事件；（3）受理并处理网络数据安全投诉、举报。

3. 数据安全风险评估制度

《数据安全法》在多处规定了数据安全风险评估（第18、22、30条）制度。数据安全风险评估制度是指数据处理者应当对处理活动各个环节的安全风险进行评估，并根据评估结果采取相应的保护措施。《网络数据安全管理条例》第31条第1款规定："重要数据的处理者提供、委托处理、共同处理重要数据前，应当进行风险评估，但是属于履行法定职责或者法定义务的除外。"相关风险评估应当重点评估下列内容：（1）提供、委托处理、共同处理网络数据，以及网络数据接收方处理网络数据的目的、方式、范围等是否合法、正当、必要；（2）提供、委托处理、共同处理的网络数据遭到篡改、破坏、泄露或者非法获取、非法利用的风险，以及对国家安全、公共利益或者个人、组织合法权益带来的风险；（3）网络数据接收方的诚信、守法等情况；（4）与网络数据接收方订立或者拟订立的相关合同中关于网络数据安全的要求能否有效约束网络数据接收方履行网络数据安全保护义务；（5）采取或者拟采取的技术和管理措施等能否有效防范网络数据遭到篡改、破坏、泄露或者非法获取、非法利用等风险；（6）有关主管部门规定的其他评估内容。《网络数据安全管理条例》第33条第1款规定："重要数据的处理者应当每年度对其网络数据处理活动开展风险评估,并向省级以上有关主管部门报送风险评估报告,有关主管部门应当及时通报同级网信部门、公安机关。"相关风险评估报告应当包括下列内容:(1)网络数据处理者基本信息、网络数据安全管理机构信息、网络数据安全负责人姓名和联系方式等;(2)处理重要数据的目的、种类、数量、方式、范围、存储期限、存储地点等,开展网络数据处理活动的情况,不包括网络数据内容本身;(3)网络数据安全管理制度及实施情况,加密、备份、标签标识、访问控制、安全认证等技术措施和其他必要措施及其有效性;(4)发现的网络数据安全风险,发生的网络数据安全事件及处置情况;(5)提供、委托处理、共同处理重要数据的风险评估情况;(6)网络数据出境情况;(7)有关主管部门规定的其他报告内容。

4. 数据安全审查制度

数据安全审查制度是指国家监管机构针对数据处理者的异常数据处理活动进行安全审查。《数据安全法》第24条第1款规定:"国家建立数据安全审查制度,对影响或者可能影响国家安全的数据处理活动进行国家安全审查。"《网络数据安全管理条例》第13条规定:"网络数据处理者开展网络数据处理活动,影响或者可能影响国家安全的,应当按照国家有关规定进行国家安全审查。"相对来讲,重要数据的处理活动更有可能危害国家安全,因此数据安全审查应主要以重要数据的处理活动为对象。

5. 数据泄露通知制度

数据泄露通知制度是指在发生或可能发生数据泄露事件时,数据处理者应当及时告知监管机构和潜在受害人。《个人信息保护法》第57条规定,发生或者可能发生个人信息泄露、篡改、丢失的,个人信息处理者应当立即采取补救措施,并通知履行个人信息保护职责的部门和个人。《网络数据安全管理条例》第11条规定,网络数据安全事件对个人、组织合法权益造成危害的,网络数据处理者应当及时将安全事件和风险情况、危害后果、已经采取的补救措施等,以电话、短信、即时通信工具、电子邮件或者公告等方式通知利害关系人。数据泄露通知主要存在于个人数据泄露的情况中,该制度的意义在于提醒监管机构和相关主体,使其了解数据泄露情况后及时采取补救和预防措施,避免遭受因数据泄露而导致的次生损害。例如,个人在被通知相关个人信息泄露后,对他人利用相关数据对自己实施的诈骗等侵害行为能有所预见和防范。

6. 数据安全应急响应与监测预警制度

《数据安全法》第 22、29 条规定了数据安全应急响应与监测预警制度，该制度是指数据处理者应当针对各类数据安全事件事前制定好风险监测机制和应对预案。《网络数据安全管理条例》第 11 条第 1 款规定："网络数据处理者应当建立健全网络数据安全事件应急预案，发生网络数据安全事件时，应当立即启动预案，采取措施防止危害扩大，消除安全隐患，并按照规定向有关主管部门报告。"该制度的主要功能一方面在于规避潜在的数据安全风险，另一方面在于及时高效地应对数据安全事件、减少数据安全事件导致的损害。

二、数据开放生命周期中的数据安全保障

1. 数据采集环节的数据安全保障

数据采集阶段的主要安全风险是采集方过度收集个人信息、未履行告知义务或未经个人同意收集个人信息。为了在数据采集阶段切实保护个人信息权利，采集者需要严格遵守"合法性原则""必要性原则"与"告知—同意原则"。采集方采集个人信息需要有法律依据，采集范围应当限于实现处理目的最小范围，通常情况下应当将采集事项告知采集对象并取得其同意。

为了督促数据采集方严格遵守上述原则，预防采集机构违法违规采集个人信息，一方面数据采集机构需要落实数据安全责任人制度。由数据安全责任人有效开展数据采集合法合规的内部监管，并配合监管机构的外部监管。另一方面数据采集机构需要落实数据安全风险评估制度。数据采集机构应当根据所采集的个人信息的处理目的、处理方式，个人信息的预期用途和接收者，判断信息采集对个人权益的影响及安全风险，依此有针对性采取安全保护措施。

2. 数据整理环节的数据安全保障

数据整理阶段的主要风险是相关工作人员因未尽职而导致个人信息被篡改、内容失真，进而损害个人权益。为避免此类情况发生，工作人员在整理数据时需要严格依照法律、技术标准，并落实相关个人对其个人信息的访问权、更正权、删除权。数据持有者在此环节应当落实安全责任人制度，由安全责任人对相关工作人员组织必要的专业培训，使工作人员熟练掌握相关法律法规以及专业技能，并为相关个人行使访问权、更正权等积极创造条件。

3. 数据存储环节的数据安全保障

数据存储环节的主要风险有数据超期存储、工作人员泄露数据，以及数据被他人窃取、篡改、毁坏。为防范这些风险，首先，数据持有者应当落实数据分类分级保护制度。这包括制定数据清单及目录，充分准确地掌握相关数据的使用目的、来源渠道、管理系统、入库时间、采集方式、保存期限等，在此基础上确定不同数据的保护方式、保护力度、存储时间。其次，数据持有者应当落实数据安全风险评估制度。数据安全风险评估通常包括所存储的数据类型与数量，可能存在的泄露、窃取、篡改等风险，并针对性地采取安保措施。最后，数据持有者应当落实数据泄露通知、数据安全应急响应与监测预警制度。在数据安全事件发生之前，数据持有者应当制定数据安全事件应急预案。当发生大规模数据泄露事件时，数据持有者应当及时采取补救措施，并通知相关部门和个人，使其能够积极采取防护措施，避免数据泄露引发次生伤害。

4. 数据公开环节的数据安全保障

数据公开环节的主要风险是过度披露个人敏感信息。首先，数据平台应当落实数据分类分级保护制度，依照数据的重要性分别采取不同的公开方式，包括以不同的格式公开数据，为不同数据匹配不同的访问机制。其次，数据平台应当广泛采用数据去标识化技术，降低个人数据被再次识别的风险。最后，数据平台应当由安全责任人牵头进行内部安全审查，防止可识别个人信息被公开，以及减少去标识化的个人信息通过数据关联分析被再识别的可能性。

5. 数据利用环节的数据安全保障

数据利用环节的风险主要有数据滥用以及数据关联分析导致的安全风险。此类风险存在于数据利用阶段，此时数据已经脱离数据持有者的控制，因此防范此类风险的难度较大。对于"无条件公开"的数据，利用环节出现的违法违规行为，主要应当依靠事后措施进行纠正和救济。对于"有条件公开"的数据，除了事后纠正和救济，还可以采取一定事前措施降低安全风险。其一，对数据利用者进行信用审查。数据持有者可以事前审查数据利用者的数据存储、数据处理、数据安全保护能力以及过往的信用记录等，只允许信用等级达到相应条件的主体利用相关数据。其二，通过与数据利用者签订数据利用协议来限定其数据利用行为。在数据利用协议中，数据持有者可以就数据利用的目的、用途等进行约定。例如,禁止重新识别个人信息或者联系个人,禁止擅自将数据转交给其他主体利用。

典型案例

1. 法院判决

2020年4月30日,杭州互联网法院就原告浙江蚂蚁小微金融服务集团股份有限公司(简称蚂蚁金服)、重庆市蚂蚁小微小额贷款有限公司(简称蚂蚁微贷)诉被告苏州朗动网络科技有限公司不正当竞争纠纷一案作出判决,认定朗动公司在企查查上发布、推送有关蚂蚁微贷清算的误导性信息构成不正当竞争,判令朗动公司赔偿蚂蚁金服、蚂蚁微贷经济损失及合理费用60万元,并为其消除影响。

2. 基本案情

2019年5月5日、6日,朗动公司运营的企查查通过公开发布和向特定用户推送的方式,发布了关于蚂蚁微贷清算的企业信息,引发了社会的广泛关注,舆论关注点在于蚂蚁微贷是否存在清算行为,短时间内蚂蚁金服成为焦点。后经查,该条清算信息系来自全国企业信用公示系统的公共数据,是蚂蚁微贷2014年企业年度报告出现的历史信息。经蚂蚁金服、蚂蚁微贷申请,杭州互联网法院于2019年6月21日作出诉前行为保全裁定,要求朗动公司停止散布与蚂蚁微贷有关的清算信息,并对推送行为予以澄清。朗动公司于2019年7月2日在其官方微信、微博上发表声明,进行了回应,认为企查查抓取的信息是全国企业信用公示系统里的数据,并非企查查杜撰产生,企查查的公布行为是将信息精准且及时提供给用户。

3. 争议焦点

(1) 本案是否适用《反不正当竞争法》。根据《反不正当竞争法》第11条的规定,经营者不得编造、传播虚假信息或者误导性信息,损害竞争对手的商业信誉、商品声誉。由此可见,商业诋毁行为是指经营者编造、传播虚假信息或误导性信息,损害竞争对手的商业信誉或商品声誉的行为。从本案查明的事实来看,朗动公司作为从事企业征信信息服务的互联网征信机构,发布企业征信信息是其提供服务的基本形式,朗动公司针对清算信息进行了集中抓取和推送,该行为并非单独针对蚂蚁微贷公司,朗动公司没有损害蚂蚁金服集团、蚂蚁微贷公司,以增强自身竞争优势的主观故意,因此不构成商业诋毁。本案涉及大数据生态系统中,公共数据使用者与数据原始主体之间因数据使用质量引发的纠纷,涉及大数据商业模式下公共数据使用行为的正当性问题,并非《反不正当竞争法》第二章规定的具体竞争行为。对于公共数据使用行为是否不正当,并且损害了数据原始主体竞争性权益的问题,可以依据《反不正当竞争法》第2条进行评价。

(2)朗动公司的行为是否构成不正当竞争。这个争议焦点涉及两个问题:一是双方之间是否存在竞争关系。反不正当竞争法维护具有直接竞争关系的竞争者之间的正当竞争,也维护整个市场的竞争秩序。特别是在互联网经济领域,商业运营模式有较为重大的变化,消费者对产品或服务的关注,是网络经济最大的增长点。这就意味着经营者之间不需要在同一个经营领域,也可能形成竞争关系。在本案中,朗动公司提供企业信息查询服务,从而获取商业利益。蚂蚁金服集团涉足金融科技和大数据领域,为客户提供金融大数据、风险预警、评级等产品和服务。朗动公司在发布与蚂蚁金服相关的企业信息时,应当确保发布数据的及时性。朗动公司发布的数据对蚂蚁金服的商誉会产生影响,继而对蚂蚁微贷产生影响。因此,在互联网环境下,朗动公司与蚂蚁金服产生了间接竞争关系。二是公共数据合法使用原则。朗动公司发布的关于蚂蚁金服的数据,是通过多种渠道抓取的来自公共数据中关于蚂蚁微贷公司的企业数据。朗动公司通过国家企业信用信息公示系统抓取蚂蚁微贷公司的企业信息,虽然数据本身来源于公共数据,但是信息的发布和推送行为应当保持与蚂蚁微贷公司企业信息的一致性,即客观公正地反映企业信息,不应因数据来源的公共属性,而损害数据原始主体的商业利益。因此,在使用公共数据时,应当注重其使用的恰当性。朗动公司在发布数据时,主观是否有过错是在此次数据合法使用过程中需要注意的问题。那么,朗动公司的行为是否具有主观过错?朗动公司为每个企业建立独立的信息数据库,采用爬虫技术反复在公开信息渠道抓取涉及同一企业的企业信息,通过信息比对推送更新信息,这一过程是无差别的技术行为。朗动公司认为自身已经在信息推送过程中采取谨慎措施,并建立通知—修改的事后机制阻止虚假信息传播,已尽到审慎的注意义务,不存在不正当竞争的主观故意。对于行为主观过错的认定,朗动公司作为大数据企业征信平台经营者,其相关注意义务是评价主观过错的考量因素。由于互联网征信行业仍处于发展的起步阶段,相关行业规范尚未成熟,应当以鼓励数据共享流通、兼顾各方利益为原则,并正视海量数据处理的技术困境,合理确定注意义务。朗动公司作为从事企业征信的互联网征信企业运用大数据技术优势,将公共领域碎片化的局部数据整合起来,较为完整地反映企业经营信用状况,实现了面向整个市场的信息共享,解决了商业信息滞后、信息不对称的市场困境,在降低信息收集成本、增加交易行为的透明度、促进社会诚信体系建设方面具有积极作用。

4. 案件评论

数据已成为未来商业竞争的核心动力。为了鼓励数据的共享和流动,最大程度地挖掘数据价值,保障数据行业的持续健康发展,应当赋予大数据分析企业享有基于数据利用产生的数据权益。同时,也要兼顾原始数据主体、数据提供者、数据消费者的合法权益,从维护社会公共利益、增强社会整体福祉的角度平衡各方利益。本案是在大数据生态系统中,公共数据使用者与数据原始主体之间因数据质量瑕疵引发的纠纷,涉及大数据商业模式下公共数据使用行为的正当性问题。通过本判决,首次确立了公共数据使用的基本原则,厘清了公共数据合法使用的边界,并从确保数据来源合法、数据安全、数据质量等方面,约束数据使用行为,以促进大数据分析企业通过改进算法技术、规范数据处理规则等,实现良性有序发展。

问题与思考

1. 私营企业在哪些情况下、在何种范围内、对何种主体负有开放共享数据的义务?

2. 公共数据授权运营的法律性质是什么?(它属于政府采购、特许经营还是其他类型的行政行为?)

3. 数据开放共享带来哪些风险?

4. 数据开放共享风险防范的法治保障措施有哪些?

延伸阅读

1. 张涛:《政府数据开放中个人信息保护的范式转变》,载《现代法学》2022年第1期。

2. 宋烁:《构建以授权运营为主渠道的公共数据开放利用机制》,载《法律科学》2023年第1期。

3. 马颜昕:《公共数据授权运营的类型构建与制度展开》,载《中外法学》2023年第2期。

4. 王锡锌、王融:《公共数据概念的扩张及其检讨》,载《华东政法大学学报》2023年第4期。

5. 孙清白:《论大型平台企业数据交易强制缔约义务》,载《中外法学》2024年第3期。

6. 马长山主编:《数字法治概论》,法律出版社2022年版。

7. 姜伟、龙卫球主编:《数字法学原理》,人民法院出版社2023年版。

第六章　个人信息处理与安全

> **法律故事**

2023年8月，南昌某高校3万余条师生个人信息在境外互联网上被公开售卖。经查，涉案高校在开展个人信息处理活动中，未建立安全管理制度，未采取技术措施保障个人信息安全，未履行个人信息安全保护义务，导致学校存储教职工信息、学生信息、缴费信息等3000余万条信息的数据库被黑客非法入侵，其中3万余条教职工、学生敏感个人信息被非法兜售。南昌公安网安部门对该学校作出责令改正、警告并处人民币80万元罚款的处罚，对主要责任人作出人民币5万元罚款的处罚。

由此可见，个人信息一旦泄露、篡改、丢失，必然会对自然人的个人权益造成危害。个人信息处理活动必须以安全为原则，依法履行个人信息安全评估义务、采取必要的安全保护措施，及时应对安全风险、处置安全事件。

第一节　个人信息安全保护概述

我国法律上关于个人信息安全保护的规定可追溯至2012年全国人大常委会《关于加强网络信息保护的决定》："网络服务提供者和其他企业事业单位应当采取技术措施和其他必要措施，确保信息安全，防止在业务活动中收集的公民个人电子信息泄露、毁损、丢失。在发生或者可能发生信息泄露、毁损、丢失的情况时，应当立即采取补救措施。"在此基础上，《个人信息保护法》第9条后半句确立了个人信息保护的安全原则，即个人信息处理者应当"采取必要措施保障所处理的个人信息的安全"。因有防止个人信息泄露、篡改、丢失的目的，该原则也被称为保密原则。① 域外法上，欧盟《通用数据保护条例》（GDPR）亦对安全保护作了原则性规定。该法第5条第1款（f）项指出，个人

---

① 参见程啸、王苑：《个人信息保护法教程》，中国人民大学出版社2023年版，第58页。

数据应当"以确保个人数据适度安全的方式处理,包括使用适当的技术性或组织性措施来对抗未经授权、非法的处理、意外遗失、灭失或损毁的保护措施"。

在外部体系上,个人信息安全保护的规定散见于网络信息保护的各项制度之中。例如,《网络安全法》第 42 条第 2 款规定:"网络运营者应当采取技术措施和其他必要措施,确保其收集的个人信息安全,防止信息泄露、毁损、丢失。在发生或者可能发生个人信息泄露、毁损、丢失的情况时,应当立即采取补救措施,按照规定及时告知用户并向有关主管部门报告。"《民法典》第 1038 条第 2 款规定:"信息处理者应当采取技术措施和其他必要措施,确保其收集、存储的个人信息安全,防止信息泄露、篡改、丢失;发生或者可能发生个人信息泄露、篡改、丢失的,应当及时采取补救措施,按照规定告知自然人并向有关主管部门报告。"《数据安全法》第 27 条规定:"开展数据处理活动应当依照法律、法规的规定,建立健全全流程数据安全管理制度,组织开展数据安全教育培训,采取相应的技术措施和其他必要措施,保障数据安全。利用互联网等信息网络开展数据处理活动,应当在网络安全等级保护制度的基础上,履行上述数据安全保护义务。重要数据的处理者应当明确数据安全负责人和管理机构,落实数据安全保护责任。"

在内部体系中,广义的个人信息安全保护系个人信息保护的代名词,涵盖个人信息保护的所有方面。《个人信息保护法》通过以前,先后两版的推荐性国家标准《信息安全技术 个人信息安全规范》(GB_T 35273-2017、GB_T 35273-2020,以下简称《个人信息安全规范》,特指 GB_T 35273-2020 现行有效版本)具有关键的指导意义。由此出发,个人信息安全保护的要求贯穿个人信息处理的全生命周期。2019 年公安部网络安全保卫局、北京网络行业协会、公安部第三研究所联合发布的《互联网个人信息安全保护指南》,从收集、保存、应用、删除、第三方委托处理、共享和转让等业务流程中贯彻个人信息安全保护要求。例如,在收集阶段,该指南提出了以下要求:信息处理者应遵循合法、正当、必要的原则向被收集的个人信息主体公开收集、使用规则,明示收集、使用信息的目的、方式和范围等信息;应获得个人信息主体的同意和授权,不应收集与其提供的服务无关的个人信息,不应通过捆绑产品或服务各项业务功能等方式强迫收集个人信息;应执行收集前签署的约定和协议,不应超范围收集;不应大规模收集或处理我国公民的种族、民族、政治观点、宗教信仰等敏感数据;个人生物识别信息应仅收集和使用摘要信息,避免收集其原始信息;应确保收集个人信息过程的安全性;应有对被收集人进行身份认证的机制,该身份认证机制应具有相应安全性;信息在传输过程中应进行加密等保护处理;收集个人信息的系统应落实网络安全等级保护要求;收集个人信息时应有对收集内容进行安全检测和过滤的机制。当前,《个人信息安全规范》《互联网个人信息安全保护指南》的大部分规定已为《个人信息保护法》所吸收。

2024年8月30日通过的《网络数据安全管理条例》更是通过专章的方式规定了个人信息保护,涵盖个人信息告知同意规范、提供便捷的行权方法和途径的义务、删除或匿名化的要求、个人信息转移的规定、境外数据处理者处理境内个人信息的规定、个人信息合规审计、重要网络数据处理者的特别规定等。

具体而言,分类分级是数据信息安全保护的基本路径。结合《民法典》《个人信息保护法》的规定可知,一般个人信息、私密信息、敏感个人信息的安全保护具有不同标准。首先,我国采取了"识别型"的个人信息定义。根据《个人信息保护法》第4条第1款,"个人信息是以电子或者其他方式记录的与已识别或者可识别的自然人有关的各种信息,不包括匿名化处理后的信息"。其次,结合《民法典》第1032条第2款与第1034条第2款可知,个人信息中的私密信息属于隐私权与个人信息保护的交叉部分。对于私密信息,安全保护关注的重点指向信息的隐匿,在于防止这些信息被刺探、侵扰、泄露或公开。最后,敏感个人信息不同于私密信息,其采用了"高概率的权益受侵害可能+一般的权益受影响程度"标准。[①] 根据《个人信息保护法》第28条第1款,"敏感个人信息是一旦泄露或者非法使用,容易导致自然人的人格尊严受到侵害或者人身、财产安全受到危害的个人信息,包括生物识别、宗教信仰、特定身份、医疗健康、金融账户、行踪轨迹等信息,以及不满十四周岁未成年人的个人信息"。在一般个人信息保护的要求基础上,《个人信息保护法》第28条第2款明确提出了敏感个人信息"只有在具有特定的目的和充分的必要性,并采取严格保护措施的情形下"方可被处理。此外,敏感个人信息还适用单独同意规则(《个人信息保护法》第29条)、信息处理者具有特殊的告知义务(《个人

[①] 参见韩旭至:《敏感个人信息的界定及其处理前提——以〈个人信息保护法〉第28条为中心》,载《求是学刊》2022年第5期。

信息保护法》第30条)、儿童个人信息处理的监护人同意规则(《个人信息保护法》第31条)等特殊要求。

本章仅针对狭义的个人信息安全保护展开。狭义的个人信息安全保护特指以安全为名的个人信息保护制度机制,主要包括个人信息安全评估与认证、个人信息安全保护措施、个人信息安全事件应对三个部分。《个人信息保护法》与相关法律法规、国家标准围绕这些机制进行了规定,这些规定是安全原则的具体体现。本章第二节至第四节将分别围绕这三个机制展开。

第二节 个人信息安全评估与认证

个人信息安全评估又称"个人信息保护影响评估",即针对个人信息处理活动,检验个人信息处理目的、处理方式是否合法、正当、必要,判断其对个人合法权益的影响及安全风险,以及评估所采取的个人信息保护措施有效性的过程。个人信息保护认证,是指由认证机构证明个人信息处理活动符合相关法律规范、技术标准、行业准则的评定活动,属于信息安全认证的一种。① 个人信息安全评估与认证均是个人信息安全风险预防的重要机制。例如,《个人信息保护法》第38条、《网络数据安全管理条例》第35条就将通过国家网信部门组织的安全评估或按照国家网信部门的规定经专业机构进行个人信息保护认证作为个人信息跨境的条件之一。

一、个人信息安全评估

个人信息安全评估是数据治理的重要工具,具有检验个人信息处理是否合规,识别并降低个人信息安全风险,减轻或免除个人信息处理责任的制度功能。② 《个人信息安全规范》第11.4条a项即要求,"建立个人信息安全影响评估制度,评估并处置个人信息处理活动存在的安全风险"。《个人信息保护法》在法律层面规定了安全评估与个人信息保护影响评估。与之类似,《网

---

① 参见程啸:《个人信息保护法理解与适用》,中国法制出版社2021年版,第474页;刘权:《数据安全认证:个人信息保护的第三方规制》,载《法学评论》2022年第1期。

② 参见刘权:《论个人信息保护影响评估——以〈个人信息保护法〉第55、56条为中心》,载《上海交通大学学报(哲学社会科学版)》2022年第5期。

络安全法》《数据安全法》也规定了网络安全评估与数据安全风险评估。

根据评估主体的不同,个人信息安全评估分为自评估与检查评估。在法律没有特别规定时,个人信息安全评估是自评估。例如,《个人信息保护法》第36条规定的国家机关处理个人信息跨境时应当进行安全评估。《个人信息保护法》第55条规定的个人信息处理者应当事前进行个人信息保护影响评估的5种情形包括:(1)处理敏感个人信息;(2)利用个人信息进行自动化决策;(3)委托处理个人信息、向其他个人信息处理者提供个人信息、公开个人信息;(4)向境外提供个人信息;(5)其他对个人权益有重大影响的个人信息处理活动。此时的安全评估要求均属于自评估。在特定情形中,个人信息安全评估只能依法由特定部门进行检查评估。例如,《个人信息保护法》第38条第1款第1项、第40条规定,关键信息基础设施运营者和处理个人信息达到国家网信部门规定数量的个人信息处理者向境外提供个人信息时,"应当通过国家网信部门组织的安全评估"。

上述关于开展个人信息安全评估的法定情形,针对的均是高风险或者对个人权益可能造成重大影响的个人信息处理活动。《个人信息保护法》对于处理敏感个人信息、向其他个人信息处理者提供个人信息、公开个人信息、向境外提供个人信息的情形,均设置了单独同意规则;对于利用个人信息进行自动化决策、委托处理个人信息的情形,也规定了详细的处理规则。严格的处理规则+事前个人信息安全评估制度,构成了个人信息安全的双重保障。[1]

在域外法上,GDPR第35条规定的"数据保护影响评估"也是针对高风险的个人信息处理活动。该规定指出,"当某种类型的处理——特别是适用新技术进行的处理——很可能会对自然人的权利与自由带来高风险时,在考虑了处理的性质、范围、语境与目的后,控制者应当在处理之前评估计划的处理进程对个人数据保护的影响";在下列三种情形中必须进行评估:(1)自动化决策对自然人产生法律影响或类似重大影响;(2)以大规模处理的方式处理敏感数据;(3)以大规模的方式进行系统性的监控。早在GDPR之前,2017年欧盟第29条数据保护工作组(WP29)即发布了《数据保护影响评估和确定处理是否"可能导致高风险"的指南》。该指南认为,在以下9种情形中,如果同时满足其中两项,就应当进行数据保护影响评估:(1)评价或评分,特别是

---

[1] 参见江必新、李占国主编:《中华人民共和国个人信息保护法条文解读与法律适用》,中国法制出版社2021年版,第184页。

从"有关数据主体的工作表现、经济状况、健康、个人喜好或兴趣、可靠性或行为、地点或移动等方面"进行的分析和预测;(2) 具有法律或类似重大影响的自动决策;(3) 系统性监控;(4) 敏感数据或具有高度个人性质的数据;(5) 大规模的数据处理;(6) 匹配或组合数据集;(7) 易受攻击数据主体的数据;(8) 创新性的使用或应用新的技术或组织方案;(9) 数据处理本身"阻止数据主体行使权利或使用服务或合同"。

就评估的内容而言,根据《个人信息保护法》第 56 条第 1 款,个人信息保护影响评估应当包括:(1) 个人信息的处理目的、处理方式等是否合法、正当、必要;(2) 对个人权益的影响及安全风险;(3) 所采取的保护措施是否合法、有效并与风险程度相适应。[①]《信息安全技术 个人信息安全影响评估指南》(GB/T39335-2020,以下简称《评估指南》)指出,评估要点应包括风险源识别、个人权益维度、风险分析三个方面。以风险分析为例,首先,应根据个人信息处理活动的目的、状态、相关个人信息的敏感程度,同时考虑个人信息主体数量、群体特征等要求,评价对个人权益影响的程度等级;其次,应根据个人信息处理活动涉及的特点、已实施的安全措施、相关方、处理规模等要素,同时考虑具备的事件处置经验、用户习惯、预防性措施等,评价安全事件发生的可能性等级。最后,综合分析个人权益影响程度和安全事件可能性两个要素,得出风险等级。

特定场景中的个人信息评估内容又有所不同。《信息安全技术移动互联网应用程序(App)个人信息安全测评规范》(GB_T 42582-2023)规定了测评内容应当包括个人信息收集、存储、使用,个人信息主体权利,个人信息委托处理、共享、转让、公开披露,个人信息安全事件处置,组织个人信息安全管理要求几个方面。针对个人信息跨境,《个人信息出境标准合同办法》第 5 条专门规定了个人信息保护影响评估应当重点评估以下内容:(1) 个人信息处理者和境外接收方处理个人信息的目的、范围、方式等的合法性、正当性、必要性;(2) 出境个人信息的规模、范围、种类、敏感程度,个人信息出境可能对个人信息权益带来的风险;(3) 境外接收方承诺承担的义务,以及履行义务的管理和技术措施、能力等能否保障出境个人信息的安全;(4) 个人信息出境后遭

---

① 该规定借鉴自 GDPR。GDPR 第 35 条第 7 款指出,评估应当至少包括:(1) 处理方式和处理目的的系统性描述;(2) 必要性与相称性的分析;(3) 给数据主体的权利与自由带来的风险的评估;(4) 风险应对措施。

到篡改、破坏、泄露、丢失、非法利用等的风险,个人信息权益维护的渠道是否通畅等;(5)境外接收方所在国家或者地区的个人信息保护政策和法规对标准合同履行的影响;(6)其他可能影响个人信息出境安全的事项。

此外,《评估指南》对评估的责任主体、评估原理、评估实施考虑要素进行了规定。《评估指南》指出:在评估责任主体上,无论是自评估抑或是检查评估,评估的责任部门或人员均需要具有独立性,不受被评估方影响。在评估原理上,从两方面对个人信息处理活动进行评估,一是个人权益影响,另一个是安全保护措施有效性,最终确定风险级别。在评估实施考虑要素上,评估规模取决于受到影响的个人信息主体范围、数量和受影响的程度;评估方法包括访谈、检查、测试。其中,个人信息安全评估的实施流程分为九个步骤:(1)评估必要性分析;(2)开展评估准备工作;(3)数据映射分析;(4)风险源识别;(5)个人权益影响分析;(6)安全风险综合分析;(7)评估报告;(8)风险处置和持续改进;(9)制定报告发布策略。

最后,个人信息处理者应当妥善保存评估报告和处理情况记录。《个人信息保护法》第56条第2款明确要求,"个人信息保护影响评估报告和处理情况记录应当至少保存三年"。

二、个人信息保护认证

《个人信息保护法》第62条第4项表示,支持有关机构开展个人信息保护认证服务。个人信息保护认证是由第三方认证机构实施的,旨在通过第三方机构客观评定个人信息处理行为的安全性,以提升个人信息安全保障水平。个人信息保护认证具有两大价值:(1)个人信息处理者通过认证向监管机构证明个人信息处理活动合规;(2)通过声誉评价机制,增强用户的信任感,帮助用户迅速评估相关产品和服务的个人信息保护水平。[1]

域外法上,GDPR第42条、第43条分别对"数据保护认证"与"认证机构"进行了规定:鼓励建立数据保护认证机制。通过认证可证明对数据跨境采取了合适的安全措施。认证应当是自愿的,而且可以通过透明程序而获得。认证不能减轻法律责任,而且也不对监管机构的任务和权利产生影响。认证的有效期最长是三年,如果相关条件满足,有效期可以延长。认证应当以恰当

---

[1] 参见程啸:《个人信息保护法理解与适用》,中国法制出版社2021年版,第474页。

的方式使得公众能够获取。在不影响监管机构的任务与权利的前提下,具有相应专业性的认证机构可以在告知监管机构后颁发和更新认证。认证机构应当具有独立性与专业性,获得监管机构的批准,建立了发行、定期审查和撤回的相关程序,设立了透明的申诉程序和体系,符合有权监管机构的要求,其任务和职责不存在利益冲突的情形。在此基础上,欧盟数据保护委员会(EDPB)颁布了《关于 GDPR 第 42、43 条的认证和识别认证准则的指南》,进一步对数据保护认证进行了规范。

我国法律法规中,存在个人信息保护认证、网络安全认证、数据安全认证几类相关的认证。《网络安全法》第 17 条规定了网络安全认证:"国家推进网络安全社会化服务体系建设,鼓励有关企业、机构开展网络安全认证、检测和风险评估等安全服务。"《数据安全法》第 18 条第 1 款规定了数据安全认证:"国家促进数据安全检测评估、认证等服务的发展,支持数据安全检测评估、认证等专业机构依法开展服务活动。"针对个人信息保护认证,2019 年市场监管总局、中央网信办发布《关于开展 App 安全认证工作的公告》,明确规定:(1) App 安全认证活动依据《移动互联网应用程序(App)安全认证实施规则》(以下简称《App 安全认证实施规则》)开展;(2) 从事 App 安全认证的认证机构为中国网络安全审查技术与认证中心,检测机构由认证机构根据认证业务需要和技术能力确定;(3) 认证机构和检测机构应按有关规定,客观、公正地开展认证和检测活动,并对认证和检测结果负责;(4) 国家鼓励 App 运营者自愿通过 App 安全认证,鼓励搜索引擎、应用商店等明确标识并优先推荐通过认证的 App。此外,2022 年全国信息安全标准化技术委员会《网络安全标准实践指南——个人信息跨境处理活动安全认证规范》(该规范先后发布了 1.0 与 2.0 版本)指出,安全认证应遵循合法、正当、必要和诚信原则、公开、透明原则、信息质量保障原则、同等保护原则、责任明确原则、自愿认证原则。

就认证机构而言,认证机构应当具有高度的独立性与专业性,有效发挥第三方规制功能。认证机构既不能成为互联网企业的"附庸",也不能成为政府机构的延伸。只有取得相应资质的机构才能从事认证工作。[①] 当前,我国实行统一的认证认可监督管理制度,个人信息保护认证需遵守《认证认可条例》。根据该条例,认证认可活动应当遵循客观独立、公开公正、诚实信用的

[①] 参见刘权:《数据安全认证:个人信息保护的第三方规制》,载《法学评论》2022 年第 1 期。

原则(第 6 条);认证机构开展活动应取得相应的行政许可,取得认证机构资质,经国务院认证认可监督管理部门批准,并在批准范围内从事认证活动(第 9 条);为保证认证机构的独立性,认证机构不得与行政机关存在利益关系,不得接受任何可能对认证活动的客观公正产生影响的资助,不得从事任何可能对认证活动的客观公正产生影响的产品开发、营销等活动,不得与认证委托人存在资产、管理方面的利益关系(第 13 条)。

就认证程序而言,《App 安全认证实施规则》规定了认证申请、认证受理、技术验证、现场审核、认证决定、对认证决定的申诉、获证后监督的流程,并指出认证机构应当在作出受理决定之日起 90 个工作日(不包含整改时间)内作出是否认证的决定。其中,针对获证后监督,该规则第 4.7 条明确规定,"获证 App 运营者应持续进行获证后自评价,并配合认证机构的监督活动";"认证机构应对获证 App 和 App 运营者实施持续监督,监督方式包括日常监督和专项监督";获证后监督中发现问题的,认证机构有权要求限期整改,并对整改结果进行验证;未在规定期限内完成整改或整改结果未通过验证的,认证机构应当依规暂停、撤销或注销认证。

第三节 个人信息安全保护措施

个人信息安全保护措施是安全原则的题中之义,也是《个人信息保护法》第五章"个人信息处理者的义务"的首条内容(第 51 条)。该条指出,个人信息处理者应当采取措施确保个人信息处理活动符合法律、行政法规的规定,并防止未经授权的访问以及个人信息泄露、篡改、丢失。此外,个人信息安全保护措施的具体法定要求散见于《个人信息保护法》之中:一是个人信息处理者委托处理个人信息的,应当与受托人约定保护措施(第 21 条);二是敏感个人信息处理的前提之一是采取严格保护措施(第 28 条);三是个人信息保护影响评估内容应当包括所采取的保护措施是否合法、有效并与风险程度相适应(第 56 条);四是接受委托处理个人信息的受托人应当采取必要措施保障所处理的个人信息的安全(第 59 条)。

个人信息安全保护措施采取事前预防的视角,需要根据具体场景决定所采取的具体措施。《个人信息保护法》第 51 条即指出,应当根据个人信息的处理目的、处理方式、个人信息的种类以及对个人权益的影响,可能存在的安全风险等,采取相关保护措施。从分类分级保护的角度,个人信息安全保护措施也应符合《信息安全技术 网络安全等级保护基本要求》(GB/T 22239-2019)相应等级的要求。与我国类似,德国《联邦数据保护法》(BDSG)第22条第2款规定,特殊类型个人数据处理的保护措施应考虑到技术水平、实施成本和处理的性质、范围、背景和目的,以及处理对自然人的权利和自由所造成的不同可能性和严重性的风险。

具体而言,《个人信息保护法》第51条列举了6项安全保护措施:(1)制定内部管理制度和操作规程;(2)对个人信息实行分类管理;(3)采取相应的加密、去标识化等安全技术措施;(4)合理确定个人信息处理的操作权限,并定期对从业人员进行安全教育和培训;(5)制定并组织实施个人信息安全事件应急预案;(6)法律、行政法规规定的其他措施。借鉴我国台湾地区《个人资料保护法施行细则》与美国《健康保险流通与责任法案》(HIPAA)的相关规定,可以将个人信息安全保障措施分为物理措施、技术措施、组织措施三类,以进一步对个人信息安全保护措施进行解读。

一、物理措施

物理措施主要包括境内存储、分开存储等物理隔绝措施,以及针对存储介质安全性能的安全措施。

就境内存储而言,根据《个人信息保护法》第36条、第40条的规定,国家机关处理的个人信息、关键信息基础设施运营者和处理个人信息达到国家网信部门规定数量的个人信息处理者处理的个人信息,应当在中华人民共和国境内存储;如需出境的,应当通过安全评估。《互联网个人信息安全保护指南》第5.3.1条第a款亦指出,"应确保个人信息在云计算平台中存储于中国境内,如需出境应遵循国家相关规定"。

就分开存储而言,《个人信息安全规范》第5.6条第b项指出,应将生物识别信息的原始信息和摘要分开存储,或仅收集、存储、使用摘要信息。《网络安全标准实践指南——网络数据安全风险评估实施指引》(TC260-PG-20231A)第6.4.4.1条第b项将"是否将个人生物识别信息与个人身份信息分开存储"作为个人信息保存情况的重点评估对象。

就存储介质安全而言,国家邮政局《寄递服务用户个人信息安全管理规定》第14条第2款规定,"寄递企业应当建立存储介质使用管理制度,使用独立物理区域采用加密方式存储用户个人信息,加强存储安全管理"。《评估指南》中特别指出,应评估"是否对数据存储介质加强安全管理"。

二、技术措施

《个人信息保护法》第 51 条第 3 项所述的加密、去标识化是最为典型的技术措施。行政法规、部门规章中对个人信息安全保护技术措施也进行了相应的规定。《未成年人网络保护条例》第 15 条规定,学校、社区、图书馆、文化馆、青少年宫等场所为未成年人提供互联网上网服务设施的,应当安装未成年人网络保护软件或者采取其他安全保护技术措施。《寄递服务用户个人信息安全管理规定》第 13 条对快递电子运单信息的去标识化技术措施进行了详细规定。该条款指出,"寄递企业应当对快递电子运单单号资源实施全过程管理,并采用射频识别、虚拟安全号码、电子纸等有效技术手段对快递电子运单信息进行去标识化处理,防止运单信息在寄递过程中泄露";"寄递企业与电商平台或者快递电子运单集成系统运营企业等第三方对接寄递信息或者授权使用分配本企业单号资源时,应要求其对快递电子运单信息进行去标识化处理,并确保不影响正常寄递服务"。

此外,常见的技术措施至少还包括数据加密、访问控制、交互界面设计、屏蔽措施、身份鉴别等。例如,《网络数据安全管理条例》第 9 条规定,网络数据处理者应当"建立健全网络数据安全管理制度,采取加密、备份、访问控制、安全认证等技术措施和其他必要措施"。《寄递服务用户个人信息安全管理规定》第 14 条规定,个人信息相关的信息系统建设应确保同步规划、同步建设和同步使用网络传输、访问控制、终端防护、恶意代码防护、监控审计等措施。《个人金融信息保护技术规范》(JR/T 0171—2020)第 6.1 条更是分别对弹窗机制、交互界面设计、屏蔽措施、安全通道、身份鉴别和认证技术、数据加密、密码算法配置、密钥管理、去标识化、匿名化等多种技术措施进行了规定。

参照《互联网个人信息安全保护指南》,技术措施的范围涵盖通信网络安全、区域边界安全、计算环境安全、应用和数据安全以及扩展要求几个部分。其中,通信网络安全包括网络架构与通信传输;区域边界安全包括边界防护、访问控制、入侵防范、恶意代码防范、安全审计;计算环境安全包括身份鉴别、访问控制、安全审计、入侵防范、恶意代码防范和程序可信执行、资源控制;应用和数据安全包括身份鉴别、访问控制、安全审计、软件容错、资源控制、数据完整性、数据保密性、数据备份恢复、剩余信息保护;扩展要求包括云计算安全与物联网安全。

以身份鉴别措施为例,技术措施包括:(1)对登录的用户进行身份标识和鉴别,确保身份标识应具有唯一性,鉴别信息具有复杂度并要求定期更换;(2)提供并启用登录失败处理功能,并在多次登录后采取必要的保护措施;(3)强制用户首次登录时修改初始口令,当确定信息被泄露后,提供提示全部用户强制修改密码的功能,在验证确认用户后修改密码;(4)用户身份鉴别信息丢失或失效时,采取技术措施保证鉴别信息重置过程的安全;(5)采取静态口令、动态口令、密码技术、生物技术等两种或两种以上的组合鉴别技术对用户进行身份鉴别,且其中一种鉴别技术使用密码技术来实现(即双因子或多因子检验)。

三、组织措施

组织措施指向《个人信息保护法》第51条所列举的管理制度、操作规程、教育培训、应急预案等内容。《数据安全法》第27条规定的"依照法律、法规的规定,建立健全全流程数据安全管理制度,组织开展数据安全教育培训";"重要数据的处理者应当明确数据安全负责人和管理机构,落实数据安全保护责任"也属于典型的组织措施。

具体而言,部分规范性文件、国家标准对组织措施的范围进行了列举。例如,《互联网个人信息安全保护指南》第4.2到4.4条围绕管理制度、管理机构、管理人员进行了规定。其中,明确规定管理制度内容应当包括:(1)个人信息保护的总体方针和安全策略等相关规章制度和文件,其中包括本机构的个人信息保护工作的目标、范围、原则和安全框架等相关说明;(2)工作人员对个人信息日常管理的操作规程;(3)个人信息管理制度体系,其中包括安全策略、管理制度、操作规程和记录表单;(4)个人信息安全事件应急预案。《个人信息安全规范》第11部分规定了"组织的个人信息安全管理要求",包括:(1)明确责任部门与人员;(2)个人信息安全工程;(3)个人信息处理活动记录;(4)开展个人信息安全影响评估;(5)数据安全能力;(6)人员管理与培训;(6)安全审计。

对于特殊的个人信息处理者与个人信息处理场景,组织措施的要求又有所不同。针对提供重要互联网平台服务、用户数量巨大、业务类型复杂的个人信息保护"守门人"[①],《个人信息保护法》第 58 条规定了四项专门的组织措施:(1) 按照国家规定建立健全个人信息保护合规制度体系,成立主要由外部成员组成的独立机构对个人信息保护情况进行监督;(2) 遵循公开、公平、公正的原则,制定平台规则,明确平台内产品或者服务提供者处理个人信息的规范和保护个人信息的义务;(3) 对严重违反法律、行政法规处理个人信息的平台内的产品或者服务提供者,停止提供服务;(4) 定期发布个人信息保护社会责任报告,接受社会监督。

针对特殊业务场景,个人信息处理者应当采取不同的组织措施。就向其他网络数据处理者提供、委托处理个人信息的组织措施,《网络数据安全管理条例》第 12 条中规定,"应当通过合同等与网络数据接收方约定处理目的、方式、范围以及安全保护义务等,并对网络数据接收方履行义务的情况进行监督。向其他网络数据处理者提供、委托处理个人信息和重要数据的处理情况记录,应当至少保存 3 年"。就寄递服务用户个人信息处理的组织措施,《寄递服务用户个人信息安全管理规定》第 5 条规定,"寄递企业应当建立健全寄递服务用户个人信息安全保障制度和措施,明确企业部门、岗位的安全保护责任,合理确定寄递服务用户个人信息处理的操作权限,定期对从业人员进行安全教育和培训"。同时,该规定第 15 条、第 18 条指出,寄递企业应当加强寄递服务用户个人信息的应用安全管理,加强信息安全审计,加强营业场所、处理场所管理。就电信业务经营者、互联网信息服务提供者的组织措施,《电信和互联网用户个人信息保护规定》第 13 条规定了确定个人信息安全管理责任、建立工作流程和安全管理制度、实行权限管理、妥善保管信息载体、实行接入审查、信息留存记录等义务。就金融业务场景的组织措施,《个人金融信息保护技术规范》第 6.1.1 条第 a 项指出,不应委托或授权无金融业相关资质的机构收集特定类别的信息。

以个人信息安全工程的组织措施为例,《信息安全技术 个人信息安全工程指南》(GB/T 41817-2022)指出,企业应当依据本组织业务架构和部门职能,及时组建个人信息安全工程团队,明确工程各阶段相关的角色和职责,并

[①] 我国个人信息保护"守门人"条款系对欧盟《数字市场法》(DMA)立法草案的吸收和借鉴。2022 年通过的欧盟《数字市场法》规定,守门人是在线中介服务、在线搜索引擎、在线社交网络服务、视频分享平台服务、号码独立的人际通信服务、操作系统、云计算服务、广告服务的核心平台服务提供者。根据该法第 6 条,守门人的义务不限于组织措施,还包括操作系统设计、默认设置等技术措施。

对相关人员进行培训。该指南引入了自设计保护个人信息（Privacy by Design）的路径，明确提出将个人信息保护要求纳入产品服务的设计中，围绕产品服务建设生存周期，建立个人信息安全工程相关制度流程。[①]

归根结底，在具体的应用场景中，应充分结合物理措施、技术措施、组织措施，以符合个人信息安全保护措施的要求。

第四节　个人信息安全事件应对

个人信息安全事件是指，"发生个人信息泄露或者被窃取、篡改、删除等危害个人信息安全的事件"[②]。个人信息安全事件是个人信息安全风险演变的现实危害。相应地，个人信息安全事件应对分为防患未然的应急预案、事件发生后的处置机制、风险与事件的监督机制三个部分。

一、个人信息安全事件应急预案

个人信息安全事件应急预案是规定个人信息安全事件应对的工作方案。数字社会中，随着个人信息商业价值的凸显，个人信息泄露或非法利用的风险激增。参考《数据安全法》第29条的规定，个人信息处理者应当加强风险监测，发现个人信息安全风险时，应当立即采取补救措施；在发生个人信息安全事件时，个人信息处理者应当依据应急预案规定的流程处置、报告，及时消除安全风险，防止危害扩大。《网络数据安全管理条例》第11条第1款亦明确规定："网络数据处理者应当建立健全网络数据安全事件应急预案，发生网络数据安全事件时，应当立即启动预案，采取措施防止危害扩大，消除安全隐患，并按照规定向有关主管部门报告。"

《未成年人网络保护条例》第35条第1款即规定："发生或者可能发生未成年人个人信息泄露、篡改、丢失的，个人信息处理者应当立即启动个人信息安全事件应急预案，采取补救措施，及时向网信等部门报告，并按照国家有关规定将事件情况以邮件、信函、电话、信息推送等方式告知受影响的未成年人

[①] 该指南提出了个人信息安全的嵌入设计原则、默认保护原则、用户中心原则、工程对应原则、全程安全原则；强调可管理性目标，提供个人信息处理的管理机制，使用户和组织能够适当干预产品服务处理个人信息的过程。

[②] 周汉华主编：《个人信息保护法条文精解与适用指引》，法律出版社2022年版，第318页。

及其监护人。"

个人信息安全事件应急预案本质上是一项重要的个人信息安全保护措施,属于组织措施的范畴。《个人信息保护法》第51条第5项即明确将"制定并组织实施个人信息安全事件应急预案"规定为个人信息处理者应当采取的安全保护措施。应急预案应规定个人信息安全事件应对的基本原则、组织体系、运行机制以及处置等内容。参考《个人信息安全规范》第10.1条、《互联网个人信息安全保护指南》第7.1条的规定,个人信息安全事件应急预案应当包括应急处理流程、事件上报流程等内容;定期(至少每半年一次)组织内部相关人员进行应急响应培训和应急演练,使其掌握岗位职责和应急处置策略和规程,留存应急培训和应急演练记录;根据相关法律法规变化情况,以及事件处置情况,及时更新应急预案。

二、个人信息安全事件处置机制

个人信息安全事件处置机制包括补救与通知两个部分。《个人信息保护法》第57条规定,发生或者可能发生个人信息泄露、篡改、丢失的,个人信息处理者应当立即采取补救措施,并通知履行个人信息保护职责的部门和个人。《民法典》第1038条第2款规定,发生或者可能发生个人信息泄露、篡改、丢失的,应当及时采取补救措施,按照规定告知自然人并向有关主管部门报告。《网络安全法》第42条第2款规定:"网络运营者应当采取技术措施和其他必要措施,确保其收集的个人信息安全,防止信息泄露、毁损、丢失。在发生或者可能发生个人信息泄露、毁损、丢失的情况时,应当立即采取补救措施,按照规定及时告知用户并向有关主管部门报告。"

此外,我国的法律法规中关于个人信息安全事件的补救和通知制度存在大量规定。《关于加强网络信息保护的决定》第4点即表明,发生个人信息安全事件时"应当立即采取补救措施"。《电信和互联网用户个人信息保护规定》第14条在补救措施外增加了报告义务:"电信业务经营者、互联网信息服务提供者保管的用户个人信息发生或者可能发生泄露、毁损、丢失的,应当立即采取补救措施;造成或者可能造成严重后果的,应当立即向准予其许可或者备案的电信管理机构报告,配合相关部门进行调查处理。"与之类似,《寄递服务用户个人信息安全管理规定》第10条规定:"寄递企业应当建立寄递服务用户个人信息安全应急处置机制。发现信息安全隐患、漏洞等风险的,或者发生信息安全突发事件的,应当立即采取处置措施,按照规定报告邮政管理部门,并配合邮政管理部门和相关部门的调查处理工作,不得迟报、漏报、谎报、瞒报。"

对于补救措施而言,要点有二:一是"立即采取",即信息处理者一旦发现个人信息安全事件就应当以最快的速度采取补救措施。二是补救措施应当针对安全事件,以消除安全隐患、防止危害扩大为目的。《个人信息安全规范》第10.1条即指出,信息处理者应当评估事件可能造成的影响,在此基础上采取必要措施控制事态,消除隐患。具体措施可参考本章第三节"个人信息安全保护措施",此处不再累述。

对于个人信息安全事件的通知而言,首先,通知的对象为履行个人信息保护职责的部门和个人。理论上认为,对监管机构的通知与对个人的通知存在内在差异。对个人的通知义务源于侵权责任和合同附随义务产生的私法责任;对监管机构的通知义务又被称为报告义务,属公法义务。其次,《个人信息保护法》第57条明确列举了通知的事项包括:(1)发生或者可能发生个人信息泄露、篡改、丢失的信息种类、原因和可能造成的危害;(2)个人信息处理者采取的补救措施和个人可以采取的减轻危害的措施;(3)个人信息处理者的联系方式。再次,通知应当具有及时性。《网络数据安全管理条例》第11条第2款规定,"网络数据安全事件对个人、组织合法权益造成危害的,网络数据处理者应当及时将安全事件和风险情况、危害后果、已经采取的补救措施等,以电话、短信、即时通信工具、电子邮件或者公告等方式通知利害关系人"。最后,在通知的具体方式上,对监管机构的通知以报告形式进行,因此对监管机构的通知义务又称"报告义务"。对个人的通知可参考《个人信息安全规范》第10.2条,采取包括邮件、信函、电话、推送通知等方式,难以逐一告知个人信息主体时,应采取合理、有效的方式发布与公众有关的警示信息。

通知义务存在一定的豁免机制。若无论发生多么轻微的个人信息安全事件均需要履行通知义务,将徒增个人信息处理者的通知成本,监管机构和个人也将不堪其扰。因此,有观点认为,只有当个人信息安全事件达到一定规模或条件才有必要通知监管机构。[①] 对此,《网络数据安全管理条例》第10

---

① 参见王玎:《论个人信息安全事件通知义务》,载《行政法学研究》2023年第2期。

条将向主管部门报告安全风险的义务限定在"涉及危害国家安全、公共利益的"情形之中。此时,数据处理者应当在 24 小时内履行报告义务。对于安全事件而言,《网络数据安全管理条例》第 11 条则留下了一个引致的接口,指出数据处理者应当"按照规定向有关主管部门报告"。另外,根据《个人信息保护法》第 57 条第 2 款,个人信息处理者采取措施能够有效避免信息泄露、篡改、丢失造成危害的,对个人的通知义务可以依法豁免。① 此时,为了避免个人信息处理者滥用此项豁免,应通知用户而不通知,若履行个人信息保护职责的部门认为可能造成危害的,有权要求个人信息处理者通知个人。

不难看出,我国个人信息安全事件的通知机制借鉴了欧盟 GDPR。GDPR 第 33 条"向监管机构报告对个人数据的泄露"指出:"在个人数据泄露的情形中,如果可行,控制者在知悉后应当及时——至迟在 72 小时内——将个人数据泄露告知第 55 条所规定的有权监管机构,除非个人数据泄露对于自然人的权利与自由不太可能会带来风险。对于不能在 72 小时以内告知监管机构的情形,应当提供延迟告知的原因。"通知的内容包括:(1) 数据泄露的性质、类型和大致数量,以及涉及个人数据的类型与大致数量;(2) 详细联系方式;(3) 数据泄露的可能后果;(4) 已采用或计划采用的措施。GDPR 第 34 条"向数据主体传达个人数据泄露"规定,"当个人数据泄露很可能给自然人的权利与自由带来高风险时,控制者应当及时向数据主体传达个人数据泄露"。当已经采取适当措施,或告知将需要付出不相称的努力之时,可以豁免告知义务。监管机构若认为安全事件可能对个人具有较高风险时,可以要求其履行告知义务。

---

① 事实上,个人信息保护制度中对个人的告知义务从来都不是绝对的。个人信息处理活动中,至少存在三类无须告知的情形:第一,法律、行政法规规定应当保密或者不需要告知(《个人信息保护法》第 18 条第 1 款)。例如,有关机关依《人民警察法》第 16 条、《反恐怖主义法》第 45 条采取技术侦查措施,依《反洗钱法》第 8 条调查可疑交易活动,均无须告知信息主体。《征信业管理条例》第 15 条后半句亦指出,信息提供者向征信机构提供依照法律、行政法规规定的公开不良信息,无须告知信息主体。第二,紧急情况下为保护自然人的生命健康和财产安全无法及时向个人告知的可暂不履行告知义务,但信息处理者应当在紧急情况消除后及时告知(《个人信息保护法》第 18 条第 2 款)。例如,医疗机构为抢救患者而处理其病历资料时,可暂不履行告知义务,但事后应及时告知患者相关健康信息处理情况。第三,告知将妨碍国家机关履行法定职责,则无须告知(《个人信息保护法》第 35 条)。例如,税务机关依《税收征收管理法》第 54 条第 1 项"检查纳税人的账簿、记账凭证、报表和有关资料,检查扣缴义务人代扣代缴、代收代缴税款账簿、记账凭证和有关资料"。此时提前告知,个人可能转移、篡改、销毁有关资料,严重妨碍税务机关履行税收征收管理的法定职责。

三、个人信息安全事件监督机制

根据《个人信息保护法》第 64 条规定,个人信息安全事件的监督机制包括约谈、合规审计与移送公安机关。该条规定:"履行个人信息保护职责的部门在履行职责中,发现个人信息处理活动存在较大风险或者发生个人信息安全事件的,可以按照规定的权限和程序对该个人信息处理者的法定代表人或者主要负责人进行约谈,或者要求个人信息处理者委托专业机构对其个人信息处理活动进行合规审计。个人信息处理者应当按照要求采取措施,进行整改,消除隐患。履行个人信息保护职责的部门在履行职责中,发现违法处理个人信息涉嫌犯罪的,应当及时移送公安机关依法处理。"

第一,约谈也称行政约谈,"是指行政主体在行政相对人有违法之虞或者轻微违法时,通过约请谈话、说明教导、提出警示的方式建议相对人纠正违法行为,以避免违法之风险的行为"[①]。在网络治理中,约谈往往针对安全风险、安全事件展开。《网络安全法》第 56 条规定的网络安全监管约谈制度指出:"省级以上人民政府有关部门在履行网络安全监督管理职责中,发现网络存在较大安全风险或者发生安全事件的,可以按照规定的权限和程序对该网络的运营者的法定代表人或者主要负责人进行约谈。网络运营者应当按照要求采取措施,进行整改,消除隐患。"《数据安全法》第 44 条规定的数据安全监管约谈制度指出:"有关主管部门在履行数据安全监管职责中,发现数据处理活动存在较大安全风险的,可以按照规定的权限和程序对有关组织、个人进行约谈,并要求有关组织、个人采取措施进行整改,消除隐患。"具体到个人信息保护领域,国家互联网信息办公室通过部门规章的形式对特定领域的个人信息安全事件约谈进行了规定。例如,《儿童个人信息网络保护规定》第 25 条规定:"网络运营者落实儿童个人信息安全管理责任不到位,存在较大安全风险或者发生安全事件的,由网信部门依据职责进行约谈,网络运营者应当及时采取措施进行整改,消除隐患。"《个人信息出境标准合同办法》第 11 条规定,省级以上网信部门发现个人信息出境活动存在较大风险或者发生个人信息安全事件的,可以依法对个人信息处理者进行约谈。

作为一种行政指导行为,约谈具有三个主要功能:(1)向社会传递个人信

---

① 程啸:《个人信息保护法理解与适用》,中国法制出版社 2021 年版,第 480 页。

息处理者未依法履行法律义务的信息;(2)督促个人信息处理者履行义务;(3)有利于监管部门采取有效的措施。同时,约谈需要按照规定的权限和程序进行。约谈的内容包括:"了解、掌握个人信息处理者开展个人信息处理活动和采取个人信息保护措施的基本情况;分析评估个人信息处理活动存在的风险或者个人信息安全事件发生的原因、性质以及可能造成的危害;提出消除风险或者处置个人信息安全事件的监管措施。"[1]被约谈的个人信息处理者应当按照要求采取措施,妥善处置个人信息安全事件。

第二,合规审计,包括个人信息处理者自主进行的安全审计与委托第三方专业机构进行的合规审计。《网络数据安全管理条例》第27条规定:"网络数据处理者应当定期自行或者委托专业机构对其处理个人信息遵守法律、行政法规的情况进行合规审计。"值得注意的是,在监管部门根据《个人信息保护法》第64条要求个人信息处理者进行合规审计的情形中,个人信息处理者不可自主进行审计,只能根据监管部门的要求委托第三方专业机构对其个人信息处理活动的合法合规性进行审计。合规审计主要审查信息处理者有无遵守个人信息保护的原则和规则,所采取的管理措施和技术措施是否有效。通过第三方独立机构的独立审计,可以有效发现个人信息安全事件背后的问题,具有督促个人信息处理者提升合规水平和个人信息保护能力的作用。

第三方合规审计并不排斥个人信息处理者自主进行的安全审计。参考《个人信息安全规范》第11.7条,个人信息处理者自主进行安全审计的要求包括:(1)对个人信息保护政策、相关规程和安全措施的有效性进行审计;(2)建立自动化审计系统,监测记录个人信息处理活动;(3)对安全事件的处置、应急响应和事后调查提供支撑;(4)防止非授权访问、篡改或删除审计记录;(5)及时处理审计过程中发现的个人信息违规使用、滥用等情况;(6)审计记录和留存时间应符合法律法规的要求。

第三,发现涉嫌犯罪的应当及时移送公安机关依法处理,主要是指涉嫌构成《刑法》第253条之一规定的侵犯公民个人信息罪的情形。此时,监管部门应当及时将收集的证据材料移送公安机关。根据《行政执法机关移送涉嫌犯罪案件的规定》第11条的规定,不得以行政处罚代替移送;移送涉嫌犯罪案件前已经作出的警告,责令停产停业,暂扣或者吊销许可证、暂扣或者吊销执

---

[1] 杨合庆主编:《中华人民共和国个人信息保护法释义》,法律出版社2022年版,第160—161页。

照的行政处罚决定,不停止执行。

此外,对于未履行个人信息安全保护义务的个人信息处理者,监管部门应当依据《个人信息保护法》第 66 条作出行政处罚决定。该条指出:"违反本法规定处理个人信息,或者处理个人信息未履行本法规定的个人信息保护义务的,由履行个人信息保护职责的部门责令改正,给予警告,没收违法所得,对违法处理个人信息的应用程序,责令暂停或者终止提供服务;拒不改正的,并处一百万元以下罚款;对直接负责的主管人员和其他直接责任人员处一万元以上十万元以下罚款。有前款规定的违法行为,情节严重的,由省级以上履行个人信息保护职责的部门责令改正,没收违法所得,并处五千万元以下或者上一年度营业额百分之五以下罚款,并可以责令暂停相关业务或者停业整顿、通报有关主管部门吊销相关业务许可或者吊销营业执照;对直接负责的主管人员和其他直接责任人员处十万元以上一百万元以下罚款,并可以决定禁止其在一定期限内担任相关企业的董事、监事、高级管理人员和个人信息保护负责人。"

同时,个人也可依法以投诉、举报、起诉的方式,对个人信息安全事件与安全风险进行监督。《个人信息保护法》第 50 条明确规定:"个人信息处理者应当建立便捷的个人行使权利的申请受理和处理机制。拒绝个人行使权利的请求的,应当说明理由。个人信息处理者拒绝个人行使权利的请求的,个人可以依法向人民法院提起诉讼。"《电子商务法》第 59 条、《网络安全法》第 49 条、《寄递服务用户个人信息安全管理规定》第 9 条均对投诉、举报机制进行了规定。

典型案例

2023 年 7 月,北京市朝阳区网安部门发现某教育公司数据被泄露到境外非法网站上,其客户关系管理系统内存储的该公司员工账号以及对应客户姓名、手机、下单时间、成交金额等 12 余万条信息被泄露。经查,该公司技术人员在对系统测试过程中,将有权限的测试账号设为弱口令,且系统正式使用后未删除测试账号。因该公司未建立数据安全管理制度和操作规程,系统未进行安全评估,被黑客破解造成大量公民个人信息被盗取,北京市公安局朝阳分局依法给予该公司罚款五万元的行政处罚。

问题与思考

1. 何种个人信息处理活动需要依法进行安全评估?
2. 个人信息保护认证的法律效果是什么?
3. 个人信息安全保护措施包括哪些基本类型?
4. 个人信息安全风险与个人信息安全事件之间是什么关系?
5. 简述个人信息安全事件处置的基本流程。

延伸阅读

1. 程啸、王苑:《个人信息保护法教程》,中国人民大学出版社 2023 年版。
2. 杨合庆主编:《中华人民共和国个人信息保护法释义》,法律出版社 2022 年版。
3. 周汉华主编:《个人信息保护法条文精解与适用指引》,法律出版社 2022 年版。
4. 申卫星主编:《中华人民共和国个人信息保护法手册:条文梳理与立法素材》,中国政法大学出版社 2022 年版。
5. 程啸:《个人信息保护法理解与适用》,中国法制出版社 2021 年版。
6. 张新宝主编:《〈中华人民共和国个人信息保护法〉释义》,人民出版社 2021 年版。
7. 江必新、李占国主编:《中华人民共和国个人信息保护法条文解读与法律适用》,中国法制出版社 2021 年版。
8. 龙卫球主编:《中华人民共和国个人信息保护法释义》,中国法制出版社 2021 年版。

第三编

网络空间安全

第七章 网络运行安全

> **法律故事**

2010年,"震网"病毒(Stuxnet)攻击伊朗核设施事件,开启了网络战争时代,这也是世界上首个以关键工业基础设施为目标的网络安全事件。震网病毒是一种Windows平台上的计算机蠕虫,以伊朗的铀离心机为目标,能够利用高度复杂的恶意代码和多个零日漏洞作为攻击武器。攻击通过造成超压使离心机异常加速,导致1000多台离心机被摧毁,感染了20多万台计算机,导致近千台机器运行异常,使伊朗核计划倒退了2年。

2013年6月,爱德华·斯诺登将两份绝密资料交给英国《卫报》和美国《华盛顿邮报》,美国"棱镜门"事件就此曝光。"棱镜计划"(PRISM)是一项由美国国家安全局自2007年起实施的绝密电子监听计划。根据斯诺登披露的文件,美国国家安全局和联邦调查局能够直接进入美国网际网络公司的中心服务器里挖掘数据、收集情报,包括微软、雅虎等在内的9家国际网络巨头皆参与其中。监控的类型有10类:电子邮件信息、即时消息、视频、照片、存储数据、语音聊天、文件传输、视频会议、登录时间、社交网络资料的细节。许可的监控对象包括任何在美国以外地区使用参与计划公司服务的客户,或是任何与国外人士通信的美国公民。监听对象除法国和意大利等欧盟国家外,还包括日本、墨西哥、韩国、印度、土耳其、伊朗、沙特阿拉伯等很多国家。其中,还有专门针对中国的监控。该计划的本质是美国针对全球的大规模监控,其范围之广、影响之深,令全球哗然。

2024年7月19日,"微软蓝屏"事件引发全球范围内大规模的关键业务系统全面崩溃。造成此次网络安全事件的原因是美国信息安全巨头CrowdStrike推送的软件更新存在严重错误,致使全球使用其软件的Windows电脑集体陷入"蓝屏的海洋"。该事件波及全球数十个国家和地区的重要行业领域的关键基础设施,很多机场、商场、酒店以及办公室、工厂和证券交易所等都因此瘫痪。美国特斯拉工厂也在这次事件中受到波及,导致多条产线停工。

网络信息时代,我们的生活生产须臾离不开网络,网络给我们带来自由、便利和效率的同时,也带来风险和挑战。网络安全事件和网络安全风险频发,网络监听和网络攻击成为全球公害,无人可以幸免。

第一节 网络运行安全概述

一、网络安全的内涵

随着网络和信息技术的迅猛发展和全面渗透,人们的生产生活已经发生颠覆性改变。网络信息技术一方面促进了经济社会的技术创新、经济发展、文化繁荣和社会进步,另一方面也带来了诸如网络攻击、隐私泄露、网络犯罪等网络安全问题。网络安全是国家安全的重要组成部分,"没有网络安全就没有国家安全"。随着网络安全成为国家安全的重要议题,以《网络安全法》为核心的网络安全法律体系已经逐步形成。为准确理解网络安全法治理论和规则体系,需要首先厘清"网络""网络空间"与"网络安全"等基本概念的内涵。

(一) 关于网络:系统还是空间?

我国《网络安全法》参考《计算机信息系统安全保护条例》第 2 条的规定,将网络界定为系统,即网络是指由计算机或者其他信息终端及相关设备组成的按照一定的规则和程序对信息进行收集、存储、传输、交换、处理的系统。将网络界定为"系统"体现了管理对象的广泛化特点,能够实现保护具有数据处理功能的设施、设备或者系统不被攻击、侵入、干扰和破坏的目标,但同时会带来"打击面过大"和"管理标准一刀切"的弊端,同时系统的实质是点,也没有体现出网络的联结性和开放性特点。"网络"其实指的是"网络空间"(Cyberspace)[1],我国《网络安全法》是一部"全面规范网络空间安全管理方面的基础性法律"[2]。从网络安全法的内容体系来看,虽然将其定性为系统,但

---

[1] 参见左晓栋:《蓄力一纪 由是始之——〈网络安全法(草案)〉评述》,载《中国信息安全》2015年第8期。

[2] 龙卫球:《我国网络安全管制的基础、架构与限定问题——兼论我国〈网络安全法〉的正当化基础和适用界限》,载《暨南学报(哲学社会科学版)》2017年第5期。

在不同使用场景下,具有不同的含义,如"建设、运营、维护和使用网络""网络基础设施""网络数据""网络接入"等,这里的网络是指"network"。由此出现定义与使用冲突的问题。本书认为对网络的内涵应当进行扩展解释,即将网络系统和网络空间都包括在内。

(二)网络空间:自由还是安全?

最传统的观点曾经认为,网络是没有官府和法制的世界,即"网络不需要法律",网络空间本身应该构成一个单独的自治区域——"网络主权区"[1],"现实社会的规则不能适用于网络空间"[2]。在网络空间中,人们尽情体验着即时通联全球的身份流动、场景模拟、网络表达、匿名交友、快捷购销、虚拟娱乐、智能服务等。[3] 恰如约翰·P.巴洛在《网络空间独立宣言》中宣称,网络空间将成为一个新世界,这个新世界没有物质、没有肉体,没有边界,更没有等级、特权、偏见和压迫;这个新世界不接受现实世界的教化、约束、殖民和统治,也不接受任何法律和政治的强制和支配,这个新世界有自己的文化、道德、不成文法典,也有自己的社会契约和纠纷解决机制;总之,这个新世界的治道更人道、更公平、更文明……"你们关于财产、表达、身份、迁徙的法律概念及其关联对我们不适用。这些概念建立在物质的基础上,我们这里没有物质。"[4]然而,随着网络信息技术的迭代发展,随着网民规模的剧增,网络从根本上改变了人们的生活,创造了另一种(第二种)生活方式。[5] 网络在给人们创造美好生活的同时,各种违法犯罪或纠纷也随即出现,网络安全作为一种非传统安全问题引起了各国的重视,网络空间不是法外之地,不能无法无天,曾经被认为是不正常的管控现在几乎成了标准动作。[6]

(三)网络安全的内涵

根据我国《网络安全法》的规定,网络安全是指通过采取必要措施,防范对网络的攻击、侵入、干扰、破坏和非法使用以及意外事故,使网络处于稳定可靠运行的状态,以及保障网络数据的完整性、保密性、可用性的能力。该定义将网络安全限于"对基础设施和网络层的安全保护,而并不包含对于信息

---

[1] 刘品新:《网络法:原理、案例与规则(第三版)》,中国人民大学出版社2021年版,第3页。
[2] 周汉华:《论互联网法》,载《中国法学》2015年第3期。
[3] 马长山:《智能互联网时代的法律变革》,载《法学研究》2018年第4期。
[4] 胡凌:《网络法的政治经济起源》,上海财经大学出版社2016年版,第1—2页。
[5] 参见〔美〕劳伦斯·莱斯格:《代码2.0:网络空间中的法律(修订版)》,李旭、沈伟伟译,清华大学出版社2018年版,第91页。
[6] 参见刘品新:《网络法:原理、案例与规则(第三版)》,中国人民大学出版社2021年版,第6页。

安全的保护"①。对此,学界有不同观点。网络安全的逻辑起点是信息安全,与网络空间主权密切关联。"现有定义(指《网络安全法》给出的定义)不但丢掉信息内容安全,更是与'网络空间主权'没有联系",因此"对于'网络安全',则按'网络空间安全'解释即可"。② 这个观点与网络的空间说观点一脉相承。也有学者从不同角度分析网络安全的内涵,从网络安全的历史沿革来讲,信息安全是网络安全的重心所在,网络安全应当包括网络物理安全与信息安全两个方面;从网络安全的实现层面来讲,隐含了技术安全、管理安全和内容安全的区分。③ 从整个网络安全法的内容体系上看,网络安全的内涵应当作广义解释,既包括狭义的网络安全(包括基础设施和网络层),也包括信息数据安全。同时,国家高度重视网络数据安全管理工作,为保障网络数据安全,促进网络数据依法合理有效利用,保护个人、组织的合法权益,维护国家安全和公共利益,2024年9月24日,国务院发布《网络数据安全管理条例》。该条例的出台为网络数据安全保障工作提供了具体的制度保障和实施路径,提升了网络数据安全治理监管能力。

二、网络安全与信息化发展并重原则

网络安全与信息化是一体两翼,二者相辅相成,要坚持以安全保发展、以发展促安全。二者是辩证统一的关系,即没有网络安全,信息化发展是脆弱的、不可持续的;没有信息化的发展,网络安全保障也就没有目标。④ 国家应当坚持网络安全与信息化发展并重的基本原则,遵循积极利用、科学发展、依法管理、确保安全的方针。具体体现在如下几个方面:

第一,推进网络基础设施建设和互联互通。要大力推动新一代网络基础设施建设,优化网络结构,提高网络性能,从业务、网络和中断等各个层面推进网络基础设施融合,为实现经济社会信息化提供坚实基础。

第二,鼓励网络技术创新和应用。要实施创新驱动发展战略,完善体制

---

① 龙卫球、林桓民:《我国网络安全立法的基本思路和制度建构》,载《南昌大学学报(人文社会科学版)》2016年第2期。
② 参见左晓栋:《蓄力一纪 由是始之——〈网络安全法(草案)〉评述》,载《中国信息安全》2015年第8期。
③ 参见龙卫球:《我国网络安全管制的基础、架构与限定问题——兼论我国〈网络安全法〉的正当化基础和适用界限》,载《暨南学报(哲学社会科学版)》2017年第5期。
④ 参见谢永江:《论网络安全法的基本原则》,载《暨南学报(哲学社会科学版)》2018年第6期。

机制,强化企业创新主体地位和主导作用,面向网络技术领域的基础前沿技术、共性关键技术,加大研发和科技成果转化支持力度,掌握网络技术发展的主动权,提升网络技术和产业的综合实力和竞争力。

第三,支持培养网络安全人才。要完善网络安全人才的培养、使用、激励机制,为网络安全事业发展提供有力人才支撑。

第四,建立健全网络安全保障体系。要加强网络信任体系建设,夯实网络安全基础,加强网络安全监管能力建设,强化网络安全监测预警和应急处置工作,构建完备有效的风险防范、监督管理、应急处置工作,构建完备有效的风险防范、监督管理、应急处置保障体系,提高全社会的网络安全保护能力。

此外,《网络安全法》第 33 条关于"三同步"的规定,也体现了网络安全与发展并重的原则,即建设关键信息基础设施应当确保其具有支持业务稳定、持续运行的性能,并保证安全技术措施同步规划、同步建设、同步使用。

三、维护网络空间主权原则

我国《国家安全法》首次规定了网络空间主权原则,《网络安全法》再次明确并细化了维护网络空间主权的原则。所谓网络空间主权,是指国家主权在网络空间的延续与发展。《联合国宪章》确立的主权平等原则是当代国际关系的基本准则,网络空间也应尊重主权原则。《网络安全法》是"和平共处五项原则"在国际网络空间的延续与发展,是国际法适用范围的自然延伸。[1] 具体包括四个方面:一是国内主权,即国家拥有对其领土范围内网络基础设施、网络活动与信息的管辖权;二是"依赖性主权",即国家拥有管理跨界网络活动的权力,这一权力通常需要依赖国家之间的合作来实现;三是独立权,即独立制定政策、自主处理国内外网络事务,不受他国干涉的权力;四是自卫权,即对他国的网络攻击有采取自卫措施的权力。[2]

我国《网络安全法》的一个鲜明特点就是以网络主权原则为主线,贯穿于维护中国网络空间安全及参与网络空间国际治理的全过程。[3] 第一,保护关键信息基础设施免受攻击、侵入、干扰和破坏,依法惩治网络违法犯罪活动,

---

[1] 参见王春晖:《〈网络安全法〉六大法律制度解析》,载《南京邮电大学学报(自然科学版)》2017年第 1 期。

[2] 参见杨合庆主编:《中华人民共和国网络安全法解读》,中国法制出版社 2017 年版,第 4 页。

[3] 参见王玫黎、曾磊:《中国网络安全立法的模式构建——以〈网络安全法〉为视角》,载《电子政务》2017 年第 9 期。

维护网络空间安全和秩序;第二,积极开展网络空间治理、网络技术研发和标准制定、打击网络违法犯罪等方面的国际交流与合作,推动构建和平、安全、开放、合作的网络空间,建立多边、民主、透明的网络治理体系;第三,关键信息基础设施的运营者在中华人民共和国境内运营中收集和产生的个人信息和重要数据应当在境内存储,因业务需要,确需向境外提供的,应当按照国家网信部门会同国务院有关部门制定的办法进行安全评估;第四,境外的机构、组织、个人从事攻击、侵入、干扰、破坏等危害中华人民共和国的关键信息基础设施的活动,造成严重后果的,依法追究法律责任。

四、网络安全的相关主体

我国《网络安全法》是关于网络安全的基本立法,从法律的体系安排和具体内容来看突出了全方位立体化的规定,全面规定了网络安全治理的相关利益主体,具体包括但不限于国家监管层面的网络管理者、企业层面的网络运营者、网络用户以及行业组织等。

(一)网络管理者(政府监管主体)

我国《网络安全法》规定了政府监管主体,具体包括国务院、中央军委、网信部门、电信主管部门、公安部门、关键信息基础设施安全保护工作部门、地方各级人民政府及其有关部门、政府工作人员等10余种,并特别明确了国家网信部门作为网络安全工作和相关监督管理工作的统筹协调部门的地位。网络安全的监督管理部门及其具体职责如下:

第一,国务院应当统筹规划,加大投入,扶持重点网络安全技术产业和项目,支持网络安全技术的研究开发和应用,推广安全可信的网络产品和服务,保护网络技术知识产权,支持企业、研究机构和高等学校等参与国家网络安全技术创新项目。

第二,国家网信部门负责统筹协调网络安全工作和相关监督管理工作。根据我国《网络安全法》的规定,国家网信部门的职责包括:制定、公布网络关键设备和网络安全专用产品目录(《网络安全法》第23条),限制使用在履行网络安全保护职责中获取的信息(《网络安全法》第30条),统筹协调对关键信息基础设施的安全保护(《网络安全法》第39条)。根据《关键信息基础设施安全保护条例》的规定,国家网信部门的职责包括:统筹协调有关部门建立网络安全信息共享机制,对关键信息基础设施进行网络安全检查检测,根据保护工作部门的需要及时提供技术支持和协助等。

第三,国务院电信主管部门、公安部门和其他有关机关在各自职责范围内负责网络安全保护和监督管理工作。国务院电信主管部门即工业和信息化部,主要承担互联网行业管理、信息通信领域网络与信息安全保障体系建设以及网络安全防护、应急管理和处置职责;公安部主要承担计算机信息系统安全保护、计算机病毒等防治管理、网络违法犯罪案件的查处等职责;其他有关机关的职责依照《网络安全法》和其他法律、行政法规的规定负责网络安全的保护和监督管理工作。①

第四,县级以上地方人民政府有关部门的网络安全保护和监督管理职责,按照国家有关规定确定。由于地方政府机构设置的特殊性和网络安全工作的复杂性,对于地方政府有关部门的网络安全职责未作具体规定,应当按照国家有关规定确定。

(二) 网络运营者

根据《网络安全法》的规定,网络运营者是指网络的所有者、管理者和网络服务提供者。在我国《网络安全法》制定前,更多使用的是网络服务提供者的概念,具体包括网络接入服务提供者(ISP)和网络内容服务提供者(ICP)两类。《网络安全法》把局域网和工业控制系统也规定到网络安全的规制范围,因此网络运营者的主体范围十分广泛,具体包括网络的所有者、管理者和网络服务提供者。我国《网络安全法》第 9 条规定了网络运营者的基本义务,即网络运营者开展经营和服务活动,必须遵守法律、行政法规,尊重社会公德,遵守商业道德,诚实信用,履行网络安全保护义务,接受政府和社会的监督,承担社会责任。网络运营者作为网络安全保护的第一责任主体,其具体义务分别规定在一般性网络运行安全、关键信息基础设施运行安全和网络信息安全三个板块中。

(三) 网络用户

随着数字信息技术对人们生产生活的渗透,网络已经成为公民、法人和其他组织生产生活的重要工具。不同于网络运营者的义务性设置,对于网络用户,我国《网络安全法》是从权利和义务两个方面加以规定。第一,在权利设置方面,国家保护公民、法人和其他组织依法使用网络的权利。具体体现

---

① 参见杨合庆主编:《中华人民共和国网络安全法解读》,中国法制出版社 2017 年版,第 22—23 页。

为促进网络接入普及、提升网络服务水平、保障网络信息依法有序自由流动。第二,在义务设定方面,一是明确规定个人和组织使用网络应当遵守宪法法律,遵守公共秩序,尊重社会公德;二是禁止个人和组织使用网络从事危害网络安全的活动,具体包括不得利用网络从事危害国家安全、荣誉和利益,煽动颠覆国家政权、推翻社会主义制度,煽动分裂国家、破坏国家统一,宣扬恐怖主义、极端主义,宣扬民族仇恨、民族歧视,传播暴力、淫秽色情信息,编造、传播虚假信息扰乱经济秩序和社会秩序,以及侵害他人名誉、隐私、知识产权和其他合法权益等活动。

国家应当加强对未成年人的网络保护,为未成年人提供安全、健康的网络环境。第一,鼓励研究开发有利于未成年人健康成长的网络产品和服务;第二,依法惩治利用网络从事危害未成年人身心健康的活动。

(四) 网络行业组织

网络行业组织旨在加强网络安全行业自律,提高网络安全保护水平,促进行业健康发展。行业组织不限于以促进网络安全为目的的专门组织,也包括按照组织章程负有网络安全自律管理职能的其他相关网络行业组织。

网络行业组织应当按照章程,加强行业自律。首先,建立健全本行业的网络安全保护规范。其次,指导会员加强网络安全保护。网络行业组织具有技术、管理、信息等优势,应当通过业务培训、技术支持等方式,指导会员采取有利于网络安全的技术措施和管理措施。最后,开展网络安全协作机制。加强对网络安全风险的分析评估,定期向会员进行风险警示,支持、协助会员应对网络安全风险。

此外,我国《网络安全法》还规定了研究机构、高等学校、检测认证机构、教育培训机构、大众传播媒介、社会公众等相关主体,真正将网络空间看作"人类命运共同体",同时也呈现出多元共治的思维。

第二节 一般性网络运行安全

我国《网络安全法》第三章规定了网络运行安全的内容。从网络运行安全的规范对象来看,网络运行安全可分为一般性网络运行安全和关键信息基础设施运行安全,前者的规范对象为普通信息基础设施,而后者的规范对象为国家关键信息基础设施。① 一般性网络运行安全也是关键信息基础设施运行安全的基础,即关键信息基础设施首先应当适用一般性网络运行安全规范,如网络安全等级保护制度、网络运营者的安全保护义务等规定,同时还要适用关键信息基础设施运行安全的特别规范。

一、网络安全等级保护制度

(一)网络安全等级保护制度的发展历程

1.信息系统安全等级保护阶段

我国早在1994年就规定了计算机信息系统的等级保护制度,如国务院发布的《计算机信息系统安全保护条例》第9条中明确规定,"计算机信息系统实行安全等级保护"。为了便于计算机信息系统安全等级保护制度的实施,1999年《计算机信息系统 安全保护等级划分准则》(GB 17859—1999)把计算机信息系统安全保护能力划分为五个等级,分别为用户自主保护级、系统审计保护级、安全标记保护级、结构化保护级和访问验证保护级。2003年《国家信息化领导小组关于加强信息安全保障工作的意见》(中办发[2003]27号)第2条明确规定了信息安全等级保护制度。2004年《关于信息安全等级保护工作的实施意见》(公通字[2004]66号)明确提出,逐步将信息安全等级保护制度落实到信息安全规划、建设、评估、运行维护等各个环节,使我国信息安全保障状况得到基本改善。2007年《信息安全等级保护管理办法》(公通字[2007]43号)规定了信息系统等级保护的责任主体、主管部门、定级规范、测评要求等内容。2008年至2012年我国相继发布了系列等级保护指导标准,至此信息系统安全等级保护体系初步形成。

2.网络安全等级保护阶段

随着2017年《网络安全法》的正式实施,网络安全等级保护取代了信息系统安全等级保护。2018年《网络安全等级保护条例(征求意见稿)》第6条明确规定,网络运营者应当依法开展网络定级备案、安全建设整改、等级测评和自查等工作,采取管理和技术措施,保障网络基础设施安全、网络运行安全、数据安全和信息安全,有效应对网络安全事件,防范网络违法犯罪活动。2019年至2020年,《信息安全技术 网络安全等级保护定级指南》(GB/

---

① 参见周洪波、岳向阳:《〈网络安全法〉与〈刑法〉衔接问题研究》,载《首都师范大学学报(社会科学版)》2018年第6期。

T22240-2020)、《信息安全技术 网络安全等级保护实施指南》(GB/T 25058-2019)、《信息安全技术 网络安全等级保护安全设计技术要求》(GB/T 25070-2019)、《信息安全技术 网络安全等级保护基本要求》(GB/T 22239-2019)、《信息安全技术 网络安全等级保护测评要求》(GB/T28448-2019)等国家标准相继发布,在信息系统安全等级保护的基础上,完善标准文件,形成网络安全等级保护体系。

(二)网络安全等级保护制度的具体内容

1. 网络安全等级的划分

《网络安全等级保护条例(征求意见稿)》第15条规定,根据网络在国家安全、经济建设、社会生活中的重要程度,以及其一旦遭到破坏、丧失功能或者数据被篡改、泄露、丢失、损毁后,对国家安全、社会秩序、公共利益以及相关公民、法人和其他组织的合法权益的危害程度等因素,网络分为五个安全保护等级。

(1)第一级:一旦受到破坏会对相关公民、法人和其他组织的合法权益造成损害,但不危害国家安全、社会秩序和公共利益的一般网络;

(2)第二级:一旦受到破坏会对相关公民、法人和其他组织的合法权益造成严重损害,或者对社会秩序和公共利益造成危害,但不危害国家安全的一般网络;

(3)第三级:一旦受到破坏会对相关公民、法人和其他组织的合法权益造成特别严重损害,或者会对社会秩序和社会公共利益造成严重危害,或者对国家安全造成危害的重要网络;

(4)第四级:一旦受到破坏会对社会秩序和公共利益造成特别严重危害,或者对国家安全造成严重危害的特别重要网络;

(5)第五级:一旦受到破坏后会对国家安全造成特别严重危害的极其重要网络。

2. 网络等级保护制度的具体工作内容

网络安全等级保护制度以突出重点、主动防御、综合防控为根本原则,对网络实施分等级保护、分等级监管,重点保护涉及国家安全、国计民生、社会公共利益的网络的基础设施安全、运行安全和数据安全。具体工作包括网络定级、定级备案、线上检测与等级测评、自查与测评和安全整改。

(1)网络定级。网络运营者应当在规划设计阶段确定网络的安全保护等级。当网络功能、服务范围、服务对象和处理的数据等发生重大变化时,网络运营者应当依法变更网络的安全保护等级。

(2)定级备案。对拟定为第二级以上的网络,其运营者应当组织专家评审;有行业主管部门的,应当在评审后报请主管部门核准。跨省或者全国统一联网运行的网络由行业主管部门统一拟定安全保护等级,统一组织定级评审。第二级以上网络运营者应当在网络的安全保护等级确定后10个工作日内,到县级以上公安机关备案。因网络撤销或变更调整安全保护等级的,应当在10个工作日内向原受理备案的公安机关办理备案撤销或变更手续。公安机关应当对网络运营者提交的备案材料进行审核。对定级准确、备案材料符合要求的,应在10个工作日内出具网络安全等级保护备案证明。

(3)线上检测与等级测评。新建的第二级网络上线运行前应当按照网络安全等级保护有关标准规范,对网络的安全性进行测试。新建的第三级以上网络上线运行前应当委托网络安全等级测评机构按照网络安全等级保护有关标准规范进行等级测评,通过等级测评后方可投入运行。

(4)自查与测评。网络运营者应当每年对本单位落实网络安全等级保护制度情况和网络安全状况至少开展一次自查,发现安全风险隐患及时整改,并向备案的公安机关报告。第三级以上网络的运营者应当委托网络安全等级测评机构,每年开展一次网络安全等级测评,发现并整改安全风险隐患,并每年将开展网络安全等级测评的工作情况及测评结果向备案的公安机关报告。

(5)安全整改。网络运营者应当对等级测评中发现的安全风险隐患,制定整改方案,落实整改措施,消除风险隐患。

二、网络运营者安全保障义务

网络运营者作为市场主体,也是网络运行安全的第一责任主体,是连接国家和用户的枢纽。网络运营者不仅具有技术优势,同时还具有一定的管理职能。

(一)技术层面的安全保障义务

技术层面的安全保障义务主要从网络信息系统基础设施的物理层面和应用层面进行规定,通过采取技术措施,在系统中部署软硬件并正确配置其安全功能来保障网络信息系统的物理安全、网络安全、主机安全、应用安全和数据安全。

1. 采取防范危害网络安全行为的技术措施

为防范计算机病毒和网络攻击、网络侵入等网络安全风险,网络运营者应当切实采取相应的技术措施,如安装病毒软件、网络身份认证系统、网络入侵检测系统、网络风险审计系统、网络自动报警系统等。

2. 采取监测、记录网络运行状态、网络安全事件的技术措施

网络运营者须配备相应的硬件和软件监测、记录网络运行状态、网络安全事件,按照规定留存相关网络日志,留存时间不少于六个月。

3. 采取数据分类分级、重要数据备份和加密等措施

数据分类分级就是根据数据的重要程度,对数据进行区分、归类,目的是区分出重要数据进行备份,并采取加密措施。我国《数据安全法》规定了数据分类分级保护制度,并确立了数据分级分类的标准和重要数据目录的制定。① 有学者指出,网络安全领域的数据分类不同于《数据安全法》中对数据分类分级的规定。② 2024年国务院出台《网络数据安全管理条例》,不仅确立了网络数据分类分级保护的基本原则,而且还专章规定了重要数据的安全保障制度③,就重要数据目录的制定、网络数据处理者的识别申报义务、重要数据处理者的安全保护责任、处理前的风险评估、风险评估报告、监管措施等内容进行具体规定,提升了网络数据分类分级的具体针对性和可操作性。

(二) 管理层面的安全保障义务

管理层面的安全保障义务是指网络运营者通过采取管理措施,控制各种角色的活动,保障系统建设和系统运维的安全运行。

---

① 《数据安全法》确立的数据分类分级的标准是根据数据在经济社会发展中的重要程度,以及一旦遭到篡改、破坏、泄露或者非法获取、非法利用,对国家安全、公共利益或者个人、组织合法权益造成的危害程度,对数据实行分类分级保护。同时,还确立由国家数据安全工作协调机制统筹协调有关部门制定重要数据目录。

② 参见洪延青:《国家安全视野中的数据分类分级保护》,载《中国法律评论》2021年第5期。该学者指出,首先,数据分类的主体不同,前者(网络安全保护法)是网络运营者,后者(数据安全保护法)是国家。其次,数据分类的目的不同,前者是为了识别出重要数据,防止网络数据泄露或者被窃取、篡改;后者是为了规范数据处理活动,保障数据安全,同时促进数据开发利用。

③ 根据《网络数据安全管理条例》的规定,所谓重要数据,是指特定领域、特定群体、特定区域或者达到一定精度和规模,一旦遭到篡改、破坏、泄露或者非法获取、非法利用,可能直接危害国家安全、经济运行、社会稳定、公共健康和安全的数据。

1. 制定内部安全管理制度和操作规程,确定网络安全负责人,落实网络安全保护责任

内部管理制度和操作章程是细化落实安全管理义务的规则要义。内部管理制度确定了网络安全管理组织架构、人员配备、行为规范、管理责任等内容。操作规程应当全面覆盖整个网络信息系统的运行环节,明确规定有关人员在操作设备或办理业务时应当遵守的程序或者步骤,保障全流程各环节都有具体的责任人。网络运营者应当根据不同保护等级设置安全管理机构、安全管理人员、安全主管、安全管理负责人等,并明确相关机构和人员的职责。

2. 保障网络用户身份真实的义务

"网络空间不是法外之地",为了保护网络安全,创造可信、安全的网络环境,我国实行网络可信身份战略。例如,我国早在 2012 年就在《关于加强网络信息保护的规定》中确立了网络身份管理制度。根据《网络安全法》第 24 条之规定,网络运营者为用户办理网络接入、域名注册服务,办理固定电话、移动电话等入网手续,或者为用户提供信息发布、即时通讯等服务,在与用户签订协议或者确认提供服务时,应当要求用户提供真实身份信息。用户不提供真实身份信息的,网络运营者不得为其提供相关服务。

3. 采取网络安全事件应急处置措施

第一,制定应急预案。网络运营者应当制定网络安全事件应急预案,及时处置系统漏洞、计算机病毒、网络攻击、网络侵入等安全风险。第二,采取应急处置措施。在发生危害网络安全的事件时,网络运营者应当立即启动应急预案,根据应急预案采取相应的补救措施,分析、确定事件原因,提出防止危害扩大及恢复网络正常功能的措施。同时,应当按照规定向有关主管部门报告,防止危害的进一步扩大。

4. 合规开展网络安全服务活动

随着网络安全服务活动的快速发展,网络产品和服务的安全保护水平得到了大幅度提升,同时也衍生出一些突出问题,如有的机构能力不足、服务不规范、滥用专业技术谋取非法利益等。因此,有必要加强开展网络安全服务活动的规范性,即开展网络安全认证、检测、风险评估等活动,向社会发布系统漏洞、计算机病毒、网络攻击、网络侵入等网络安全信息,应当遵守国家有关规定。

5. 提供技术支持和协助

根据《国家安全法》《刑事诉讼法》等相关法律的规定,任何公民和组织对有关机关维护国家安全和侦查犯罪的活动都有提供支持和协助的义务,网络安全法规定的网络运营者的此项义务正是此中要义。首先网络运营者提供技术支持和协助的前提是为维护国家安全和侦查犯罪的活动,其次公安机关、国家安全机关必须按照规定的权限和程序行使相关权力。

6. 禁止实施危害网络安全的行为

任何个人和组织都不得从事危害网络安全的活动。第一,不得从事非法侵入他人网络、干扰他人网络正常功能、窃取网络数据等危害网络安全的活动。第二,不得提供专门用于从事侵入网络、干扰网络正常功能及防护措施、窃取数据等危害网络安全活动的程序、工具。[①] 第三,不得为他人从事危害网络安全的活动提供技术支持、广告推广、支付结算等帮助。

三、网络产品和服务提供者安全保障义务

网络产品和服务是网络系统的组成部分,是指作为网络组成部分以及维持网络功能的设备、软件和服务。[②] 网络产品和服务的安全是网络系统安全、稳定运行的前提。因此,网络产品和服务应当符合相关国家标准的强制性要求,这也是对网络安全等级保护制度的细化和落实。具体如下:

第一,网络产品、服务应当符合相关国家标准的强制性要求。网络安全标准是国家网络安全保障体系的重要组成部分,要保障网络运行安全,首要的就是要保障网络产品和服务的安全。网络产品和服务可分为两种类型,一是网络关键设备和网络安全专用产品,二是除网络关键设备和网络安全专用产品以外的网络产品、服务。对于第一种类型的网络产品、服务,应当按照相关国家标准的强制性要求,由具备资格的机构安全认证合格或者安全检测符合要求后,方可销售或者提供。国家网信部门会同国务院有关部门制定、公布网络关键设备和网络安全专用产品目录,并推动安全认证和安全检测结果

---

① 根据《最高人民法院、最高人民检察院关于办理危害计算机信息系统安全刑事案件应用法律若干问题的解释》第 2 条的规定,这些专门程序、工具包括三种类型:一是具有避开或者突破计算机信息系统安全保护措施,未经授权或者超越授权,获取计算机信息系统数据的功能;二是具有避开或者突破计算机信息系统安全保护措施,未经授权或者超越授权对计算机信息系统实施控制的功能;三是其他专门设计用于侵入、非法控制计算机信息系统、非法获取计算机信息系统数据。

② 参见杨合庆主编:《中华人民共和国网络安全法解读》,中国法制出版社 2017 年版,第 52 页。

互认,避免重复认证、检测。对于第二种类型的网络产品、服务,应当符合相关国家标准的强制性要求,无认证检测的前置要求。

第二,不得设置恶意程序。恶意程序意在实施网络攻击、干扰网络正常使用、窃取网络数据等行为。设置恶意程序,将对网络安全或者他人合法权益带来严重损害,必须加以禁止。

第三,及时告知和报告的义务。网络产品和服务的提供者在发现其网络产品、服务存在安全缺陷、漏洞等风险时,应当立即采取补救措施,按照规定及时告知用户并向有关主管部门报告。此项规定意在维护用户的合法权益,防止风险的进一步扩大或者避免损害发生。

第四,安全维护义务。为了保障网络运行安全的稳定性、可靠性,网络产品和服务需要经常性的维护。由于网络产品、服务的技术复杂性特点和提供维护成本的考量,网络产品、服务的提供者应当为其产品、服务持续提供安全维护;在规定或者当事人约定的期限内,不得终止提供安全维护。这条规定也同我国《消费者权益保护法》规定的经营者维护产品和服务质量性能的义务一脉相承,即经营者应当保证在正常使用商品或者接受服务的情况下其提供的商品或者服务应当具有的质量、性能、用途和有效期限。

第五,保护用户信息义务。网络产品、服务具有收集用户信息的功能,实践中滥用信息收集功能、侵害用户个人合法权益的事件频发。为保护用户信息,规范信息的收集行为,网络产品和服务的提供者应当向用户明示并取得同意后,方可收集用户信息;涉及用户个人信息的,还应当遵守有关法律、行政法规关于个人信息保护的规定。有关法律、行政法规包括但不限于《个人信息保护法》和《网络数据安全管理条例》。2024年《网络数据安全管理条例》在《个人信息保护法》的基础上专章规定了个人信息保护的具体规则和程序,如告知的方式、个人信息处理规则的内容、收集个人信息的限度、单独同意的情形等内容。

四、网络安全风险的合作机制

(一) 网络运营者之间的合作机制

互联互通的网络必然导致数据的大规模流动,也因此造成了网络安全风险的多元化和分散化。网络运营者之间只有加强合作,才能提高安全保障能力,有效应对网络安全风险。首先,加强技术合作。网络运营者可以在防范计算机病毒、网络攻击等方面开展合作，相互配合，针对计算机病毒等共同研究提出技术解决方案，也可以合作研究防范网络风险的新技术。其次，加强管理合作。网络运营者可以在安全风险防控、应急处置管理等方面相互交流，共同完善各自的网络安全风险防控和应对管理制度。最后，加强信息合作。网络运营者可以在网络风险信息收集、通报等方面加强合作，实现网络相关信息的共享，共同防范和处置网络安全事件。

（二）行业组织的协作机制

行业组织旨在代表和维护本行业的共同利益，推动行业健康发展和提升行业声誉。我国《网络安全法》把行业组织纳入网络安全治理的组织体系之中，充分发挥行业自治功能，建立健全本行业的网络安全协作机制，提升网络安全保障能力。具体而言，第一，制定规则，建立机制。有关行业组织应当制定本行业的网络安全保护规范，建立健全网络安全协作机制，为加强本行业协作提供制度和机制保护。第二，评估风险，提供协助。有关行业组织应当加强网络安全风险分析评估，为本组织会员掌握风险、提前应对提供协助。第三，定期示警，及早防范。有关行业组织在进行网络安全风险分析评估的基础上，可以定期向会员发出风险警示，及早防范网络安全事件的发生。第四，多元支持，有效应对。有关行业组织应当为会员提供人才、技术和信息等方面的支持，帮助会员有效应对网络安全风险。

第三节 关键信息基础设施运行安全

一、关键信息基础设施的概念和范围

近年来，世界范围内针对关键信息基础设施的网络攻击事件频发，给国家安全、公共安全、经济安全、公众健康、民生福祉等造成不可估量的危害后果。关键信息基础设施的保护是国家主权的范畴[1]，我国《网络安全法》专节规定了关键信息基础设施的运行安全，并且还于2021年出台了《关键信息基础设施安全保护条例》。

---

[1] 参见王春晖:《〈网络安全法〉六大法律制度解析》，载《南京邮电大学学报（自然科学版）》2017年第1期。

（一）关键信息基础设施的界定

我国在 2015 年 7 月公布的《网络安全法（草案）》中，以列举的方式界定关键信息基础设施的概念，即"（1）基础信息网络，如公共通信、广播电视传输等服务所依赖的网络；（2）重要行业使用的网络系统，如能源、交通、水利、金融等；（3）公共服务领域的网络系统，如供电、供水、供气、医疗卫生、社会保障等；（4）党政军机关使用的网络系统；（5）涉及大量用户的网络服务提供者的网络和系统"①。该定义只是对关键信息基础设施的范围进行了界定。随后出台的《网络安全法》虽然并没有规定关键信息基础设施的概念，但是明晰了关键信息基础设施的重要行业和领域范围，并增加了概括规定，同时规定关键信息基础设施的具体范围和安全保护办法由国务院制定。《关键信息基础设施安全保护条例》第 2 条明确规定了关键信息基础设施的概念，即关键信息基础设施是指公共通信和信息服务、能源、交通、水利、金融、公共服务、电子政务、国防科技工业等重要行业和领域的，以及其他一旦遭到破坏、丧失功能或者数据泄露，可能严重危害国家安全、国计民生、公共利益的重要网络设施、信息系统等。该定义实际上沿袭了《网络安全法》的做法，采取"列举＋概括"的方式。

域外关于关键信息基础设施的界定，也大多采取内涵界定和外延列举的方式。美国采取了内涵概括界定的方式，如《爱国者法》的相关规定，同时在确定关键基础设施部门的基础上实施关键基础设施清单制模式。欧盟采取"概括＋列举"的方式界定关键信息基础设施，如《反恐怖主义中的关键基础设施保护通讯》的相关规定。德国采取内涵概括的模式予以界定，具体范围由联邦内政部制定法律条例进行确定。日本概括界定关键信息基础设施，同时动态确定关键领域的范围。所不同的是，关键信息基础设施一般从不可或缺性、影响广泛和严重性、威胁结构性、保护整体性四个方面加以识别。②

不同于一般的网络基础设施，关键信息基础设施具有公共属性，因为"国家安全、国计民生和公共利益"是确定关键信息基础设施的基础和标准。所谓"国家安全"，是指国家政权、主权、统一和领土完整、人民福祉、经济社会可持续发展和国家其他重大利益相对处于没有危险和不受内外威胁的状态，以

---

① 崔聪聪：《网络关键信息基础设施范围研究》，载《东北师大学报（哲学社会科学版）》2017 年第 4 期。

② 参见陈越峰：《关键信息基础设施保护的合作治理》，载《法学研究》2018 年第 6 期。

及保障持续安全状态的能力。"国计民生"是指关键基础设施所具有的功能和提供的服务,对于一个国家的正常运转是最基本的、必要的,对社会公众而言是不可或缺的产品或服务,如供水、供电以及公共通信等。① 关于公共利益,有学者主张应当采用限缩解释的方法,公共利益应当解释为"公共安全"。关键基础设施的这三项识别标准也是其公共属性的明证,因此应强调其"不可或缺性、影响广泛和严重性、威胁结构性、保护整体性"等特征,即"一旦遭到破坏、丧失功能或无法持续安全运营,可能对国家安全、国计民生、公共利益造成广泛影响或严重损害的网络设施和信息系统"②。

(二)关键信息基础设施运行安全的基本原则

1. 综合协调、分工负责、依法保护的原则

综合协调、分工负责、依法保护的原则主要针对关键信息基础设施保护的监管体制而言。基于关键信息基础设施的公共属性特征,关键信息基础设施的保护就成为网络时代行政的重要任务,在一定程度上弥补因"私主体投入预算不足"和"搭便车"效应而带来的集体行动困境。我国《关键信息基础设施安全保护条例》确立了综合协调、分工负责、依法保护的原则。第一,在国家网信部门统筹协调下,国务院公安部门负责指导监督关键信息基础设施安全保护工作。国务院电信主管部门和其他有关部门依照本条例和有关法律、行政法规的规定,在各自职责范围内负责关键信息基础设施安全保护和监督管理工作。省级人民政府有关部门依据各自职责对关键信息基础设施实施安全保护和监督管理。第二,强化和落实关键信息基础设施运营者(以下简称运营者)主体责任。第三,充分发挥政府及社会各方面的作用,共同保护关键信息基础设施安全。从上述规定可知,关键信息基础设施的安全保护在权利义务配置上,已经有全社会参与多元治理的倾向,但同时考虑到关键基础设施安全保护的公共属性,行政职能应当承担更多责任。因此,在实践中,应树立全过程风险治理的理念,通过权利义务配置优化政府、企业和个人之间的信息共享和合作治理,共同保护关键信息基础设施的安全。

---

① 参见崔聪聪:《网络关键信息基础设施范围研究》,载《东北师大学报(哲学社会科学版)》2017年第4期。

② 陈越峰:《关键信息基础设施保护的合作治理》,载《法学研究》2018年第6期。

2. 重点保护的原则

关键信息基础设施属于国家主权范畴,一旦遭到破坏就会危害到国家安全、国计民生、公共利益等,根据网络安全等级保护的精神,应当对关键信息基础设施进行重点保护。首先,《网络安全法》以专节的篇幅规定了关键信息基础设施的安全保护,并且还出台了《关键信息基础设施安全保护条例》进行细化落实。其次,将关键信息基础设施的保护提升到国家主权范畴,突出其公共属性,强调国家行政监管的责任和关键信息基础设施运营者的特殊主体责任,同时鼓励关键信息基础设施以外的网络运营者自愿参与关键信息基础设施保护体系。最后,《信息安全技术 关键信息基础设施安全保护要求》对重点保护原则进行了细化:一是以关键业务为核心的整体防控。关键信息基础设施安全保护以保护关键业务为目标,对业务所涉及的一个或多个网络和信息系统进行体系化安全设计,构建整体安全防控体系。二是以风险管理为导向的动态防护。根据关键信息基础设施所面临的安全威胁态势进行持续监测和安全控制措施的动态调整,形成动态的安全防护机制,及时有效地防范应对安全风险。三是以信息共享为基础的协同联防。积极构建相关方广泛参与的信息共享、协同联动的共同防护机制,提升关键信息基础设施应对大规模网络攻击能力。

二、关键信息基础设施的认定机制

我国《关键信息基础设施安全保护条例》对关键信息基础设施进行了界定,采取了"列举+概括"的模式。但是,关键信息基础设施的范围并不能因此确定,其具体范围和安全保护办法由国务院制定。2021年国务院出台《关键信息基础设施安全保护条例》,设专章规定了关键信息基础设施的认定机制。

(一) 认定主体

关键信息基础设施的认定主体为关键信息基础设施保护工作部门(以下简称保护工作部门),具体包括所在重要行业和领域的主管部门和监督管理部门。保护工作部门根据认定规则负责组织认定本行业、本领域的关键信息基础设施,及时将认定结果通知运营者,并通报国务院公安部门。

(二) 认定规则

关键信息基础设施的认定规则由所在保护工作部门结合本行业、本领域实际予以制定,并报国务院公安部门备案。认定规则主要考虑三个要素:第一,网络设施、信息系统等对于本行业、本领域关键核心业务的重要程度;第二,网络设施、信息系统等一旦遭到破坏、丧失功能或者数据泄露可能带来的危害程度;第三,对其他行业和领域的关联性影响。

(三)重新认定

重新认定主要适用于关键信息基础设施发生较大变化,可能影响其认定结果的情形。运营者应当及时将相关情况报告保护工作部门。保护工作部门自收到报告之日起3个月内完成重新认定,将认定结果通知运营者,并通报国务院公安部门。

三、国家主体的监督管理责任

国家对关键信息基础设施实行重点保护,主要从国家主体和关键信息基础设施运营者两个层面加以规定,同时鼓励关键信息基础设施以外的网络运营者自愿参与关键信息基础设施保护体系。从《网络安全法》的责任规定内容来看,国家主体主要倾向于监督管理方面。

首先,国务院制定关键信息基础设施的具体范围和安全办法。关键信息基础设施的具体范围是关键信息基础设施安全保护的前提,涉及国家主权和国家安全。通观国外关于关键信息基础设施的概念界定和具体范围,发现概念界定具有相对的稳定性,即"不可或缺性、影响广泛和严重性、威胁结构性、保护整体性"等特征,但外延范围却是动态调整的。我国《网络安全法》将关键信息基础设施的具体范围和保护方法授予国务院进行规定。

其次,负责关键信息基础设施安全保护工作的部门分别编制并组织实施本行业、本领域的关键信息基础设施安全规划,指导和监督关键信息基础设施运行安全保护工作。这项职责是关于关键信息基础设施安全保护工作部门的职责的规定。关键信息基础设施涵盖的范围十分广泛,不同行业和领域的关键信息基础设施的功能业务、安全风险、监管要求、防护重点等方面都各不相同。这条规定旨在充分发挥各有关主管部门的作用,确立部门分工负责的监管体制。

再次,国家网信部门应当统筹协调有关部门,建立统筹协作机制。统筹协作是关键信息基础设施安全保护制度的核心。其他国家也都有此种做法,如美国建立了由国土安全部牵头负责统筹协调工作机制,德国赋予内政部下属的联邦信息技术安全局统筹协作职能,日本由内阁下设的网络安全战略本部承担此项职责。根据我国《网络安全法》第 39 条的规定,共有以下四项措施:

第一,对关键信息基础设施的安全风险进行抽查检测。抽查检测可以确定有关部门进行,必要时可以委托网络安全服务机构进行,目的是了解、掌握关键信息基础设施存在的网络风险以及运营者履行安全保护义务的情况,并提出改进措施,监督、指导运营者不断改进关键信息基础设施保护工作。

第二,定期组织关键信息基础设施的运营者进行网络安全应急演练。此项措施可以检验政府部门及运营者之间应急处置指挥的有效性、信息传递的及时性、处置行动的一致性以及预案的科学性,从而提高应对网络安全事件的水平和协同配合能力。

第三,促进有关部门、关键信息基础设施的运营者以及有关研究机构、网络安全服务机构等之间的网络安全信息共享。由于网络的分布性特点,关键信息基础设施面临网络安全风险易攻难守的特点,建构各主体间的网络安全信息共享机制具有诸多优势。一是有关部门可以不断增强网络安全风险和威胁的感知能力;二是关键信息基础设施的运营者之间可以相互分享借鉴网络安全保护的经验;三是有关研究机构、网络安全服务机构等主体也可以通过信息共享机制,提升本机构的研究和服务水平。

第四,对网络安全事件的应急处置与网络功能恢复提供技术支持和协助。该机制旨在通过提供技术支持和协助,集中技术优势,提高网络安全事件应对处置的及时性和有效性,防止损害的进一步扩大,尽快恢复关键信息基础设施的网络功能。

最后,监督管理部门及其工作人员的保密义务。根据《网络安全法》第 45 条的规定,依法负有网络安全监督管理职责的部门及其工作人员,必须对在履行职责中知悉的个人信息、隐私和商业秘密严格保密,不得泄露、出售或者非法向他人提供。

四、关键信息基础设施运营者的责任义务

根据等级安全保护制度的规定,国家对关键信息基础设施实行重点保护,体现在关键信息基础设施运营者的安全保护义务的设定上,应当在履行

《网络安全法》第21条规定的一般性网络运行安全义务的基础上[①],遵守专门针对关键信息基础设施运营者设定的特殊义务。

(一)网络安全保护义务

《网络安全法》第34条专门设定了关键信息基础设施的运营者应当履行的安全保护义务:一是设置专门安全管理机构和安全管理负责人,并对该负责人和关键岗位的人员进行安全背景审查;二是定期对从业人员进行网络安全教育、技术培训和技能考核;三是对重要系统和数据库进行容灾备份;四是制定网络安全事件应急预案,并定期进行演练;五是法律、行政法规规定的其他义务。

专门安全管理机构具体负责本单位的关键信息基础设施安全保护工作,《关键信息基础设施安全保护条例》第15条具体规定了专门安全管理机构的职责:一是建立健全网络安全管理、评价考核制度,拟订关键信息基础设施安全保护计划;二是组织推动网络安全防护能力建设,开展网络安全监测、检测和风险评估;三是按照国家及行业网络安全事件应急预案,制定本单位应急预案,定期开展应急演练,处置网络安全事件;四是认定网络安全关键岗位,组织开展网络安全工作考核,提出奖励和惩处建议;五是组织网络安全教育、培训;六是履行个人信息和数据安全保护责任,建立健全个人信息和数据安全保护制度;七是对关键信息基础设施设计、建设、运行、维护等服务实施安全管理;八是按照规定报告网络安全事件和重要事项。

根据《网络安全法》和《关键信息基础设施安全保护条例》的相关规定,共有三种情形需要履行报告义务。第一,对于重大网络安全事件或重大网络安全威胁,运营者应当按照有关规定向保护工作部门、公安机关报告。第二,对于特别重大网络安全事件或者特别重大网络安全威胁,保护工作部门应当在收到报告后,及时向国家网信部门、国务院公安部门报告。所谓特别重大安全事件,是指发生关键信息基础设施整体中断运行或者主要功能故障、国家基础信息以及其他重要数据泄露、较大规模个人信息泄露、造成较大经济损失、违法信息较大范围传播等。第三,对于运营者发生合并、分立、解散等情

---

① 《网络安全法》第21条规定的普通安全义务包括:第一,制定内部安全管理制度和操作规程,确定网络安全负责人,落实网络安全保护责任;第二,采取防范计算机病毒和网络攻击、网络侵入等危害网络安全行为的技术措施;第三,采取监测、记录网络运行状态、网络安全事件的技术措施,并按照规定留存相关的网络日志不少于六个月;第四,采取数据分类、重要数据备份和加密等措施;第五,法律、行政法规规定的其他义务。

况,应当及时报告保护工作部门,并按照保护工作部门的要求对关键信息基础设施进行处置,确保安全。

为保障安全义务的履行,我国《网络安全法》在法律责任一章中对关键信息基础设施的运营者不履行该法第 33 条、第 34 条、第 36 条和第 38 条规定的网络安全保护义务的,由有关主管部门责令改正,给予警告;拒不改正或者导致危害网络安全等后果的,处十万元以上一百万元以下罚款,对直接负责的主管人员处一万元以上十万元以下罚款。

(二) 网络安全审查义务

我国《网络安全法》确定了关键信息基础设施运营者采购网络产品和服务的网络安全审查义务。第一,网络安全审查的对象是关键信息基础设施运营者采购的影响或者可能影响国家安全的网络产品和服务;第二,网络安全审查的部门是网络安全审查办公室和网络安全审查工作机制成员单位;第三,网络安全审查的启动方式,由关键信息基础设施运营者向网络安全审查办公室申报网络安全审查;第四,网络产品和服务的提供者配合网络安全审查的义务。

为保障网络安全审查义务的行使,《网络安全法》规定了相应的法律责任。对于使用未经安全审查或者安全审查未通过的网络产品或者服务的,由有关部门责令停止使用,处采购金额一倍以上十倍以下罚款;对直接负责的主管人员和其他直接责任人员,处一万元以上十万元以下罚款。

(三) 重要数据境内储存和出境评估义务

我国《网络安全法》第 37 条规定了关键信息基础设施的运营者的数据境内储存义务和重要数据出境评估义务,其实质是主权国家合法限制本国数据向境外流动。关键信息基础设施的数据安全涉及国家安全,与个人隐私和自由紧密相关。关键信息基础设施重要数据的储存、利用、控制和管辖是国家主权框架下"数据主权"的行使,其基本的规则是任何本国或者外国公司在采集和存储与个人信息和关键领域相关数据时,必须使用主权国家境内的服务器。①

为了进一步优化数据跨境流动机制,2024 年《网络数据安全管理条例》在总结《数据出境安全评估办法》《个人信息出境标准合同办法》《促进和规范数

---

① 参见王春晖:《〈网络安全法〉六大法律制度解析》,载《南京邮电大学学报(自然科学版)》2017 年第 1 期。

据跨境流动规定》等部门规章的制定实施经验的基础上,专章规定了网络数据跨境安全管理制度。第一,明确规定国家网信部门负责统筹协调有关部门建立国家数据出境安全管理专项工作机制,研究制定国家网络数据出境安全管理相关政策,协调处理网络数据出境安全重大事项。第二,规定网络数据处理者可以向境外提供个人信息的条件。第三,明确重要数据的跨境提供,才需要申报数据出境安全评估。第四,明确网络数据处理者通过数据出境安全评估后向境外提供个人信息和重要数据的具体要求,即不得超出评估时明确的数据出境目的、方式、范围和种类、规模等。此外,《网络数据安全管理条例》还规定国家应当采取措施,防范、处置网络数据跨境安全风险和威胁。

典型案例

2021年10月,美国政府对佐治亚理工学院(Georgia Tech)及其附属公司佐治亚理工学院研究公司(GTRC)提起诉讼,指控佐治亚理工学院的计算机安全组织 Astrovalos Lab 存在大量严重的网络安全违规行为。第一,Astrovalos Lab 至少在2020年2月之前未能按照国防部法规的要求制定和实施系统安全计划;第二,直到2021年12月,Astrovalos Lab 未能在其台式机、笔记本电脑、服务器和网络上安装、更新或运行防病毒或反恶意软件工具;第三,佐治亚理工学院批准了该实验室拒绝安装防病毒软件以满足该实验室负责人的教授的要求;第四,2020年12月,佐治亚理工学院和 GTRC 向国防部提交了佐治亚理工学院校园的虚假网络安全评估分数。针对美国司法部的这些指控,佐治亚理工学院在一份声明中表示失望,并誓言将在法庭上"强烈反驳"这些指控。

2022年11月,根据 CyberSheath 委托进行的研究发现,87%的美国国防承包商未能满足基本的网络安全法规要求。

问题与思考

1. 如何理解网络安全与信息化发展并重的原则?
2. 如何理解网络运行安全治理的法治面向?
3. 如何理解关键信息基础设施的重点保护制度?

 **延伸阅读**

1. 〔英〕约翰·帕克:《全民监控——大数据时代的安全与隐私困境》,关立深译,金城出版社2015年版。

2. 〔美〕弥尔顿·L.穆勒:《网络与国家——互联网治理的全球政治学》,周程等译,上海交通大学出版社2015年版。

3. 〔美〕劳伦斯·莱斯格:《代码2.0:网络空间中的法律(修订版)》,李旭、沈伟伟译,清华大学出版社2018年版。

4. 〔澳〕狄波拉·勒普顿:《数字社会学》,王明玉译,上海人民出版社2022年版。

5. 〔英〕克里斯托弗·米勒德编著:《云计算法律》,陈媛媛译,法律出版社2019年版。

6. 马长山:《迈向数字社会的法律》,法律出版社2021年版。

第八章 网络信息安全

法律故事

进入互联网时代后,网络信息泄露事件频发,不仅威胁到个人隐私安全,也对企业的商业机密保护和社会信任提升构成了严峻挑战。这些事件不仅揭示了网络信息安全的脆弱性,也促使全球各国加强了对网络信息安全的重视与投入。

2014年,索尼影视娱乐公司的网站遭遇了黑客的猛烈攻击,导致网站瘫痪,大量个人隐私及公司敏感信息被泄露至互联网。其中,四部未上映的索尼电影也被迫提前曝光,给公司带来了巨大的经济损失和声誉损害。据索尼估计,为调查和补救此次攻击,公司耗费了约3500万美元,并面临着来自约43.7万名个人信息被泄露用户的集体诉讼。

2015年,另一起网络安全事件再次震撼全球。以"已婚人士偷情"为主题的网站Ashley Madison,尽管标榜自己在隐私和安全技术上有所投入,却仍未能逃脱黑客的攻击。此次事件中,超过3700万名已婚用户的个人信息被泄露,网站拥有者Avid Life Media在事后的声明中无奈承认:"在当今世界,没有企业能够说他的在线资产是绝对安全的。"这一事件再次凸显了网络信息安全的复杂性和挑战性。

近年来,随着网络技术的飞速发展,网络信息安全问题日益凸显。我国也对此给予高度重视,并采取了一系列措施来加强网络安全保护。以"滴滴出行"为例,2021年7月2日,我国网络安全审查办公室对该企业启动了网络安全审查。经查明,滴滴公司存在违法收集用户手机相册中的截图信息1196.39万条;过度收集用户剪切板信息、应用列表信息83.23亿条;过度收集乘客人脸识别信息1.07亿条、年龄段信息5350.92万条、职业信息1633.56万条、亲情关系信息138.29万条、"家"和"公司"打车地址信息1.53亿条;过度收集乘客评价代驾服务时、App后台运行时、手机连接监视记录仪设备时的精准位置(经纬度)信息1.67亿条;过度收集司机学历信息14.29万条,以明文形式存储司机身份证号信息5780.26万条;在未明确告知乘客情况下分析乘客出行意图信息539.76亿条、常驻城市信息15.38亿条、异地商务/异地旅游信息3.04亿条等众多危害国家网络信息安全的违法事实,被处80.26亿元罚款。①

在网络安全领域,我国形成了以《网络安全法》《数据安全法》《个人信息保护法》《网络数据安全管理条例》为代表,并辅以相关配套实施规定的法律制度框架。在上述框架下的网络安全以网络系统运行为基础,以网络信息安全为目标。本章围绕网络信息安全的理论范式、基本要求、制度保障、实现机制四个方面展开,厘清网络信息安全的基本概念,明确网络信息安全的基本要求,梳理网络信息安全的规范保障,构建网络信息安全的实现机制。

第一节 网络信息安全的理论范式

关于网络信息安全的界定在学界尚无定论,并存在一定程度的表述混用现象。② 本章将网络信息安全划分为网络数据安全与网络内容安全,主要介绍网络信息安全的理论范式,对网络信息安全做初步介绍。

一、网络信息安全的界定

网络信息安全是指以网络信息系统安全为前提,保证网络系统中的网络信息的完整性、保密性、可用性。③ 依据《网络安全法》附则第76条,网络安全是指通过采取必要措施,防范对网络的攻击、侵入、干扰、破坏和非法使用以及意外事故,使网络处于稳定可靠运行的状态,以及保障网络数据的完整性、保密性、可用性的能力。该界定的前半段指向网络运行安全,后半段则是网络信息安全。作为网络安全的重要内容,网络信息安全与网络运行安全,共同保证了网络安全。网络运行安全是网络信息安全的前提与基础,而网络信

---

① 参见《国家互联网信息办公室有关负责人就对滴滴全球股份有限公司依法作出网络安全审查相关行政处罚的决定答记者问》,https://mp.weixin.qq.com/s/6v-BVICScq1loDmdx7x9ww,2024年8月24日访问。

② 参见王世伟等:《再论信息安全、网络安全、网络空间安全》,载《中国图书馆学报》2016年第2期。

③ 参见田文英、符秋艳:《论网络信息安全法的调整对象》,载《情报杂志》2005年第4期。

息安全是网络运行安全的根本目的。

网络信息安全的相关规范散见于《网络安全法》第四章以及《数据安全法》《个人信息保护法》等,相较于其他国家相关领域立法对于网络信息安全的规定,我国没有采用广义的网络信息安全概念,而侧重于个人信息保护,主要原因在于个人信息安全监管在相关领域中发展较快并且立法上容易平衡个人人格利益与个人信息经济价值。[①] 三者之间,《网络安全法》第四章就网络信息安全做出提纲挈领性的规定,《数据安全法》与《个人信息保护法》又对《网络安全法》第四章做出了形式上的扩张,且两部法律各有侧重。而《网络数据安全管理条例》第1条便开宗明义,"根据《中华人民共和国网络安全法》、《中华人民共和国数据安全法》、《中华人民共和国个人信息保护法》等法律,制定本条例",从侧面肯定了上述法律于网络信息安全领域立法的重要根基地位。

网络信息安全可以进一步分为强调形式的网络数据安全和关注实质的网络内容安全。其中,网络数据安全主要指向网络信息在网络系统中进行客观自由流通的程序性保护;网络内容安全也称网络信息内容安全,是对于网络系统当中网络信息的主观内容传达的实质性保护。保护网络信息安全,即意味着要同时实现网络数据安全与网络内容安全。

网络数据安全与网络内容安全属于网络信息安全的下位概念,同网络信息安全与网络运行安全在概念位阶上有所区别。网络数据安全是网络内容安全的前提,而网络内容安全是网络数据安全的根本目标,两者相辅相成,共同保证了网络信息安全。网络信息安全要求网络内容的完整与正确传播,其有赖于网络系统下数据载体自身的安全状态,数据的毁损、修改都会导致网络内容的失真,这是由网络信息的传输载体以及网络技术所决定的。因此,网络数据安全是网络信息安全的根本前提,也是网络信息安全的客观要求。而网络数据安全与网络信息安全不单单具有客观层面的安全要求,还涉及主观层面的内容安全要求,网络数据之所以纳入法律保护框架,也是因为其是对于内容的记载,而内容则承载了人格利益、商业利益或者国家安全等利益。[②] 网络内容安全应运而生,网络内容安全是指对互联网信息进行内容层

---

① 参见姜伟、龙卫球主编:《数字法学原理》,人民法院出版社2023年版,第91页。
② 参见贾章范:《大数据时代背景下数据的法律内涵与基本特征——兼评数据与信息等相关概念的关系》,载《数字法治评论》2023年第1期。

面的监控,并贯穿于网络信息全周期,着力于网络内容生态符合人性。[1] 人与社会中的信息内容是一个双向构建的过程,网络信息社会中的人由过往的信息内容塑造并受其影响,而人通过产生新的社会信息内容进行反哺。但是,在互联网强大的覆盖效应下,人只能通过网络来认识社会、接收信息,不再具备改造社会、创造信息的能力,人开始依附于网络,使得原先的双向构建关系产生了倾斜[2],网络中的信息内容直接决定了人的塑造过程。正是基于这样的倾斜结构,网络内容安全务必对网络进行价值塑造,净化网络空间。

二、网络信息安全的特征

网络信息安全具有区别于传统信息安全的特征,这是由于网络信息安全受网络信息技术构建的网络空间所影响。网络信息安全的特征主要表现为综合性、动态性、跨域性、多元开放性。[3]

1. 综合性

网络信息在内容、主体、传输上的综合化倾向,要求网络信息安全的保护朝综合性保护的方向发展。在内容上,网络技术领域全覆盖的现今,网络上流通的信息覆盖面愈发广泛,不仅包括个人职务等身份信息,笔迹、声纹等生物识别信息,同时涉及金融信息、产品信息等。在主体上,网络信息承载了政府、企业、个人等不同主体的权益。其中,个人信息主要承载了自然人的人身权益,企业信息则承载着企业的财产权益。在传输层面,网络上的网络信息吞吐量依然不容忽视,各种层出不穷的传输手段,如单播、广播、多播与任播,使得相应的数据保护手段也呈现出综合性。单播是指一对一通信进行信息交换;广播则是指信息从一个发信端发送至所有与之相连的收信端;多播类似于广播,差异在于多播将某一组特定主机限定为接收端;任播则是在特定的多台主机中选出一台作为接收端的一种通信方式。上述不同的网络信息通信方式决定了保护需要对症下药,采用综合性方法。

2. 动态性

2024 年,微软的安全研究员 Andres Freund 于一款名为 xz Utils 的开源工具软件中发现了恶意代码,这一恶意代码源自攻击者在开源项目三年过程

---

[1] 参见何明升:《网络内容治理的概念建构和形态细分》,载《浙江社会科学》2020 年第 9 期。
[2] 参见马民虎、方婷:《信息安全法研究(第二版)》,法律出版社 2023 年版,第 228 页。
[3] 参见武长海主编:《数据法学》,法律出版社 2022 年版,第 235 页以下。

中不断做出社区贡献而达成,并蔓延到了众多 Linux 操作系统当中,若非攻击者并未启用这一代码,损失将不可估量。① 该案例揭示了黑客与病毒技术等新的安全漏洞层出不穷,网络信息安全的维护必须是一个动态的过程,集预防、监测、应急与恢复于一体,不断升级保持动态性,方可化解网络信息安全不断更新变化的挑战。②

3. 跨域性

网络信息借由信息全球化,在不同的地域与国家之间进行即时流通,使得网络信息安全呈现出跨域性特征。网络信息在享受世界范围的互联互通方便之余,也为国际性的跨域信息传输过程中网络信息安全的保障、国际网络信息安全事件的管辖等多个方面提出了前所未有的挑战。以跨国网络公司为例,其可借由互联网经济,跨地域收集、存储、处理不同国家与地区的用户网络信息,以及相关联的商业竞争信息、可能的国家安全信息。③

4. 多元开放性

网络信息安全最终需要落实于对网络信息的使用,而共享共建是互联网经济的根本精神,这就要求在保障网络信息安全的同时,兼顾数据的充分利用。网络信息安全具备多元开放性。

近年来,共享经济开始表现出其独有的经济规模与效应,证明了网络信息的共建、共享是新时代风向。这使得不同主体之间信息的接触途径得到了多元化的呈现,诸如数据开放、数据共享等政策的呼吁与实行,都对网络信息安全提出了多元开放的要求。多元开放性要求网络信息安全在保障数据安全的同时,也要支持网络信息的开放和共享。这需要在开放性和安全性之间找到平衡点,确保数据能够在安全的环境中被合理利用。

面对网络信息安全的上述特征,应从多个角度来考虑和应对安全挑战。针对综合性,需要对不同类型的信息进行分类和差异化的安全保护;在动态性上,需要提高相应的事前、事中、事后安全机制,建立完善的全链路网络信息安全制度;在跨域性上,需要加强国际合作,共同应对跨国网络信息安全挑战;在多元开放性上,需要制定合理的数据共享政策,建立安全的数据共享

---

① 参见《xz 活跃维护者"潜伏"三年——添加恶意代码、植入 SSH 后门》,https://blog.csdn.net/techforward/article/details/137227611,2024 年 9 月 2 日访问。
② 参见何悦、郑文娟:《我国网络信息安全立法研究》,载《科技与法律》2011 年第 1 期。
③ See Yu Zheng, Methodologies for Cross-Domain Data Fusion: An Overview, *IEEE Transactions on Big Data*, Vol. 1, No. 1, 2015.

平台。

三、网络信息安全的类型

根据分类标准的不同,可将网络信息安全划分为不同的类型。多样的类型划分为保护网络信息安全提供不同的视角与分析角度,也可以决定不同的网络信息安全保护方式。

（一）以信息主体为划分标准

1. 个人网络信息安全

所谓个人网络信息安全,是指特定的个人对自己所有的网络及其信息系统所享有的安全利益不受非法侵害。个人网络信息安全关注的是个人对自己所有网络及其信息系统的安全利益,这主要体现在个人信息的保护上,包括个人隐私、身份信息、财务信息等。在大数据时代,个人信息的收集和处理变得异常复杂,基于数据的共享性与公共性,个人对于个人信息难以形成支配控制。[1] 企业或国家作为数据的收集者和处理者,拥有比个人更强的控制力。因此,个人网络信息安全的责任主体往往是企业或国家,通过法律法规和技术创新来保护个人信息的安全。

2. 企业网络信息安全

企业网络信息安全关注的是企业对自己所有网络及其信息系统的安全利益。这主要涉及商业数据的保护,包括企业的客户信息、财务数据、研发成果等。这些数据中既有不对外公开的企业内部信息,也有公开的企业信息,二者均对企业的运营和发展至关重要。企业网络信息安全的核心是保护商业秘密和维护竞争优势。因此,企业需要建立严格的内部安全管理制度,采用先进的安全技术,履行相关安全保障义务,确保商业数据的安全以及公共网络空间秩序。

3. 国家网络信息安全

国家网络信息安全关注网络及其信息系统的安全与国家安全利益的保护,通常表现为对政治、军事、经济等重要领域的网络和信息系统的保护。国家网络信息安全直接关系到国家的安全和稳定,其重要性不言而喻。因此,国家需要建立完善的网络安全管理体系,提高网络空间的防御能力,确保国

---

[1] 参见高富平:《个人信息保护:从个人控制到社会控制》,载《法学研究》2018年第3期。

家网络信息安全。

(二)以承载法益为划分标准

1. 公共网络信息安全

所谓公共网络信息安全,是指关乎不特定多数人人身和财产利益的网络及其信息系统的安全。在网络空间技术加持下,人们的公共生活空间开始转至线上,舆情讨论、政治见解分享、居民事务受理等,无一离不开网络空间,如此便形成了一个存在于网络空间中的关乎不特定多数人的公共场所。① 该网络场所中的网络信息安全,关乎人们的行为决策、政治立场、公共权益,关乎社会稳定、政治安全、社会普适价值观,因此对网络信息安全的保护力度提出了较高要求。应当采取法律家长主义,其核心特征在于为了保护行为人的利益而对行为人行为做出干预。②

2. 私人网络信息安全

所谓私人网络信息安全,实际上是指特定的个人或企业对其所有的网络及其信息系统所享有的安全利益不受非法侵害。③ 私人网络信息上往往承载了个人隐私、人格权益,以及企业运营数据、商业秘密。在互联网时代下,私人网络信息安全一方面依赖于个人或者企业积极采取技术手段进行保密隔绝,另一方面依赖于个人信息处理者,如网络运营者的信息处理合规。在私人网络信息安全语境下,网络信息安全与否更多与私主体权益相关联,此时法律家长主义便显得过于专制,应当在立法以及治理上承认私人网络信息安全的自涉性,进行最低限度的干预。

两种分类标准下,看似可以将公共网络信息安全等同于国家网络信息安全,将个人与企业网络信息安全并入私人网络信息安全,实则不然。

企业网络信息安全虽呈现出私法特征,以保护商业秘密、维护竞争优势为表现形式,但实际上具有公私法交融的特征。以互联网厂商为代表的企业,通过平台等技术手段,收集海量数据以提高自身的竞争优势,在其辐射的领域逐步形成了准立法权、准行政权、准司法权、准裁判权等一系列带有公法领域性质的权力,将原先的公权力—私权利二元社会格局,转变为了公权

---

① 参见秦前红、李少文:《网络公共空间治理的法治原理》,载《现代法学》2014 年第 6 期。
② 参见黄文艺:《作为一种法律干预模式的家长主义》,载《法学研究》2010 年第 5 期。
③ 参见刘德良:《关于网络安全立法的几点看法——兼评网络安全法草案和刑法及其修正案》,载《中国信息安全》2016 年第 3 期。

力—私权力—私权利的三元格局①。这一格局下的企业网络信息安全,在维护企业私利的同时,也在社会公共领域层面起到了公法的管理维护作用。

四、网络信息安全的价值目标

网络信息安全旨在保障网络系统中的网络信息的保密性、完整性、可用性。各国立法以及行业标准就三性目标均有相似表述。②

1. 保密性

保密性是指特定数据或信息只为授权的主体或认证的程序所获取、访问、知晓和控制,不为其他人随意获取、公开和泄露。传统媒介的信息安全最初仅注重信息的保密性,又称机密性或者秘密性。③ 这里的保密并非指任何人都不得知悉网络信息的内容,仅指"一定范围内"的保密,即相对保密。应该知悉的人知悉,不应该知悉的人绝不能知悉,这是保密的基本要求。如果不应知悉的人和组织知悉了相关信息,则对信息安全构成了威胁,即信息内容应对那些无权知悉的人和组织保密。同时,数字时代保密性不再局限于网络信息的存储,还聚焦于信息的传输与处理。当用户通过电子邮件发送敏感信息时,邮件内容应通过加密技术保护,以确保只有收件人能够阅读。保密性还要求对信息访问进行严格控制,如使用访问控制列表(ACLs)和身份验证机制来确保只有授权用户才能访问特定数据。

2. 完整性

完整性是指网络信息未经篡改或改变。网络信息的完整性要求信息在存储和传播过程中基本保持原貌,既无关键性的增删,亦无恶意篡改。网络信息的完整性还要求网络信息在传播过程中未被"肢解",否则支离破碎的网络信息容易令人断章取义,从而误判网络信息所传递的含义。如果网络信息的完整性无法得以保证,那么网络信息安全就是一句空话。以金融机构在处理交易时所采取的网络信息安全措施为例,金融机构通过哈希函数和数字签名来验证交易数据的完整性,确保交易记录在传输过程中未被修改。④ 此外,完整性还要求系统能够检测和修复任何未授权的更改,以维护数据的原始

---

① 参见马长山主编:《数字法治概论》,法律出版社2022年版,第78页。
② See Jeff Kosseff, Defining Cybersecurity Law, *Iowa Law Review*, Vol. 103, No. 3, 2018.
③ 参见高富平:《大数据知识图谱:数据经济的基础概念和制度》,法律出版社2020年版,第174页以下。
④ 参见沈昌祥等:《信息安全综述》,载《中国科学(E辑:信息科学)》2007年第2期。

状态。

3. 可用性

可用性是指信息电子存储后仍可以被调用、读取或使用。该价值目标不仅强调网络信息的物理可访问性,还关注系统和服务的响应能力。网络信息的调用、读取或使用,在本地端仅需关注其物理可访问性,而在相应接收端则额外需要确保系统和服务的响应能力,以在可接受的时间幅度内得到网络信息,究其原因在于网络信息具有一定的时效性,超过一定合理时间,网络信息的可用性就无从谈起。在线服务提供商必须确保其平台具有高可用性,即使在高流量或攻击情况下也能正常运行。[①]

保密性、完整性和可用性三者之间相互关联,相互支持。保密性着眼于网络信息不被未经授权的主体访问,从而间接支持了完整性和可用性;完整性则强调网络信息的准确性,这对于保密性和可用性至关重要;可用性确保网络信息在需要时可以被访问,这需要保密性和完整性作为基础。平衡与协调上述三性原则之间的关系是实现网络信息安全的价值遵循与原则导向。

第二节 网络信息安全的基本要求

网络信息安全的实现,根植于一个健全且不断完善的网络信息处理合法合规体系之中,这一体系以科学严谨的框架,为网络空间的健康运行提供了坚实的法律基础,其核心聚焦于两大基本立足点:一是对网络运营者的全面规制,确保其在发展技术与拓展业务的同时,严格遵守网络信息安全义务,承担起维护网络空间安全的责任;二是对个人用户信息权益的周延保护,将以人为本的理念贯穿于信息处理的每一个环节,保障公民个人信息的安全与隐私不受侵犯。本节内容正是围绕构建网络信息处理合法合规体系、完善网络运营者的信息安全义务与责任承担机制,以及保障信息主体的个人信息权益三部分展开。

一、构建网络信息处理合法合规体系

习近平总书记在 2014 年高瞻远瞩地首次提出涵盖"信息安全"在内的总

---

① 参见范冠峰:《我国网络信息安全法治的困境与对策》,载《山东社会科学》2019 年第 5 期。

体国家安全观,这一战略视野不仅深刻洞察了信息化时代的安全挑战,更为后续国家安全法律体系的构建奠定了坚实基础。2015 年 7 月 1 日,《国家安全法》的正式通过与实施,标志着"信息安全"概念进一步升华为"网络与信息安全",精准反映了互联网时代安全治理的新要求。

党的十八大以来,我国网络信息安全立法驶入快车道,构建起了一个全方位、多层次的法律体系,有效应对了复杂多变的网络安全威胁。这一体系不仅涵盖了基础性的法律,还延伸至行政法规、部门规章及地方性法规等多个层面,形成了一套科学严谨、相互衔接的网络信息处理合法合规体系。

(一)基础性法律

《网络安全法》作为网络空间安全的基本法[①],其第四章对个人信息保护作出了详尽规定,与之后出台的《个人信息保护法》及《民法典》中的人格权编共同编织了一张严密的个人信息保护网。《数据安全法》则从数据全生命周期管理的角度出发,明确了数据安全责任与保护义务[②],与《网络安全法》《个人信息保护法》一同构成了我国网络信息处理的法律基石,为数据流动与安全提供了坚实的制度保障。

(二)其他相关法律

《反不正当竞争法》通过保护商业秘密,间接促进了企业网络技术信息和经营信息等商业信息的合法流通与保护。《保守国家秘密法》在网络环境中的应用,确保了国家秘密在数字化时代的绝对安全。《刑法》中的相关条款,如侵犯公民个人信息罪等,为网络空间中的违法犯罪行为设定了清晰的法律红线,彰显了国家维护网络秩序、保障公民权益的坚定决心。

(三)行政法规与部门规章

随着《网络数据安全管理条例》等行政法规的出台,我国在网络信息保护领域的制度设计更加精细化和具体化。《网络数据安全管理条例》根据我国网络及数据所处发展阶段做出了相应规定,在总体思路上坚持了总体国家安全观,统筹发展与安全,既加强网络信息安全,又鼓励促进网络信息依法合理有效利用,坚持问题导向有针对性地解决各方面突出问题,为网络信息安全提供了具体指引。《网络安全审查办法》的实施,为关键数据处理活动筑起了

---

① 参见于雯雯:《论我国网络安全立法的双重定位及体系构成》,载《行政管理改革》2023 年第 7 期。

② 参见许可:《数据安全法:定位、立场与制度构造》,载《经贸法律评论》2019 年第 3 期。

安全屏障。此外,《电信条例》与《互联网信息服务管理办法》等规章的持续更新,也为电信网络安全及互联网信息服务提供了更为细致的操作指南。同时,一系列正在修订或制定中的行政法规和部门规章也预示着我国网络信息安全法律体系将不断完善。

（四）地方性立法

在地方层面,各地结合本地实际,积极探索网络信息安全管理的有效路径。例如,《贵州省大数据安全保障条例》《湖南省网络安全和信息化条例》等,不仅细化了国家层面的法律法规,还创造性地解决了地区特有的网络信息安全问题,为其他地区提供了宝贵经验。北京等地也在积极推进智能网联汽车、重要信息基础设施等领域的网络信息安全立法,展现出我国在网络信息安全领域全面布局、深入治理的坚定步伐。[1]

综上所述,我国已构建起一个由基础性法律、其他相关法律、行政法规、部门规章以及地方性立法共同组成的网络信息处理合法合规体系,该体系不仅体现了国家对于网络空间安全的深刻认识和高度重视,也为维护国家安全、社会稳定和公民权益提供了强有力的法律支撑。

二、完善网络运营者的信息安全义务与责任承担机制

自1994年我国接入互联网以来,特别是近年间平台经济迅猛崛起,网络运营者作为关键角色,其服务平台的技术优势和庞大的用户基础对网络信息安全乃至社会公共安全和国家安全均具有重大影响。为确保网络环境的健康有序发展,《网络安全法》及其配套法律法规不断完善,明确了网络运营者的信息安全义务与责任承担机制,而《网络数据安全管理条例》在此基础上依据实际执法实践做出了相应的专门规定,在进一步确立网络运营者义务机制的同时,确认了网络运营者对政府部门工作以及数字经济发展的重要作用。[2]

---

[1] 北京市经济和信息化局于2024年6月30日发布关于对《北京市自动驾驶汽车条例（征求意见稿）》公开征集意见的公告。参见《关于对〈北京市自动驾驶汽车条例（征求意见稿）〉公开征集意见的公告》,https://www.beijing.gov.cn/hudong/gfxwjzj/zjxx/202406/t20240630_3733376.html,2024年10月4日访问。

[2] 参见《司法部、国家网信办负责人就〈网络数据安全管理条例〉答记者问》,https://www.gov.cn/zhengce/202409/content_6977835.htm#:~:text=%E5%8F%B8%E6%B3%95%E9%83%A8%E3%80%81%E5%9B%BD%E5%AE%B6%E7%BD%91%E4%BF%A1,2024年10月3日访问。

(一) 深化网络运营者的信息网络安全义务

《网络安全法》不仅要求网络运营者遵守法律法规、尊重社会公德和商业道德,也具体规定了其在网络信息安全保护方面的多重义务。同时,《网络数据安全管理条例》基于《网络安全法》安全义务的整体框架,对相关制度进行了体系化建构。

1. 落实网络安全等级保护制度

网络系统的安全是网络信息安全的前提,网络运营者需严格按照网络安全等级保护制度要求,采取必要的技术措施和管理制度,确保网络系统免受各类安全威胁,包括但不限于系统漏洞、计算机病毒、网络攻击等,并制定应急预案以快速响应和处置安全事件。《网络数据安全管理条例》第9条在重申网络安全等级保护制度的基础上,要求网络数据处理者"采取加密、备份、访问控制、安全认证等技术措施和其他必要措施",既是对实践当中相关技术措施效果的肯定,也为其落实提供了法律支撑。

2. 提升产品与服务的安全性

从设计、开发到运维的每一个环节,网络运营者都应确保所提供的网络产品和服务达到安全标准,主动预防和化解因产品缺陷或服务不当引发的网络信息安全风险。《网络数据安全管理条例》第10条额外规定了网络产品、服务风险涉及危害国家安全、公共利益的,义务主体应当在24小时内向有关主管部门报告。该规定细化了相关报告义务的期限,由此形成了《网络产品安全漏洞管理规定》规定的一般产品服务风险2日内报告义务,以及《网络数据安全管理条例》规定的24小时内重大风险报告义务。通过引入上述义务,促使网络运营者义务由消极防御性向积极预防性转变,并在合规资源上更有所针对,兼顾了安全与效率,进而实现网络信息安全。

3. 建立投诉、举报与响应机制

网络运营者应当建立健全用户投诉和举报渠道,及时、公正地处理网络信息安全相关的投诉和举报,并积极配合监管部门的监督检查,共同维护网络空间的清朗。比如,网络信息内容服务平台应当在显著位置设置便捷的投诉举报入口,公布投诉举报方式,及时受理处置公众投诉举报并反馈处理结果。①

---

① 参见《网络信息内容生态治理规定》(2019年12月15日)第16条。

4. 健全用户信息保护制度

处理用户个人信息时,《个人信息保护法》提供了治理依据,《网络数据安全管理条例》则重点细化了《个人信息保护法》关于告知、同意、个人行使权利等方面的规定:第 21 条对个人信息处理情形下履行告知义务的内容、形式做出了更为明确的要求,第 22 条对处理个人信息时知情同意的取得做出进一步的规定,第 23 条、第 25 条规定了个人行使查阅、复制、更正、补充、删除、限制处理其个人信息请求,以及个人信息转移请求的具体要求。同时值得注意的是,相较于《个人信息保护法》第 45 条第 3 款对于个人信息转移请求的规定,《网络数据安全管理条例》第 25 条第 2 款基于实际厂商合规成本确认了网络数据处理者于个人超过明显合理次数请求转移个人信息时的必要费用收取权利。

(二)完善网络运营者违反信息安全义务的法律责任体系

为确保网络运营者切实履行信息安全义务,法律法规构建了包括民事责任、行政责任和刑事责任在内的全方位责任体系。

1. 民事责任

依据《个人信息保护法》和《民法典》等,当网络运营者因处理个人信息不当侵害用户权益时,需承担停止侵害、赔偿损害、消除影响、赔礼道歉等民事责任。上述现行法中有关民事责任的规定无不体现了对用户权益的充分保护。

2. 行政责任

《网络安全法》详细规定了网络运营者违反信息安全义务的行政责任,包括责令改正、警告、罚款等,对于拒不改正或造成严重后果的,还可采取更严厉的处罚措施,如暂停相关业务、停业整顿乃至吊销营业执照等,有效震慑了违法违规行为。《网络数据安全管理条例》第八章第 55 条、第 56 条、第 57 条则于上位法框架之内对相应行政责任进行了规定,对网络运营者不履行数据安全保护义务、开展数据处理活动影响或者可能影响国家安全、违反关于重要数据保护相关法律法规的情形进行了相应细化。

3. 刑事责任

《刑法》通过设立侵犯公民个人信息罪、非法侵入计算机信息系统罪、拒不履行信息网络安全管理义务罪、非法利用信息网络罪、帮助信息网络犯罪活动罪等罪名,明确了网络运营者在严重违反信息安全管理义务时的刑事责任,确保了法律的严肃性和权威性,为打击网络犯罪提供了有力法律武器。①

综上所述,通过不断深化网络运营者的信息网络安全义务,并构建完善的法律责任体系,我国正逐步构建起一个更加安全、可信、有序的网络环境,为数字经济的健康发展和社会公共安全的维护提供坚实保障。

三、保障信息主体的个人信息权益

以人为本是网络安全立法的基础性价值导向,对公民个人信息权益的保障是网络信息安全的基本要求。人格权请求权和损害赔偿请求权是保护个人信息权益的重要路径。

(一)人格权请求权

人格权请求权是在人格权受到侵害或有侵害之虞时,权利人有权请求加害人停止侵害、排除妨碍、消除危险等以恢复人格权的圆满状态的请求权。②人格权请求权是基于人格权作为绝对权和支配权的效力而产生的,旨在排除对人格权的现实或潜在的侵害或妨碍,以维护人格权的圆满状态。对于个人信息权益的保护,人格权请求权主要体现在以下几个方面:

1. 预防功能

当个人信息面临被非法收集、使用、泄露等风险时,权利人可以依据人格权请求权要求行为人停止侵害、排除妨碍或消除危险,从而预防个人信息权益受到实际损害。这种预防性的保护措施对于个人信息这种具有一定敏感性和重要性的权益尤为重要。

此外,《民法典》第997条还设置了"人格权禁令"制度,通过在程序法上给予当事人一种临时救济手段,达到预防、停止侵权行为之目的。③该规定同样彰显出在个人信息保护上,人格权请求权的预防性功能。

2. 无过错责任原则

在适用人格权请求权时,不以行为人是否有过错为构成要件,只要存在对个人信息权益的侵害或侵害的危险,权利人即可主张权利。这降低了权利人的举证难度,提高了个人信息权益保护的效率。

---

① 参见皮勇:《论网络服务提供者的管理义务及刑事责任》,载《法商研究》2017年第5期。
② 参见王泽鉴:《人格权法:法释义学、比较法、案例研究》,北京大学出版社2013年版,第387页。
③ 参见王利明、程啸、朱虎:《中华人民共和国民法典人格权编释义》,中国法制出版社2020年版,第121页以下。

3. 多样化的请求权类型

根据《民法典》第995条的规定,人格权受到侵害的,受害人享有停止侵害、排除妨碍、消除危险、消除影响、恢复名誉、赔礼道歉请求权。这些请求权类型可以根据个人信息权益受侵害的具体情况灵活适用,为权利人提供全面的保护。

(二) 损害赔偿请求权

当个人信息权益已经受到实际损害时,权利人可以依据侵权损害赔偿请求权要求行为人承担损害赔偿责任。这种请求权在个人信息权益保护中发挥着重要的补偿和救济作用。

1. 损害赔偿的适用范围

《民法典》第1183条第1款规定,侵害自然人人身权益造成严重精神损害的,被侵权人有权请求精神损害赔偿。因此,个人信息权益受到损害时,权利人不仅可以主张因个人信息泄露等导致的直接财产损失(如因身份被盗用而产生的经济损失),还可以主张精神损害赔偿。因为个人信息权益属于人格权益的一部分,其受损往往伴随着精神痛苦和内心焦虑等非物质损害。

2. 过错责任原则与举证责任

《个人信息保护法》第69条第1款规定,处理个人信息侵害个人信息权益造成损害,个人信息处理者不能证明自己没有过错的,应当承担损害赔偿等侵权责任。也就是说,在个人信息权益受到损害适用侵权损害赔偿请求权时,以过错推定责任为归责原则。

同时,有学者提出:"可以将过失的判断与个人信息处理者是否履行安全保障义务这一问题予以转接,将安全保障义务纳入信息处理者注意义务的一部分,首先认定存在安全保障义务,其次在信息处理者未履行安全保障义务的前提下,径行认定信息处理者存在过错。"[①]

3. 赔偿数额的确定

《个人信息保护法》第69条第2款规定,损害赔偿责任按照个人因此受到的损失或者个人信息处理者因此获得的利益确定;个人因此受到的损失和个人信息处理者因此获得的利益难以确定的,根据实际情况确定赔偿数额。因此,在确定赔偿数额时,需要综合考虑多种因素,包括受害人的实际损失、行

---

① 蔡一博、潘裕:《个人信息侵权损害赔偿范围的认定》,载《新兴权利》集刊2023年第1卷。

为人的获利情况、侵权行为的性质、情节以及社会影响等。对于难以确定具体损失的情况,法院可以根据实际情况酌定赔偿数额。

《民法典》改变了以往支配权请求权和债权请求权统一的模式,规定在侵权责任编的损害赔偿请求权与规定在人格权编的人格权请求权相互呼应,实现了支配权请求权与侵权请求权的不同功能配置,使人格权请求权作为个人信息权益保护的固有权利,负担对个人信息权益受到侵害的恢复性救济;侵权损害赔偿请求权作为个人信息权益保护的新生权利,负担对权利损害的填补性救济。《民法典》较为清晰地构造了个人信息权益的请求权体系,使我国的个人信息权益保护方法实现了类型化和体系化。[①]

第三节　网络信息安全的制度保障

网络信息安全并非社会单一主体可以完善与保证的,而是基于协同安全观在多元主体共同努力下建成的。个人网络信息安全、以网络运营者为代表的企业网络信息安全、政府网络信息安全三者缺一不可,都是网络信息安全全链路保护的关键基础。

一、个人网络信息安全保护制度

个人网络信息安全系网络信息安全的关键一环,在数据肖像以及个性化推送技术越发成熟的当下,个人轻而易举地为数字所操控,个人网络信息安全核心就在于使人在数字时代得以保有人格尊严与自由价值。[②] 主要体现为对于个人信息的保护,通过《个人信息保护法》确立了个人信息保护的基本原则以及个人信息处理的全流程规范,《网络数据安全管理条例》在同《个人信息保护法》进行衔接细化外,亦体现出我国相关实践当中的经验总结。

(一) 基本原则

基本原则是法律制度的基础性真理、原理或者为其他法的要素提供基础或本源的综合性原理或出发点。当某一事实适用原有规则不公正时,或者在

[①] 参见杨立新:《民法典对我国民事权利保护方法的成功改造》,载《国家检察官学院学报》2022年第4期。
[②] 参见张新宝:《从隐私到个人信息:利益再衡量的理论与制度安排》,载《中国法学》2015年第3期。

相关规则尚不成熟、缺失的情况下,可以基本原则作为指引。个人网络信息安全保护制度具备以下基本原则:

1. 合法正当必要诚信原则

网络运营者在收集和使用个人信息时,必须遵循合法原则,确保其行为具有合法基础,处理方法符合法律规定。继《网络安全法》以及《个人信息保护法》之后,网络运营者的个人信息处理已有明确的法律规定,在此基础上尚且存在地方立法的有效尝试,为不同地区不同的个人信息处理发展情况做出了相应的调整。

正当性和必要性原则进一步细化为两个子原则:目的特定性和目的限制性。目的特定性原则要求个人信息的收集、处理和使用必须基于明确且特定的目标,禁止超出既定目的范围使用个人信息。目的限制性原则规定,个人信息的收集应当限定在实现处理目的所必需的最小范围内,避免不必要的信息收集。

诚信原则要求在处理个案时,当结果明显不公时,可以作为补充原则予以考虑。由于"诚信"一词表述过于主观,给案件处理留下了过大的自由裁量权,因此其必须始终限定于"结果明显不公"的适用条件。

2. 公开透明原则

公开透明原则是指处理个人信息时应当公开个人信息处理相关的内容,明示处理目的、方式与范围。在此基础之上,《个人信息保护法》第7条还要求个人信息处理者的公开明示方式必须以显著方式,且以清晰易懂的语言达到真实、准确、完整的程度。得益于公开透明原则,个人信息主体得以了解信息处理的全貌,并实现对个人信息的控制,进而确保个人网络信息安全。

3. 知情同意原则

"知情同意"虽并未置于《个人信息保护法》总则,而是位于第二章"个人信息处理规则"第14条,但其系"不外显于规范文本的法律原则"[①],即法律原则的确立并不以其是否外显于法律文本为必然的形式条件。而《网络数据安全管理条例》将"知情同意"设置在第三章"个人信息保护"起始位置,也印证了"知情同意"于个人信息保护整体制度中的重要位置,于形式上再次确认了"知情同意"系法律原则。

---

① 马新彦、黄舜:《论知情同意在个人信息保护规范中的属性》,载《吉林大学社会科学学报》2024年第5期。

用户同意原则要求网络运营者收集、使用个人信息应当征得个人信息主体同意,处理不满14周岁未成年人的个人信息时,应当征得其父母或者其他监护人同意。在此基础上,该同意必须是该被采集者基于充分知情的前提下,自愿、明确提出的。个人有权撤回该同意,运营者同时应当设置相应的便捷撤回路径。在个人信息主体不同意信息收集的前提下,个人信息处理者亦不得拒绝提供产品或者服务,尤其是拒绝提供核心业务功能服务。

(二) 全流程规范

1. 个人信息影响事前评估制度

根据《个人信息保护法》第55条规定,在以下处理个人信息的情形中,需要对个人信息保护影响进行事前评估:(1) 处理敏感个人信息;(2) 利用个人信息进行自动化决策;(3) 委托处理个人信息、向其他个人信息处理者提供个人信息、公开个人信息;(4) 向境外提供个人信息;(5) 其他对个人权益有重大影响的个人信息处理活动。上述情形的共同性在于信息处理活动对个人信息主体的个人权益具有重大影响。设置事前评估制度有助于实现对于个人信息特殊处理场合的额外保护。然而我国个人信息保护影响评估制度现阶段适用范围过于宽泛,存在个人信息处理合规压力过大,以及导致评估流于形式,无法起到实质性保障的风险。[①]

2. 个人信息处理审计制度

《个人信息保护法》第54条规定,个人信息处理者应当定期对其处理个人信息遵守法律、行政法规的情况进行合规审计。《网络数据安全管理条例》第27条规定,网络数据处理者应当定期自行或者委托专业机构对其处理个人信息遵守法律、行政法规的情况进行合规审计。上述规定明确了个人信息处理者的合规审计义务,一定程度上为个人网络信息安全提供了制度保障。在此基础上,《网络数据安全管理条例》第52条规定,应当加强个人信息保护合规审计、重要数据风险评估、重要数据出境安全评估等的衔接,避免重复评估、审计,适当减轻运营者的合规成本,提高行政合规审查效率。

3. 个人信息事后补救制度

《个人信息保护法》第57条规定,发生或者可能发生个人信息泄露、篡改、丢失的,个人信息处理者应当立即采取补救措施,并通知履行个人信息保护

[①] 参见刘权:《论个人信息保护影响评估——以〈个人信息保护法〉第55、56条为中心》,载《上海交通大学学报(哲学社会科学版)》2022年第5期。

职责的部门和个人。依循《网络数据安全管理条例》第 11 条,"以电话、短信、即时通信工具、电子邮件或者公告等方式"得到肯定,为个人信息事后通知提供了操作引导。相较于个人信息影响事前评估制度而言,个人信息事后补救制度更多关注于个人信息面临的现实风险。在个人信息网络安全保护过程中,个人信息的事后补救制度发挥不可替代的重要作用。

二、运营者网络信息安全审查制度

在网络平台经济效应愈发成规模的当下,越来越多网络运营者的重要技术产品以及网络服务都关系到了国家安全,运营者网络信息安全审查制度无论是从企业自身合规还是对于公共利益来说都愈发重要。

2021 年,国家互联网信息办公室等十三部门联合修订发布了新《网络安全审查办法》,要求关键信息基础设施运营者采购网络产品和服务,网络平台运营者开展数据处理活动,影响或者可能影响国家安全的,应当按照《网络安全审查办法》进行网络安全审查。

所谓网络安全审查,是指国家审查机构针对网络空间中各类事项、活动所引入的国家安全风险进行识别、防范和控制的过程。[①] 网络安全审查制度并非单纯的市场准入制度[②],更多是旨在提升与保障运营者网络信息安全的重要制度。网络安全审查制度的具体内容如下:

(一)审查对象

根据 2020 年颁布的《网络安全审查办法》第 2 条规定,网络安全审查的对象仅限于关键信息基础设施运营者。"滴滴出行"受网络安全审查后暴露出了网络运营者大数据处理可能导致的个人隐私侵犯、不正当市场竞争以及各种违法犯罪活动[③],2021 年新修订的《网络安全审查办法》突破了上述限制,将网络安全的审查对象扩张为关键信息基础设施运营者和网络平台运营者。根据新《网络安全审查办法》第 2 条规定,网络安全审查的对象主要有两大类,分别为关键信息基础设施运营者采购网络产品和服务,以及网络平台运营者

---

① 参见左晓栋:《近年中美网络安全贸易纠纷回顾及其对网络安全审查制度的启示》,载《中国信息安全》2014 年第 8 期。

② 参见马民虎、马宁:《国家网络安全审查制度的法律困惑与中国策略》,载《云南师范大学学报(哲学社会科学版)》2015 年第 5 期。

③ See Kai Liu, Zixuan Li, Jie Yang, Cybersecurity in Business: A Case Study of DiDi, *Business Law Review*, Vol. 44, No. 5, 2023.

开展数据处理活动。① 《网络安全审查办法(修订草案征求意见稿)》曾将所有数据处理者都纳入网络安全审查的范围之内,然而一般的数据处理者远远达不到危害网络安全的程度,因而将网络安全的审查对象聚焦在关键信息基础设施运营者和网络平台运营者,从而集中执法资源,更好地保障国家安全。

(二) 审查范围

网络安全审查范围的大小影响着国家经济发展、科技进步与国家网络安全之间的平衡关系。我国将网络安全审查的范围限定在了关键信息基础设施(CII)领域,并在《关键信息基础设施安全保护条例》中对关键信息基础设施做出了明确的界定。随着 2021 年修订的《网络安全审查办法》的实施,上述 CII 领域的审查范围限定不再适用,只要相关活动具有潜在的国家安全风险,均有可能触发网络安全审查。

(三) 审查主体

我国采用了双层审查模式,在原有国家统一审查机构(网络安全审查办公室)的基础上,要求网络运营者进行"预审查"。根据新《网络安全审查办法》第 5 条第 1 款规定,关键信息基础设施运营者采购网络产品和服务的,应当预判该产品和服务投入使用后可能带来的国家安全风险。影响或者可能影响国家安全的,应当向网络安全审查办公室申报网络安全审查。"预审查"制度解决了以往统一集中审查模式下的审查能力不足的弊端,将企业自查把关作为安全审查的前提,解决了网络安全审查工作体量巨大的问题,将其分散给市场上数量众多的企业,将有限审查资源集中在企业预审查申报的案件当中,更具针对性也更具效率。

(四) 审查内容

审查内容主要由新《网络安全审查办法》第 10 条进行了概括式的列举规定,包括:产品和服务使用后带来的关键信息基础设施被非法控制、遭受干扰或者破坏的风险;产品和服务供应中断对关键信息基础设施业务连续性的危害;产品和服务的安全性、开放性、透明性、来源的多样性,供应渠道的可靠性以及因为政治、外交、贸易等因素导致供应中断的风险;产品和服务提供者遵守中国法律、行政法规、部门规章情况;核心数据、重要数据或者大量个人信息被窃取、泄露、毁损以及非法利用、非法出境的风险;上市存在关键信息基

---

① 参见王春晖:《〈网络安全审查办法〉规则与适用》,载《南京邮电大学学报(社会科学版)》2022 年第 1 期。

础设施、核心数据、重要数据或者大量个人信息被外国政府影响、控制、恶意利用的风险,以及网络信息安全风险;其他可能危害关键信息基础设施安全、网络安全和数据安全的因素。

(五)审查程序

网络安全审查的启动程序可以依申请启动,也可以依职权启动。[①] 针对依申请启动的程序,需要经网络运营者进行预评估,认定存在风险后,由网安审查办公室决定是否审查,初步审查结束后将审查结论发送成员单位以及CII保护部门,在意见一致的情形下直接通知运营者审查结果,而在意见不一致的情况下则需要进行征求各方意见的特殊审查,最终将结论报中央网络安全和信息化委员会批准。依职权启动的程序,则在成员单位认定具有风险后,报中央网络安全和信息化委员会批准,此后程序同依申请启动的审查程序一致,均需要网安审查办公室决定是否需要后续审查。

网络安全审查制度是国家内部事务的同时,也是国际合作与交流的重要部分。这一制度的实施有助于构建更加安全、稳定且开放的国际网络环境以及国内格局,促进网络技术健康发展,保障网络信息安全。

三、政府网络信息安全管理制度

政府在网络信息安全领域的管理作用是多方面的,其是网络信息安全的首要推动力量,在不同领域都对网络信息安全起到了积极促进作用。本部分主要从网络信息内容治理以及网络保密制度这两个具有代表性的方面展开介绍。

(一)网络信息内容治理制度

网络信息内容治理是指对互联网信息进行内容上的监控,使之符合人性。现阶段我国网络内容安全的治理体制为,国家网信办承担包括网络内容安全在内的网络安全领域的统筹协调责任,国务院各部委在各自主管领域内负直接管理责任。

1. 违法信息治理

网络内容治理的对象之一是违法有害信息,其违背了网络信息安全的可用性价值要求,在合法性或者道德伦理层面都存在严重错误,系对国家安全

[①] 参见原浩、黄道丽:《〈网络安全审查办法〉的审查体系与实施影响分析》,载《信息安全与通信保密》2020年第6期。

与公共秩序的重大危害。① 违法信息的界定直接决定着网络空间中公民表达权的边界。我国采列举式方法,对网络违法信息进行了罗列,具体包括:危害网络安全的信息,危害国家安全、荣誉和利益的信息,煽动颠覆国家政权、推翻社会主义制度的信息,煽动分裂国家、破坏国家统一的信息,宣扬恐怖主义、极端主义的信息,宣扬民族仇恨民族歧视的信息,传播暴力、淫秽色情的信息,编造、传播虚假信息扰乱社会秩序和经济秩序,侵害他人名誉、隐私、知识产权和其他合法权益的信息。

针对违法信息的治理,采取技术与制度两方面,前者由网络服务提供者采取如过滤软件等技术来承担治理义务,后者则由政府主管部门对相应责任主体追究法律责任。② 网络服务提供者在发现网络中的违法信息时,有义务采取如下措施:停止传播违法信息、采取消除等处置措施防止违法信息扩散、保存有关记录、向国家主管机关报告、建立投诉举报响应机制、配合执法部门等。政府主管部门则针对相关违法信息发布者追究行政甚至刑事责任,以及针对不履行上述义务的网络服务提供者追究相应法律责任。

2. 网络生态内容治理

网络生态内容治理是指政府、企业、社会、网民等主体,以培育和践行社会主义核心价值观为根本,以网络信息内容为主要治理对象,以建立健全网络综合治理体系、营造清朗的网络空间、建设良好的网络生态为目标,开展的弘扬正能量、处置违法和不良信息等相关活动。③ 违法有害信息的治理是惩戒且消极的,而网络生态内容治理具有预防性与积极性。我国于2020年起施行的《网络信息内容生态治理规定》将网络信息创新划分为了"鼓励性信息""违法信息""不良信息"三类,并对这三类信息进行了举例式列举,但其表述都过于主观,留下了巨大的自由裁量空间。

针对网络生态内容治理,在上已论述对于"违法信息"的前提下,主要分为对于"鼓励性信息"以及"不良信息"的治理。对于"鼓励性信息",并无规定具体措施,仅仅是"鼓励"网络信息内容生产者生产相应信息。而针对"不良信息",主要由网络服务提供者承担相应义务,如依法立即采取处置措施、保存有关记录、向有关机关报告等。在此基础上,《网络生态治理规定》首次对

---

① 参见张新宝、林钟千:《互联网有害信息的依法综合治理》,载《现代法学》2015年第2期。
② 参见朱庆华:《因特网上有害信息防范的国际动向》,载《中国图书馆学报》1999年第6期。
③ 参见赵泽睿:《网络信息内容生态共同治理的法治保障》,载《交大法学》2023年第3期。

优化算法做出规定,在诸如"互联网新闻信息服务首页屏幕、弹窗和重要新闻页面、微博信息服务热门推荐"等"重要环节"不得呈现不良信息。这一不对称的二分治理,即对"鼓励性信息"的鼓励以及对于"不良信息""非法信息"的严苛治理,实质上是符合法律领域对"奖励和惩罚"的分配习惯的,即在涉及惩罚或剥夺权益时,通常需要正当程序来确保决策的公允性,而在选择奖赏的场合,非正式的决策足以满足人们对于公正性的期待。[①]

(二)保密治理制度

我国的保密治理制度在维护国家安全的同时,也在不断适应数字时代的需求,实现了保密治理与政务信息公开的协调发展。这不仅体现了国家治理体系和治理能力现代化的要求,也展示了中国在全球化背景下对保密治理的深刻理解和积极作为。

1. 我国保密治理制度概述

中国保密法律制度由宪法、党章、行政法规和专门法律进行规定。《宪法》作为国家的根本大法,为保密工作提供了最高法律依据。《中国共产党章程》《中国共产党党务公开条例(试行)》《公务员法》《保守国家秘密法》等,进一步细化了保密的具体要求和操作规范。这些法律法规共同构成了我国保密治理体系的基础,为实现保密治理能力的现代化提供了法律遵循。

2. 保密治理的对象

保密治理的核心对象是国家秘密,即那些涉及国家安全和利益,依法定程序确定,并在一定时期内限制知情范围的事项。[②] 保密法律治理并非仅是数字时代的新命题,而是随着时代的发展而不断演进的治理方式。《数据安全法》的出台标志着我国保密治理体系在网络数据监管领域的现代化进程,体现了对数字时代保密要求的积极响应。美国白宫发布的《国家安全战略临时指南》将网络安全置于国家安全战略高度,强调了在网络数字环境下对国家安全保密体系的现代化发展。这为我国提供了一定程度的立法参照,以更好地理解保密治理在全球化背景下的重要性和紧迫性。

---

① 参见〔美〕富勒:《法律的道德性》,郑戈译,商务印书馆2017年版,第37页以下。
② 参见相丽玲、史尚元:《中外信息保密的立法精神比较及其思考》,载《情报理论与实践》2005年第4期。

3. 与政务信息公开的协调

在保密治理的同时,我国同样注重政务信息公开与保密工作的同步发展。① 中共中央于 2021 年 1 月印发的《法治中国建设规划(2020—2025 年)》明确提出,"2022 年年底前建成全国一体化政务服务平台,除法律法规另有规定或涉及国家秘密等外,政务服务事项全部纳入平台办理"。《数据安全法》第 41 条更是明确规定:"国家机关应当遵循公正、公平、便民的原则,按照规定及时、准确地公开政务数据。依法不予公开的除外。"在保证国家数据安全的前提下,立足于数据开放共享战略,协调多领域政府数据向社会有序开放与国家数据安全之间的关系,是保密制度发展的应有之义。

第四节 网络信息安全的实现机制

一、建立网络信息安全法律保障体制

从"马法非法"的网络立法独立性争议,到《代码 2.0》提出网络空间行为规制存在的四个维度——法律、社群规范、市场与架构,网络安全领域立法独立性在学说层面以及立法实践上均已得到承认。其中,作为顶层架构的法律不仅明确了网络空间内各主体的权利义务,同时辅以责任规则确保网络安全的建设。构建一个完善的网络信息安全法律保障体制,是实现网络信息安全的首要前提。

我国的网络信息安全法律体系的发展大致经历了三个阶段,第一阶段为初步探索时期(1997—2003),第二阶段为稳步推进时期(2003—2013),第三阶段为积厚成势时期(2013 年至今)。② 纵观我国网络信息安全法律体系发展的三个阶段,其呈现出我国在网络信息安全领域的发展性认识变化与立法实践:从渗透性、分散性立法,法规条例效力等级偏低,缺少网络信息安全相关的基本法③,逐步转变为以中心法律与相关条文相结合,并辅以配套规定的体系性法律框架。

---

① 参见沈福俊:《建立与政府信息公开制度相适应的保密制度——以〈保守国家秘密法〉的修改为视角》,载《法学》2009 年第 9 期。
② 参见黄炜等:《网络信息安全治理研究进展:基于国内外法治现状》,载《情报杂志》2020 年第 4 期。
③ 参见何悦、郑文娟:《我国网络信息安全立法研究》,载《科技与法律》2011 年第 1 期。

2017年,《网络安全法》正式施行,其后《数据安全法》《个人信息保护法》也陆续公布施行。三部效力级别彼此平行的法律各自发挥着不同的作用,一同构建了网络信息安全的法律架构。继全国人大常委会《关于维护互联网安全的决定》后,《网络安全法》对网络信息安全进行了专章规定,此种做法分离了"网络安全"与"网络信息安全"这两个时常混用的概念,将"网络信息安全"定义为"网络安全"的下位概念。《网络安全法》第四章对个人信息做出了一定的原则性规定,但并未对非个人信息的数据做出相应处置,此系在《数据安全法》《个人信息保护法》出台前的笼统性规定,具有一定的时代局限性。随后施行的《数据安全法》《个人信息保护法》即使就个人信息、非个人信息的数据的有关规定进行了适当扩充,但仍然存在一定的片面性。于2024年9月发布的《网络数据安全管理条例》则采取了"网络数据安全"的表述,对"网络信息安全"并没能做出回应,也没有指出"网络信息安全"以及"网络数据安全"之间的相互联系。因此,此后的立法应当对《网络安全法》第四章进行相应的扩展,以回应《数据安全法》《个人信息保护法》的个人信息—非个人信息数据的二分化立法保护模式,并明确网络信息安全的内涵与外延。

二、优化网络信息安全执法体系

网络社会的迅猛发展,连同其内在的专业性、技术性和复杂性,为网络执法带来了更大的挑战。传统的执法手段,过于简单或粗暴,不再适应现代网络社会的需要。随着网络社会的持续变革、技术设备的快速更新以及网络安全防御和威慑力的增强,对网络执法的专业性和规范性提出了新的要求,同时也对国家机关执法队伍的专业能力建设提出了更高的标准。[1]

负责网络信息安全的国家机关主要包括中央网络安全和信息化委员会办公室(中央网信办),以及相关的国家部门,如工业和信息化部、公安部等。中央网信办在网络信息安全方面发挥着统筹协调的作用,负责制定和执行相关政策和规定,加强网络空间的安全管理和保护。我国的网络信息安全执法体系以中央网信办为统筹协调部门,其余部门分工协调配合。在网络信息安全的分工协调配合,美国采取了同我国相似的治理路径:由国土安全部(DHS)、国家网络总监办公室(ONCD)、国家安全委员会(NSC)、联邦调查局

---

[1] 参见徐汉明、张新平:《网络社会治理的法治模式》,载《中国社会科学》2018年第2期。

(FBI)和国防部(DOD)等多个机构共同负责网络安全事务,其中 DHS 在网络安全领域承担关键角色。

实践中,我国上述网络信息安全执法体系存在执法部门间各自为政、难以协调、职责模糊不清的问题。在具体执行过程中,又暴露出互联网信息监控存在盲区、执法对象不确定、执法权配置欠缺等问题。[①]

为回应执法中的现实问题,首先,应当建立效率且普遍的执法监管模式。针对监管盲区应当设立"全天候"的举报反映通道,提高相应的调查处理效率,依托我国网络用户基数优势提升监管力度。其次,应当提升执法人员素养。新时代网络社会的专业性以及综合性挑战对于网络信息安全执法队伍提出了新的要求,应该更注重对于执法队伍的工作能力的培养与提升,以应对远胜以往的新课题。最后,应当进一步完善执法权配置。针对执法当中出现的部门职权协调问题,最为重要的是确立明确的行为主体以及权责体系,可以采取集中执法形式。在网络信息安全领域内,将多个执法机关的执法权集中到一个机关统一行使,以提高行政执法的效率与水平,降低成本,解决多头执法、职权交叉重复的问题。

三、打造网络信息安全社会共治链条

受网络技术的遍布性以及多样综合性影响,网络信息的安全与否与每个人都息息相关,仅依靠政府单方面治理难以达成理想效果。应当联通社会多元主体,共同打造网络信息安全社会共治链条。

首先,政府应当发挥其在网络信息安全治理中的主导作用,通过制定和完善相关法律法规,明确网络运营者和用户的权利与义务,加强对网络信息安全的监管和执法力度。同时,政府还应当加大对网络信息安全技术的研发和投入,提升国家在网络安全防护方面的能力。

其次,针对网络运营者,由于社会结构从二元的"公权力—私权利"转变为三元"公权力—私权力—私权利"结构,掌握准立法权、执法权、裁判权的网络运营者,在网络信息安全治理领域中承担着重要角色。《代码 2.0》一书对于网络空间的规制提及了四个维度,其中的架构规制手段,即代码的规制,便

---

① 参见宋潮:《"蓝鲸游戏"引发的网络安全执法问题思考》,载《辽宁公安司法管理干部学院学报》2018 年第 1 期。

掌握在网络运营者手中。[①] 网络运营者需要在技术层面加强对网络环境的监控和管理,通过先进的技术手段,如内容过滤、数据加密、访问控制等,预防和减少网络安全事件的发生。网络运营者是网络空间的最终构筑者,其设计的代码可以促进网络信息安全的实现,如在网络内容治理层面,网络运营者可以通过技术层面的内容过滤技术,预防和删除违法有害信息。

再次,针对网络用户,应当一方面进行网络信息安全教育,树立正确的安全意识,另一方面组织网络用户共治,设立效率且便捷的反映通道,提升网络信息安全的治理效力与效果。在安全教育方面,由于制度的实施最终需要落实到社会个人层面,构建网络信息安全制度少不了任何组织或个人对制度的遵守与拥护,应当深入开展网络信息安全法治教育,在全社会树立网络信息安全意识,形成社会共识与基本准则反哺网络信息安全制度。在用户共治方面,应当认识到网络覆盖的综合性与广泛性决定了网络信息安全自上而下的治理工作会存在盲区,更多情况下执法机关往往是被动接收网络用户举报反映后方开展工作。此种情形下更应当将网络用户吸纳为网络信息安全治理机制的一部分,形成遭遇网络信息安全风险—上报风险—处理风险的免疫机制。

最后,社会各界也应当积极参与到网络信息安全治理中来。例如,教育机构可以加强网络安全教育,培养公众的网络安全意识;媒体可以加大对网络安全知识的宣传力度,增强公众的防范意识;非政府组织可以开展网络安全相关的公益活动,提高公众的参与度和影响力。

四、深化网络信息安全领域的国际交流与合作机制

网络信息安全的跨域性特征决定了国际交流合作的必要性,网络信息安全不仅仅关乎商业利益、个人隐私与人格尊严,而且同样关乎国家安全。深化网络信息安全领域的国际交流合作,更进一步掌握相关领域话语权,是我国应对全球网络信息安全挑战的重要途径。为此,可以采取以下措施:

第一,建立多边对话平台。通过国际会议、研讨会和工作组等形式,为不同国家和地区的政府、企业、学术机构和民间组织提供一个交流观点和经验的平台。2021年,联合国信息安全开放式工作组报告就能力建设十大原则达

---

① 参见〔美〕劳伦斯·莱斯格:《代码2.0:网络空间中的法律(修订版)》,李旭、沈伟伟译,清华大学出版社2018年版,第38页以下。

成重要共识,为相关国际合作提供了根本遵循。在十大原则基础上,中国先后发起了《全球数据安全倡议》《全球人工智能治理倡议》,达成了《"中国+中亚五国"数据安全合作倡议》《中阿数据安全合作倡议》。与此同时,中国深入参与二十国集团、亚太经合组织数字经济及数据安全合作,金砖国家、上海合作组织、东盟地区论坛网络安全进程,同亚、非、拉等多个国家和地区深化政策沟通和务实合作。[①]

第二,参与制定国际标准和规范。我国网络信息安全领域相关术语见于《GB/T 25069-2022 信息安全技术 术语》等。上述标准无一不体现出我国在网络信息安全方面实现了与国际社会的接轨与互通。在此基础之上,我国应当积极参与国际标准化组织(ISO)和国际电信联盟(ITU)等组织,参与制定网络安全相关的国际标准,确保各国在网络安全实践上有一定的统一性和互操作性,并在标准制定上保有话语权。

第三,技术交流与合作。鼓励国家间的技术交流,共享网络安全最佳实践、漏洞信息和防御策略,促进网络安全技术的共同进步。各国之间网络信息技术发展步调不一致,先发国家对我国来说可以作为参考,以应对技术后续发展后的新问题,保有前瞻性。后发国家则可以通过法律、技术层面共享,促进国际交流,弥补网络信息在国际流通环节中的短板。

第四,参与条约制定。积极推动网络信息安全领域的国际条约缔结,参与国际层面条约制定,在此基础上协调区域性条约制定,在国际法层面促进网络信息安全领域的深入交流。《联合国打击网络犯罪公约》草案于2024年8月13日经特设委员会一致投票通过,其签署截止日期为2026年12月31日,并预计秋季交联合国大会进行投票,等待批准。该公约草案首次建立了国际层面打击网络犯罪以及相关数据访问支持的框架,对于网络信息安全治理国际层面意义重大。

第五,建立应急响应机制。在国际层面上建立快速反应机制,以便在发生大规模网络攻击或安全事件时,能够迅速采取行动。1988年莫里斯蠕虫病毒导致了互联网中十分之一的计算机感染,随后卡内基·梅隆大学设立了计算机应急响应小组(Computer Emergency Response Team, CERT)。此后世界各国纷纷响应该做法,于1990年成立了应急响应与安全组论坛(FIRST)。

---

① 参见《中国代表团在全球网络安全能力建设高级别圆桌会议上的发言》,http://un.chinamission.gov.cn/chn/zgylhg/cjyjk/202405/t20240511_11303054.htm,2024年8月24日访问。

中方也紧跟脚步设立了国家计算机网络应急技术处理协调中心(CNCERT/CC)、CERNET应急响应组(CCERT)以及各种民间组织[①],为国际层面网络信息安全应急响应做出了贡献,以此为前提,我国应当继续推进相关合作,共化网络信息安全危机。

第六,尊重并推进网络主权。网络主权是国家主权在网络空间的自然延伸,是一国基于国家主权对本国境内的网络设施、网络主体、网络行为及相关网络数据和信息等所享有的对内最高权和对外独立权[②]。正视网络数字时代经济效率价值,做到安全与发展的相互协调,警惕他国滥用网络主权理论进行长臂管辖,重视相应立法。[③] 在确保自身网络主权前提下,尊重他国网络主权,不随意干涉,建立友好平等互信的国际网络信息安全交流氛围。

中国作为发展中大国,在国际网络信息安全层面肩负重担,应当秉持开放、多元、公开、透明、平等精神,在国际交流中促进网络信息安全的共同建设、共同治理、共同分享,营造更加安全、效率、稳定的国际网络信息安全环境。

典型案例

2021年网络安全审查办公室公布对"运满满""货车帮""Boss直聘"平台启动网络安全审查,并为了确保网络安全审查过程中的网络信息安全,要求上述平台在此期间停止注册新用户。

本次网络安全审查,是当前境内外复杂环境下,维护多主体网络信息安全的重要举措。据相关报道,上述几家被审查的企业,在当时已准备赴美上市,而其分别为各自领域的头部平台,掌握了所属行业领域的大量深度数据。这些数据可以直接或间接地反映我国各区域人口分布、商业热力、人口流动、货物流动、企业经营等情况,不同程度上对公共网络信息安全也产生了影响。

此举可以预判和检查产品及服务投入使用后可能带来的网络安全风险,在事前对网络信息安全风险进行防范。

---

① 参见《CNCERT简介》,https://www.cert.org.cn/publish/main/34/index.html,2024年8月24日访问。
② 参见《网络主权:理论与实践(4.0版)》,https://cn.wicinternet.org/2023-11/09/content_36955448.htm,2024年8月24日访问。
③ 参见刘天骄:《数据主权与长臂管辖的理论分野与实践冲突》,载《环球法律评论》2020年第2期。

 **问题与思考**

1. 为什么需要确保网络信息安全?
2. 如何理解网络信息安全的形式与实质面向?
3. 如何理解网络信息安全的三性价值目标?
4. 如何理解个人、企业、公共网络信息安全之间的关系?
5. 如何理解网络信息内容治理对于网络信息安全的作用?

 **延伸阅读**

1. 〔美〕劳伦斯·莱斯格:《代码2.0:网络空间中的法律(修订版)》,李旭、沈伟伟译,清华大学出版社2018年版。
2. 马民虎、方婷:《信息安全法研究(第二版)》,法律出版社2023年版。
3. 陈道英主编:《网络安全法教程》,法律出版社2023年版。
4. 姜伟、龙卫球主编:《数字法学原理》,人民法院出版社2023年版。
5. 武长海主编:《数据法学》,法律出版社2022年版。

第九章　网络监测预警与应急处置

法律故事

2024年5月,湖北省通信管理局制定印发《公共互联网网络和数据安全风险监测与处置办法实施细则》,进一步加强和规范湖北省公共互联网网络和数据安全风险监测与处置工作,健全相关工作机制。

上述实施细则着眼于维护湖北省网络空间安全,立足湖北省通信管理局职责和信息通信行业技术优势,对暴露在公共互联网的网络和数据安全风险与威胁进行监测、通报和处置,最大限度消除和化解风险。一是进一步明确网络和数据安全风险类型;二是进一步扩大风险信息来源;三是进一步明确分类处置机制;四是进一步规范风险报送与通报内容要素和格式,制定风险信息报送模板和风险通报处置通知模板。

湖北省通信管理局表示,下一步将组织相关单位加强对各类风险的监测、分析和研判,并常态化开展处置工作;加强跨部门跨行业跨企业协同联动,形成工作合力,为"数化湖北"建设、推进新型工业化筑牢网络和数据安全屏障。①

由此看出,网络安全监测预警与应急处置工作将直接影响到网络安全的保障与维护,健全与完善网络安全监测预警与应急处置制度机制已经成为应对网络安全风险的重要举措。

第一节　网络监测预警与应急处置概述

一、网络监测预警与应急处置的立法沿革

伴随着信息革命和数字社会的迅猛发展,社会治理的网络化、数字化水

---

① 参见刘丽:《湖北发布公共互联网网络和数据安全风险监测与处置办法实施细则》,载《人民邮电报》2024年7月2日第5版。

平不断提升,极大地提高了生活与工作效率,推动了社会服务模式创新与社会资源的均等化。科技是一把双刃剑,它在带给我们便利与进步的同时,必然也会带来一系列负面影响,网络安全风险就是其中的重要表现之一。为有效应对突发的网络安全事件,降低网络安全隐患,加强网络安全管制,有必要按照"早发现、早报告、早处置"的原则,建立高效的国家网络安全监测预警和应急处置制度。

我国网络监测预警与应急处置方面的立法由来已久。早在1995年,全国人大常委会颁布的《人民警察法》中即明确了公安机关负有监督管理计算机信息系统的安全保护工作职责。1997年,国务院批准《计算机信息网络国际联网安全保护管理办法》,将公安机关的监督职权扩展到了信息网络的国际联网领域。2000年,全国人大常委会颁布的《关于维护互联网安全的决定》进一步明确了公安机关对互联网安全的监督管理职权。2003年,中国共产党第十六届中央委员会第三次全体会议通过的《中共中央关于完善社会主义市场经济体制若干问题的决定》中明确指出,国家要"建立健全各种预警和应急机制,提高政府应对突发事件和风险的能力";同年,原国家信息化领导小组发布《关于加强信息安全保障工作的意见》,具体意见主要包括实行信息安全等级保护、加强以密码技术为基础的信息保护和网络信任体系建设、建设和完善信息安全监控体系、重视信息安全应急处理工作、加强对信息安全保障工作的领导、建立健全信息安全管理责任制等。2006年,《国家突发公共事件总体应急预案》出台。2007年,十届全国人大常委会第二十九次会议通过了《突发事件应对法》。2009年,工信部出台《公共互联网网络安全应急预案》《互联网网络安全信息通报实施办法》等规范性文件。2016年,《网络安全法》制定出台。该法第51条规定,国家建立网络安全监测预警和信息通报制度;第53条规定,国家网信部门协调有关部门建立健全网络安全风险评估和应急工作机制,制定网络安全事件应急预案,并定期组织排练,从而在法律上正式确立了我国在国家安全管制领域的网络监测预警权与应急处置权。网络监测预警权与应急处置权赋予了国家和政府在网络应急事项上事先、事中管理的较大行动力。2017年,中央网信办印发了《国家网络安全事件应急预案》;同年,工信部发布了《公共互联网网络安全突发事件应急预案》和《公共互联网网络安全威胁监测与处置办法》。至此,我国网络监测预警与应急处置法律体系初步形成。

此外，我国发布的《信息安全技术 关键信息基础设施安全保护要求》（GB/T39204-2022）、《数据安全技术 数据分类分级规则》（GB/T43697-2024）；《信息技术安全技术 实体鉴别第 4 部分：采用密码校验函数的机制》（GB/T15843.4-2024）《网络安全技术 无线局域网客户端安全技术要求》（GB/T33563-2024）、《信息安全技术 网络安全等级保护基本要求》（GB/T22239-2019）等信息安全技术方面的国家安全标准，为网络监测预警与应急处置的顺利开展起到了重要的参考和辅助作用。

二、网络监测预警与应急处置的功能作用

网络监测预警与应急处置在加强网络安全管理能力、保障数字公民权利、强化数字法治监督效能、提升数字社会治理法治化水平等方面具有至关重要的作用。

（一）加强网络安全管理能力

一方面，增强事前风险预防能力。网络监测预警系统能够实时监测网络流量、系统日志、应用日志等，及时发现并报告潜在的安全威胁。这种主动监测的机制通过实时监测、威胁预警、快速响应、有效处置以及协同联动等关键环节，使得网络安全管理者能够提前识别风险，而不是被动地等待安全事件发生后再进行响应，从而将管理的时间节点从事中、事后前移至事前，实现成本效益的最大化，最终全方位提高网络安全防护的效率和效果。

另一方面，强化网络安全风险分析和识别能力。通过对网络监测数据的分析，网络安全管理者可以了解网络安全威胁的类型、来源和趋势，从而制定更具针对性的安全策略和措施。网络监测预警系统利用大数据、人工智能、云计算等先进技术，对网络流量、日志、行为等进行实时监测和分析，及时识别异常因素，预测网络攻击的可能性和影响范围，为应急处理提供决策支持。同时，监测预警与应急处置机制还能够帮助管理者识别安全资源的瓶颈和短板，优化资源配置，提高网络安全管理的整体效能。

（二）保障数字公民权利

现如今，网络化与数字化深度融合发展，数字化生存已经成为人类生活的基本属性与核心机制，人们的生存方式和生产生活关系遭遇颠覆性重塑，

数字公民身份应运而生。① 网络监测预警与应急处理机制有助于加强对数字公民身份的合法化确认，保障数字公民合法权益的实现。总体来看，主要体现在以下两个方面：

一方面，网络监测预警与应急处理维护和保障数字公民的个人信息保护权和隐私权。网络运营者掌握着海量的公民个人的数据信息，倘若其被泄露，会给公民的权利造成难以估量的损害。网络监测预警与应急处理机制共同构建了一个高效、动态的网络安全防护体系，帮助网络安全管理者及时发现进而从最大程度上降低甚至消除各类网络安全风险，为数字公民的个人信息保护权和隐私权打造安全的屏障。

另一方面，网络监测预警与应急处置强化数字公民的参与权和监督权。网络平台的开发设计流程通常缺少公民的参与，由于信息的不对称、资源的不对等和数字技术运用能力方面的较大差异，较之于网络运营者，公民明显处于相对弱势地位。有鉴于此，诸多公民往往会基于对自身个人信息被泄露的忧虑，影响到自身行使权利的积极性。系统完备的网络监测预警与应急处置机制可以为数字公民在行使参与权和监督权时保驾护航，起到"稳定军心"的重要作用。

（三）强化数字法治监督效能

网络监测预警与应急处理在本质上是一种数字法治监督的重要形式。在网络世界中，负有网络安全管理职责的有关部门以《网络安全法》《数据安全法》为根本遵循，通过利用网络监测预警与应急处理，及时发现网络运营者在数字权力行使过程中存在的一系列问题，严防其对数字权力的滥用、乱用和误用，确保数字权力在法治的轨道上有序运行，从而达到监督管控的目的。此外，强化数字监督效能不仅有助于规范数字权力运行，而且也是保障和实现公民数字权利的不可或缺的重要方式。

更进一步而言，全域数字法治监督强调的是一种监督体系的聚合形态，将单个权力机关的数据资源归集到平台中心，通过算法实现数据碰撞，在发现问题后启动监督机制。② 建构全域数字法治监督体系正成为数字监督建设中的重要目标。全域法治数字监督体系的建构需要打破部门壁垒，实现多个部门和机构协同配合，而这同样离不开网络监测预警与应急处置机制的设

---

① 参见马长山：《数字公民的身份确认及权利保障》，载《法学研究》2023年第4期。
② 参见胡铭：《全域数字法治监督体系的构建》，载《国家检察官学院学报》2023年第1期。

立。网络监测预警与应急处置有助于营造出良好的网络安全空间,进一步促进各地域各层级各部门之间的数据共享,从而有效建构起全域数字法治监督体系。

（四）提升数字社会治理法治化水平

一方面,网络监测预警与应急处理建设是国家实施积极的网络社会认同治理策略的重要体现。数字社会治理中,赢得社会成员对国家的认同,包括对社会主流价值观的认同,是最终保障社会稳定和社会秩序的关键。① 网络监测预警与应急处理的有序能够增强社会成员对国家网信部门等国家机关的认同感与信任感,从而有效弥合网络空间中数字化与法治化之间的内在张力,实现数字社会秩序稳定和公共利益的最大化。

另一方面,网络监测预警与应急处理促进网络安全法律法规的修改和完善。网络安全的国家治理是国家协调社会各利益相关主体,调节完善国家正式法律制度与社会规范、市场运行生态、代码架构。② 网络安全管理者通过将网络监测预警与应急处理机制在实践中投入运行,及时评估检测其应用实效,并从中查漏补缺,自发地推动有效规则的生成与修改,继而解决网络安全发展过程中的制度性矛盾,从而持续不断地将制度优势转化为治理效能。

第二节 网络安全监测预警和信息通报

一、网络安全监测预警和信息通报的概念内涵与内在关联

（一）网络安全监测预警的概念内涵

我国《网络安全法》第 76 条规定,网络安全,是指通过采取必要措施,防范对网络的攻击、侵入、干扰、破坏和非法使用以及意外事故,使网络处于稳定可靠运行的状态,以及保障网络数据的完整性、保密性、可用性的能力。网络安全不只是某种绝对单纯的技术安全或行为安全,而应该是网络空间产生的或带来的与法律利益息息相关的网络安全,这些法律利益或者存在于网络空

---

① 参见陈氚：《数字社会治理现代化的中国过程》,载《科学社会主义》2023 年第 6 期。
② 参见〔美〕劳伦斯·莱斯格：《代码 2.0：网络空间中的法律》,李旭、沈伟伟译,清华大学出版社 2009 年版,第 145—148 页。

间本身,或者透过网络介入或者活动而被连接到。[①] 网络安全监测预警是获取违法不良信息传播情报的重要前提,也是治理网络信息内容生态的重要前提。进一步加以解构,网络安全监测预警包括网络安全监测和网络安全预警两大方面的内容。

网络安全监测是指采取技术手段对网络系统进行实时监控从而掌握网络的全面运行情况,发现网络安全风险的活动,是及时、准确预警和有效管控网络安全风险的前提和基础。做好网络安全监测工作,应当从制度建设入手,明确机构人员,细化职责分工,同时配备专业设备设施,形成系统、高效、实时共享的网络安全监测网络体系。

网络安全预警则是指在网络安全风险发生蔓延并造成实际危害之前,通过对网络安全监测所获取的信息进行分析和风险评估,向有关部门和社会发出警示。对网络安全风险进行预警,便于有关方面及时采取必要措施,防范或者应对针对网络的攻击、侵入、干扰、破坏和非法使用以及网络意外事故,使网络处于稳定可靠运行的状态,保障网络数据的完整性、保密性、可用性。[②]

总体来看,已有网络信息安全监测和预警主要针对病毒、漏洞、恶意软件、网络攻击等内容,对政治危害性较强的信息、暴恐信息、不良信息等的专门性的监测和预警机制尚需加强,网络安全监测预警制度机制的规范化、明确化、系统化水平有待进一步提升。

(二)网络安全信息通报的概念内涵

所谓网络安全信息通报,是指为了维护网络安全,及时、准确地向相关单位、机构或个人通报网络安全风险、事件、漏洞等信息,以便各方能够迅速采取措施,防止、减轻或消除网络安全威胁的活动。网络安全信息通报是维护网络安全的重要手段之一,通过及时、准确地向相关单位通报网络安全风险、事件、漏洞等信息,可以有效提升网络安全防护水平,保障国家安全和社会稳定。

根据传播范围和受众的不同,网络安全信息通报的类型包括内部通报和外部通报。内部通报主要面向组织内部成员,包括员工、管理层等,通过通知

[①] 参见龙卫球:《我国网络安全管制的基础、架构与限定问题——兼论我国〈网络安全法〉的正当化基础和适用界限》,载《暨南学报(哲学社会科学版)》2017年第5期。

[②] 参见杨合庆主编:《中华人民共和国网络安全法释义》,中国民主法制出版社2017年版,第117页。

应急响应日常运行小组,使其能够确定事态的严重程度和下一步将要采取的行动。在损害评估完成后,应通知应急响应领导小组。外部通报则涉及向组织外部的相关方通报网络安全信息,这些相关方可能包括受到负面影响的外部机构、互联的单位系统及重要客户等,同时根据应急响应的需要,将相关信息准确通报给相关设备及服务供应商、电信、电力等外部组织,以获得适当的应急响应支持。

(三) 网络安全监测预警与信息通报的关系

网络安全信息通报制度与网络安全监测预警制度相对应。《网络安全法》第51条明确规定,国家建立网络安全监测预警和信息通报制度。网络安全信息通报发挥着跨部门、跨层级的数据流通与共享平台的重要功能,是协调有关部门、整合多方资源,实现主动防范、联防联控的重要制度载体。网络安全监测、网络安全预警与网络安全信息通报三者之间呈现出依次递进的关系。网络安全监测预警主体先通过网络安全监测发现风险和问题,然后再启动网络安全预警以引起警示注意,最后通过网络安全信息通报来加强风险防范。

二、网络安全监测预警和信息通报的制度架构

(一) 网络安全监测预警和信息通报的制度主体

正所谓"牵一发而动全身",网络安全工作涉及众多部门,网络上存在海量且来源分散化的网络安全数据信息,因此,网络安全监测预警和信息通报制度的主体呈现出多元化、复杂化的状态。《国家网络安全事件应急预案》是《网络安全法》的下位法,其对《网络安全法》中的规定加以细化,进一步明确了网络安全监测的主体。《网络数据安全管理条例》亦明确规定,网络安全监测预警和信息通报是网络数据安全管理机构应当履行的网络数据安全保护责任的重要内容。[①] 根据《国家网络安全事件应急预案》的规定,各单位按照"谁主管谁负责、谁运行谁负责"的要求,组织对本单位建设运行的网络和信息系统开展网络安全监测工作。由此,便将监测工作的任务落实到了各个单

[①] 根据《网络数据安全管理条例》第30条的规定,网络数据安全管理机构应当履行的网络数据安全保护责任包括:定期组织开展网络数据安全风险监测、风险评估、应急演练、宣传教育培训等活动,及时处置网络数据安全风险和事件;网络数据安全负责人应当具备网络数据安全专业知识和相关管理工作经历,由网络数据处理者管理层成员担任,有权直接向有关主管部门报告网络数据安全情况。

位上。

第一，相关网络安全主管部门是网络安全监测预警和信息通报的制度主体。加强对网络信息内容的监测与预警，需要进一步明确网络安全主管部门以及新闻传播、公安、文化、工商等相关行业部门在网络安全监测和预警方面的职责和义务，规定各管理主体承担专项风险监测任务，并对其发生、扩散、影响的因素进行监测分析。网络安全监测预警属于网络安全保护和监督管理工作的范畴。根据《网络安全法》和《网络数据安全管理条例》的规定，网络安全监测预警和信息通报由国家网信部门统筹协调有关部门进行，统筹协调的具体事项主要包括及时汇总、研判、共享、发布网络数据安全风险相关信息；国务院电信主管部门、公安部门和其他有关机关在各自职责范围内负责网络安全监测预警和信息通报工作；负责关键信息基础设施安全保护工作的部门是本行业、本领域网络安全监测预警和信息通报制度的主体。根据《关键信息基础设施安全保护条例》的规定，关键信息基础设施是指公共通信和信息服务、能源、交通、水利、金融、公共服务、电子政务、国防科技工业等重要行业和领域的，以及其他一旦遭到破坏、丧失功能或者数据泄露，可能严重危害国家安全、国计民生、公共利益的重要网络设施、信息系统等。负责关键信息基础设施安全保护工作的部门包括国家层面的统筹协调部门、行业主管和监管部门、地方层面的监管部门以及运营者本身。这些部门共同构成了关键信息基础设施安全保护工作的责任体系，确保关键信息基础设施的安全稳定运行。展开而言，其包括：国家网信部门，保护工作部门，国务院公安部门，保密行政管理、密码管理等其他有关部门，省级人民政府有关部门，以及关键信息基础设施的运营者。

《国家网络安全事件应急预案》规定，重点行业主管或监管部门组织指导做好本行业网络安全监测工作；各省（区、市）网信部门结合本地区实际，统筹组织开展对本地区网络和信息系统的安全监测工作；各省（区、市）、各部门将重要监测信息报应急办，应急办组织开展跨省（区、市）、跨部门的网络安全信息共享。此外，工业和信息化部印发的《公共互联网网络安全突发事件应急预案》亦对网络监测预警的主体作出了明确说明。该应急预案规定，基础电信企业、域名机构、互联网企业、网络安全专业机构、网络安全企业应当通过多种途径监测、收集漏洞、病毒、网络攻击最新动向等网络安全隐患和预警信息，对发生突发事件的可能性及其可能造成的影响进行分析评估；认为可能发生特别重大或重大突发事件的,应当立即向部应急办报告;认为可能发生较大或一般突发事件的,应当立即向相关省(自治区、直辖市)通信管理局报告。

第二,网络运营者是网络安全监测预警和信息通报的制度主体。网络运营者是指网络的所有者、管理者和网络服务提供者。根据《网络安全法》第21条的规定,网络运营者应当履行"采取监测、记录网络运行状态、网络安全事件的技术措施,并按照规定留存相关的网络日志不少于六个月"。由此可见,网络运营者是网络安全监测预警的主体。《网络信息内容生态治理规定》中规定的网络信息内容服务平台"应健全用户注册、账号管理、信息发布审核、跟帖评论审核、版面页面生态管理、实时巡查、应急处置"等制度,进一步明确了网络信息内容服务平台在网络信息内容治理中的管理主体地位及其监管义务,其中便包括对违法不良信息的监测与预警业务。尚需注意的是,网络运营单位,尤其是提供信息内容服务的网络服务者也应及时加强与网络安全主管部门的监测预警沟通和信息通报,不得迟报、瞒报、漏报,也不得误报虚假信息。否则,应当严格依照法律规定承担相应的法律责任。

(二)网络安全预警和信息通报的基本原则

从我国现有的信息网络安全法律法规中可以看出,我国已经确立多项信息网络安全管理的基本法律原则,如"谁主管谁负责、谁运行谁负责"原则、重点保护原则、预防为主原则、组织协同原则等,这就勾勒出了我国网络安全预警与信息通报制度的原则框架。

第一,"谁主管谁负责,谁运行谁负责"原则。该原则由《国家网络安全事件应急预案》加以明确规定。"谁主管谁负责"强调的是各级网络安全主管部门对其所管辖的部门或业务领域负有全面的责任。如果出现问题或事故,主管部门及其工作人员需要承担相应的责任;"谁运行谁负责"则侧重于具体执行层面。网络运营者等直接负责操作或执行的人员需要对其所从事的网络运营工作负责。如果因为操作不当或疏忽大意导致网络安全问题或事故,需要承担相应的责任。"谁主管谁负责,谁运行谁负责"原则强调了责任与权力的对等性与统一性,明确了网络安全预警与信息通报制度的责任主体和责任范围,对于规范制度运行、建立清晰的责任体系、明确责任分配等具有极其重要的价值。

第二,重点保护原则。根据信息系统的重要程度、业务特点,通过划分不同安全保护等级的信息系统,实现不同强度的安全保护。集中资源优先保护涉及核心业务或关键信息资产的信息系统;对于关键信息基础设施(如金融、能源、交通等领域的核心系统),应实施更为严格的安全保护措施,确保其不受网络攻击的影响。

第三,预防为主原则。网络安全监测预警中的"预防为主"原则,是网络安全保障体系中的重要组成部分,旨在通过前瞻性的措施和策略,保护网络系统和数据免受未经授权的访问、攻击和数据泄露等。通过网络监测预警机制,网络运营者和网络安全管理者可提前发现潜在的网络安全威胁,及时发布预警信息,并采取相应的预防措施进行防范,对网络安全态势进行持续监测和分析,能够最大程度降低因网络安全风险所导致的损失。

第四,组织协同原则。按照组织社会学上的"组织趋同"原理,"执行不同任务、具有不同专业技术的组织往往会发生自觉协调彼此行动,提高整体效率的现象"①。应当加强网络安全监测和信息通报制度各级各类主管部门和网络运营者之间的协同合作,建立跨部门、跨行业的网络安全协同合作机制,提高整体网络安全防范和应对能力。

(三)网络安全预警和信息通报的规制对象

根据《信息安全技术 网络安全监测基本要求与实施指南》5.2的规定,网络监测的对象包括物理环境、通信环境、区域边界、计算存储环境、安全环境等,主要表现为网络安全事件。《国家网络安全事件应急预案》和《公共互联网网络安全突发事件应急预案》皆将网络安全事件分为四个等级:特别重大网络安全事件、重大网络安全事件、较大网络安全事件、一般网络安全事件。

《国家网络安全事件应急预案》将此四级网络安全事件的分级标准划分为:

第一,特别重大网络安全事件。主要包括:(1)重要网络和信息系统遭受特别严重的系统损失,造成系统大面积瘫痪,丧失业务处理能力;(2)国家秘密信息、重要敏感信息和关键数据丢失或被窃取、篡改、假冒,对国家安全和社会稳定构成特别严重威胁;(3)其他对国家安全、社会秩序、经济建设和公众利益构成特别严重威胁、造成特别严重影响的网络安全事件。

第二,重大网络安全事件。主要包括:(1)重要网络和信息系统遭受严重

---

① 王旭:《作为国家机构原则的民主集中制》,载《中国社会科学》2019年第8期。

的系统损失,造成系统长时间中断或局部瘫痪,业务处理能力受到极大影响;(2)国家秘密信息、重要敏感信息和关键数据丢失或被窃取、篡改、假冒,对国家安全和社会稳定构成严重威胁;(3)其他对国家安全、社会秩序、经济建设和公众利益构成严重威胁、造成严重影响的网络安全事件。

第三,较大网络安全事件。主要包括:(1)重要网络和信息系统遭受较大的系统损失,造成系统中断,明显影响系统效率,业务处理能力受到影响;(2)国家秘密信息、重要敏感信息和关键数据丢失或被窃取、篡改、假冒,对国家安全和社会稳定构成较严重威胁;(3)其他对国家安全、社会秩序、经济建设和公众利益构成较严重威胁、造成较严重影响的网络安全事件。

第四,除上述情形外,对国家安全、社会秩序、经济建设和公众利益构成一定威胁、造成一定影响的网络安全事件,为一般网络安全事件。

《公共互联网网络安全突发事件应急预案》同样对此四级网络安全事件作出了分级划分。

第一,特别重大网络安全事件。主要包括:(1)全国范围大量互联网用户无法正常上网;(2)CN国家顶级域名系统解析效率大幅下降;(3)1亿以上互联网用户信息泄露;(4)网络病毒在全国范围大面积爆发;(5)其他造成或可能造成特别重大危害或影响的网络安全事件。

第二,重大网络安全事件。主要包括:(1)多个省大量互联网用户无法正常上网;(2)在全国范围有影响力的网站或平台访问出现严重异常;(3)大型域名解析系统访问出现严重异常;(4)1千万以上互联网用户信息泄露;(5)网络病毒在多个省范围内大面积爆发;(6)其他造成或可能造成重大危害或影响的网络安全事件。

第三,较大网络安全事件。主要包括:(1)1个省内大量互联网用户无法正常上网;(2)在省内有影响力的网站或平台访问出现严重异常;(3)1百万以上互联网用户信息泄露;(4)网络病毒在1个省范围内大面积爆发;(5)其他造成或可能造成较大危害或影响的网络安全事件。

第四,一般网络安全事件。主要包括:(1)1个地市大量互联网用户无法正常上网;(2)10万以上互联网用户信息泄露;(3)其他造成或可能造成一般危害或影响的网络安全事件。

三、网络安全监测预警的基本流程

根据《国家网络安全事件应急预案》和《公共互联网网络安全突发事件应

急预案》的规定,网络安全监测预警的基本流程可大致被分为预警分级、预警研判和发布、预警响应和预警解除四个环节。

(一) 预警分级

在网络安全事件发生之时,应当先对网络安全事件匹配相应的预警等级。《国家网络安全事件应急预案》和《公共互联网网络安全突发事件应急预案》将网络安全事件预警等级分为四级:由高到低依次用红色、橙色、黄色和蓝色表示,分别对应发生或可能发生特别重大、重大、较大和一般网络安全事件。

(二) 预警研判和发布

根据《公共互联网网络安全威胁监测与处置办法》的规定,为了确保网络安全、加快网络安全数据信息的流通共享,工业和信息化部建立网络安全威胁信息共享平台,该平台的重要功能即在于统一汇集、存储、分析、通报、发布网络安全威胁信息;同时制定相关接口规范,与相关单位网络安全监测平台实现对接。在收到预警信息以及对预警信息进行规范分级的基础上,各监测预警主体开展预警研判和发布工作。网络安全预警研判和发布是维护网络安全的重要环节,它涉及对潜在网络安全威胁的识别、评估、预测以及向相关方发布预警信息的过程。

就预警研判而言,部应急办和各省(自治区、直辖市)通信管理局应当及时汇总分析突发事件隐患和预警信息,必要时组织相关单位、专业技术人员、专家学者进行会商研判。在预警研判完成后,监察预警主体便开展预警发布工作。预警发布工作的基本原则为:(1)认为需要发布红色预警的,由部应急办报国家网络安全应急办公室统一发布(或转发国家网络安全应急办公室发布的红色预警),并报部领导小组;(2)认为需要发布橙色预警的,由部应急办统一发布,并报国家网络安全应急办公室和部领导小组;(3)认为需要发布黄色、蓝色预警的,相关省(自治区、直辖市)通信管理局可在本行政区域内发布,并报部应急办,同时通报地方相关部门;(4)对达不到预警级别但又需要发布警示信息的,部应急办和各省(自治区、直辖市)通信管理局可以发布风险提示信息。

向社会发布警示信息,一方面要统一、及时、准确,避免社会公众产生误解;另一方面要告知公众相关网络安全知识,以及受事件影响的社会公众应采取的消除安全隐患、防止损害扩大的措施,维护社会公众利益。① 就发布预警信息的内容要求而言,预警信息应当包括预警级别、起始时间、可能的影响范围和造成的危害、应采取的防范措施、时限要求和发布机关等,并公布咨询电话。面向社会发布预警信息可通过网站、短信、微信等多种形式。

（三）预警响应

网络安全预警响应是指在网络空间中,监测预警主体通过实时监测预警,及时发现并预测可能发生的网络安全事件,随后通过有效的预警机制向相关单位和个人发出警示,并启动相应的应急响应措施,以减轻或避免网络安全事件带来的损失。不同等级的预警对应不同的响应措施和处置流程。发布预警信息后,相关单位应立即启动预警响应机制,按照预设方案进行处置,同时加强网络安全防护,采取必要的措施防止威胁的进一步扩散和损失的发生。

《国家网络安全事件应急预案》将预警响应分为红色预警响应、橙色预警响应以及黄色、蓝色预警响应三种级别。

第一,红色预警响应的措施为:(1)应急办组织预警响应工作,联系专家和有关机构,组织对事态发展情况进行跟踪研判,研究制订防范措施和应急工作方案,协调组织资源调度和部门联动的各项准备工作。(2)有关省(区、市)、部门网络安全事件应急指挥机构实行24小时值班,相关人员保持通信联络畅通。加强网络安全事件监测和事态发展信息搜集工作,组织指导应急支撑队伍、相关运行单位开展应急处置或准备、风险评估和控制工作,重要情况报应急办。(3)国家网络安全应急技术支撑队伍进入待命状态,针对预警信息研究制订应对方案,检查应急车辆、设备、软件工具等,确保处于良好状态。

第二,橙色预警响应的措施为:(1)有关省(区、市)、部门网络安全事件应急指挥机构启动相应应急预案,组织开展预警响应工作,做好风险评估、应急准备和风险控制工作。(2)有关省(区、市)、部门及时将事态发展情况报应急办。应急办密切关注事态发展,有关重大事项及时通报相关省(区、市)和部门。(3)国家网络安全应急技术支撑队伍保持联络畅通,检查应急车辆、设备、软件工具等,确保处于良好状态。

第三,黄色、蓝色预警响应的措施为:有关地区、部门网络安全事件应急

---

① 参见杨合庆主编:《中华人民共和国网络安全法释义》,中国民主法制出版社2017年版,第121页。

指挥机构启动相应应急预案,指导组织开展预警响应。

《公共互联网网络安全突发事件应急预案》将预警响应分为黄色、蓝色预警响应和红色、橙色预警响应两种级别。

第一,黄色、蓝色预警响应。发布黄色、蓝色预警后,预警响应的启动主体应当针对即将发生的网络安全突发事件的特点和可能造成的危害,采取如下措施:(1)要求有关单位、机构和人员及时收集、报告有关信息,加强网络安全风险的监测;(2)组织有关单位、机构和人员加强事态跟踪分析评估,密切关注事态发展,重要情况报部应急办;(3)及时宣传避免、减轻危害的措施,公布咨询电话,并对相关信息的报道工作进行正确引导。

第二,红色、橙色预警响应。发布红色、橙色预警后,预警响应的启动主体除采取黄色、蓝色预警响应措施外,还应当针对即将发生的网络安全突发事件的特点和可能造成的危害,采取下列措施:(1)要求各相关单位实行24小时值班,相关人员保持通信联络畅通;(2)组织研究制订防范措施和应急工作方案,协调调度各方资源,做好各项准备工作,重要情况报部领导小组;(3)组织有关单位加强对重要网络、系统的网络安全防护;(4)要求相关网络安全专业机构、网络安全企业进入待命状态,针对预警信息研究制订应对方案,检查应急设备、软件工具等,确保处于良好状态。

(四)预警解除

网络安全预警的解除需要综合运用多种技术和管理措施,以确保网络系统的安全性和稳定性。预警发布部门或地区应当根据实际情况,确定是否解除预警,及时发布预警解除信息。具体而言,部应急办和省(自治区、直辖市)通信管理局发布预警后,应当根据事态发展,适时调整预警级别并按照权限重新发布;经研判不可能发生突发事件或风险已经解除的,应当及时宣布解除预警,并解除已经采取的有关措施。相关省(自治区、直辖市)通信管理局解除黄色、蓝色预警后,应及时向部应急办报告。

第三节 网络安全事件应急处置

一、网络安全事件应急处置概览

(一)网络安全事件应急处置的基本概念

网络安全事件应急处置是指在网络安全事件发生后,通过一系列及时、有效的措施和方法,来应对和处理这些事件,以最大限度地恢复网络系统的正常运行、保障网络安全。网络安全突发事件可能是由于黑客攻击、网络运营者不当运营等人为因素引发,也可能是由于软硬件缺陷或故障、自然灾害等多种客观因素所导致。

(二)网络安全事件应急处置与网络安全监测预警之间的关系

网络安全监测预警与网络安全应急处置之间存在紧密关联,网络安全监测预警是网络安全应急处置的前置性环节,网络安全应急处置是网络安全监测预警的后续环节。网络安全监测预警阶段的预警响应的具体措施实际上是按照评估的网络安全事件级别启动应急预案。①

(三)网络安全事件应急处置的基本原则

第一,统一领导、分级负责原则。在应急处置过程中,必须始终坚持和加强中央网信办的统筹协调,在部领导小组的统一领导下完成公共互联网网络安全突发事件应急管理工作。在此基础上,明确各级领导和部门的职责和权限,确保应急工作的高效运行。

第二,统一指挥、密切协同原则。要想确保网络安全事件应急处置的有序运行,则需要建立统一的应急指挥体系,并以此为指挥,加强各部门之间的沟通与协作,形成跨领域跨部门的整体合力,有效且有针对性地应对网络安全事件。

第三,快速反应、科学处置原则。在网络安全事件发生后,网络安全主管部门、网络运营者需要及时迅速响应相关决策,科学合理评估事件的性质和影响范围,然后按照法律规定,采取相应的技术手段进行处置。

第四,预防为主、预防与应急相结合原则。通过加强网络安全预防工作,最大程度避免网络安全突发事件发生的可能性,降低风险带来的负面影响和成本损耗。同时,也需要做好应急准备工作,确保在事件发生时能够迅速应对,实现预防与应急的有机统一。

二、网络安全事件应急处置的具体措施

(一)启动应急预案

《网络数据安全管理条例》以规范网络数据处理活动、保障网络数据安全

---

① 参见陈道英主编:《网络安全法教程》,法律出版社2023年版,第122页。

为目的制定。该条例多次强调网络数据处理者应当建立健全网络数据安全事件应急预案,并将制定实施网络数据安全事件应急预案明确界定为数据安全管理机构应当履行的重要网络数据安全保护责任。网络安全应急预案是为了依法、迅速、科学、有序应对突发的网络安全突发事件,以最大程度减少损失并恢复网络系统正常运行而预先制定的应急响应的规范性文件。《突发事件应急预案管理办法》第6条亦规定,县级以上人民政府及其有关部门要注重运用信息化数字化智能化技术,推进应急预案管理理念、模式、手段、方法等创新,充分发挥应急预案牵引应急准备、指导处置救援的作用。启动应急预案是网络安全事件发生后,事发单位应当率先、立刻采取的应急处置措施。应急预案通常包括下列内容:(1)明确有关各方的分工和责任;(2)明确各类网络安全事故的诊断方法和流程;事故场景应覆盖人为破坏、病毒爆发、网络攻击、计算机硬件故障、操作系统故障、系统漏洞、应用系统故障以及其他各类与网络相关的故障;(3)制定网络恢复流程和应急处置操作手册;(4)明确应急恢复过程中的关键状态,并明确不同状态的沟通和报告内容及等级;(5)明确应急相关人员的协调内容和沟通方式;(6)明确系统重建步骤,确保网络恢复正常业务处理能力。

(二)调查评估事件

网络安全事件发生后,应急处置的部门和机关及其工作人员应当组织调查和评估事件发生的原因、过程和结果,综合评估认定其影响的范围和深度。第一,信息收集。收集与事件相关的所有信息,包括系统日志、网络流量数据、用户行为记录等。第二,现场勘查。对受影响的系统或网络进行现场勘查,了解事件发生的具体环境和条件。第三,技术分析。利用专业的安全分析工具对收集到的信息进行深入分析,确定事件的性质、攻击手段、攻击路径等。第四,损失评估。总体评估事件对组织造成的实际损失,包括网络安全事件引发的数据泄露、系统损坏、业务中断等方面的损失。

根据《网络数据安全管理条例》第11条的规定,当发生网络数据安全事件时,网络数据处理者应当立即启动预案,并按照规定向有关主管部门报告。根据《国家网络安全事件应急预案》的规定,特别重大网络安全事件由应急办组织有关部门和省(区、市)进行调查处理和总结评估,并按程序上报;重大及以下网络安全事件则由事件发生地区或部门自行组织调查处理和总结评估,其中重大网络安全事件相关总结调查报告报应急办。总结调查报告应对事件的起因、性质、影响、责任等进行分析评估,提出处理意见和改进措施。值得注意的是,事件的调查处理和总结评估工作原则上应当在应急响应结束后30天内完成,在遇到较大的技术难题、其他不可抗力等特殊情况下可适当延长相应期限。

(三) 及时通知和报案

根据《网络数据安全管理条例》的规定,网络数据处理者对网络数据安全事件负有及时通知和报告义务。一方面,对利害关系人的及时通知义务。网络数据安全事件对个人、组织合法权益造成危害的,网络数据处理者应当及时将安全事件和风险情况、危害后果、已经采取的补救措施等,以电话、短信、即时通信工具、电子邮件或者公告等方式通知利害关系人;法律、行政法规规定可以不通知的,从其规定。这进一步健全了网络数据处理者在不同场景处理不同数据的义务规则,有助于维护和保障利害关系人的数字权利,进一步彰显数字正义的价值理念。另一方面,对公安机关、国家安全机关的报案义务。网络数据处理者在处置网络数据安全事件过程中发现涉嫌违法犯罪线索的,应当按照规定向公安机关、国家安全机关报案,并配合开展侦查、调查和处置工作。这加强了网络数据处理者与公权力机关的协同共治,有助于公安机关、国家安全机关更好地履行法定职责和义务,有助于更好地支撑网络数据安全综合保障体系建设,全方位提升数字监督治理效能。

(四) 要求网络运营者采取必要处置措施

网络运营者处于网络空间运营的第一线,对网络安全事件负有应急处置的义务和职责。当网络安全事件发生时,网络运营者必须自觉、及时、主动、有效地采取应急处置措施。负有网络安全管理职责的有关部门在依法处置网络安全事件时,也有权要求网络运营者采取技术措施和其他必要措施,消除安全隐患,防止危害扩大化。相应技术措施如安全检测与监控、隔离与阻断、数据恢复与备份、日志审计与追踪等;其他必要措施包括开展人员培训与演练、启动平台合规程序降低损害、进行用户告知与用户安抚等。

(五) 向社会发布警示信息

发生网络安全事件后,国家网信部门和省级以上政府有关部门经过调查评估后,应当及时将与公众相关的警示信息向社会发布。警示信息的内容应当具有明确性和准确性,能够明确地描述出网络安全事件的性质、发生时间、影响范围及可能的风险等,同时应当确保所有信息基于事实,避免夸大或误导。这既是公权力机关履行网络安全保障义务的重要体现,也是保障公民知情权和监督权的重要举措。警示信息的有效发布,对于增强民众对政府的信任度、保障公民合法权益、提高全社会的网络安全防范意识和能力,皆具有重要的推动作用。

三、网络安全事件应急处置的基本流程

(一)应急响应分级

《国家网络安全事件应急预案》和《公共互联网网络安全突发事件应急预案》将网络安全事件应急响应分为四级,即Ⅰ级、Ⅱ级、Ⅲ级、Ⅳ级响应。其中,Ⅰ级响应对应已经发生的特别重大网络安全事件;Ⅱ级响应对应已经发生的重大网络安全事件;Ⅲ级响应对应已经发生的较大网络安全事件;Ⅳ级响应对应已经发生的一般网络安全事件。

(二)先行处置与启动预案

网络安全突发事件发生后,事发单位应立即启动应急预案,实施处置并及时报送信息。具体而言,其必须履行好以下职责:(1)按照《公共互联网网络安全突发事件应急预案》的规定,立即向电信主管部门报告;(2)立即启动本单位应急预案,组织本单位应急队伍和工作人员采取应急处置措施,尽最大努力恢复网络和系统运行,尽可能减少对用户和社会的影响;(3)注意保存网络攻击、网络入侵或网络病毒的证据。

各有关地区、部门应当主要采取以下措施,以应对网络安全突发应急事件:(1)立即组织先期处置,控制事态,消除隐患;(2)组织研判,注意保存证据;(3)做好信息通报工作。

值得注意的是,对于初判为特别重大、重大网络安全事件的,各有关地区、部门应当立即报告应急办。

(三)启动应急响应

根据《国家网络安全事件应急预案》的规定,责任主体应当按照以下要求开展启动应急响应工作:

第一,特别重大网络安全事件启动Ⅰ级应急响应。负责主体为网络安全事件应急指挥部,指挥部对应急处置工作负有统一领导、指挥、协调的职责义务。指挥部应对工作进行决策部署,有关省(区、市)和部门负责组织实施。有关省(区、市)、部门应急指挥机构负有两方面职责义务:(1)进入应急状态。

在指挥部的领导下,有关省(区、市)、部门应急指挥机构负责本省(区、市)、本部门应急处置工作或支援保障工作,并派员参加应急办工作;(2)有关省(区、市)、部门应急指挥机构负责跟踪事态发展,检查影响范围,及时将事态发展变化情况、处置进展情况报应急办。

第二,重大网络安全事件启动Ⅱ级应急响应。有关省(区、市)和部门的应急办根据事件的性质和情况确定是否应当启动Ⅱ级响应。若确定启动Ⅱ级响应,事件发生省(区、市)或部门的应急指挥机构负责统一指挥、协调,其应当按照以下程序启动应急响应:(1)进入应急状态,按照相关应急预案做好应急处置工作;(2)及时将事态发展变化情况报应急办。应急办将有关重大事项及时通报相关地区和部门;(3)处置中需要其他有关省(区、市)、部门和国家网络安全应急技术支撑队伍配合和支持的,商应急办予以协调。与此同时,相关省(区、市)、部门和国家网络安全应急技术支撑队伍应根据各自职责,积极配合、提供支持。此外,有关省(区、市)和部门根据应急办的通报,应当结合各自实际,有针对性地加强相应防范,以切实防止造成更大范围的影响和损失。

为有效应对网络安全事件,加强应急处置工作实效,在启动Ⅰ级、Ⅱ级响应之时,指挥部、部应急办和相关单位皆实行24小时值班制,相关人员应当保持联络畅通,相关单位派员参加部应急办工作。同时,可视情在部应急办设立应急恢复、攻击溯源、影响评估、信息发布、跨部门协调、国际协调等工作组。

第三,较大网络安全事件和一般网络安全事件分别启动Ⅲ级、Ⅳ级应急响应。Ⅲ级、Ⅳ级应急响应由相关省(区、市)通信管理局决定启动。相关省(区、市)通信管理局承担指挥、协调职责,指引事件发生地区和部门按相关预案开展Ⅲ级、Ⅳ级应急响应工作。

另外,根据《公共互联网网络安全突发事件应急预案》的规定,应急办在启动应急响应后,应当履行相应的报告程序。(1)若启动Ⅰ级、Ⅱ级响应,部应急办应当立即将突发事件情况向国家网络安全应急办公室等报告;(2)若启动Ⅲ级、Ⅳ级响应,相关省(区、市)通信管理局应及时将相关情况报部应急办。

(四)安全事态跟踪

在有关单位和部门启动Ⅰ级、Ⅱ级响应后,相关责任主体应当积极开展网络安全事态跟踪工作,并将相关情况上报给部应急办,以实现公权力机关对网络安全事件处置程序的上下贯通。内容主要包括：(1) 事发单位和网络安全专业机构、网络安全企业应当持续加强监测，跟踪事态发展，检查影响范围，密切关注舆情，及时将事态发展变化、处置进展情况、相关舆情报部应急办；(2) 省(区、市)通信管理局立即全面了解本行政区域受影响情况，并及时报部应急办；(3) 基础电信企业、域名机构、互联网企业立即了解自身网络和系统受影响情况，并及时报部应急办。

在有关单位和部门启动Ⅲ级、Ⅳ级响应后，相关省(区、市)通信管理局应当组织相关单位加强事态跟踪研判。

(五) 决策部署要求

1. 启动Ⅰ级、Ⅱ级响应后的决策部署要求

第一，召开紧急会议。启动Ⅰ级、Ⅱ级响应后，部领导小组或部应急办紧急召开会议。会议展开的目的是商讨如何对应急处置工作进行决策部署，会议主要内容是听取各相关方面情况汇报、研究紧急应对措施等。

第二，采取技术措施。针对突发事件的类型、特点和原因，相关单位应当采取以下措施，以控制和减轻网络安全事件导致的损失和危害：(1) 带宽紧急扩容、控制攻击源、过滤攻击流量、修补漏洞、查杀病毒、关闭端口、启用备份数据、暂时关闭相关系统等；(2) 对大规模用户信息泄露事件，要求事发单位及时告知受影响的用户，并告知用户减轻危害的措施；(3) 防止发生次生、衍生事件的必要措施；(4) 其他可以控制和减轻危害的措施。

第三，做好信息报送。(1) 相关单位应当及时向国家网络安全应急办公室等报告突发事件处置进展情况；(2) 视情况由部应急办向相关职能部门、相关行业主管部门通报突发事件有关情况，必要时向相关部门请求提供支援；(3) 还可根据网络安全事件的现实状况，向外国政府部门通报有关情况并请求协助。

第四，注重信息发布。相关单位应当高度重视网络舆情，避免不当言论的发酵，肃清社会舆论环境。为此，相关单位应当及时向社会公众通告突发事件情况，宣传避免或减轻危害的措施，公布咨询电话。并且，基于预防不良网络舆论发酵的需要，未经部应急办同意，各相关单位不得擅自向社会发布突发事件相关信息。

2. 启动Ⅲ级、Ⅳ级响应后的决策部署要求

启动Ⅲ级、Ⅳ级响应后，相关省(区、市)通信管理局组织相关单位开展处

置工作。在应急处置过程中,若发现需要其他区域的通信管理局提供配合和支持的,接受请求的省(区、市)通信管理局应当在权限范围内履行积极配合且提供必要支持的义务;如果有必要,还可报请部应急办予以综合协调。

(六)结束应急响应

在突发事件的影响和危害得到控制或消除之后,应当由相应责任主体决定结束应急响应工作,并及时通报给相应的机关和部门。(1)Ⅰ级响应根据国家有关决定或经部领导小组批准后结束。具体而言,应当由应急办提出建议,报指挥部批准后,及时通报有关省(区、市)和部门。(2)Ⅱ级响应由部应急办决定结束,并报部领导小组。具体而言,应当由事件发生省(区、市)或部门决定,报应急办,应急办通报相关省(区、市)和部门。(3)Ⅲ级、Ⅳ级响应则由相关省(区、市)通信管理局决定结束,并报部应急办。

(七)事后总结与日常预防

在网络安全事件应急处置流程结束后,应当对此次应急处置的全过程进行复盘总结,以积累经验教训,在日常加强和完善对网络安全运营环境的常规化管理和风险预防工作。

1. 事后总结

事后总结主要包括调查评估和奖惩问责两个环节。

第一,调查评估环节。事发单位的调查评估环节大致包括以下三个流程:(1)复盘总结。公共互联网网络安全突发事件应急响应结束后,事发单位应当及时且全盘调查突发事件的起因(包括直接原因和间接原因)、经过、责任,评估突发事件造成的影响和损失,总结突发事件防范和应急处置工作的经验教训。(2)形成报告。在此基础上,事发单位应当提出处理意见和改进措施,并在应急响应结束后 10 个工作日内形成总结报告,报电信主管部门。(3)部门上报。电信主管部门汇总并研究后,在应急响应结束后 20 个工作日内形成报告,按程序上报。

第二,奖惩问责环节。奖惩问责环节主要包括奖励、问责和考核三方面的内容。

(1)奖励。对网络安全突发事件应对工作中作出突出贡献的先进集体和个人,工业和信息化部应当给予其表彰或奖励。能够迅速响应、有效处置并在很大程度上减轻损失的个人或团队,或者发现重要漏洞并有效避免潜在安全风险的个人或团队等,都可被视为是作出突出贡献的先进集体和个人。这旨在激励各单位和个人积极投身网络安全工作,提高网络安全防护水平。

(2)问责。网络安全事件应急处置工作实行责任追究制。对不按照规定制定应急预案和组织开展演练、迟报、谎报、瞒报和漏报突发事件重要情况,或在预防、预警和应急工作中有其他失职、渎职行为的单位或个人,由电信主管部门给予约谈、通报或依法、依规给予问责或处分。其一,约谈。对于存在网络安全隐患或应急处置不力的单位或个人,主管部门可以进行约谈,要求其限期整改。其二,通报批评。对于在网络安全工作中出现重大失误或造成严重后果的单位或个人,主管部门可以进行通报批评,以警示其他单位和个人。其三,问责或处分。问责或处分主要包括行政处罚、刑事责任追究和企业内部问责三种类型。对于违反《网络安全法》等相关法律法规的单位或个人,主管部门可以依法给予行政处罚,包括罚款、责令改正等措施;对于构成犯罪的单位或个人,将按照我国刑法的相关规定,依法追究刑事责任;除了外部监管部门的问责外,企业内部也应建立相应的问责机制。对于违反企业网络安全管理制度和操作规程的员工,企业应给予相应的纪律处分或经济处罚,严重者甚至可以解除劳动合同。

(3)考核情形。基础电信企业有关情况应当被纳入企业年度网络与信息安全责任考核之中。根据考核标准对企业在此次网络安全应急处置中的表现进行评分或评级,并给出具体的反馈意见。

2. 日常预防

在结束应急并完成事后总结后,各部门和单位应当将应急处置过程中的相关经验教训应用于对网络安全的日常管理和预防工作之中。

(1)预防保护。各地区、各部门应当根据有关法律法规和国家、行业标准的规定,按职责做好网络安全事件日常预防工作,制定完善相关应急预案,做好网络安全检查、隐患排查、风险评估和容灾备份,健全网络安全信息通报机制,及时采取有效措施,减少和避免网络安全事件的发生及危害,提高应对网络安全事件的能力。

(2)应急演练。网络安全事件应急演练涉及的主体包括三方面:一是国家网信部门协调有关部门组织演练,二是负责关键信息基础设施安全保护工作的部门组织本行业、本领域的应急演练,三是关键信息基础设施的运营者定期进行应急演练。由此可以看出,国家网信部门是网络安全事件应急演练的协调者,关键信息基础设施安全保护工作的部门(通常为关键信息基础设施行业主管或监管部门)是本行业、本领域的网络安全事件应急演练的组织者,关键信息基础设施的运营者是应急演练的具体实施者。从时间频率上看,应急演练应当定期进行,成为一项常态化机制,而不是偶发性的、可有可无的业务活动。根据《国家网络安全事件应急预案》的规定,中央网信办协调有关部门定期组织演练,检验和完善预案,提高实战能力。各省(区、市)、各部门每年至少组织一次预案演练,并将演练情况报中央网信办。

(3)宣传培训。各地区、各部门应充分利用各种新闻媒体及其他有效的媒介传播形式,加强对突发网络安全事件预防和处置的有关法律、法规和政策的宣传,开展网络安全基本知识和技能的宣传活动。各地区、各部门要将网络安全事件的应急知识列为领导干部和有关人员的培训内容,加强网络安全特别是网络安全应急预案的培训,鼓励开展各种形式的网络安全竞赛,全面提高领导干部和有关人员的网络安全防范意识及技能。

第四节　网络安全监督管理约谈

一、网络安全监督管理约谈的概念与性质

网络安全监督管理约谈是指网络安全行政管理主体运用协商对话机制,对行政管理相对人进行约见谈话,向行政管理相对人传递警示信息,明确指出其可能存在的违法情形,并对其加以必要的规制和教育,最终促使行政管理相对人作出或不作出某种行为的一种管理活动。网络安全监督管理约谈具有较强的灵活性和高效性,已经成为网络安全管理领域中重要的规制工具。目前,关于网络安全监督管理约谈的性质认定方面主要存在两种观点。

一种观点认为网络安全监督管理约谈属于行政指导。全国人大常委会法制工作委员会经济法室直接参与本法制定起草工作的人员编写的《中华人民共和国网络安全法释义》一书中即指出,网络安全监督管理约谈是一种行政指导行为。行政指导是行政机关在其所管辖的事务范围内,根据国家的政策规定或法律原则,针对特定的公民、法人或其他组织,采用非强制性的方法或手段,取得该行政相对方的同意或协助,以有效地实现一定的行政目的的主动管理行为。网络安全监督管理约谈强调双向性和互动性,网络安全行政管理主体在与行政管理相对人谈话的过程中,必然要听取行政管理相对人的

陈述和意见,提供一定的指导和帮助,令其认识并纠正自身的违法行为。因此,该观点认为网络安全监督管理约谈属于行政指导的范畴。

另一种观点将网络安全监督管理约谈认定为一种行政行为。国家网信办发布的《互联网新闻信息服务单位约谈工作规定》(以下简称《约谈十条》)第2条第2款规定:"本规定所称约谈,是指国家互联网信息办公室、地方互联网信息办公室在互联网新闻信息服务单位发生严重违法违规情形时,约见其相关负责人,进行警示谈话、指出问题、责令整改纠正的行政行为。"

本书认为,网络安全监督管理约谈属于一种行政行为。根据《约谈十条》中第7条的规定,互联网新闻信息服务单位未按要求整改,或经综合评估未达到整改要求的,将给予相应警告、罚款、责令停业整顿、吊销许可证等处罚;互联网新闻信息服务单位被多次约谈仍然存在违法行为的,依法从重处罚。该法规赋予了网络安全行政管理主体在选择处罚的方式和幅度上的自由裁量权。而行政指导的本质特征是非强制性,它通过利益诱导和道德引导机制发挥作用,行政相对人可以自愿接受指导,或拒绝指导,并且不会因为拒绝指导遭受制裁。[1] 因此,网络安全监督管理约谈具有强制性,这与行政指导行为的非强制性不相一致,其并不属于行政指导行为,而应归属于行政行为的范畴之中。

网络安全监督管理约谈究竟属于何种行政行为类型,则应根据具体情境加以综合判断。根据行政行为的表现形式和对行政相对人权益的影响,行政行为可被划分为行政法律行为和行政事实行为。其中,行政法律行为是行政机关依照法定职权对可确定的行政相对人作出的,旨在形成个别性的权利和义务关系的单方行为;行政事实行为是行政机关实施的、影响或者改变行政相对人法律状态的一种行政行为,其并不产生"法"效果。[2] 网络安全监督管理约谈在行政法律行为和行政事实行为的宽大光谱之间灵活滑动。从行政过程论的视角出发,网络安全监督管理约谈具有多阶段性和总结性,应当分别对各个过程和阶段的网络安全监督管理约谈行为的性质加以具体分析。当网络安全监督管理约谈行为不可诉时,其属于行政事实行为;而当网络安全监督管理约谈行为具有强制性和可诉性、对外发生法律效果时,其属于行政法律行为。

---

[1] 参见莫于川等:《法治视野中的行政指导》,中国人民大学出版社2005年版,第23—25页。
[2] 参见章剑生:《现代行政法总论(第2版)》,法律出版社2019年版,第139页、第205页。

二、网络安全监督管理约谈的功能作用

(一) 完善网络安全风险监测预警和应急处置

网络安全监督管理约谈强调以柔性化的行政方式指导和督促网络运营者加强内部整改。在约谈过程中,监管部门会明确划分网络运营者、关键信息基础设施运营者等责任主体的网络安全责任和义务,有助于责任主体增强网络安全责任感,强化风险意识,帮助责任主体健全优化网络安全管理体系,加强风险监测和预警工作。与此同时,在约谈过程中,约谈主体会强调应急处置的重要性和紧迫性,要求责任主体加强应急演练和培训,提高应对网络安全事件的能力和效率。这种强化训练有助于责任主体在发生网络安全事件时能够迅速、准确地采取应对措施,减少损失和影响。

(二) 保障数字公民的参与权

在线流程中的信息处理、信息交互等机制会形成一种全时空、泛在化的数字化公共参与形态。[1] 以人为本的数字治理原则倡导数字公共空间公民的广泛参与。网络安全监督管理约谈是一种以诚意为基础的协商对话机制,其集预防性、服务性、合作性于一体,能够有效拓展数字公民的参与途径和方式。网络安全监督管理约谈的设立初衷是预防网络运营者违法,希冀通过说服教育等柔性手段,令约谈对象主动认识到违法的可能性与后果,并给予可供选择的整改方案供其自主决定,反映了服务行政的理念,满足了数字时代公民参与数字行政的现实需求。更进一步而言,网络安全监督管理约谈的启动有助于发挥多元主体协同效应,为政府与社会组织、平台企业等加强沟通协商提供有效保障。

(三) 提升互联网公共治理效能

网络安全监督管理约谈是一种协商型的行政行为。协商型行政方式的正当性仰仗于广泛的协商民主和治理方案有效性的支撑。[2] 网络安全监督管理约谈彰显柔性治理,在实现治理效能最大化的同时确立服务导向。网络安全监督管理约谈以服务和效能为本位,以双方都能接受的方案为导向,维护和保障网络运营者一方参与、表达、沟通协商的权利,实现对不同意见和信息的统合,防止监管部门变相实施强制措施,保障其实效性,使措施更具民主正

---

[1] 参见马长山:《数字法治政府的机制再造》,载《政治与法律》2022年第11期。
[2] 参见陈可翔:《互联网公共治理方式转型的行政行为法回应》,载《法学》2022年第7期。

当性。

三、网络安全监督管理约谈的制度架构

(一) 网络安全监督管理约谈的主体

《网络安全法》第 56 条明确规定,有权进行网络安全监督管理约谈的主体是负有网络安全监督管理职责的省级以上人民政府有关部门。这与《网络安全法》第 54 条所规定的"省级以上人民政府有关部门应当按照规定的权限和程序"采取网络安全风险预警措施的内容实现了衔接和协调。网络安全监督管理约谈的开展容易影响网络运营者的声誉和正常运营。对网络安全监督管理约谈的主体的严格限定体现了法律规定的审慎性。在开展网络安全监督管理约谈时,约谈主体还应当注意控制约谈次数,防止频繁约谈导致的不必要的成本损耗与平台负荷。

(二) 网络安全监督管理约谈的对象

根据《网络安全法》第 56 条的规定,网络安全监督管理约谈的对象为网络运营者的法定代表人和主要负责人。在进行约谈时,网络运营者的法定代表人和主要负责人负有配合义务,不得拒绝和阻挠约谈的开展。网络运营者的法定代表人和主要负责人应当按照约谈方的要求采取措施,及时消除网络安全的风险或者妥善处置网络安全事件;同时,弥补网络安全漏洞,加强和改进网络安全维护工作,防范类似的网络安全风险和网络安全事件再次发生。若网络运营者的法定代表人和主要负责人无正当理由不接受约谈、不接受整改意见或者不落实整改承诺的,约谈部门有权采取进一步的监管和追责措施。

(三) 网络安全监督管理约谈的启动条件

根据《约谈十条》的规定,互联网新闻信息服务单位有下列情形之一的,国家互联网信息办公室、地方互联网信息办公室可对其主要负责人、总编辑等启动网络安全监督管理约谈:(1) 未及时处理公民、法人和其他组织关于互联网新闻信息服务的投诉、举报情节严重的;(2) 通过采编、发布、转载、删除新闻信息等谋取不正当利益的;(3) 违反互联网用户账号名称注册、使用、管理相关规定情节严重的;(4) 未及时处置违法信息情节严重的;(5) 未及时落实监管措施情节严重的;(6) 内容管理和网络安全制度不健全、不落实的;(7) 网站日常考核中问题突出的;(8) 年检中问题突出的;(9) 其他违反相关法律法规规定需要约谈的情形。"情节严重"等词汇皆为不确定性法律概念,表明法律法规赋予了网络安全监督管理约谈主体在约谈方面较大的自由裁量空间。

(四) 网络安全监督管理约谈的具体程序

《网络安全法》对网络安全监督管理约谈的程序尚无详细规定,其在实践中可能按照《约谈十条》规定的程序执行。① 结合《约谈十条》的规定,在约谈之前,监管部门应当提前告知约谈的事由、并约定时间、地点和参加人员等;在约谈时,应由两名以上执法人员参加约谈,主动出示证件,并记录约谈情况。监管部门要保障平台在约谈过程中能够充分表达意见,形成约谈会议记录并交予平台核对;在约谈结束后,除涉及国家秘密、商业秘密、个人隐私等不宜公开的事项外,监管部门可将约谈情况向社会公开,并将约谈情况记入互联网新闻信息服务单位日常考核和年检档案之中。加强外部监督,防止行政约谈强制化、过度化。②

第五节 与网络安全相关的突发事件应对

一、因网络安全事件发生突发事件或生产安全事故的处置措施

根据《网络安全法》第 57 条的规定,因网络安全事件发生突发事件或者生产安全事故的,应当按照《突发事件应对法》《安全生产法》等有关法律、行政法规的规定处置。

一方面,明确网络安全事件、突发事件、生产安全事故三者之间的区别与联系。网络安全事件、突发事件、生产安全事故三者之间具有高度的交叉重叠关系,但是三者不可混为一谈。《国家网络安全事件应急预案》中规定,网络安全事件是指由于人为原因、软硬件缺陷或故障、自然灾害等,对网络和信息系统或者其中的数据造成危害,对社会造成负面影响的事件;根据《突发事件应对法》的规定,突发事件是指突然发生,造成或者可能造成严重社会危害,需要采取应急处置措施予以应对的自然灾害、事故灾难、公共卫生事件和社会安全事件;《安全生产法》并未就生产安全事故的概念作出界定,而本书认为,生产安全事故是指在生产经营单位的生产经营活动中突然发生的,造

---

① 参见马民虎主编:《网络安全法律遵从》,电子工业出版社 2018 年版,第 175 页。
② 参见孟强龙:《行政约谈法治化研究》,载《行政法学研究》2015 年第 6 期。

成人身伤亡、健康损害、设备设施损坏或经济损失的意外事件。

另一方面,《网络安全法》第57条系属准用性条款。准用性法条是指法律实施者在解决个案时,将原本针对a事项且有"比照""参照"等外观标识的法条A,适用于与a具有某种程度类似性但又存有差异的b事项的一种特殊的引用性法条形式,其价值定位在于实现公平正义、提高立法效率、填补法律漏洞、符合事物本质。[①] 该条款揭示出不同法律法规之间的内在关联。根据该条款的基本精神,因网络安全事件发生突发事件或生产安全事故的处置措施应当综合适用《网络安全法》《突发事件应对法》《安全生产法》等法律法规的规定,从而使网络安全领域的法律法规在内容上实现了衔接协调。

二、网络通信临时限制措施

(一)网络通信临时限制措施的必要与限度

网络通信临时限制措施是指在特定情况下,为维护国家安全、社会公共秩序或应对重大突发社会安全事件,对部分地区的网络通信进行暂时性的限制或管控的一种非常态的行政手段,如限制网络访问、控制网络流量、阻断违法信息传播等。网络通信临时限制措施在维护国家安全和社会公共秩序、有效应对突发社会安全事件方面具有重要功效。在发生重大突发社会安全事件时,网络通信的临时限制可以防止谣言的扩散,阻止不法分子利用网络进行煽动和组织活动,从而维护社会的稳定和秩序。网络通信临时限制措施还能有效保护关键信息基础设施免受网络攻击和破坏,确保国家重要信息系统的安全稳定运行。在网络通信受限的情况下,网络通信的临时限制可以减少外界对应急处置工作的干扰,相关部门可以更加集中资源应对突发事件,提高应急处置的效率。

在移动互联网和云计算、大数据时代,互联网渗透到社会的方方面面,与公民的人身权和财产权紧密关联。一旦采取网络通信临时限制,必然会对该特定区域的网络用户的财产权乃至人身权带来重要影响乃至重大损害。因此,网络通信临时限制措施的实施必须符合比例原则的要求。实施主体在实施过程中务必保持合理限度,充分考虑公众的利益和诉求,确保措施的合法性和合理性。此外,随着网络技术的不断发展和完善,有关网络通信临时限

---

① 参见刘风景:《准用性法条设置的理据与方法》,载《法商研究》2015年第5期。

制措施的法律规范和技术手段也将不断更新和完善,以更好地适应网络空间的安全需求。

(二)网络通信临时限制措施的启动要件

《网络安全法》第58条规定:"因维护国家安全和社会公共秩序,处置重大突发社会安全事件的需要,经国务院决定或者批准,可以在特定区域对网络通信采取限制等临时措施。"该条款严格限定了网络通信临时限制措施的实施范围,明确了网络通信临时限制措施的启动要件。

第一,以维护国家安全和社会公共秩序,处置重大突发社会安全事件为目的。这是网络通信临时限制措施启动的目的要件。一方面,维护国家安全和社会公共秩序的概念。根据《国家安全法》的规定,国家安全是指国家政权、主权、统一和领土完整、人民福祉、经济社会可持续发展和国家其他重大利益相对处于没有危险和不受内外威胁的状态,以及保障持续安全状态的能力。该法并未对社会公共秩序的概念作出界定。所谓社会公共秩序,主要指为维护社会公共生活所必需的秩序,它是由法律、行政法规、国家机关、企业事业单位和社会团体的规章制度等所确定的。另一方面,结合《重大、特别重大突发事件分级标准(试行)》的规定,对"重大突发社会安全事件"的概念加以体系解释。《重大、特别重大突发事件分级标准(试行)》规定了八类事件为特别重大、重大突发公共事件,即群体性事件、金融突发事件、涉外突发事件、影响市场稳定的突发事件、恐怖袭击事件和刑事案件。根据《网络安全法》第58条的基本精神,该条所指涉的"重大突发社会安全事件"不仅包括重大突发社会安全事件,而且包括特别重大突发社会安全事件。

第二,经国务院决定或批准。这是网络通信临时限制措施启动的程序性要件。鉴于网络通信临时限制措施对公民个人生活和网络社会正常秩序具有较大影响,未事先经过国务院决定或批准的,不能实施。国务院可直接决定采取网络通信临时限制措施,也可由地方政府、相关部门等向国务院提出申请,经国务院批准后采取网络通信临时限制措施。

第三,仅限在特定区域内实施。这是网络通信临时限制措施启动的区域要件。网络通信临时限制措施只能在国务院决定或批准的特定区域内实施。采取的网络通信限制措施,应当与国家安全危机或者重大突发社会安全事件可能造成的危害的性质、程度和范围相适应;有多种措施可供选择的,应当选择有利于最大限度地保护公民、组织权益的措施;事件的威胁和危害得到控制或者消除后,应当停止执行依法采取的限制措施,恢复正常网络通信。①

典型案例

2022年3月31日,大同市公安局反诈中心接到预警指令:冯先生存在贷款诈骗高危风险。民警迅速电话联系冯先生开展劝阻。经了解,冯先生有10万元贷款需求,便下载了所谓的贷款App。冯先生通过该App提交贷款申请,但操作后并未通过。此时,平台客服通过电话联系到冯先生,让他重新申请贷款并签订了网贷电子协议,并给他发送了虚假的银保监会冻结文件,要求他支付贷款需求的50%。在冯先生正准备转账时,反诈中心民警及时告知其正在遭遇电信网络贷款诈骗,诈骗分子后期还会虚构各种理由,包括本人提供账户数字有问题、账户被冻结、缴纳保证金等理由使其贷款失败,并骗取钱财。经耐心工作,民警成功阻止了冯先生被骗。

问题与思考

1. 我国网络安全管制的正当性基础及其架构是什么?
2. 如何看待网络监测预警的发展走向?

延伸阅读

1. 杨合庆主编:《中华人民共和国网络安全法释义》,中国民主法制出版社2017年版。
2. 马民虎主编:《网络安全法律遵从》,电子工业出版社2018年版。
3. 夏燕、赵长江主编:《网络安全法教程》,西安电子科技大学出版社2019年版。
4. 龙卫球:《网络信息法基础与前沿问题》,中国法制出版社2022年版。
5. 陈道英主编:《网络安全法教程》,法律出版社2023年版。

---

① 参见杨合庆主编:《中华人民共和国网络安全法释义》,中国民主法制出版社2017年版,第125—126页。

第四编

数字经济安全

第十章　产业数字化的安全保障

法律故事

百威啤酒作为啤酒界的"巨无霸",是全球第一大啤酒集团。自从踏入中国市场以来,百威亚太在中国以及整个亚太区实现了20多年的持续增长。随着大数据、云计算、物联网、区块链等数字技术的发展,即使是稳居啤酒业龙头的百威,也参与到产业数字化转型升级中来。正是由于百威坚定地推进数字化转型,才使得它仍能在饱和市场下的残酷竞争中实现稳步增长。

自2013年以来,百威集团就开启了它的产业数字化之路。其一,通过数据驱动,洞察消费者的需求。百威集团设立了专门的增长分析中心,通过建立数据模型,将不同地区、消费场景和品牌偏好建立联系,根据数据分析结果制定精准的营销策略。其二,智能化供应链,优化产品全流程管理。在生产环节,百威通过引入BRAUMET+BPA智能系统,严格控制生产过程数据,保证啤酒品质;在包装环节,百威采用尖端科技EBI电子验瓶机技术,挑出有缺陷的瓶子,保证包装品质;在溯源环节,百威利用一物一码溯源体系,保证渠道管理;在运输环节,百威引入TMS系统,提升运输计划与财务结账方面的数据可视性,实现业财一体化。其三,借助数字化,打造全渠道销售体系。百威建立了自己的微信小程序——百威空间站,通过消费者画像提高用户对啤酒的复购率。同时,百威通过与腾讯合作,经大数据分析设计了受不同国家消费者喜欢的啤酒包装,并在2022年卡塔尔世界杯推出了首款数字化啤酒,提高了品牌和消费者之间的互动。

总体而言,百威集团通过数字化技术,成功实现了从传统企业向智能企业的产业数字化转型。它赢得了消费者的信任和喜爱,实现了提质增效,重塑了企业竞争力。

第一节 产业数字化的概念和特征

一、产业数字化的概念

在当今数字时代,随着信息技术的发展,"产业数字化"成为数字经济时代产业发展的新趋势。国家意识到"产业数字化"是推动数字经济高质量发展的重要支撑力量,在党的二十大报告以及《国民经济和社会发展第十四个五年规划和2035年远景目标纲要》《中共中央关于进一步全面深化改革 推进中国式现代化的决定》等政策文件中,明确了"产业数字化"的发展方向。为了更好地促进"产业数字化"的发展升级,我们首先应明确,到底何为"产业数字化"?

目前,对于"产业数字化"的概念界定还未达成共识。在国家颁发的政策文件以及地方性法律法规中,相继对"产业数字化"进行了定义。2020年6月,国家信息中心与京东数科联合发布了《中国产业数字化报告2020》,该报告首次就"产业数字化"的概念进行了阐释。报告指出,"产业数字化"是在新一代数字科技支撑和引领下,以数据为关键要素,以价值释放为核心,以数据赋能为主线,对产业链上下游的全要素数字化升级、转型和再造的过程。[①] 2020年12月,《浙江省数字经济促进条例》发布,这是全国第一部以促进数字经济发展为主题的地方性法规。该条例第28条规定,产业数字化是指利用现代信息技术对工业、农业、服务业等产业进行全方位、全角度、全链条改造,提高全要素生产率,实现工业、农业、服务业等产业的数字化、网络化、智能化。2021年12月,《河南省数字经济促进条例》发布。该条例第37条规定,产业数字化是指应用数字技术和数据资源为传统产业带来的产出增加和效率提升,是数字技术与实体经济的融合,包括智慧农业、智能制造、智能建造、智慧物流、智慧文旅、数字金融、数字商贸等数字化应用。以上对于"产业数字化"的概念界定虽抓住了其核心要义,但这些定义主要是由政策报告以及地方性法律法规作出,相较而言缺乏权威性和统一适用性。

学术界对"产业数字化"进行研究时,也对其概念作出了不同的概括提

---

① 参见《聚焦产业数字化发展五个着力点与三大效应——解读〈中国产业数字化报告2020年〉》,http://www.sic.gov.cn/sic/83/260/0714/10538_pc.html,2024年7月10日访问。

炼。例如,产业数字化是指利用新一代数字技术赋能传统产业,以数据为关键生产要素,实现产业链上中下游全要素的价值释放、生产模型升级和产业关系再造。① 产业数字化是传统产业利用数字技术对业务进行升级,进而提升生产的数量以及效率的过程。② 产业数字化是传统产业利用数字技术,构建数据采集、数据传输、数据存储、数据处理和数据反馈的闭环,打通不同层级与不同行业间的数据壁垒,促进供给侧提质增效,创造新产业、新业态、新商业模式,不断满足需求侧改善体验的新需求的一种数字化转型活动。③ 这些概括提炼多是对"产业数字化"的变革升级进行了过程性描述,相较而言未对具体适用情形进行阐述。

综上所述,笔者认为可以将"产业数字化"界定为:以物联网、云计算、雾计算等数字技术为支撑,对传统产业进行数据赋能,提高传统产业的运行效率,从而实现传统产业的数字化,包括但不限于工业数字化、农业数字化、金融业数字化、服务业数字化等融合产业。这个概念界定的创新之处在于,一方面,对"产业数字化"进行概念界定与目前的法律规定趋势保持一致。另一方面,对"产业数字化"的概念界定采取"概括"+"列举"的方式,更加符合"抽象"+"具象"的思维逻辑,在保证概念稳定性的同时也具有灵活性。具体体现为:首先对产业数字化中会运用到的核心数字技术进行介绍,因为数字技术是产业数字化的基础和支撑;其次对产业数字化的目的进行阐释,产业数字化是为了利用数字技术让传统产业实现增长和提升效率,从而才能为传统产业赋能;最后对进行数字化的产业进行了不完全列举,包括工业、农业、金融业、服务业等传统行业的数字化、智能化的应用。

二、产业数字化的特征

国务院《"十四五"数字经济发展规划》明确指出,"十四五"时期,我国数字经济转向深化运用、规范发展、普惠共享的新阶段。随着通用大模型工具的出现,数字经济赋能各行各业,为产业数字化转型带来新的机遇。产业数字化赋能传统产业转型升级,是提高我国实体经济质量效益和核心竞争力的

---

① 参见刘权:《产业数字化:以数字技术加速产业转型增长》,人民邮电出版社2022年版,第17页。
② 参见肖旭、戚聿东:《产业数字化转型的价值维度与理论逻辑》,载《改革》2019年第8期。
③ 参见祝合良、王春娟:《"双循环"新发展格局战略背景下产业数字化转型:理论与对策》,载《财贸经济》2021年第3期。

关键内容。那么,为了加快产业数字化发展,打造数字经济新优势,对产业数字化的特征进行分析和研究就显得尤为迫切。产业数字化的特征主要体现在以下六个方面。

（一）生产工具的科技性变革

人类社会经历了工业 1.0 蒸汽时代,生产工具从手工走向了机器,人类进入了机械化时代;工业 2.0 电气时代,大规模生产和流水线作业成了主流,大大提升了生产效率;工业 3.0 信息时代,计算机、互联网技术快速发展,自动化机器设备取代了部分体力劳动。目前我们正处在工业 4.0 人工智能时代,在人工智能时代,万物互联、人机融合,不仅替代了体力劳动,而且在很大程度上替代了重复的脑力劳动。人工智能技术的发展解放了生产力,促进了全生产要素的提升。我们从工业 1.0 到工业 4.0 时代,每一次的工业革命都提升了生产效率。工业 4.0 人工智能时代与数字经济息息相关,鉴于数字经济更易于实现规模经济和范围经济,为经济发展提供新动能,各主要国家均将其作为产业转型升级的重要方向和依托。① 而"产业数字化"的重要特征之一即依托数字科技变革生产工具,传统产业通过引入大数据、云计算、物联网、人工智能等现代技术,使得生产工具从传统的机械化向自动化、智能化转变。

（二）数据成为关键生产要素

随着人工智能、大数据、算法的发展,数字经济发生了质的变化,主要体现在以下两个方面:第一是传统的生产要素在数字社会的生产生活中拥有了数字化的特征;第二是信息技术的发展促发了全新的第五大生产要素:数据。② 数据成为除土地、资本、劳动力及技术这四种传统生产要素之外的第五大基本市场要素,也是数字时代全新的生产要素。2022 年 1 月,国务院《"十四五"数字经济发展规划》中指出,数据要素是数字经济深化发展的核心引擎,数据成为最具时代特征的生产要素。2022 年 6 月,中央全面深化改革委员会召开第二十六次会议,审议通过了《关于构建数据基础制度更好发挥数据要素作用的意见》。习近平总书记在主持会议时强调,数据基础制度建设事关国家发展和安全大局,要维护国家数据安全,保护个人信息和商业秘密,促进数据高效流通使用、赋能实体经济,统筹推进数据产权、流通交易、收益

---

① 参见张守文:《数字经济发展的经济法理论因应》,载《政法论坛》2023 年第 2 期。
② 参见马长山:《一个迫切而重要的时代课题——确认和保护"数字人权"》,载《北京日报》2020 年 1 月 6 日第 14 版。

分配、安全治理,加快构建数据基础制度体系。① 数据作为数字经济时代的核心要素,已经成为一种资产。在产业数字化的过程中,数据成为关键的生产要素,贯穿于生产、制造、销售等全流程之中,从而优化资源配置,推动产业数字化的转型升级。

(三) 产品结构的数字化

产品结构的数字化是产业数字化的重要特征之一,其主要是指在产业进行数字化的过程中,利用人工智能、ChatGPT、大数据分析等技术,重新设计和构建产品的内部结构和外在表现,从而满足市场需求、提升产品竞争力,进而推动产业升级。正如金融作为国民经济的血脉,也从以线下为主的传统金融走向数字金融转型的浪潮之中。《"十四五"数字经济发展规划》中规定,要加快金融领域数字化转型。合理推动大数据、人工智能、区块链等技术在银行、证券、保险等领域的深化应用,发展智能支付、智慧网点、智能投顾、数字化融资等新模式,稳妥推进数字人民币研发,有序开展可控试点。数字金融是金融行业数字化之后的一种状态,是传统金融服务行业经过数字技术及互联网改造后的新金融服务。数字金融主要包括互联网支付、移动支付、网上银行、网上贷款、网上保险、网上基金及金融服务外包等。② 传统金融向数字金融转型升级的关键是要进行产品结构的数字化,通过人工智能、区块链、大数据等技术,进行数据分析、推出定制化与个性化的产品,进而优化和重构金融产业链。

(四) 以信息网络为基础设施

社会发展与经济基础息息相关,2022 年我国产业数字化规模达到 41 万亿元,占数字经济比重为 81.7%。③ 随着万物数字化时代的到来,信息网络成为构建数字世界的重要载体,是产业数字化进行数据传输的基础通道。产业数字化的转型升级离不开信息网络技术的支撑,以信息网络为基础设施是产业数字化的基本特征之一。例如,工业数字化利用信息网络进行全方位、全角度、全链条的数字化改造,提升全要素生产率,加快工业生产模式和企业形

---

① 参见《习近平主持召开中央全面深化改革委员会第二十六次会议》,https://www.gov.cn/xinwen/2022-06/22/content_5697155.htm,2024 年 7 月 15 日访问。

② 参见刘权《产业数字化:以数字技术加速产业转型增长》,人民邮电出版社 2022 年版,第 139 页。

③ 参见《中国信通院发布〈中国数字经济发展研究报告(2023)〉》,https://www.sohu.com/a/670914778_121124361,2024 年 7 月 20 日访问。

态变革,促进工业数字化、网络化、智能化转型;农业数字化利用信息网络实现农业生产的精准管理,加快种植业、林业、畜牧业、渔业等农业行业的数字化转型,从而实现农业农村数字化、网络化、智能化的转型升级;物流数字化利用信息网络实现物流信息的实时监控和智能调度,推进货物、运输工具、场站等物流要素数字化,推进各类数据跨运输方式、跨部门、跨区域之间的信息共享,促进数字物流平台的规范发展,提升物流智能化水平。由此可见,信息网络是产业数字化中数据采集及传输的重要基础设施,是推动产业数字化变革的重要力量。随着5G、6G等新一代通信技术的不断进步,信息网络将在产业数字化升级中发挥更加重要的作用。

(五) 以互联网平台为主要载体

国务院《"十四五"数字经济发展规划》明确指出,数字经济是继农业经济、工业经济之后的主要经济形态,其"发展速度之快、辐射范围之广、影响程度之深前所未有,正推动生产方式、生活方式和治理方式深刻变革,成为重组全球要素资源、重塑全球经济结构、改变全球竞争格局的关键力量"。互联网平台则在数字经济中发挥着构架支撑、无缝链接、优化配置、价值创造等重要功能。[①] 互联网平台在产业数字化的转型升级中发挥着核心作用,产业利用互联网平台收集数据,对资源进行优化配置。以互联网平台为主要载体是产业数字化的重要特征之一。例如,贸易数字化依托数字化商贸平台的建设,发展社交电商、直播电商等新业态新模式,加快数字贸易发展;交通数字化通过对综合交通大数据中心体系的构建、交通运行监测系统的建设从而搭建起交通大数据平台,充分发挥数字交通的调度作用,提高智能运输和智能出行能力;医疗数字化依托医疗数据以及医疗健康数字化平台的建设,实现医疗数据跨地域、跨平台、跨部门的互联互通才能发挥医疗数据的价值,从而提高医疗、公共卫生服务的数字化水平。总之,以服务平台为产业生态载体,是产业数字化进程中的一个核心特征,增强了产业链上下游企业之间的协同合作,推动产业数字化的深入发展。

(六) 以数字善治为价值观

所谓数字善治,就是充分发挥数字技术潜能,运用数字技术解决传统社会特别是数字化转型中面临的难题,并在此过程中,不断避免技术作恶,引导

[①] 参见余圣琪:《平台封禁行为的法律边界》,载《华东政法大学学报》2024年第1期。

数字技术被善用而不是滥用。① 在数字时代,数字科技是第一创造力,而数字向善是第一价值观。数字向善既是伦理要求,也是责任原则的发展。② 中共中央办公厅、国务院办公厅2022年印发了《关于加强科技伦理治理的意见》,明确提出增进人类福祉、尊重生命权利、坚持公平公正、合理控制风险、保持公开透明的科技伦理原则,这些原则正是数字善治的具体体现。在产业进行数字化转型的过程中,会面临非常多的选择难题,而以数字善治为价值观是产业数字化的理念指导,也是产业数字化的重要特征之一。例如,当前在以新兴技术为代表的数字时代,我国正在进行全方位教育行业的数字化改革。在改革过程中,一方面强调推进教育数据和数字教学资源互通共享。因为数据的价值在于流动和使用,教育数据和数字教学资源只有打破数据壁垒,积极流动起来才能推进教育数字化的变革。但与此同时,要加强数据安全和个人隐私保护,防止数据泄露和滥用。另一方面在建设教育平台提升教学效率的同时也应积极推动互动教学、个性定制等这种新的教学模式,弥合教育鸿沟,从而全面提高教育数字化水平。在教育数字化的进程中,数字善治是公共利益最大化的管理过程。它体现为以数字技术为手段,在进行数字赋能的同时实现数字安全、数字平等、数字法治等价值。

综上所述,主要从生产工具、生产要素、产品结构、基础设施、主要载体、价值观指引这六个方面对产业数字化的特征进行了分析,进而对产业数字化进行了更全面、系统、立体的阐述。

第二节 产业数字化的安全治理

随着大数据、云计算、人工智能技术的发展,我们进入了数字经济时代。我国数字经济发展规模位居世界前列,而产业数字化是数字经济发展中的重要引擎。在传统产业进行数字化转型的进程中,也面临着安全治理的难题,主要体现在以下几个方面:

---

① 参见郑智航:《数字技术对政府权力的侵蚀及其法律规制》,载《行政法学研究》2024年第5期。

② 参见张吉豫:《数字法理的基础概念与命题》,载《法制与社会发展》2022年第5期。

一、数据的分级分类保护

在产业数字化的过程中,数据成为驱动产业升级的关键要素。数据成为关键生产要素是产业数字化的重要特征之一。随着产业数字化进程的加速,数据泄露、数据篡改等数据安全事件频发。而根据数据的重要程度不同以及行业领域不同进行分级分类,从而制定差异化的保护策略,将有助于产业数字化进程中的数据管理。

(一)数据的分级保护

数据的分级保护主要指根据数据的重要程度不同,将数据分为重要数据、敏感数据、个人数据以及非个人数据。针对重要程度不同的数据,在数据的收集和使用过程中对于数据的保护程度也是不同的。《数据安全管理办法(征求意见稿)》规定,重要数据指一旦泄露可能直接影响国家安全、经济安全、社会稳定、公共健康和安全的数据,如未曾公开的政府信息、关于人口和基因健康的数据,或者是关于地理矿藏资源等数据。同时,《网络数据安全管理条例》就重要数据安全制度进行了专章规定,如重要数据目录、重要数据处理者的特别义务和安全保护责任、处理重要数据前的风险评估报告制度、省级以上有关主管部门的监管措施等。这些规定具有可操作性,对于重要数据的安全保障具有重要作用。《个人信息保护法》第28条规定,敏感个人信息是一旦泄露或者非法使用,容易导致自然人的人格尊严受到侵害或者人身、财产安全受到危害的个人信息,包括生物识别、宗教信仰、特定身份、医疗健康、金融账户、行踪轨迹等信息,以及不满十四周岁未成年人的个人信息。《个人信息保护法》对敏感信息进行了专章规定,并对敏感个人信息处理原则进行了规定,必须满足具有特定目的、充分必要性、采取严格保护措施这三个构成要件才可以处理敏感个人信息。《网络数据安全管理条例》第22条也对敏感个人信息的单独同意、书面同意等进行了规定。敏感数据不同于重要数据,敏感数据的主体是个人,而重要数据的主体是国家,是从整体利益角度出发界定的重要数据。

个人数据与非个人数据的区别主要在于:个人数据与人格权、隐私权相关,《民法典》对个人数据的保护主要集中于保护个人数据的隐私权和信息安全。《个人信息保护法》第13条强调数据主体的知情同意是收集个人数据的合法性基础,并在第14条规定,个人同意应当是由个人在充分知情的前提下自愿、明确作出。《网络数据安全管理条例》第22条就"单独同意"的具体要求进行了明确,并强调不得通过误导、欺诈、胁迫等方式取得个人同意;不得在个人明确表示不同意处理其个人信息后,频繁征求同意。非个人数据更加强调数据的财产属性,《民法典》第127条就非个人数据与虚拟财产作出规定,非个人数据的本质是企业的财产如工业数据。中共中央、国务院《关于构建数据基础制度更好发挥数据要素作用的意见》就探索数据产权结构性分置制度,建立数据资源持有权、数据加工使用权、数据产品经营权"三权分置"的数据产权制度进行了相关规定。

综上所述,在传统产业数字化的过程中,应当对重要数据、敏感数据进行重点保护,对与人格权、隐私权相关的个人数据进行特别保护,对非个人数据则应该强调数据的使用价值,打破数据壁垒,促进数据的自由流动。

(二)数据的分类保护

数据的分类保护主要指以行业领域为基础进行分类,不同领域数据关注的重点和保护的核心都不相同。我们可以将数据分为金融数据、健康医疗数据、消费者数据、公共数据、儿童数据、就业数据以及教育数据。其中,金融数据多指金融机构在办理金融业务时收集和使用的信息;健康医疗数据常与数据主体的生命健康相关联,一旦泄露或者被滥用将会严重危害数据主体的权益;消费者数据指消费者在线上和线下进行消费时所产生的数据;公共数据一般是公共机关在履行法定职责中收集或者掌握的相关数据,大多具有公益性的特点;儿童数据在我国通常指十四周岁以下的未成年人在互联网进行相关活动产生和形成的数据;就业数据关注的是数据共享和交易的合法性框架,尤其是职场数据监控的法律边界问题;教育数据更多关注的是教育行业如何在数据的支撑下实现智能化,避免教育机构利用数据进行过度营销,侵犯学生和家长的隐私权利。

大数据、云计算、人工智能等各种新兴的数字技术,对传统产业进行数字化赋能,包括但不限于工业数字化、农业数字化、金融数字化、物流数字化、贸易数字化、交通数字化、医疗数字化、教育数字化等。每个行业领域收集和掌握的数据都有其特征,针对不同行业应进行分类保护。

二、加强网络安全治理

信息网络是产业数字化转型中的基础设施,为产业数字化转型提供了不可或缺的连接和通信功能，促进信息的流通和共享。随着人工智能技术的发展和数字化转型的加速，网络安全问题日益凸显。黑客攻击、信息泄密、恶意软件、网络诈骗、网络病毒等问题时刻威胁着企业的运营以及用户的隐私和财产安全，加强网络安全治理就变得尤为重要。网络空间由底层的关键信息基础设施、中间层的互联网服务提供商及应用层的互联网信息三个层面组成。① 因此，为了加强网络安全治理，需要从这三个层面进行安全监管。

（一）关键信息基础设施的安全保护

关键信息基础设施指公共通信和信息服务、能源、交通、水利、金融、公共服务、电子政务、国防科技工业等重要行业和领域的，以及其他一旦遭到破坏、丧失功能或者数据泄露，可能严重危害国家安全、国计民生、公共利益的重要网络设施、信息系统等。② 关键信息基础设施是国家安全的重要组成部分，是支撑国民经济运行和社会发展的重要设施。从关键信息基础设施的定义中，我们可以看到它涉及的都是重要行业和领域。这些重要行业和领域如果在产业数字化转型过程中遭到破坏和攻击将造成严重后果。正如伊朗布舍尔核电站遭"震网"病毒攻击导致放射性物质泄露；乌克兰配电公司遭网络攻击导致居民遭遇数小时停电；俄罗斯政府机构网站多次遭受黑客攻击导致科研、军事领域等系统被破坏；以及我国电信运营商和航空公司内网也多次遭受黑客攻击，导致客户信息泄露，对业务运营造成严重的负面影响。③ 关键信息基础设施是我国经济运行的神经中枢，是网络安全保护的重中之重，是构建国家网络安全保障体系的坚强堡垒。首先，对关键信息基础设施的范围进行准确界定；其次，明确相关部门的安全保护职能分工；最后，落实重点防护措施，在确保安全防护的前提下促进发展。④

（二）互联网服务提供商的保护义务

互联网服务提供商主要是指向广大用户提供互联网接入业务、信息业务和增值业务的电信运营商。互联网服务提供商在网络安全治理中扮演着重要的角色，它是连接用户与网络之间的桥梁。只有互联网服务提供商履行好

---

① 参见周汉华：《论互联网法》，载《中国法学》2015年第3期。
② 参见《关键信息基础设施安全保护条例》第2条。
③ 参见郑曦、杨宇轩：《司法领域关键信息基础设施安全保护问题研究》，载《学习与探索》2024年第7期。
④ 参见冯登国、连一峰：《网络空间安全面临的挑战与对策》，载《中国科学院院刊》2021年第10期。

安全保护义务，才能保护产业数字化过程中互联网使用者的权益。

关于互联网服务提供商的安全保护义务，多部法律进行了相关规定。《网络安全法》作为国家实施网络空间管辖的第一部法律，构建了我国网络安全工作的基础性法律框架。《网络安全法》提出了国家实行网络安全等级保护制度，并规定网络运营者应当按照网络安全等级保护制度的要求，保障网络免受干扰、破坏或者未经授权的访问，防止网络数据泄露或者被窃取、篡改。《关键信息基础设施安全保护条例》以专章的形式对运营者安全保护义务进行了细化，为运营者开展安全保护工作提供了规范性依据。①《数据安全法》作为我国第一部聚焦于数据安全的法律，它回应了数据安全、网络安全的新问题和新挑战。它有效应对美国、欧盟的"长臂管辖"，增强了中国法律的域外效力。《数据安全法》对于网络运营者处理重要数据的跨境作出了新的规定，对于关键信息基础设施的运营者收集的重要数据的出境适用我国《网络安全法》的相关规定，其他数据处理者收集的重要数据的出境由网信部门会同国务院有关部门制定办法。

综上所述，互联网服务提供商的安全保护义务主要包括以下三个方面：一是建立健全安全保护制度，保障人力、物力、财力的投入，为网络服务提供商的安全保护义务进行原则性的指引；二是明确安全管理机构和安全负责人，制定具体的安全操作流程，从而具体落实安全保护责任；三是采取技术措施，监测、记录、评估网络运行状态，防范网络安全威胁。

（三）互联网信息内容的安全监管

随着数字时代的到来，我们的生产、生活、工作方式都发生了新的变革，均被数据和信息所深刻影响和记载。正如在工业生产中，智能制造等技术的应用使得生产过程高度数字化，在整个生产过程中产生了大量的数据和信息，这些信息记载着整个工业生产的流程。在日常生活中，从购物、出行、娱乐到健康医疗等领域，我们的生活与互联网息息相关，互联网不停地收集着我们的数据和信息，这些信息在为我们的生活提供便利的同时也带来了隐私保护的风险。在日常工作中，由于数字技术的发展，远程办公、在线会议等成为我们日常办公的常态，企业利用互联网信息优化人力资源配置，从而优化工作效率。信息革命全面颠覆了人类社会原有的信息内容生产与传播方式，

---

① 参见闫宇晨：《数字经济关键信息基础设施安全保护义务：治理体系与改革建议》，载《科技管理研究》2023年第3期。

互联网信息内容实现了以专业生产为主到以用户生产为主的巨大转变。① 在人人都有麦克风的互联网时代，人们享有了表达自由，很多素人实现了"明星"梦，成为网红、博主。人们也通过互联网进行网络反腐、群众监督等，实现了良好的社会效果。但同时也产生了网络暴力、网络诈骗、网络犯罪等。在数字时代，互联网信息内容的安全监管就显得尤为重要。

进行产业数字化转型的企业与我们的生产、生活、工作密切相关，企业在数字化转型过程中的数据和信息记载了我们日常的方方面面。为了加强网络安全治理，需要加强作为应用层的互联网信息内容的安全监管。一方面，保护个人隐私权。隐私权既可以被视为物理的私人空间不被打扰的权利，也可以包括个人在数字、虚拟世界中不受干扰的权利。② 数字时代，互联网技术的发展对隐私造成的威胁主要体现在两个方面：一是"数字监视"；二是私人组织对于信息的收集。③ 企业在数字化转型过程中收集的信息，要确保公民的隐私权受到保护，即个人在数字世界中的独处私人空间不受随意侵犯；同时，个人在社会公共空间中的自主决定权需要被社会认可并被法律保护。另一方面，平衡自由规制与风险防范。早期的网络自由主义者认为，互联网是不被政府所控制的乌托邦世界，"控制互联网就好像是'试图将果子冻钉在墙上'"④。这一阶段的网络规制体现出充分的自由。然而，自由放任的规制模式带来了很多的问题，互联网并不是"法外之地"逐渐成为共识。网络乌托邦逐渐"破产"，国家权力的介入及其网络规制成为主导方向。为了防范风险，应完善互联网信息内容的事前预防、事中监管、事后救济的全流程治理。

三、深化平台监管力度

在产业数字化的推进过程中，平台发挥着重要作用。它是产业数字化的主要载体，任何一个产业进行数字化都离不开平台的建设。关于何为平台，目前并没有统一的概念界定。法学、管理学、经济学等学科均从不同角度对

---

① 参见支振锋、刘佳琨:《互联网信息内容治理的中国方案》，载《江西社会科学》2023年第11期。
② 参见余圣琪:《数据权利保护的模式与机制》，知识产权出版社2023年版，第28页。
③ 参见〔美〕劳伦斯·莱斯格:《代码2.0:网络空间中的法律(修订版)》，李旭、沈伟伟译，清华大学出版社2018年版，第215—240页。
④ 〔英〕安德鲁·查德威克:《互联网政治学:国家、公民与新传播技术》，任孟山译，华夏出版社2010年版，第306页。

平台进行了深入研究。平台主要指由企业运营的,由若干基础服务支撑的交易空间和生态系统。平台最通用的形式是两类或两类以上不同的用户通过一定方式交换信息、商品与服务的场所,这种场所既可能是线上的数字场所,也可能是线下的实体市场。① 随着数字经济的发展,互联网平台成为经济的新引擎,平台不仅是一个双边市场,互联网平台带来技术驱动的大规模社会化协作,它是连接者、匹配者与市场设计者。② 在产业数字化转型的过程中,平台的安全治理问题不容忽视。为了深化平台的监管力度,可以从以下三个方面进行：

其一,强化平台自律的规范。互联网平台形式上属于私营企业,但它具有一定的公共性和社会性,它已成为我们进行办公、社交、购物、出行、探索等活动的重要方式和通道,涉及产业数字化转型的各行各业。平台承担着数字生活中"守门人"的组织职责和治理功能,具有准立法权、准司法权、准行政权。这就打破了传统的公权力与私权利的二元分立,形成了公权力、私权力、私权利的三元结构。因此,强化平台自律的法律规范成为平台治理的基础。2022年7月18日欧盟通过了《数字市场法》,旨在确保一个数字公平竞争的环境,为大型网络平台("守门人")制定了明确的权利和规则,并确保没有任何一个平台可以滥用其优势地位。③ 我国发布的《互联网平台落实主体责任指南(征求意见稿)》对超大型平台经营者的自治提出了要求,指出应当设置平台合规部门,完善平台内部合规制度和合规机制。2024年9月24日发布的《网络数据安全管理条例》就网络平台服务提供者的义务和责任进行了专章规定：一是明确网络平台服务提供者、预装应用程序的智能终端等设备生产者第三方安全管理责任,督促第三方产品和服务提供者加强网络数据安全管理。二是规定网络平台服务提供者通过自动化决策方式向个人进行信息推送的,应当设置便于理解和操作的个性化推荐关闭选项,为用户提供拒绝接收推送信息、删除针对其个人特征的用户标签等功能,以保护用户的合法权益。三是明确大型网络平台服务提供者应当每年度发布个人信息社会责任报告,以接受社会各界的监督。《网络数据安全管理条例》对于强化平台自

---

① 参见马长山主编：《数字法治概论》,法律出版社2022年版,第326页。
② 参见方军等：《平台时代》,机械工业出版社2017年版,第3页。
③ 参见何渊：《欧盟〈数字市场法〉正式通过了！理事会最终批准这个公平竞争新规则》,https://mp.weixin.qq.com/s/TDJy3apiRrEU5EGNx2rDNw,2024年8月13日访问。

律、维护用户合法权益,保障网络数据安全治理具有重要的规范作用。

其二,确立平台的规制趋向。关于互联网平台的规制主要包括以下三种趋向:一是公法规制。这多是从互联网所具有的"准公共"属性出发,主张从传统公法中寻找规制互联网的法律依据,如《反不正当竞争法》《反垄断法》《消费者权益保护法》等,但传统公法并不能系统地解决互联网平台的规制问题。二是私法规制。私法规制则认为互联网平台作为一个私主体与公民个人或者企业法人签订的是合同、服务协议,应该用私法如《民法典》进行规制。但由于数据的加持,互联网平台不再是普通的企业。公民个人、企业法人与互联网平台之间并不是平等的合同关系。三是公私法融合的规制。公法需要将平台的"私权力"纳入管理的范畴,私法需要能够保护消费者、企业的平等权。公私法融合的规制才是互联网平台的规制趋向。

其三,优化行业协会的管理职能。鉴于行业协会具有的中介性、自律性和社会性特征,它在市场、政府和社会组织三元主体构成的现代市场经济框架中的功能越来越受到重视。[1] 行业协会是行业的自律与自治机构,承载着管理、监督、协调各成员企业的职能。[2] 例如,2015年九部门和中国互联网协会联合发布《中国互联网禁毒公约》,加强打击互联网毒品犯罪行为;2016年上海、深圳、江苏等10省市联合发布"行业自律公约32条",加强互联网金融平台的信息披露;2018年《个人大病求助互联网服务平台自律公约》发布,加强个人大病网络平台的健康有序发展;2021年在中国互联网大会上,33家互联网平台签署了《互联网平台经营者反垄断自律公约》,强调维护市场公平竞争秩序、加强自主创新精神,创造良好的竞争环境;2022年滴滴出行等18家互联网平台签订了《中山市网约车行业诚信公约》,加强网约车平台从业人员的服务质量,建立多平台实时联动机制。

第三节 产业数字化的法治保障

近年来,数字经济正在成为一股关键力量,在重组全球要素资源、重塑全球经济结构、改变全球竞争格局中起到关键作用。全球正处于新一轮科技革

---

[1] 参见徐士英:《行业协会限制竞争行为的法律调整——解读〈反垄断法〉对行业协会的规制》,载《法学》2007年第12期。
[2] 参见黄益平主编:《平台经济:创新、治理与繁荣》,中信出版社2022年版,第179页。

命和产业变革之中。① 数字技术正全面渗透于产业数字化的各行各业中,产业数字化不仅提升了传统产业的生产效率和产品质量,还推动了商业模式的创新和产品结构的优化升级。但随着产业数字化进程的纵深推进,数字经济为许多行业带来了全新的挑战,催生了许多产业数字化的安全治理问题。因此,面对不断加剧的安全风险,唯有加强法治保障才能为产业数字化的成功转型保驾护航。

一、确立公平正义的价值理念

数字技术的发展推动产业结构的升级与变革,促进产业数字化的创新和发展。技术进步给产业带来高效便捷的同时,也使社会主体之间的信息公平失衡问题愈发明显,并最终影响社会的公平正义。因此,从数据正义、代码正义、算法正义三个方面确立数字时代公平正义的价值理念尤为关键。

(一) 数据正义价值

随着数字时代的到来,数据成为新的生产要素。数据不仅是数字时代重要的生产要素,与此同时还具有很高的价值,因此成为各大企业竞相争夺的重要资源。数据的正义问题也接踵而至,主要体现在以下两个方面:一方面,确保数据的公平占有与合理使用。由于技术、经济等相关原因,出现了数据鸿沟、数据阶层分化等问题。在日常生活中,很多产业在数字化的过程中利用技术、资金、数据池等优势对大数据进行挖掘,对用户进行定向推送,从而实现企业的提质增效。在此过程中,需建立合理的数据红利分配机制,确保每个消费者、用户都能享受到数字化带来的便利和红利,而不仅是转型升级中的产业。另一方面,指引数据阐释中的价值判断。人们认为数据的出现在很大程度上可以弥补主观性、偏见等一些问题,但对于数据的使用多是利用数据挖掘技术对原始数据进行分类、整理、阐释。数据阐释不仅是一个技术问题,还内含一定的价值判断,潜藏着不同的利益诉求和权利主张,需要构建相应的数据正义观予以指引。② 只有确立数据合理使用规则并进行正义的价值阐述,才能维护数字时代的数据正义价值。

---

① 参见《2022全球数字安全报告》,https://www.c-csa.cn/u_file/photo/20230802/61a324fe2b.pdf,2024年8月15日访问。

② 参见马长山:《迈向数字社会的法律》,法律出版社2021年版,第50页。

（二）代码正义价值

随着人类进入了智能化、数字化的数字时代，人类的行为和活动越来越无法离开网络。在产业数字化的过程中，信息网络是基础设施。而代码在网络中发挥着关键作用。代码世界正在显著改变着我们的时空，也改变着国家、社会和个人，改变着生存、活动、利益、安全的概念和方式，技术革命正在不断冲击和影响人类现有的思维习惯和法律规制的方案。[①] 一方面，代码需要规制和管控。在网络产生之初，网络成为自由乌托邦主义的新阵地。他们主张在网络世界中，自由占据统治地位，政府对于网络世界的管理能力有限。《网络独立宣言》声称，网络空间中没有选举产生的政府，政府也没有获得被统治者的同意。因此，他们不欢迎政府，只相信他们不成文的"法典"（编码）。[②] 但是事实上，网络空间并不是不可以规制和管控的地带。通过编写代码制定标准就是规制和管控的方式之一。对于代码世界的管理不仅仅需要依靠技术，与此同时需要与法律治理相配合。法律治理应优先于技术治理且技术治理不能突破法律治理的框架和结构。另一方面，引导代码编写主观价值偏好。代码编写是一种创造性的活动，因此不可避免地将带有程序员的主观价值偏好。代码作者越来越多是立法者，他们决定互联网缺省设置应当是什么，隐私是否被保护，以及所允许的匿名程度，所保证的连接范围。[③] 代码编写的背后代表着不同的利益设定和完成目标，而客户却常常处于不能理解与不能选择的弱势地位。因此，实现代码正义的前提和基础是抑制代码编写中程序员的主观价值偏好。

（三）算法正义价值

在智能互联网时代，我们的生活几乎无法离开算法的决策。各种网络服务平台决定着我们每天的行为，策划上班的路线、推送新闻热点、推荐产品服务，我们在网络上每一次的搜索行为、交易行为都留下了痕迹。各种网络商家会通过收集的"大数据"，利用算法分析客户的购物习惯、偏向喜好然后定向推送商品。正如百威啤酒就是通过收集数据，利用算法分析向不同的国家

[①] 参见赵精武、丁海俊：《论代码的可规制性：计算法律学基础与新发展》，载《网络法律评论》2017年第1期。

[②] 参见〔美〕约翰·P.巴洛：《网络独立宣言》，李旭、李小武译，载《清华法治论衡》2004年第1期。

[③] 参见〔美〕劳莱斯·莱斯格：《代码2.0：网络空间中的法律》，李旭、沈伟伟译，清华大学出版社2009年版，第89页。

销售不一样外包装设计的啤酒,以获得各个国家消费者们的喜欢。京东的商品推荐系统通过分析用户的购物历史、浏览行为、搜索记录以及商品之间的关联性,为用户提供个性化的商品推荐。在这个过程中,算法主要存在着以下两个方面的问题:一方面是算法偏见或歧视。各大互联网平台企业充分运用算法对用户进行个性化的推送。在"私人定制"的过程中,算法看似客观、精准、可靠的外表下隐藏着算法偏见或算法歧视,如大数据杀熟,以及算法霸权、算法黑箱等可能导致少数群体遭受歧视、偏见的情况。另一方面是算法错误。美国国家标准与技术研究院的一份研究表明,不同开发者的算法精确度不同。研究评估了软件算法后发现,在一对一的匹配中,亚洲与非洲裔美国人比白种人的人脸图像取伪错误率更高;在一对多的匹配中,非洲裔美国女性的取伪错误率较高。[①] 在众多算法交互运行的过程中,无法确保算法的准确性和正确性。如果算法作出了错误的决定,人们将在毫无知觉的情况下被动地接受这种不公平的算法错误。算法错误会导致严重的不公平以及侵犯公民权利的行为发生。需要规制算法错误,才能实现数字时代的算法正义。

二、构建产业数字化的法律体系

随着网络化、数字化、智能化的发展,我们正处于数字时代。而数字经济作为数字时代的经济形态,其特点之一就是基于互联网、物联网、区块链、人工智能等技术,开展一系列新的经济活动,对传统经济进行补充和升级。传统经济主要依赖劳动力和物质资源,而数字经济则更多地依赖技术和数据资源。数字经济不仅是数字技术与传统经济的简单融合,更是使传统经济的生产方式发生了根本性变革。它突破了工商社会的传统法律治理框架,亟须构建产业数字化的法律体系。

(一)制定专门规制产业数字化的法律法规

产业数字化的法治保障包括多个方面的法律法规和政策性文件,这些法律法规和政策性文件为产业数字化的发展提供了有力保障。其一,重大战略规划的指引。2016年发布的《国家信息化发展战略纲要》作为规划和指导未来10年国家信息化发展的纲领性文件,明确提出"推进信息化和工业化深度融合""加快推进农业现代化""推进服务业网络化转型"等产业数字化的转型

[①] 参见魏雪颖:《美国国家标准与技术研究院基于种族、年龄和性别对人脸识别软件进行评估》,https://mp.weixin.qq.com/s/fcZit9Q8ntWlW5j1K8gLIg,2024年8月20日访问。

目标。2021年,我国正式发布了《国民经济和社会发展第十四个五年规划和2035年远景目标纲要》,其中第五篇"加快数字化发展 建设数字中国"明确提出了"促进数字技术与实体经济深度融合,赋能传统产业转型升级,催生新产业新业态新模式,壮大经济发展新引擎"。其二,综合性法律法规的规定。《网络安全法》作为我国第一部全面规范网络空间安全管理方面的基础性法律,为产业数字化过程中的网络安全和数据保护提供了基础。《数据安全法》是我国第一部有关数据安全的专门法律,明确了数据的分类分级保护、数据安全风险评估与预警、数据安全应急处置等制度,就产业数字化的数据安全管理提出了具体要求。《个人信息保护法》是我国首部关于个人信息保护方面的法律,为产业数字化中涉及个人信息处理的行为提供了法律规定。其三,地方性法规的指导。为了指导地方产业数字化的发展,多个省份出台了《数字经济促进条例》。虽然各地方政府根据当地的数字经济发展情况不同,出台的《数字经济促进条例》各有不同的侧重点,但总体上围绕数字产业化发展、数字产业化转型等方面展开。

综上所述,产业数字化相关的法律法规和政策性文件共同构成了产业数字化发展的法治框架。但目前并没有专门的产业数字化的法律规定,多是"碎片化""板块化""地方性"的立法。为了推动数字经济持续健康发展,应制定针对产业数字化的专项法律法规,明确产业数字化的概念界定、发展目标、监管措施等。同时,在现有法律体系下,补充和完善与产业数字化相关的配套法律法规,确保产业数字化在转型升级的过程中有法可依。

(二)促进产业数字化硬法与软法的协同共治

在产业数字化的过程中,数据成为关键生产要素。数据具有非竞争性、非独立性、共享性和开放性的特征,"数据"不同于传统的"物",其价值在于开放流动和分享,而非封闭静止和占有。在瞬息万变的数字时代,产业数字化发展过程中所生成并赖以运作的数据始终处于动态变化和持续流动的状态。因此,仅用传统"硬法"规制产业数字化中的法律问题,很难及时回应和进行有效规制。"软法"之治应运而生,在数字经济新业态中的民间交易规则、自律规范和交易习惯等更多地体现了互联网的开放、平等、协作和分享精神。[1]"软法"治理具有灵活性、互补性、自律性、多样性的特点。"软法"没有国家强

---

[1] 参见马长山:《迈向数字社会的法律》,法律出版社2021年版,第217页。

制力保证实施也体现出了它的局限性,只有软硬协同才能更好地治理产业数字化转型中的法律问题。例如,制定《数字经济促进法》等基础性法律,完善《网络安全法》《数据安全法》《个人信息保护法》等法律法规,建立规制产业数字化的法律法规体系,以"硬法"引导"软法"、强化监管与自律,从而协同推进产业数字化的健康、有序发展。

(三)建立产业数字化进程中的监督机制

随着数字技术的发展,数字经济与实体经济进行了深度的融合与渗透。在产业数字化进程中,通过对传统企业的生产过程、产品服务、企业运营、产业链的全方位改造,推动数字经济增长、促进传统产业升级,从而打造数字经济新模式。同时,在产业数字化进程中也面临着数据安全、隐私保护、合规性不足等挑战。因此,在产业数字化进程中,建立监督机制将推动产业数字化的健康和可持续发展。

在产业数字化的过程中,政府发挥着重要的作用。它不仅是法规的制定者,也是法规执行的监管者。为了确保产业数字化的合法合规转型,政府可以通过以下三个方面对产业数字化进行事前、事中、事后的全流程监管:一是政府通过项目审批和备案,对拟进行数字化转型的企业进行审查,确保企业具备进行产业数字化的条件和资质。同时,政府还可以通过政策引导、约谈等方式,对产业数字化进行事前规制以提高监管效率。二是政府对数字化转型过程中产生的数据泄露、篡改、滥用等数据安全问题,以及侵犯个人隐私权等权利侵犯问题,加强监管和执法力度,维护公民的基本权利和市场竞争秩序。三是政府可以通过多部门联合惩治加强产业数字化的事后监管。互联网技术的发展突破了物理时空的边界,产业数字化影响了人们线上和线下的工作和生活,监管机关可通过多部门的联合惩治,利用监管合力进行事后监管。

综上所述,产业数字化的政府监督是一个综合性的系统体系,政府通过事前的源头治理、事中的加强治理、事后的追踪治理以确保产业数字化的成功转型和有效监管,从而巩固产业数字化转型的成果并推动产业持续健康发展。

三、提升数字公民的数字能力

产业数字化通过应用云计算、大数据、物联网、人工智能等数字技术,推动传统产业的生产方式、商业模式和管理模式的变革创新,包括但不限于数字农业、数字金融、数字物流、数字贸易、数字交通、数字医疗、数字教育。传统产业的数字化为公民提供了便捷和丰富的生产生活场景,同时为公民带来了更多的就业机会和收入来源。数字化抹平了某些不平等,但同时又造就了一些新的不平等,出现了数字鸿沟。① 公民在数字时代不仅需要具备行为能力、权利能力,还需要具备数字能力。数字公民不仅是数字技术的使用者,还是数字经济的参与者。在数字经济时代,数字能力是数字公民不可或缺的能力。

一方面,提升公民数字素养。数字时代打破了传统物理时空的界限,扩大和丰富了人们的生活世界,但也带来了数字鸿沟等不平等问题。为了消除数字鸿沟、共享产业数字化中的数字红利,提升公民数字素养成为产业数字化进程中不可或缺的一环。数字素养是一个多维度概念,它涵盖了数字公民在数字社会学习、工作和生活中应具备的一系列素质与能力。2021年,中央网络安全和信息化委员会印发《提升全民数字素养与技能行动纲要》,明确提出"数字素养与技能是数字社会公民学习工作生活应具备的数字获取、制作、使用、评价、交互、分享、创新、安全保障、伦理道德等一系列素质与能力的合集"。数字公民的数字素养,是一个多维度、多层次的能力体系,包括数字生存能力、数字安全能力、数字思维能力、数字生产能力、数字创新能力等。在产业数字化的过程中,公民数字素养的提升需要面向所有公民,以实践能力为导向,设计适用于不同层次和阶段的教育体系。②

另一方面,优化公民参与渠道。传统产业在数字化升级过程中,既给公民带来了权利的扩增,也冲击了一些传统的权利。正如随着数字教育一体化平台的建设,为教育资源的普及和个性化学习提供了可能,从而扩充了公民的数字教育权。在医疗健康领域,虚拟GPU、边缘计算、全息现实、数字孪生等技术被运用到远程影像诊断、远程手术指导等医疗场景中,从而扩充了公民的数字健康权。与此同时,产业数字化也会在某些方面对公民传统权利产生冲击。正如产业数字化平台对于个人信息的收集增加了个人信息泄露的风险;产业数字化赋能经济的同时,数字鸿沟导致的权利不平等现象依然存在;传统行业进行转型升级时,可能导致部分岗位消失或技能要求发生变化,

---

① 参见马长山:《数字法学的理论表达》,载《中国法学》2022年第3期。
② 参见李泽:《数字能力鸿沟的法治化弥合》,载《求是学刊》2023年第5期。

从而影响公民的就业权利。

因此,应提升公民的数字能力,优化公民参与渠道,让公民积极参与到产业数字化的转型建设中来,从而共享产业数字化的时代红利。其一,搭建数字化参与平台,为公民提供表达意见的数字化渠道;其二,政府和企业应加强信息公开,保障公民的知情权、参与权和监督权;其三,完善相关法律法规,明确公民在产业数字化中的权利和义务;其四,提高网络接入能力和数字设备拥有率,缩小数字公民的接入鸿沟、使用鸿沟等数字鸿沟;其五,制定针对老年人、未成年人等特殊群体的定制化、个性化服务,切实保障他们的参与途径;其六,建立畅通的公民反馈机制,促进政府与公民之间的互动。

总之,在新一轮科技革命与产业变革的加速推进下,数字技术正以前所未有的速度迭代升级,并实现了数字技术与实体经济融合性突破。这一趋势正深刻重塑着生产方式与产业格局。这一变革为我国数字化发展带来了前所未有的机遇,促使我们在智能制造、数字农业、数字金融、数字物流、数字贸易、数字交通、数字医疗、数字教育等产业实现了数字化转型。然而,与此同时,它也带来了一系列复杂而严峻的挑战,要求我们在数据安全、网络安全、平台监管等方面作出积极应对。只有确保产业数字化的安全发展,才能实现产业数字化与数字法治的良性互动和共同发展。

典型案例

2022年3月1日,丰田汽车公司暂停日本国内所有生产,包括14家工厂的28条生产线。这些工厂遍布日本各地,包括爱知县、福冈县等地的重要生产基地。停产涉及的车型包括"卡罗拉""雷克萨斯"等丰田品牌的热销车型。停产原因是丰田汽车的主要供应商——小岛冲压工业株式会社的系统遭受了网络攻击,疑似感染具有强攻击性的"勒索病毒",导致系统瘫痪,无法正常供应零部件给丰田汽车。停产一天导致丰田汽车损失约1.3万辆的产量,约占丰田汽车日本产量的5%。最终,丰田汽车在3月2日恢复生产。

丰田汽车利用智能制造、智能网联、数字化研发、数字化营销与服务在产业数字化转型中取得了显著成效,但此次事件表明了网络安全对产业数字化的重要性。随着智能化和网络化的推进,汽车行业的网络安全风险日益凸显,企业在加强网络安全防范的同时也需建立多元化的供应链体系,确保产业供应链的稳定和安全。

问题与思考

1. 如何理解产业数字化?
2. 产业数字化的特征有哪几个方面?
3. 如何确保产业数字化过程中的数据安全?
4. 如何应对产业数字化带来的网络安全威胁?
5. 如何平衡产业数字化与安全的协同发展?

 **延伸阅读**

1. 〔荷兰〕玛农·奥斯特芬:《数据的边界:隐私与个人数据保护》,曹博译,上海人民出版社2020年版。

2. 〔英〕凯伦·杨等编:《驯服算法:数字歧视与算法规制》,林少伟、唐林垚译,上海人民出版社2020年版。

3. 马长山:《迈向数字社会的法律》,法律出版社2021年版。

4. 刘权:《产业数字化:以数字技术加速产业转型增长》,人民邮电出版社2022年版。

5. 吴晶、尹西明:《产业数字化转型:打造中国式现代化新引擎》,中国科学技术出版社2024年版。

第十一章　数字产业化的安全保障

法律故事

近年来,央企数字化转型步伐不断加快,为进一步抢抓数字经济发展机遇,作为国民经济"压舱石"的中央企业开始争相布局数字产业,表现之一是专业化的数科公司密集成立。央企通过内部资产整合,陆续组建了以数字经济为主要业务的专业化的数字科技公司,在服务自身数字化转型的同时,打造数字科技力量,谋篇数字经济新战场。为加快数字新兴产业培育,布局新一代信息技术、人工智能等战略性新兴产业,中央企业成立了近500家数字科技类公司,加快产业新旧更迭和动能转换。

央企成立数科公司源于四个方面的驱动力:一是基于服务集团多年沉淀的数字化转型经验和能力,引领及带动更多国有企业加快数字化转型发展,服务数字中国战略;二是充分参与市场竞争,形成更具市场竞争力的业务能力,沉淀了一揽子产品与解决方案以及一站式数字科技运营服务能力,成立科技公司,能更好地接受市场的考验与淬炼,提升数字产业核心竞争能力;三是以外促内,更好地服务集团产业智能化发展和数字化转型;四是以内促外,带动上下游产业链供应链和数字经济高质量发展。

实际上,央企密集成立数科公司,主要有两个层面的因素:一是政策驱动。国资委密集发文推动国企数字化转型,将加快数字化转型列入科技创新头号工程,数科公司作为数字化转型的专业公司,有利于统筹加快技术研发和融合应用,改造提升业务布局和模式。二是市场驱动。数字化转型周期长、投入大,单纯从总部职能部门角度已难以适应市场快速变化,在与民营科技企业的竞争合作中也存在不足之处。腾讯研究院发布的一项调查显示,中央国企开展数字化转型是内外驱动的共同结果。具体来看,"利用新的生产要素""响应国家号召、服务国家战略"成为推动央企数字化转型的重要力量。其他影响因素还包括应对同业竞争、连接生态企业、抓住时代机会、适应消费新方向等。

数字经济是全球新一轮科技革命和产业变革的引擎。《"十四五"数字经济发展规划》明确指出,数字经济是继农业经济、工业经济之后的主要经济形态,是以数据资源为关键要素,以现代信息网络为主要载体,促进公平与效率更加统一的新经济形态。上述规划强调,到 2025 年,数字经济核心产业增加值占 GDP 比重达到 10%,数字化创新引领发展能力大幅提升,智能化水平明显提升,形成具有国际竞争力的数字产业集群。《数字中国建设整体布局规划》提出,夯实数字基础设施和数据资源体系"两大基础",推进数字技术与经济、政治、文化、社会、生态文明建设"五位一体"深度融合,强化数字技术创新体系和数字安全屏障"两大能力",优化数字化发展国内国际"两个环境"。上述规划强调,到 2025 年,数字中国建设取得重要进展,数字基础设施高效联通,数据要素价值有效释放,数字经济发展质量效益大幅增强。

推动数字产业化是全面赋能数字经济发展的重要一环。数字技术与实体经济融合是大趋势,数字经济不仅是发展前沿,数字技术更能作为一种要素和实体经济紧密结合,为消费者提供便利的同时为企业降本增效,推动传统产业升级转型。2024 年 7 月 5 日,国务院总理李强主持召开国务院常务会议,研究部署推进数字经济高质量发展,强调要从全局高度推动数字技术和实体经济深度融合,推进数字产业化、产业数字化。在 2024 年全球数字经济大会上,国家网信办、国家数据局、工业和信息化部等多部门负责人发声,围绕加大政策供给、加快数据制度建设、深入推进产业数字化转型等方面释放政策信号。全国各地区也出台了相应的政策响应。地方政府还根据本地实际情况,制定了具有区域特色的数字经济发展策略,例如支持平台经济、推动中小企业数字化转型等。

第一节 数字产业化的内涵与发展样态

一、数字产业化的基本内涵

数字产业化将数据作为新的核心生产要素,通过数字技术创新及其产业化和商业化,催生新产业新业态新模式,最终形成数字产业链和产业集群。想要明确数字产业化的基本内涵,前提是了解产业数字化与数字产业化的区别。产业数字化与数字产业化是数字经济发展的两个重要方面,也是数字经济时代推进新型工业化的重要途径。产业数字化是传统行业利用数字技术优化业务模式、服务模式、商业模式的过程。产业数字化推动传统产业的数字化转型,主要涉及传统产业基础能力的高级化和产业链现代化。数字产业化是数据等新型要素的产业化和市场化,其关乎数字化新产业的成长和发展。无论是数字产业化还是产业数字化,其中的核心都是数字化。数字化既可以实现传统产业的数字化改造,提高传统产业的基础能力和效率,又能推进数字产业化,加快数字技术的市场化和商业化,加快数字经济的发展。具体来说,数字产业化与产业数字化的主要区别如下:

其一,二者所包含的产业分类不同。2021年5月,国家统计局发布《数字经济及其核心产业统计分类(2021)》,从"数字产业化"和"产业数字化"两个方面,确定了数字经济的基本范围,将其分为数字产品制造业、数字产品服务业、数字技术应用业、数字要素驱动业、数字化效率提升业5大类。其中,前4大类为数字产业化部分,即数字经济核心产业,是指为产业数字化发展提供数字技术、产品、服务、基础设施和解决方案,以及完全依赖于数字技术、数据要素的各类经济活动,对应于《国民经济行业分类》中的26个大类、68个中类、126个小类,是数字经济发展的基础。第5大类产业数字化部分,是指应用数字技术和数据资源为传统产业带来的产出增加和效率提升,是数字技术与实体经济的融合。该部分涵盖智慧农业、智能制造、智能交通、智慧物流、数字金融、数字商贸、数字社会、数字政府等数字化应用场景,对应于《国民经济行业分类》中的91个大类、431个中类、1256个小类,体现了数字技术已经并将进一步与国民经济各行业产生深度渗透和广泛融合。

其二,二者的内在逻辑存在不同。数字产业化侧重于数据要素的商业化开发与市场化交易活动,形成数据服务、数据产品和数据应用等新兴数字业态,强调技术性和科技含量,关注数字技术的应用。比如,长沙云数据中心占地面积为145亩,规划建设6栋IDC楼、6栋动力配套楼、1栋通信枢纽楼以及1座自有专用110KV变电站,总建筑面积为13万平方米。该数据中心定位于中南五省最大的IDC和互联网节点,面向政府、金融、互联网、大型企业集团等行业战略级客户提供优质的数据中心、云计算和大数据服务。而产业数字化侧重于利用工业互联网、人工智能、大数据、云计算等新一代数字技术对传统产业进行数改智转,推动传统产业实现基础能力数字化和现代化;强调全链条性,在新型工业化中需关注整个产业链上的数字化转型和产业链的协同发展。换言之,产业数字化更加强调将传统技术与数字技术结合,融合人工智能、大数据,使实体经济实现自动化、机械化、信息化和数字化,带来整体运作方式的改变,从而推动实体经济高质量发展。

其三,二者的功能定位存在区别。数字产业化的功能主要是在新型工业化中促进新产业的出现,目的是将数字化的知识和信息转化为生产要素,实现数字技术创新、产业创新和商业模式创新,在产业基础能力高级化的基础上催生新产业新业态新模式,最终通过产业链现代化形成数字产业链和产业集群,推动新型工业化发展。数字产业化是衡量数字经济发展质量的重要标志,数字产业化的成长需要市场需求、技术创新以及满足新生产模式高效运作的组织原则三种驱动因素。数字技术的广泛应用拓展了数字产业化的市场需求,与数字技术匹配的网络化组织原则满足了定制化生产模式的高效运行,进而驱动了数字产业化。在数字经济背景下,新型工业化中数字产业化是内核,起到先导作用,是数字产品与服务的供给方,为数字经济发展提供基础设备、搭建平台。而产业数字化是数字经济背景下新型工业化的外延和数字经济发展的主战场,是数字经济发展的需求方,利用数字技术改善传统产业的业务模式、服务模式、运营模式、商业模式,通过数字技术创新、数字化平台、数字化设备实现传统产业结构的转型升级,促进新型工业化。

二、数字产业化的发展样态

数字产业化作为当代经济发展的重要趋势,其核心在于数据要素的产业化、商业化和市场化,它为产业数字化提供动力和技术基础,推动传统产业转型升级,促进经济高质量发展。为了确保数字产业化和产业数字化协同发展,需要加强政策支持、前沿技术研发、基础设施建设以及人才队伍培养,从而打造具有国际竞争力的数字产业集群,推动数字经济与实体经济深度融合,释放更大发展动能。数字产业化具体包含如下产业:其一,人工智能。在计算机科学领域,人工智能是一种机器表现的行为,它能够以与人类相似的方式做出反应,并尽可能提高成功概率。其二,大数据。利用各种数据技术和算法来获取、分析和解决实际问题,在数据产业化中起着至关重要的作用。其三,物联网。通过无线通信技术,将各种设备连接起来,实现智能化管理和控制,包括传感器、嵌入式系统、通信网络等产业。其四,区块链。这是一种去中心化的分布式数据存储和传输技术,通过密码学方法实现数据的安全和透明,同时具备共识机制和加密算法等功能。其五,数字要素驱动业。包括互联网平台、互联网金融、数字内容与媒体、信息基础设施建设、数字资源与产权交易等。

数字产业化是数字经济的核心产业,是为产业数字化发展提供数字技术、产品、服务、基础设施和解决方案。以数字技术和数据资源为驱动,推动传统产业数字化转型和新兴数字产业发展,形成数字化、网络化、智能化的产业体系。在这个过程中,数字生态是数字产业化发展的基本组织形式。数字生态是由核心数字平台和一系列互补性企业所构成,进而实现价值共创和收益共享的组织网络。良好的数字生态才能有效促进数字产业化的生成和发展。数字产业化生态发展可以分为两个层次:以平台为核心的数字商业化价值实现生态和多元主体协同参与的数字产业化环境生态。① 以平台为核心的数字商业价值实现生态是实现数字产业化的主要方式。以头部平台企业为核心的数字商业生态能很好地实现数字技术创新和数字商业创新的融合,并不断深化数字产业化的价值挖掘与商业实现,推动数字产业化发展。在这类数字生态中,头部企业发挥引领作用。以阿里巴巴为例,其发展实际就是以电子商务核心业务为原生动力的数字产业化商业生态系统的演化过程。阿里巴巴以电子商务作为生态系统的核心业务,为更好地促进电子商务业务的发展,阿里巴巴开发了第三方支付业务(支付宝),并通过股权等方式与物流企业合作实现高效的物流配送。在此基础上,阿里巴巴利用用户基础优势不断地向消费者提供多元化服务,发展出大量的衍生业务和外围业务,实现了跨界发展。在数字商业化生态发展过程中,数字价值创造也逐步从围绕核心原生产业的平台内单一市场价值创造转向多市场的跨界生态价值创造。②

数字产业化是当前全球经济发展的重要趋势,它通过将数字技术与各种产业深度融合,促进产业升级和经济结构优化。比如,山东汉鑫科技股份有限公司(以下简称"汉鑫公司")是新一代信息技术国家高新技术企业、北交所开市全国第一批十家上市企业之一。汉鑫公司专注于为政企客户提供基于人工智能技术的产品与解决方案,拥有山东省企业技术中心、山东省一企一技术中心、山东省软件工程技术中心和山东省数据开放创新应用实验室四个

---

① 参见唐要家、唐春晖:《数字产业化的理论逻辑、国际经验与中国政策》,载《经济学家》2023年第10期。
② 同上。

省级创新平台;先后获得中国隐形独角兽500强、山东省"专精特新"中小企业、山东省瞪羚企业、山东省优秀软件企业、山东省智能制造标杆企业、山东省网络安全重点企业等荣誉称号,并通过CMMI3级国际认证。2022年,汉鑫公司"智能网联汽车云控平台"成功入选山东省首版次高端软件产品名录,在城市交通、智慧高速、智慧公交、智慧隧道、绿色出行等领域拥有多款核心产品。2023年,汉鑫公司承建并交付了烟台首条滨海开放道路智能网联示范路,该示范路覆盖烟台滨海路双向10km开放道路,对智慧交通作出一系列的示范引领,通过新一代信息与通信技术将人、车、路、网、云融为一体,基于系统协同感知、决策与控制,完成了全息路口、智能网联云控平台、自动驾驶巴士、智能网联精准公交等产品与场景的落地。汉鑫公司的成立和发展生动地展现了数字产业化的具体过程。总而言之,上述案例展示了数字产业化在具体领域的成功应用。数字产业化不仅推动了企业自身的转型升级,还带动了整个产业链的高质量发展。不得不承认,数字化在提升效率、降低成本、增强客户体验等方面具有重要作用。未来,继续关注并借鉴这些成功的数字化转型案例,可以为更多企业提供发展路径和策略参考。

第二节　数字产业化所面临的安全风险

在数字产业化的过程中,安全风险始终是一个不容忽视的问题。这些风险不仅影响企业的正常发展、个人的合法权益,也对整个社会产生深远的影响。具言之,数字产业化的安全风险分为三个主要类型,即数据安全风险、技术安全风险以及网络安全风险。

一、数据安全风险

数据要素是数字产业化发展所依赖的核心要素之一。数据成了这个时代被提及最多的生产资料,绝大多数的互联网公司都是围绕数据进行处理、加工、分析,进而向企业或者个人提供服务。海量的数据背后蕴藏的巨大价值,单单经济方面的价值就引起了大量不法分子的觊觎。在数字产业化的过程中,数据安全是重中之重。数据风险基础安全(Risk Based Security)的数据显示,2020年数据泄露达到360亿条,创历史新高。对比传统的网络安全威胁,数据安全威胁更加多样化,不再局限于利用安全漏洞、恶意流量、病毒木马等攻击手段,数据安全问题集中爆发在特权账号弱口令、数据权限滥用、API 接口攻击等方面。概括而言,数据安全风险可分为数据泄露风险、数据污染风险和数据滥用风险。

(一)数据泄露风险

数据泄露可能通过多种途径发生,包括黑客攻击、内部人员泄露、物理介质丢失等。数据泄露可能导致个人隐私受损、企业商业机密泄露,甚至影响国家安全。例如,2020 年 11 月,圆通速递被曝出有多位"内鬼"有偿租借员工账号,导致 40 万条公民个人信息被泄露。新京报记者获悉,涉案的为五位圆通员工,被泄露的信息中包括发件人地址、姓名、电话以及收件人电话、姓名、地址。随后,圆通发表声明进行道歉,并表示此次案件再次敲响了信息安全风险的警钟,将持续完善信息安全风控系统和个人数据安全防护。圆通公司虽然不是数字企业,但是数据泄露事件对其发展产生了较大不利影响。对于初创型的数字企业,核心数据泄露可能直接导致企业失去核心竞争力。

Verizon 发布的《2021 年数据泄露调查报告》显示,61% 的数据泄露与凭证数据泄露有关。Verizon 发布的《2024 年数据泄露调查报告》显示,其 2024 年基于大量现实事件进行研究,共分析了 30458 起的安全事件,其中 10626 起已确认的数据泄露事件,跨越 94 个国家。这一数量比前一年(16312 起安全事件和 5199 起数据泄露事件)翻了一番,再创历史新高。"外部入侵"始终是数据泄露事件背后最热门的手段之一,有 65% 的泄露来源于外部攻击者。但是,需要特别强调的是,内部数据泄露事件占比 35%,这仍然值得各行业、各单位重点关注(这一数字比 2023 年的 19% 大幅增加)。

(二)数据污染风险

通过对数据集的自动化处理以及数据画像,对数据主体进行精准评价是目前企业发展过程中常用的分析模式。如果通过数据投毒、黑客攻击、算法歧视等方式污染数据集,将造成人工智能决策的失误,引发信任危机和安全问题。[1] 数字信息是新经济时代的燃料,但正如传统经济中的碳燃料一样,它既可能产生污染,也可能被污染。数据作为被污染对象时,所谓的污染主要指向的是对数据质量的损害,从而导致数据在数字经济生产、社会治理中发生要素作用时,出现效果的偏差甚至导致他人合法权益的损害。

---

[1] 参见孙大伟、张淑芬:《新一代人工智能的风险防范和高质量发展》,载《海峡科技与产业》2020 年第 8 期。

有学者指出,数据污染有两种方式。一种是训练数据集的污染,包括训练数据集本身已经被污染和被黑客攻击污染。例如,通过刷出大量虚假点击、点赞、转发、评论等数据,上热搜榜单、增加直播间流量、增加内容推送机会,进而将流量转化为商业收益。又如,生成式人工智能技术的进步让几乎任何人都能轻松创建看似合法的新闻网站,生产的内容往往与真实新闻难以区分。这种情况的危险在于人工智能的范围和规模,当它与更复杂的算法结合时,误导性信息的扩散规模和速度将前所未见,对于生成式人工智能的发展形成新的数据污染。另一种是人工智能模型的污染。一旦数据被污染,将会产生人工智能决策失误,出现对人工智能的信任危机,甚至会引发安全问题。[1]

（三）数据滥用风险

数据滥用是指未经授权或未经允许的情况下,将数据进行不当使用或披露。在大数据时代,数据的价值越来越高,同时也意味着数据滥用的风险越来越大。数据滥用可能涉及个人隐私、商业机密等敏感信息,对企业和个人的利益造成极大的损害。信息滥用不仅侵犯了个人隐私权,也破坏了市场的公平竞争环境。数字产业化过程中,数字企业一旦滥用数据,企业的发展将会步入"歧途"。在信息爆炸时代,数字企业往往使用"推荐算法"为客户提供个性化服务,以保证用户黏性,引发"过滤气泡"问题,随之带来的"信息茧房"和"回音室效应",导致用户获取的多为同质化信息,形成信息壁垒和数字鸿沟,出现"网络群体极化"现象。

数据滥用对数据安全的影响主要体现为削弱了个人的信息自主权,无法保障个人在数据化时代下的完整人格。例如,2019年2月6日,FCO（德国联邦卡特尔局,德国的反垄断监管机构）对Facebook涉嫌滥用市场支配地位行为作出处罚。在这起案件中,德国联邦卡特尔局认为,Facebook通过用户协议条款,迫使Facebook用户同意公司收集和使用用户在其他平台的数据,构成垄断行为。要求Facebook在未来四个月内调整其服务条款和数据处理活动,提交FCO并接受检查监督。如果Facebook打算继续从社交网络外部收集数据并在未经用户同意的情况下将其合并到用户账户中,则严格控制采集的数据的处理活动。随后,Facebook提出上诉。2020年6月23日,案件最终

---

[1] 参见孙大伟、张淑芬：《新一代人工智能的风险防范和高质量发展》,载《海峡科技与产业》2020年第8期。

在德国最高法院作出裁定,支持FCO对Facebook滥用市场支配地位的认定,以及限制其对个人数据进行处理的相关决定。

二、技术安全风险

(一)技术歧视与黑箱风险

在以知识和技术织就的现代网络里,每个个体都被镶嵌在这张无形的巨网之中,成为不可分割的一个整体。基于数字技术,个人的衣食住行、生活社交行为日益暴露在公众视野中。遥感通信技术、大数据、云计算等数字技术的应用和推广,可能使个人的身份、位置、行为等信息置于风险之中。人们在享受着数字技术为人类生活带来便捷的同时,也可能受到数字技术的困扰。人类是会犯错的,人开发的技术也不可避免地存在安全性风险。比如,搜索引擎被广泛批判的竞价排名系统极大影响了个人的选择自主权。因此,技术滥用行为实质上借助了算法系统的操纵力,对个人信息和决策隐私产生了严重威胁。

在算法为王的大数据环境下,人工智能自动化决策常常表现出算法黑箱。由于技术的复杂性以及媒体机构、技术公司的排他性商业政策,用户无法弄清算法的目标和意图,也无从获悉算法设计者、算法控制者以及机器生成内容的责任归属等信息,更谈不上对其进行评判和监督。智能算法的迭代和升级是推动数字产业化的核心手段之一,内含算法黑箱的人工智能产品由于偏见势必对现实世界造成一定的价值观冲击,造成了数字企业借由信息技术对私人领域的侵扰和挤压,极端情况下甚至会引发新的社会治理矛盾与危机。

(二)技术失控型安全风险

随着数字技术全方位介入人们的日常生活,人们在被动同意接受技术的同时,技术过多限制和剥夺公民基本社会自由和权益的行为时有发生。人工智能发展被少数大公司和政府主导的风险可能会加剧不平等,并限制人工智能应用的多样性。数字产业化过程中,企业会追逐利润,忽视人工智能技术的潜在风险。

例如,智能体是人工智能领域中的一个重要概念,是指能够自主感知环境、做出决策并执行行动的智能实体,它可以是一个程序、一个系统或是一个机器人。智能体的核心是人工智能算法,包括机器学习、深度学习、强化学习、神经网络等技术。通过这些算法,智能体可以从大量数据中学习并改进自身的性能,不断优化自己的决策和行为。智能体还可根据环境变化做出灵活的调整,适应不同的场景和任务。以生成式人工智能为代表的大语言模型的出现,标志着智能体可以进入批量化生产时代。在此之前,智能体需靠专业的计算机科学人员历经多轮研发测试,现在依靠大语言模型就可迅速将特定目标转化为程序代码,生成各式各样的智能体。智能体可以自主决策,又能通过与环境交互对物理世界施加影响,一旦失控将给企业发展和人类社会带来极大威胁。这种不仅能与人交谈,还能在现实世界中行动的人工智能的常规化,是数字与模拟、比特与原子之间跨越血脑屏障的一步,应当引起警觉。智能体的运行逻辑可能使其在实现特定目标过程中出现有害偏差。在一些情况下,智能体可能只捕捉到目标的字面意思,没有理解目标的实质意思,从而在响应某些激励或优化某些目标时出现异常行为。

三、网络安全风险

依据《网络安全法》第76条,网络安全是指"通过采取必要措施,防范对网络的攻击、侵入、干扰、破坏和非法使用以及意外事故,使网络处于稳定可靠运行的状态,以及保障网络数据的完整性、保密性、可用性的能力"。具体可分为三个层面:一是网络基础设施的安全;二是网络上运行存储的数据信息的安全;三是利用信息网络技术进行连接和控制的系统的安全。[①] 数字产业化的过程中,保障网络安全是为数字企业发展护航的必然要求。

在数字时代,网络攻击手段日益多样化,攻击者可能利用先进的技术进行跨平台、跨地域的攻击。这种模式往往涉及更加专业的网络攻击者,他们利用在黑客攻击和恶意软件方面的专业知识来渗透/破坏/影响不同规模的组织,并经常利用勒索攻击获取报酬。随着网络技术的飞速发展,网络技术犯罪已成为一个不容忽视的问题。近年来,网络技术犯罪持续高发,带来了重大经济损失和数据安全风险。勒索软件是一种流行的网络攻击工具,通过加密用户文件等方式进行勒索。近年来,几乎所有国家的政府、金融、医疗、交通等行业均受到影响。2022年,勒索软件活跃程度再度飙升,攻击事件数量同比增长13%,超过以往五年的总和。各大勒索攻击团伙不断改进攻击手

---

① 参见蔡莉妍:《数字经济时代数据安全风险防范体系之构建与优化》,载《大连理工大学学报(社会科学版)》2024年第3期。

法和模式,使得新一代勒索软件攻击更加复杂、更有针对性,呈现出勒索软件智能化、多重勒索常态化等趋势。以多重勒索为例,新型勒索软件攻击从单端的支付赎金即可恢复被加密的数据,逐渐演变成窃取商业信息、非法销售数据等勒索方式结合的新模式。比如,2018年8月,浙江绍兴侦破一起特大流量劫持案,涉案的新三板挂牌公司北京瑞智华胜科技股份有限公司,涉嫌通过网络手段非法窃取用户个人信息30亿条,涉及百度、腾讯、阿里、京东等全国96家互联网公司产品。

第三节 数字产业化内部安全保障体系

在国家法律的指导下,企业应注重安全体系与数字体系融合,攻防能力与管控能力融合,更好地做好网络安全、数据安全、云安全、终端安全等[①],打造一套面向数字产业的安全框架体系。这一数字安全框架体系包括数字产业的安全预防体系、数字产业的安全识别体系和数字产业的安全应对体系。

一、数字产业的安全预防体系

数字安全预防体系主要是为了预防潜在的安全威胁,通过一系列的技术和非技术手段来避免或减少网络安全事故的发生。一般来说,工业企业会采用制定和实施的安全策略、安装和维护防火墙、进行安全漏洞扫描和风险评估等手段和措施。在数字时代,数字产业可以主动利用人工智能等新兴技术,以数字经济安全风险智能化、动态化评估预警平台为基础,打造数字经济安全风险"全链条"闭环式治理机制,强化数字经济的"全生命周期"安全风险闭环管理,从顶层设计、智能预警、动态监测、应急处置等方面加强数字经济良性循环、可持续发展和风险防控长效机制建设。其中,通过参考借鉴并结合实际设计预警指标体系,包括网络安全平台、数据安全平台等数字经济安全风险管理类指标,数字经济规模、数字金融发展、数字经济产业结构等数字经济产业发展动能类指标,数字经济就业、数字经济社会公平发展等社会类指标,数字经济金融化、上证和深证指数、金融发展相关率等金融类指标,重点预防数字经济运行中的数据安全风险。

---

① 参见孙宝文、欧阳日辉:《发展数字安全产业筑牢数字经济基石》,载《经济》2023年第9期。

具体来说,数字安全预防体系的内容可以包括以下几个部分:其一,数字安全策略的制定。建立一套全面的安全策略,涵盖身份验证、访问控制、数据加密等方面。例如,数字企业可以制定严格的数据访问和控制政策,确保只有授权人员能够访问敏感数据。其二,数字安全技术的部署。例如,数字企业应主动应用如防火墙、入侵监测系统、恶意软件防护等技术手段,以构建多层次的安全防御措施。其三,数字安全制度的建设。数字企业需要确立内部的安全管理制度,增强员工的安全意识和技能,定期进行安全培训和演练。其四,数字安全服务的引入。数字企业也可以主动聘请外部安全专家或与安全服务提供商合作,进行定期的安全检查和咨询,制订有效的合规计划。有效合规计划代表着数字经济体自我监管和自我治理的最高水平,是将法定风险防范义务固定和转化为数字经济体内控管理体系的关键步骤,也是构建风险防范事前自律体系的核心手段。由数据合规计划、知识产权合规计划、特定产业合规计划组成的"2+n"合规防护网,是合规驱动数字经济安全风险防范体系的基本方式。①

二、数字产业的安全识别体系

数字产业化过程中,数字企业等数据处理者、技术开发和应用者应积极主动开展数据安全治理能力评估、数据安全能力成熟度评估等工作,准确认识自身能力的短板弱项,及时查漏补缺,不断提升数字安全识别水平。据中国软件评测中心持续对电信和互联网行业的威胁监测和远程检测结果分析,发现安全漏洞或问题80%和数据安全相关,主要包括SOL注入、非授权访问、数据泄露三大类。其中,实现非授权访问的原因多样,包括弱口令、授权绕过、未进行身份验证等。

为防止各类数字风险,数字企业需要构建数字安全识别体系。该体系主要关注于识别当前网络环境中的潜在风险和威胁,以便能够及时发现并响应安全问题。这一体系涉及的技术和方法包括但不限于:其一,数字企业应构建入侵检测系统,以便监测网络和系统活动,识别潜在的恶意行为或违规操

---

① 在构建数据合规体系之前,应通过数据核查尽可能全面地了解本企业数据处理实践状况,对数据静态情况(数据主体、数据类型与字段、数据体量、存储位置、处理方式、当前实施的保护措施及其落实)与数据动态情况(数据在经济体内部和外部的流转、流转的国家和地区、流转的目的和用途、流转过程中采取的保护措施及其落实)进行全面梳理,以完成合规风险识别。

作。其二,数字企业应引入安全信息和事件管理系统,以收集和分析来自多个来源的安全日志,进而发现可疑事件或趋势。其三,数字企业应确立文件完整性监测系统,以检测关键文件和系统配置的更改,进而防止未授权修改或破坏。其四,数字企业应加强网络流量分析,以便监控网络流量,识别异常模式,及时发现潜在的网络入侵或其他安全事件。

三、数字产业的安全应对体系

数字安全应对体系则集中于对已识别或正在发生的安全事件的响应和恢复。该体系确保在发生安全威胁时,组织能够迅速采取行动,最小化损害并尽快恢复正常运营。数字企业安全应对体系的关键组成部分包括:其一,应急响应计划。数字企业需要预先制订详细的应急响应计划,指导如何在发生安全事件时迅速反应。其二,事故管理团队。数字企业需要建设专门的安全团队,负责协调和管理安全事件的响应工作。其三,数据备份和恢复。数字企业需要定期备份关键数据,确保在数据丢失或损坏时能快速恢复。其四,有效沟通机制。数字企业需要建立有效的内外沟通渠道,用于在事件发生时及时通知相关方,并获取相关方的必要支持。

除此之外,在构建数字产业的安全预防体系、安全识别体系和安全应对体系时,数字企业还需注重以下三个方面的事项:其一,数字企业需要持续监控和更新三大安全体系。随着网络威胁不断演化,必须定期更新防护措施和应急计划以适应新的风险环境。其二,数字企业需要强化企业员工培训。数字企业应定期组织员工进行数字安全培训,提高他们对各种网络威胁的识别和应对能力。其三,合规性和法律要求。数字产业安全体系的构建和完善需要以确保所有安全措施都符合国家和行业的法规要求为前提。

总的来说,数字安全预防体系、识别体系和应对体系是确保组织在数字化时代维持安全状态的三大支柱。它们虽然各自独立,但又相互关联,共同构成了一个综合性的安全防护网。在构建这些体系时,需要从技术、人员、流程等多个方面综合考虑,以确保能够有效防范和应对日益复杂的数据安全、技术安全和网络安全的威胁。

第四节 数字产业化外部安全保障体系

一、政府:数字安全的法律与制度供给

各级政府部门在数字化转型中扮演重要角色,依据《宪法》第14条,政府有责任推广先进技术和完善经济发展模式。因此,中央国家机关可以结合本部门职责制定相应的数字经济发展政策,各行业部门和地方政府则可以结合本地区的经济社会发展水平挖掘数字经济的发展潜力。

(一)数字安全的法律供给

在数字经济快速发展的背景下,法律规范的完善对于维护数据安全、保护个人隐私、促进公平竞争以及推动数字产业化和产业数字化的发展至关重要。《中小企业发展促进法》规定,国家鼓励中小企业推进技术、产品、管理模式、商业模式等创新,并支持其在各环节应用互联网、云计算、大数据、人工智能等现代技术手段。我们要构建"政府引导—平台赋能—龙头引领—机构支撑—多元服务"的联合推进机制,重点带动中小微企业数字化转型。《网络安全法》规定了网络安全各方义务和责任,包括网络运营者、使用者的安全保护基本制度。但是,整体而言,我国关于数字安全的法律供给呈现出如下两个特性:其一,民事法律供给较多,但是实践落实较少。其二,刑事、行政法律方面的法律供给较少,且不成体系。

以数据安全的法律供给为例,在民事法律方面,我国数据安全法律法规建设取得突飞猛进的进展。2021年9月1日《数据安全法》施行,首次从法律层面明确数据安全保护义务,为开展数据处理活动的组织和个人提供了行为指引,填补了我国数据安全保护立法的空白。2021年11月1日《个人信息保护法》施行,立足于数据产业发展实践和个人信息保护的追求,更全面地保障了个人权利,及时回应了国家、社会、个人对个人信息保护的关切。2022年2月15日新版《网络安全审查办法》施行,将网络平台运营者开展数据处理活动影响或者可能影响国家安全等情形纳入网络安全审查。在地方政府层面,积极落实国家政策和上位法精神,陆续出台相关地方法律法规。2021年6月29日通过的《深圳经济特区数据条例》率先就数据保护进行地方立法。我国《数据安全法》第4条从维护数据安全原则出发,确立了三个方面的主要内容:一

是坚持总体国家安全观;二是建立健全数据安全治理体系;三是提高数据安全保障能力。这不仅是对既往数据治理实践的经验总结和制度确认,更是为数据安全监管的未来发展塑造了秩序框架。①

然而,文本共识并不必然意味着实践,《个人信息保护法》《数据安全法》中规定的个人信息保障义务和数据安全保护制度还存在不少未决的关键问题。对此,不仅需要在理念上达成共识,更需要在制度与技术层面形成自洽的内在逻辑和与外部环境相兼容的规范体系。比如,区块链、数据深度挖掘及可视化等新兴技术极大提升了数据资源的存储规模和处理能力,但由于系统安全边界模糊,分布式节点之间和大数据相关组件之间的通信可能产生新的安全漏洞,并造成用户数据隔离的困难。为此,有必要实施更细粒度的访问控制,提升加密和密钥管理能力,打破传统基于安全边界的防护策略,进一步保证数据安全。又如,对于数据权益,知识产权法与《个人信息保护法》《反不正当竞争法》均不能完全解决数据权益保护问题。数据权益具有综合性特点,是各项权益的集合,它包含财产因素、人格因素、知识产权等。2024年9月公布的《网络数据安全管理条例》针对个人信息、重要数据和网络跨境流动等方面突出问题,有针对性地健全法律制度,对《网络安全法》《数据安全法》《个人信息保护法》等上位法的相关制度进行了细化、补充和完善。未来,我们仍有必要通过制定单行法等方式,对数据权益的私法保护进行明确规定。②总而言之,在数字安全保障方面,民事法律规范仍然需要进一步的体系化和精细化。

除此之外,在法律供给上,我国刑法、行政法在数字安全上的规范供给存在不足。民事法、行政法、刑事法之间的有效联动,才能激活法律体系的活力,形成协同化的数字安全风险防范体系。随着元宇宙、人工智能、GPT等新兴技术的迭代,数字经济的发展迎来了前所未有的契机,成为我国国民经济发展的核心环节。数字产业化的过程中,数据安全、技术安全和网络安全必然会受到极大的冲击。但是,当前我国民法、行政法、刑法数字安全防范体系离散分列,彼此之间因缺乏有效联动而导致数字安全的保护存在缺漏。以刑

---

① 此外,2022年8月国家卫生健康委等部门发布的《医疗卫生机构网络安全管理办法》,2022年8月中央网信办等部门发布的《数字乡村标准体系建设指南》,2022年12月工信部发布的《工业和信息化领域数据安全管理办法(试行)》,2022年12月颁布的中共中央、国务院《关于构建数据基础制度更好发挥数据要素作用的意见》,都提出相应安全管理和保护要求。

② 参见王利明:《数据的民法保护》,载《数字法治》2023年第1期。

事法律供给为例,数字经济刑事安全风险防范如果单纯依靠"厉而不严"且罪状模糊的若干刑法罪名,通过对个别类型化行为的刑罚惩戒与威慑来代替民行刑一体化防范体系构建,不仅有违刑法谦抑性和最后手段性,无法为数字经济体建立体系化风险防范机制提供精准指引,而且动辄入刑的治理方式必将抑制数字经济体创新发展活力。因此,数字经济刑事安全风险防范需要民法、行政法提供灵活全面的前置法支撑,以解决罪状条文风险防范制度供给不足的问题。①

(二) 数字安全的制度供给

除了法律的体系供给之外,数字产业化的安全保障还需要政府部门在制度上提供助力。以美国为例,2023 年发布的《国家网络安全战略》将推动数字生态由理论向实践快速过渡。它将围绕"建立可防御、有韧性、符合美国价值观的数字生态系统"愿景,从"重新平衡保卫网络空间责任""重新调整激励措施以进行长期投资"两方面出发,提出实现美国国家网络安全战略目标的 5 大支柱及具体 27 项举措。中国数字产业化的数字安全保障也需要由政府提供切实可行的制度供给。

首先,我国需要加快构建数字安全协同治理体系。由政府部门、企业、安全厂商、社会组织等共同参与的数字安全协同治理体系,共同保障数据安全、技术安全和网络安全,统筹推进数据、人工智能等要素资源的安全管理与安全运营的保障工作。我们应积极发挥政府和行业协会等主体作用,加强对数据安全治理规则、相关标准制定的组织引导,强化各行业自我监管和跨行业协同监管,确保关键基础设施领域重要数据和智能技术的安全。除此之外,我们还需明确各类平台和企业等市场主体在数据安全治理方面的责任,落实数据流通交易声明和承诺制,完善数据登记及披露制度。实践中,数字安全的协同治理需要由政府统筹才能取得正向效果。例如,2024 年 8 月 20 日,河北省市场监管局等十一部门印发通知,决定于 2024 年 9 月 1 日起施行《河北省数据知识产权登记办法(试行)》。登记办法旨在规范数据知识产权登记工作,加强数据知识产权保护,促进数据要素创新开发利用,支撑数字经济高质量发展。在上述登记办法的制定过程中,发展改革、工业和信息化、商务、市场监管(知识产权)、人民银行、金融监督管理等部门应当积极推进登记证书

---

① 数据的私法保护,需要注重效率性、安全性、透明性、预防性。参见刘艳红:《合规驱动:民行刑协同共治数字经济安全风险防范体系构建》,载《江苏社会科学》2024 年第 1 期。

在促进数据要素市场化配置、产业数据价值化、数据跨境流通等工作中的运用。鼓励自由贸易试验区和有关金融机构积极开展数据知识产权相关金融产品创新，共同推动数据流转交易使用。此种协同治理数据产权的方式值得加以推广。

其次，数字安全协同治理体系应以"防范、治理、保护"三位一体的理念推动数字安全风险防范体系的具体方案。第一，数字风险防范体系不仅要发挥综合治理效能，还要坚持以防范为先的思路。数字产业化更新变化快、发展方向不确定的特点要求风险治理具备更高的自主性和灵活性，如果墨守单向性、直接性的执法方式，势必难以顺应数字产业化发展。前文所强调的在数字经济安全领域构建分级递进的民行刑协同共治防范体系，正是将风险防范和风险治理有机结合，综合运用民行刑治理方式，将风险防范融入宏观国家治理、中观社会治理、微观企业治理的创新性防范体系。第二，风险防范应当注重创新经济模式和智能技术的特殊保护，通过对各种利益诉求的开放态度，建构一种风险防范与合作共存的包容性治理模式。

最后，扶持和推动数字安全重点技术的开发和运用。第一，加大对数字安全基础理论、前沿技术和关键技术研究的支持力度，着力提升包括数据安全产品和服务在内的综合技术能力，推动数据安全技术在各个领域的广泛应用，以数据安全技术创新强化数据安全保障能力。2022年2月15日，国家互联网信息办公室等13部门联合修订发布的《网络安全审查办法》正式施行，以关键信息基础设施的供应链安全为核心，重点加强对数据安全的关注和规范，聚焦网络产品、服务及数据处理活动，助推关键信息基础设施与网络平台的高质量发展。第二，推动数据等安全核心技术攻关，加大在区块链、可信计算等关键前沿技术领域的科研投入与人才储备，打造相关技术领域的自主创新能力。此外，还应构建数据安全产品体系，发展面向重点行业领域特色需求的精细化、专业型数据安全产品，推动关键产品多元化供给，提高产业链供应链韧性。第三，探索完善数据确权、数据开放、数据交易相关技术，推动数据依法合理有效利用和有序流动，促进以数据为关键要素的数字经济发展。加强政务数据安全保护，强化数字化公共服务平台、重要行业领域数字基础设施和新型基础设施的数据安全防护能力。2022年9月13日，国务院办公厅印发的《全国一体化政务大数据体系建设指南》明确了"坚持整体协同、安全可控"的基本原则，提出"安全保障一体化"的任务，并强调该任务是"以'数据'为安全保障的核心要素",要"形成制度规范、技术防护和运行管理三位一体的全国一体化政务大数据安全保障体系"。

二、企业:数字安全保障的产业化之路

在产业需求推动、政策扶持下,网络安全与数据安全市场规模巨大。以数据安全为例,根据研究机构 VMR 的统计,2019 年全球数据安全市场空间约为 173.8 亿美元,且预计 2027 年该规模将增加至 572.9 亿美元,复合增长率为 17.35%。根据中商产业研究院的测算,我国 2019 年数据安全市场规模仅为 38 亿元,在全球数据安全市场占比仅为 3.4%。考虑到中国数据安全市场规模全球占比相较于中国数据总量全球占比仍有较大差距,中国未来数据安全市场增长潜力较大。[①] 整体而言,与发达国家相比,我国数字安全产业还处于初期成长阶段:其一,政企客户网络安全建设预算过低。其二,政企客户的需求处在从买产品向买体系化服务的过渡期。数字安全是数字经济发展的底板工程。筑牢数字安全屏障既是技术命题,也是治理考题。当前,在现有的法律法规和政策框架之下,我们应该通过市场的方式,以发展数字安全产业为方向,夯实数字经济发展的基础支撑能力。换言之,数字安全的保障需要依靠数字安全企业来提供动力,推动数字安全企业的成立和发展,不仅是数字产业化的题中之义,也是保障数字产业化进程的必然选择。

政府和企业都需加强关键核心技术攻关和核心技术的产业化。以网络基础设施为例,此类设施的核心技术大多为域外国家所掌握。网络安全的保障需要自身把握相关的核心技术。只有把握核心技术在自己手中,才能在数字产业化的过程中抢占先机、赢得主动,从根本上保障数字安全。内生安全、零信任、区块链、隐私计算技术有助于破解数据安全与数据流通难题,是我们必须重点发展的技术。在网络安全方面,我国已经提前布局。例如,我国启动了"十四五"国家重点研发计划"多模态网络与通信"重点专项,多模态智慧网络有望在工业互联网等领域率先部署和应用。又如,北明软件与华为联手打造的"可信电子证照系统解决方案"应运而生。方案中的区块链加解密流程实现证照数据安全,确保政府和社会证照数据可信共享。除此之外,我国在网信领域(如芯片和基础软件等方面)仍存在一些短板,特别是在芯片方

[①] 根据 IDC 的研究,2018 年我国数据量占全球数据量的 23.4%,预计到 2025 年在全球的占比将达到约 28%(远超 2019 年中国数据安全市场在全球 3.4% 的占比)。

面,其短板在于制造工艺、装备、材料、设计工具等方面。以人工智能芯片为例,我国起步晚,在算法方面缺乏原始创新,目前仍依赖进口。在基础软件使用方面,操作系统大部分依赖 Windows,国产操作系统很少;在大型工业基础软件使用方面,如集成电路涉及软件基本上是进口,自主研发的较少。我国亟须"扬长处,补短板",努力突破"卡脖子"问题,提升自主可控能力,保障网络安全。

当然,数字安全产业需要瞄准产业数字化新场景,同步规划建设行业数字安全体系,保障传统产业数字化转型。这就需要政府推动企业加快布局人工智能、区块链等在网络安全领域的融合应用,促进传统产品提质升级,适应数字技术发展新趋势、新要求,加强安全产品和服务定制化供给。具体来说,一方面,政府应加大支持数字安全产品与服务业发展的力度,推动政府和市场形成合力,打造网络安全和数据安全产业生态。另一方面,数据安全企业提高数字安全投入水平,提升数据安全保障技术创新水平,应从及时预警和处理、特权账号安全管理、邮件威胁检测系统、审查供应链、防止勒索攻击的内生安全框架等方面建立起完备体系,将数据安全流动和数据价值发挥相结合,提升数据安全产业供给能力。[①]

总而言之,数字产业化所面临的风险不仅依靠企业自身的内部治理,外部数字安全企业的培育和发展同样十分重要。数字安全体系的构建需要数字安全企业的发展和支撑。

三、个人:数字安全意识与能力的提升

在个人层面,我们要努力提升公民的数字安全意识和能力,以防范数字产业化所面临的潜在风险。具体来说:其一,举行国家级的宣教活动。习近平总书记指出,"科技创新、科学普及是实现创新发展的两翼,要把科学普及放在与科技创新同等重要的位置"。这一重要指示为新发展阶段增强全民数据安全意识和素养提供了新思路。应开展全民数据安全科普宣传,坚持可持续发展的理念,鼓励各部门、行业和地区制定专门的数据安全意识和素养层面的中长期规划,推进基本业务与全民数据安全意识科普宣传的协同发展。例如,我们可通过举办网络安全宣传周、讲座、研讨会等线上或线下活动的形

[①] 参见孙宝文、欧阳日辉:《发展数字安全产业筑牢数字经济基石》,载《经济》2023 年第 9 期。

式,提高公众对网络安全的认识。其二,数字教育系统的整合和完善。中小学、职业教育和高等教育阶段要分类有别地将数据安全意识和素养课程纳入教学活动,着力增强师生数据安全意识和素养;高等院校要结合学校特色设置数据安全治理相关专业,加快完善数据安全人才培养机制,引导科研人员注重数据在科学研究中的合法、合理应用。其三,社区参与和培训。在社区中心提供网络安全课程,构建数字安全终身学习体系,充分调动社会公共培训基地、公共图书馆、社会企业等资源,推进线上线下数据安全通识培训试点示范。其四,其他政策支持。例如,发布网络安全手册和指南,帮助公众理解并遵循最佳实践。又如,创建在线平台,提供最新的网络安全警报和信息,如澳大利亚的 ACSC 网络安全门户网站。再如,设立专门的技术支持热线,帮助公众解决网络安全问题。

除此之外,我国应加强数字安全的人才培养。随着全球信息化进程的推进,众多国家已经认识到网络安全的重要性,并纷纷制定国家网络安全战略。然而,相较于美国等发达国家在网络安全人才培养方面的系统性和层次性,我国在这方面起步较晚。尽管我国已经发布一些网络安全战略规划文件,强调了数字安全人才培养的重要性,但从总体上来说,我国仍然缺乏网络安全人才培养的整体规划和顶层设计。相比之下,美国已具备领先的网络人才战略和体系,并发布了《国家网络人才和教育战略》,旨在推动政府、企业、学校和其他组织在人才培养和发展领域的改革,以适应当前和未来的网络人才需求。这将对国际网络安全产生深远影响,同时也给我国的网络安全人才培养战略带来挑战。

除此之外,美国政府发布了详细的《国家网络安全战略》,提出建立可防御、有韧性的数字生态系统的目标,并围绕关键基础设施保护、市场力量塑造、国际伙伴关系建设等方面制定具体措施。早在 1999 年,美国就将信息安全意识培养工作明确写入《国家信息安全战略框架》。随后,通过《网络空间安全国家战略》《保护网络空间安全国家战略》等文件强调公众在网络安全方面的作用,并确立了安全意识与培训计划为国家网络安全的优先任务之一。美国开展国家网络安全意识月活动,每年设定特定主题,呼吁公众加强安全保护意识以应对各类网络犯罪活动;同时设立国家数据隐私日,提高公众对隐私保护和个人信息保护的意识。美国政府启动《国家网络安全教育计划》,系统化、规范化地开展网络安全常识普及、正规学历教育、职业化培训和认证,全面提高美国的信息安全能力。①

综上所述,美国政府通过一系列政策、法规、教育和合作机制,强化了公众及机构的网络安全意识,旨在构建一个更加安全、有韧性的数字生态系统。这些举措不仅提升了个体和机构的安全防护能力,也为全球网络安全治理提供了借鉴。

典型案例

2021年7月7日,四川省德阳市工业互联网安全服务平台建立贯穿工业互联网安全事前、事中、事后的全周期监管和服务体系,创新安全供给、引导安全需求,全面提升德阳市工业互联网安全防护能力,为企业"智改数转"提供网络安全保障。

平台以部署在企业内部的工业探针和工业互联网扫描器的数据为基础,将采集的漏洞、风险、威胁等数据上传到工业互联网安全服务平台,集合外部威胁情报,安全运营人员通过监测分析、关联追溯等方式及时发现安全风险和安全事件,及时通报预警重大安全威胁,形成主管部门和其他职能部门协调联动的网络安全监测预警处置工作机制,推动工业安全管理向深层次发展,整体提升工业互联网安全防护水平。

目前,工业互联网安全服务平台已建设完成,开展试用试运行,具备产业化推广条件,后续将在德阳市内及四川省内的大中小企业进行推广。

问题与思考

1. 什么是数字产业化?
2. 数字产业化面临的安全风险有哪些?
3. 数字产业化的内部安全保障体系应如何构建?
4. 数字产业化的外部安全保障体系应如何构建?

---

① 除此之外,美国政府通过《联邦信息安全管理法案》《健康保险可携性和责任法案》等法律法规,要求联邦机构和特定行业实施安全意识培训计划,增强信息安全意识。同时,美国政府鼓励公私部门合作,共同应对网络安全挑战。例如,通过国家标准和技术研究院推广和协调网络安全知识普及活动。

 **延伸阅读**

1. 马长山:《迈向数字社会的法律》,法律出版社 2021 年版。

2. 刘艳红:《合规驱动:民行刑协同共治数字经济安全风险防范体系构建》,载《江苏社会科学》2024 年第 1 期。

3. 蔡莉妍:《数字经济时代数据安全风险防范体系之构建与优化》,载《大连理工大学学报(社会科学版)》2024 年第 3 期。

4. 唐要家、唐春晖:《数字产业化的理论逻辑、国际经验与中国政策》,载《经济学家》2023 年第 10 期。

第五编
数字主权安全

第十二章　数字主权与数字主权安全

法律故事

2015年,剑桥大学学者Aleksandr Kogan通过有偿问卷调查方式,从Facebook上收集了大量用户的数据。但是,在其做完研究后,这些数据没有被销毁,而是被转手给一家英国咨询公司"剑桥分析"。2016年,"剑桥分析"受雇于美国总统候选人唐纳德·特朗普。在美国大选期间,这家公司利用从Facebook得来的大量数据,进行了精准的政治广告投放,蛊惑选民为特朗普投票。2018年,"剑桥分析"公司前员工克里斯托弗·怀利在接受《卫报》和《纽约时报》采访时,对上述情况进行了爆料。媒体披露消息说,有多达8700万Facebook的用户资料被泄露,并被运用在美国大选政治广告中。同年5月,因大量媒体报道"剑桥分析丑闻","剑桥分析"失去了大量的用户和生意,最终进入破产清算。2019年7月,美国联邦贸易委员会公开了对Facebook的调查,指出Facebook私自与第三方共享了数据,还普遍存在误导用户的欺诈行为,且没有全面合理的隐私安全保护政策。最终,美国联邦贸易委员会对Facebook作出了罚款50亿美元的裁决,并要求其强化隐私合规措施,设立独立的隐私委员会。"剑桥分析丑闻"表明,一旦公众数据大规模泄露,将会严重危害国家主权。

第一节　数字主权概述

一、数字主权的释义

数字主权是数字时代的产物。随着大数据、5G网络、物联网、人工智能、区块链、云计算、大模型等数字科技的广泛应用,全世界正经历着一场深刻的"数字化革命"。这场数字科技革命一方面给人们的生产生活和治理方式带来颠覆性的变革,如自动驾驶汽车、数字货币、智能合约、数字政府、智慧城市等;另一方面带来新的社会问题和技术风险,如网络犯罪、网络暴力、数字画像、信息茧房、深度伪造、数据泄露等。这些问题和风险不仅可能危害到国家的经济、政治、社会和文化之安全,而且可能危害到国家主权。因此,为了应对数字科技发展的风险和挑战,欧盟首先提出了"数字主权"概念。为了阐明这一概念,我们先介绍"主权"的概念以及"数字空间"的概念,然后再进一步分析"主权"与"数字空间"的关系。

(一)主权的概念与类型

现代主权主要是指国家主权。"主权"(sovereignty)一词,意指"最高权力"。英语的"主权"源自古法语 soveraineté,意指威严和权威,而这个古法语又源自拉丁语 superanus,意指"上级"。① 1576 年,法国思想家让·博丹在《国家六论》一书中系统阐述了主权的理论,他认为主权是在臣民之上,不受法律节制的最高权力,即至高的、绝对的、不可分割的和永久的权力。博丹的"主权论"奠定了后世主权发展的理论基础。博丹理论诞生的主要背景是欧洲长期的宗教冲突和战争。1648 年,《威斯特伐利亚和约》订立,标志着欧洲一系列宗教战争的结束,以及"威斯特伐利亚主权"即国家主权的诞生。国家主权是指国家对内行使至高无上的统治权,对外享有完全独立的自主权。前者是对内主权,主要包括处理国内事务的各种权力,如立法权、行政权和司法权等;后者是对外主权,主要包括处理国际事务的各种权力,如战争权、防卫权、缔约权、外交权等。

现代国家的构成有四个基本要素:一是领土,二是人民,三是政府/政权,四是主权。其中,主权是以领土为界,即领土主权。在一个国家领土范围内,按照主权的归属和来源,可以分为主权在君和主权在民,前者是君主主权,后者是人民主权。无论主权者是君主还是人民,政府都是根据主权者的授权,对整个领土范围内的各种事务实施治理,如财政、税收、治安、战争等。随着国家的发展,尤其是人类对海洋和天空的控制,国家的领土主权从陆地扩张到海洋和天空。尽管主权主要是一个政治概念,但是这个概念并不局限于政治领域,也扩展到其他的领域,如经济主权、法律主权、文化主权。当一个国家的经济受到其他国家的干预和侵略,这个国家就可能发起维护其经济主权的行动和举措,如发动贸易战。在国际法领域,法律主权意味着每个主权国

---

① 参见〔英〕理查德·伯克、昆廷·斯金纳主编:《历史视域中的人民主权》,张爽译,格致出版社 2021 年版,第 1 页。

家都享有平等的法律地位,如作为联合国的成员国。在文化领域,文化主权意味着一个国家有权保护自己的文化传统和资源不受外国文化的冲击和破坏,如弘扬中华优秀传统文化。可见,当国家在某个领域受到挑战和干预时,国家主权就会在该领域产生相应的主权类型。因此,当国家在信息、网络和数据领域受到挑战时,就会相继产生新的主权类型,如信息主权、网络主权和数据主权等。

尽管"威斯特伐利亚主权"是现代主权的基本形式,但在全球化时代,国家主权也不是绝对和排他的,反而需要相互合作和相互依赖,从而应对一些全球性的问题,如气候变化、网络空间治理、人工智能、环境保护、人权保护等。因此,"相互依赖的主权"和"国际法上相互承认的主权"对"威斯特伐利亚主权"起到了重要的补充。[1]

(二)数字空间的概念与谱系

"数字空间"是相对于物理空间而言,它是一个由数字技术所建构的空间。所谓"空间",则是相对"时间"而言,它是物体或事件相对位置的形式之标示。在物理意义上,空间是三维的,如一个长方体具有长、宽、高三维。物理空间是人类生活的基本场所,无论陆地,还是海洋和天空,都属于物理空间。但是,随着人类的技术发展,尤其计算机和互联网的发展,人类活动的社会空间发生了极大的拓展,从物理空间走向信息空间、网络空间和数字空间。早期计算机技术搭建了信息空间,人们可以通过计算机进行信息处理和交流。随着互联网发展,数以千万的计算机形成互联互通的网络空间,人们可以通过互联网进行各种社会活动,如社交、交易、学习、论辩、决策等。随着大数据、物联网、人工智能的发展,数字技术将人、事物、机器与网络之间的互动形成一个数字空间,人们通过数字技术参与各类活动,譬如,通过穿戴数字设备追踪自己的心率、代谢率、体重、脂肪率、蛋白质等身体状况,或者通过手机或者手表进行支付,又或者通过物联网和数字孪生技术来模拟一个城市交通运行状况,等等。随着数字技术迭代和发展,数字空间不仅包括了信息空间和网络空间,而且还不断向物理空间渗透,如物联网。在这个意义上,数字空间是物理空间、信息空间和网络空间的聚合和升级。

与领土所在的物理空间不同,数字空间具有如下特点:一是虚拟性。物

---

[1] 参见刘晗、叶开儒:《网络主权的分层法律形态》,载《华东政法大学学报》2020年第4期。

理空间具有实在性,因为物理空间存在各种物质与各种力的相互作用,如重力、引力、电磁力等。数字空间是由比特(bit)构成,正如物理空间是由原子构成。比特是信息量的度量单位,二进制数的一位所包含的信息就是一个比特,如二进制数 0101 就是 4 比特。因此,数字空间往往以信息或者数据形态来呈现。信息/数据可以反映、呈现物体,但它本身不是物体,而是对物体的虚构和拟制。二是无限性。从理论上讲,物理空间也是无限的。不过,人类目前能够观察和控制的物理空间却是有限的。在宇宙层面,尽管人类已经认识到很多遥远的星系,但人类活动范围依然受限于太阳系,地球仍是人类活动的基本物理时空。从人类活动范围来讲,物理世界既有时间的限制,如白天和黑夜的区分,也有空间的限制,如陆地和海洋的区分。数字空间则打破时空限制,例如远隔重洋的医生和病人,可以通过智能医疗机器人进行手术;又如相隔千万里的人,可以通过 Facebook 或者微信进行视讯交流,以及通过亚马逊或者京东进行商品交易,等等。三是不可分割性。物理空间可以进行分割,如天空、海洋与陆地的分割、国家与国家之间领土的分割、城市与乡村的分割、富人区与贫民区的分割、房屋的房间分割等。数字空间不存在物理的可分割性,因为信息/数据是流动的。尽管信息/数据的存储可以领土化,但信息/数据构筑的数字空间不存在领土的界碑。换言之,数字空间穿透了领土的界限。

尽管数字空间与物理空间不同,但数字空间与物理空间不是完全隔绝的。数字空间具有不同的层次,可分为物理层、网络层、应用层、信息层、人类行为层。物理层主要包括各种数字基础设施,如网络通信设备、服务器、数据存储设备、光纤电缆、物联网等;网络层主要包括各种数据/信息传输的协议和控制,如互联网协议(IP)、传输协议(TCP)、逻辑链路控制(LLC)、介质访问控制(MAC)等;应用层主要包括各种应用软件及其数据,如微信、微博、脸书、谷歌等应用程序;信息层主要包括各类软件呈现和提供的各类信息内容,如京东的商品信息、当当网的图书信息、微信的朋友圈信息等;人类行为层主要涉及人类在数字环境下的各种行为和行动轨迹,如浏览行为、点击行为、订阅行为、评论行为、智能设备穿戴行为等。可见,物理层与人类行为层都处于物理空间。同时,这些层面又被数字空间所嵌入和控制。

(三)主权与数字空间的关系

关于主权与数字空间的关系,有不同的学说。有的学说认为,主权概念根本不适用于"数字空间"。譬如,约翰·巴洛(John Barlow)提出《网络空间独立宣言》,认为网络空间具有自身的"主权",并拒绝国家的干预。有的学说则认为,国家应对数字空间进行监管,而且可以对数字空间行使主权。譬如,杰克·戈德史密斯(Jack L. Goldsmith)认为,由于互联网的硬件和软件位于一国的领土之内,国家基于领土主权可以对其进行法律规制。[①] 随着数字技术的发展,网络主权和数字主权获得了越来越多国家的认可和承认。譬如,2003年,联合国信息社会世界峰会通过的《日内瓦原则宣言》第49条第1款规定:"与互联网有关的公共政策问题的决策权是各国的主权。对于与互联网有关的国际公共政策问题,各国拥有权利并负有责任。"2013年,北约组织编写的《国际法适用于网络战争的塔林手册》第1条规定:"国家可以对其主权领土范围内的网络基础设施及网络活动实施控制。"2020年7月,欧洲议会研究服务中心发布《欧洲数字主权》报告,首次阐明欧盟在数字主权问题上的立场,强调"数字主权"是欧盟"在数字世界中自主行动的能力,应该被理解为是一种保护性机制和防御性工具,用来促进数字创新"。

我们认为,由于数字空间与领土的物理空间之差异,基于领土的"威斯特伐利亚主权"仅适用于数字空间的物理层和人类行为层,而无法直接适用于数字空间的网络层、应用层和信息层,国家主权对后者的控制往往依靠代码、数据和算法,质言之,依靠数字平台。此外,对数字空间的全球治理,仅靠一国的力量往往不足以应对那些具有全球性影响的问题,如网络犯罪、网络恐怖主义等,需要国家之间的合作和国际合作。因此,"相互依赖的主权"和"国际法上相互承认的主权"在国家之间的合作和国际合作就发挥了重要的作用。可见,数字主权不是领土主权在数字空间的自然延伸,相反具有多层次结构。在这个意义上,尽管没有任何国家可以宣称对整个数字空间享有主权,但是国家可以对数字空间行使主权。根据数字空间的不同层次,国家的数字主权既包括基于领土的"威斯特伐利亚主权",适用于数字空间的物理层和人类行为层,也包括非领土的"相互依赖的主权"和"国际法上相互承认的主权",适用于数字空间的网络层、应用层和信息层。

在内容上,国家行使的数字主权主要包括四个方面:信息主权、网络主权、数据主权和数字技术主权。首先,信息主权是指国家对本国境内的信息

[①] 参见张新宝、许可:《网络空间主权的治理模式及其制度构建》,载《中国社会科学》2016年第8期。

处理、信息传播和信息媒介进行控制和监管的权力。它既包括对信息市场、信息产业、信息媒介、信息设施、信息服务等领域的监管权力，也包括对信息内容的意识形态、文化治理等领域的监管权力。其次，网络主权是指国家对本国境内的网络设施、网络主体、网络行为和网络数据进行控制和监管的权力。网络设施主要包括基站、电缆、网站、路由器、无线网络、网络平台等；网络主体包括政府、企业、社会组织、媒体、公民个人等通过互联网进行网络活动的各类主体；网络行为是由网络主体实施的各类行为，如在微信发朋友圈、在微博上发言、在线购物、在线举行会议等；网络数据既包括网络主体使用互联网时所产生的各类数据，如浏览行为的数据、搜索行为的数据、订阅行为的数据等，也包括网络设施和网络设备产生的各种数据，如网站的点击率、基站的运行数据等。再次，数据主权是指国家对本国境内的数据处理和开发利用活动进行控制和监管的权力。具体来讲，数据主权体现为国家对数据产业、数据市场、数据服务、数据主体、数据行为、数据设施等领域进行控制和监管的权力。最后，数字技术主权是指国家对本国境内的数字技术创新和开发利用活动进行控制和监管的权力。具体来讲，数字技术主权表现为国家对数字技术市场、数字技术企业、数字技术服务、数字基础设施等领域进行控制和监管的权力。

综上所述，我们对"数字主权"做这样的定义：它是一个国家对数字空间所主张的主权政策及其在数字空间所形成的权力形态。

二、数字主权的立场与实践

数字主权是一个充满争议的概念。不同的国家对数字主权有着迥异的立场，并产生多元的实践。目前关于数字主权问题主要有三种基本立场：第一种是肯定的立场，主要以欧盟及其实践为代表。第二种是否定的立场，主要以美国及其实践为代表。第三种是平衡的立场，主要以中国及其实践为代表。

（一）数字主权的肯定论：欧盟立场及其实践

"数字主权"概念最早兴起于法国的舆论。2014年法国国家数字委员会在一些提案中强调："强大的数字主权在国家主权中发挥着关键作用。"2017年法国总统马克龙强调在数字领域重新获得主权的重要性，认为这是"重新建立"欧盟的关键政策之一。2018年欧盟实施《通用数据保护条例》，并宣称

"重新掌握了自己的数字主权"。2019年欧盟委员会主席冯德莱恩宣布在其任期内(2019—2024)建设一个"适合数字时代的欧洲",并承诺让欧洲在关键领域实现"技术主权"。2020年欧洲议会研究服务中心发布《欧洲数字主权》报告。该报告强调,欧盟的公民、企业和成员国正在逐渐失去对其数据的控制权,尤其非欧盟的数字技术公司不仅对欧洲的经济和社会生活产生日益突出的影响,而且还威胁到欧盟对个人数据的控制和保护,以及限制了欧盟高科技公司的发展和欧盟在数字领域进行立法和执法的能力。因此,该报告明确主张建设和维护欧盟的数字主权,将数字主权定位为欧洲在数字领域实现战略自主的能力,从而建立保护机制和防御工具,促进数字创新。①

为了建设和维护数字主权,欧盟的实践可以分为以下四个方面:

一是加强对数字领域的监管。除了《通用数据保护条例》外,欧盟还相继颁布了《数字市场法案》和《数字服务法案》,前者建立了"数字守门人"制度,后者则升级了所有在线服务规则,创建可信的数字环境。上述立法在全球范围内产生"布鲁塞尔效应",因为数字公司巨头为了占有欧洲市场,在遵循欧盟数字合规要求的同时,也将欧盟的规则扩散到其他国家和地区,使得欧洲数字立法具有全球性的示范效应。

二是加强数字技术能力的建设。2019年4月,欧盟设立"欧洲数字计划",为欧洲数字基础设施建设和技术研发投入了92亿欧元,以增强欧洲的数字能力。2020年2月,欧盟委员会发布《塑造欧洲的数字未来》《欧洲数据战略》《人工智能白皮书》,提出欧洲的数字化转型战略,强调通过发挥政府战略规划和资源协调的作用,推动欧洲数字基础设施建设和关键产业链发展。2020年6月,德国和法国推动欧洲云计划Gaia-X项目,希望把欧洲建成为全球数据中心。2021年3月,欧盟委员会发布《2030年数字罗盘:欧洲数字十年之路》,围绕12项数字化目标,计划投资数字领域1500亿欧元。

三是推进欧盟内部市场整合。早在2015年,欧盟就发布了《单一数字市场战略》,通过设立共同数字规则构建统一数字市场,促进欧盟内部数据自由流动。2018年10月,欧洲议会通过《非个人数据自由流动条例》,对非个人数据采取与个人数据不同的跨境流动策略。2019年5月,欧盟发布《欧盟内非个人数据自由流动框架条例指南》,着力推动实现欧盟内非个人数据自由流

---

① 参见马国春:《欧盟构建数字主权的新动向及其影响》,载《现代国际关系》2022年第6期。

动。2021年3月,欧盟委员会发布《2030数字罗盘:欧洲数字十年之路》,呼吁欧盟各成员国克服数据标准及接口等方面通用性问题,在欧盟内部打破数字壁垒。

四是提升数字外交水平。在数字领域,面对中美的技术优势和激烈竞争,欧盟在外交上采取了"不选边站"的策略,强调通过国际协商、对话和国际法来处理数字主权安全问题。另外,欧盟将数字外交与欧洲价值观捆绑一起,强调欧洲应该与志同道合的国家和伙伴就如何塑造新兴技术进行前瞻性的对话,以确保它们与支撑民主社会的价值观和原则保持一致。譬如,2019年5月,30多个欧盟和北约成员国,以及澳大利亚和日本等国,在布拉格开会研讨5G安全准则。

(二)数字主权的否定论:美国立场及其实践

与欧盟的立场不同,美国对数字主权主要是一种否定的态度和立场。因为美国拥有强大的数字技术优势和市场优势,譬如脸书(Facebook)、亚马逊(Amazon)、苹果(Apple)、奈飞(Netflix)、谷歌(Google),这五家全球数字巨头都是美国企业。在美国看来,数字空间与公海、大气层、外太空一样,属于全球公域,任何国家都不享有主权。尽管数字空间存在安全问题,如黑客网络攻击、计算机病毒、数据泄露等,但是美国认为,数字主权并不能解决这些复杂的技术问题。相反,美国积极倡导以数据自由流动为特征的信息全球化,因为信息全球化与经济全球化是捆绑在一起,数据跨境和信息流动不仅是数字贸易的一部分,而且还促进了技术、人员、资金、货物、服务的全球流动。在美国看来,对数据跨境流动的审查,是一种数字贸易保护主义,是妨碍市场公平竞争的行为。因此,美国明确反对以数字主权的名义实施对数据跨境流动的监管措施,如数据存储本地化、数据跨境审查等。[①]

尽管美国否定数字主权,但其仍十分重视维护国家在数字领域的安全和发展。

第一,维护美国在世界的数字技术霸权。2020年美国通过《数字合作战略2020—2024》,以加强数字基础设施建设。同时,通过对非洲、中东、东盟、拉丁美洲等地提供技术和资金,在全球范围构建以自身为主导的数字生态系统。2022年4月,美国与60个全球合作伙伴发布《未来互联网宣言》,旨在全

---

① 参见肖宛晴、刘传平:《欧美数字主权与数字贸易政策比较分析》,载《世界经济与政治论坛》2021年第6期。

球数字空间建立美国领导的"数字联盟"。

第二,建立美国对数字空间进行长臂管辖的制度。2018年,美国颁布《澄清境外数据合法使用法案》(又被简称为"云法案")。根据该法案,美国执法者可以通过服务提供者获取存储于境外的数据。只要执法部门在刑事侦查中根据法定程序向服务提供者发出了数据披露指令,除了该法规定的例外情况,服务提供者必须依法进行披露,而不论相应的电子数据是否位于美国境内。据此,美国可以对境外数据实施长臂管辖。

第三,构建美国本土数字基础设施安全保障网。美国先后出台了一系列保障基础设施的法令,如2010年《网络空间安全:保护关键基础设施的下一步》、2014年《提高关键基础设施网络安全框架》、2017年《增强联邦政府网络与关键基础设施网络安全总统行政令》等。同时,美国还针对数字安全出台了一系列军事战略举措,如2009年成立网络战司令部,应对网络安全威胁;2011年发布《网络空间国际战略》和《网络空间行动战略》,应对网络空间的敌对行动;2015年发布《国防部网络空间战略》,将网络空间视为陆、海、天、空之外的"第五战场";2020年发布《国防部数据战略》,强调美军要利用人工智能、云计算、大数据、物联网等领先数字技术加速释放数据潜能,构建更智能、更安全、更有威慑力的数字化军事力量。

(三)数字主权的平衡论:中国立场及其实践

与美国的否定立场不同,中国在数字主权问题上是支持和赞同的态度。不过,考虑到中国是数字经济大国,以及数据跨境流动对经济活动的重要影响,中国对数字主权的支持和赞同,是具有一定的平衡性的,即在数字发展和数字安全之间保持平衡。

在建设和维护数字主权方面,中国的实践可以分为四个主要方面:

第一,积极发展数字技术,夯实数字主权的技术基础。2017年《新一代人工智能发展规划》明确提出:"以加快人工智能与经济、社会、国防深度融合为主线,以提升新一代人工智能科技创新能力为主攻方向,发展智能经济,建设智能社会,维护国家安全。"2021年《国民经济和社会发展第十四个五年规划和2035年远景目标纲要》提出,"加快数字化发展,建设数字中国",并强调"加强关键数字技术创新应用",如聚焦高端芯片、操作系统、人工智能关键算法、传感器等关键领域。2023年《数字中国建设整体布局规划》提出:"夯实数字基础设施和数据资源体系'两大基础',推进数字技术与经济、政治、文化、社会、生态文明建设'五位一体'深度融合,强化数字技术创新体系和数字安全屏障'两大能力',优化数字化发展国内国际'两个环境'"。

第二,促进数字经济发展,夯实数字主权的经济基础。2021年《国民经济和社会发展第十四个五年规划和2035年远景目标纲要》提出:"打造数字经济新优势",如"加快推动数字产业化"和"推进产业数字化转型"。2022年《"十四五"数字经济发展规划》提出,"数字经济是继农业经济、工业经济之后的主要经济形态",并提出如下目标:建立数据要素市场,推进农业、制造业、服务业的数字化,实现数字技术自主创新,提高数字化产品和服务的质量,促进普惠均等的数字公共服务和完善数字经济治理体系。

第三,加强数字空间监管,夯实数字主权的制度基础。2015年《国家安全法》明确表达了"维护国家网络空间主权、安全和发展利益"的态度和目标。2016年《网络安全法》构建了网络安全的法律保障基础。2021年《数据安全法》为数据安全和发展提供法律护航。2021年《个人信息保护法》为个人信息保护提供法律基础。2022年《数据出境安全评估办法》为促进数据跨境安全、自由流动提供法律保障。2023年《生成式人工智能服务管理暂行办法》保障生成式人工智能的健康发展和规范应用。2024年《网络数据安全管理条例》为规范网络数据处理活动,保障网络数据安全,促进网络数据依法合理有效利用提供制度支撑。

第四,构建全球数字合作,夯实数字主权的外交基础。2017年,习近平总书记在"一带一路"国际合作高峰论坛开幕式演讲中首次提出"数字丝绸之路"的概念。截至2022年年底,中国已与18个国家签署"数字丝绸之路"合作谅解备忘录,与30个国家建立"丝路电商"双边合作机制。[①] 2020年9月,在"抓住数字机遇,共谋合作发展"国际研讨会上,中方提出了《全球数据安全倡议》。2020年11月,第23次中国—东盟领导人会议发布了《中国—东盟关于建立数字经济合作伙伴关系的倡议》,推动中国与东盟的数字经济合作。2021年11月,中国申请加入《数字经济伙伴关系协定》。2022年11月9日,国家主席习近平向2022年世界互联网大会乌镇峰会致贺信,强调"加快构建网络空间命运共同体,为世界和平发展和人类文明进步贡献智慧和力量"。

---

① 参见徐枫、郭朝先:《数字丝绸之路建设十年成就与未来展望》,载《中国观察发展》2023年第Z1期。

第二节 数字主权安全的范畴与原则

一、数字主权安全的概念

数字主权安全是国家安全的基本范畴。主权安全是国家安全的本质要求。在数字时代,主权安全遭到了各种数字技术的挑战,从恶意代码到算法黑箱,从网络攻击到数字战争。可见,没有数字主权安全,就没有数字主权。因此,维护数字主权和数字主权安全已经成为国家安全的首要任务。

(一)数字主权与国家安全

主权安全是国家安全的核心内容。国家的要素有四:领土、人民、政府和主权。主权是国家的核心要素。因为主权是国家尊严所在。主权是一个国家的最高权力,同时也是其他国家权力分支的合法性来源,如立法权、行政权和司法权等都是源自主权的授权。没有主权的国家,犹如没有灵魂的人。领土、人民和政府等要素,必须跟主权结合在一起,才成为国家。领土是主权行使的空间和范围,人民是主权行使的主体和对象,政府则是主权行使的代表和载体。因此,一个国家的主权安全集中表现为以下三个方面:一是领土安全,即一个国家保持领土完整和统一,不受他国的侵略或者威胁。二是人民安全,即一个国家保护人民的生命、健康、财产、隐私、人身自由等利益和福祉,免受疾病、事故、犯罪、不法行为、自然灾害和战争等侵害。三是政权安全,即一个国家保护自身政府免遭敌对势力的攻击或颠覆,尤其保障政权的有效运行,防止颠覆政权的罪行和破坏行为。

随着国家的发展,主权安全有了更丰富的内涵。首先,维护领土安全,就必须加强国防和军事力量,而军事设施和技术、军事部署等军事安全就成了主权安全的重要内容和保障基础。其次,保障人民安全,就必须发展国民经济和建立社会保障。因此,保障经济安全和社会安全也是主权安全的重要议题和经济社会基础。再次,保护政权安全,就必须保护基本政治制度和经济制度,同时也需要保护本国文化。因为国家基本制度是政权的立足之本,而国家文化则是政权的认同基础。可见,包括政权安全和制度安全的政治安全是主权安全的根基,而文化安全是促进和维护政治安全的意识形态基础。因此,保护政治安全和文化安全是主权安全的核心任务和政治基础。最后,无论军事安全、经济安全、社会安全,还是政治安全和文化安全,都需要建立在国家之间合作和国际合作基础上,因为在全球化时代,没有一个国家单靠自身力量,就可以保证自己的绝对安全。国家之间的合作和国际合作,仍是保证世界和平、安全和发展的基础。因此,和平、安全的国际环境即国际安全,也是主权安全的重要影响因素。

在数字时代,随着经济、政治、社会和文化领域的数字化转型,如数字经济的兴起、数字政府的建设、数字社会的发展和数字文化的传播,主权安全面临着各种数字化挑战。第一,数字科技的滥用和误用,威胁和危害到主权安全。例如,黑客网络攻击政府网站,用恶意代码向公众进行勒索和诈骗,通过数字货币进行洗钱或者走私交易,等等。第二,敌对国家通过数字网络和基础设施发动信息战争、网络战争和数字战争,威胁和危害主权安全。例如,通过信息传播网络控制战争舆论和实况,通过数字网络技术对网络基础设施进行破坏和入侵,通过数字网络控制无人机进行空袭,等等。第三,跨国数字平台的垄断和控制,威胁和危害主权安全。例如,Facebook 的大规模数据泄露,不仅造成严重的个人隐私风险,而且还可能被用来操作政治选举;又如,微软拒绝向美国政府披露位于美国境外的数据信息,以致刑事执法人员无法取证。可见,主权安全必须适应数字时代的变革和发展,否则就难以维护国家主权和国家安全。因此,建设数字主权,维护数字主权安全就是在数字世界中维护国家主权和国家安全的必然之路。

(二)数字主权安全与传统主权安全

数字主权安全与传统主权安全既有联系,又有区别。首先,数字主权安全与传统主权安全具有内容的交叉联系。因为二者具有共同的管辖领域,如领土、经济、政治、文化、社会、军事、生态、国际环境等。无论领土安全、经济安全、政治安全、文化安全,还是军事安全、生态安全和国际安全,都是数字主权安全和传统主权安全关切的重要内容和保障的基础。其次,数字主权安全与传统主权安全具有空间上的差异和运作上的区别。由于传统主权安全是基于物理空间,因此主权安全的保障主要是通过对物理空间中的行为和事件进行控制,如对进出边境的货物、人员和交通工具进行检查,建立保卫领土的军事力量,等等。数字主权安全则是基于数字空间,数字主权及其安全的保障主要依靠数字技术及其基础设施,如大数据、物联网、区块链、云计算、人工智能等。在数字空间中,代码、数据和算法对数字行为和数字事件具有决定性的控制力。因此,无论数字经济、数字政府、数字法院,还是数字社会的其他领域,其安全运行都依靠数字平台。随着数字空间对物理空间的嵌入和渗透,传统主权安全领域越来越需要依赖数字技术及其基础设施,主权安全的保障和实践方式得以重新定义。在这个意义上,我们认为,数字主权安全是指国家主权在数字环境下的安全状态及其持续保障之能力。

二、数字主权安全的核心范畴

数字主权安全是国家主权安全在数字领域的体现。从核心范畴来讲,数字主权安全包括六个方面:一是信息安全,它是信息主权的保障;二是网络安全,它是网络主权的保障;三是数据安全,它是数据主权的保障;四是算法安全,它是数字技术主权的保障;五是数字基础设施安全,它是数字空间安全的保障;六是数字社会领域的功能安全,它是数字主权安全的经济社会基础。

(一)信息安全

无论古代,还是现代,信息都具有重要的社会价值。不过,在现代社会,信息的价值和作用得到了极致的发挥,因为信息技术使得大量信息的收集和加工变得容易,尤其信息成本大大降低了。经由技术提炼和获取的信息不仅可以变成商品或者服务,而且还可以产生权力。信息的不对称,往往是影响市场竞争成功或者失败的关键因素。无论经济交易,还是政治斗争,抑或是生活娱乐,信息都深刻影响着人们的行为方式和前途命运。无论"信息社会",还是"信息空间",这些说法都表明人类社会进入了一个信息主导的发展阶段。

信息是沟通运作(通常包括了告知、接收信息和理解)的要素之一,如谈话中的信息往往是指谈话人之间交流的话题或者主题。随着文字和印刷技术出现,信息就是在书籍或文本载体中呈现的内容。在大众传播中,信息是指一切被传播的内容,如广告信息、新闻信息等。随着计算机出现,信息的制作、处理、获取、传播、存储、交换、应用等运作,日益与信息技术交织一起,并依靠信息设施来进行自动化操作。因此,如何保障信息技术和信息系统的可靠性和可控性,是现代信息安全的基本问题。

信息安全是数字主权安全的关键领域。因为信息主权是数字主权的重要组成部分。没有信息安全,就没有信息主权。随着信息技术发展,信息安全的内涵也一直在演进。早期的信息安全主要是指信息、信息系统和信息设备的安全,强调信息的保密性、完整性、可用性和可控性,如计算机安全、通信安全等。现在的信息安全,概念范围指涉更广,如从个人信息和商业信息的安全发展到国家的信息资源、信息技术、信息设施和信息产业等方面的安全。从信息主权来讲,国家的信息安全是主权安全的重要保障和基础。

(二)网络安全

网络通常是指人群或者事物之间复杂的连接结构和关系形式,如人际网络、贸易网络、交通网络、电信网络、河湖水系网络等。随着互联网的发展,传统的网络概念发生改变,因为信息通过互联网传播得更快,而且,互联网使得网络的规模和性质发生质变,如 Facebook 或者微信这样的社交网络,能够达到数十亿人口的规模,而这样一个社交网络是在一个虚拟的数字世界中运行。因此,互联网技术及其发展重新定义了"网络",并形成"网络效应",即通过网络形成超大的规模效应。今天网络企业巨头,如"谷歌""百度""脸书""腾讯"等,都利用这种"网络效应"形成自身的企业竞争优势。不仅商业领域深受网络效应影响,人们的生产生活都深受网络空间的影响和控制,如"网民""网红""网购""网络社交""网课""网警"等。可见,互联网及其形成的网络空间深刻改变了人们的社会结构和社会意识,"网络社会"正是这种变化的代名词。

网络空间不是中立和安全的,也可能产生伤害和攻击,如网络攻击、网络欺诈、网络暴力、网络犯罪、网络战争等。因此,网络空间安全就是保证网络社会安全运行的基础和前提。网络空间安全简称"网络安全",是一个不断发展的概念。起初,网络安全主要是指网络系统和网络技术安全,如网站安全、网络服务器安全、网络数据安全、网络设备安全等。随着网络社会发展,网络安全属于国家安全的重点领域,主要指一个国家的网络设施、网络技术、网络数据和网络产业等方面的安全及其保障。网络安全是网络主权的本质要求。没有网络安全,就没有国家安全。在这个意义上,网络安全是数字主权安全的核心范畴。因为网络主权是数字主权的重要内容和关键领域。

(三)数据安全

数据是指对一切事物之信息进行记录的形式或者载体,如对交通事故的统计记录,对人口出生和死亡的统计记录,或者是对土地和房产登记的统计记录等。数据可以反映出事物的规律和模式,因而对数据的利用和发掘就变成一件有意义的事情,甚至是有利可图的事情。譬如,医生根据患者的健康记录,做出有效的诊疗决定,而同样的健康数据,则可能有利于保险公司开展医疗保险销售。随着数据技术的发展,数据采集、存储、使用、加工、传输、公开等处理活动的成本大大降低,"数据"变成了经济发展的重要"市场要素",其价值甚至与"石油"相提并论。当人们可以利用大规模的、精确的数据来做出决定时,如商业交易、议会立法、医疗诊断、科学研究、司法裁判、环保运动等,数据安全就不仅是个人和企业的问题,而是重要的国家安全问题。

从国家安全来讲,数据安全是指一个国家的数据资源、数据设施、数据技术、数据产业等方面的安全及其保障。尽管数据安全与信息安全、网络安全之间存在内容上的关联,但是它们之间仍有重要的区别:首先,数据安全的焦点不是指向数据所包含的信息内容,而是指向数据以及数据处理活动本身,从而保障数据的真实性、完整性和可控性。信息安全则侧重于信息内容,尤其敏感内容,如纳粹言论、仇恨言论、反政府的言论等。其次,尽管数据安全离不开网络安全的支撑和保障,但是二者的重点不一样,前者聚焦数据和数据行为的控制,如数据采集、加工和存储等,后者聚焦网络系统和网络行为,如网络攻击、网络搜索、网络购物、网络传播等。从信息安全、网络安全到数据安全,反映了数字安全发展逻辑的深刻变化。因为数据不仅是信息的载体,而且也是网络的引擎。数据安全是影响信息安全和网络安全的关键因素。在这个意义上,数据安全是国家安全的关键领域,因为没有数据安全,就没有数据主权。数据主权是数字主权的核心内容,因此,维护数据安全是维护数字主权安全的基础和保障。

(四)算法安全

算法是指基于一系列运算步骤,数据的输入与输出关系得以建构的程序,如"菜谱"、欧几里得几何学、利率计算方法、搜索引擎等。算法的运作离不开数据,没有数据,算法就没有力量。数据是算法运行的"燃料",算法则是数据的控制者,因为数据以及数据处理活动都受到算法的控制。在大数据时代,数据处理日益依赖计算机和算法,因为人工方式难以胜任大规模的数据处理。同时,机器对数据处理不仅高效,而且降低错误率,从而提升数据的完整性和准确性。随着算法和各类数据的结合,算法的设计和应用也遍及各个社会领域,从新闻算法到个性化广告,从自动驾驶汽车到无人机,从个人信用评分到交通电子警察。可见,算法的广泛应用,已经深刻改变人们的生产生活和治理方式。"算法社会"可谓这种深刻变化的概括和命名。

由于算法对数据的支配性影响和控制,算法必然是保障数据安全的重要机制和关键设施。因此,算法安全是影响数据安全的重要因素。算法安全主要是指算法的设计、应用及其数据的安全。由于数字科技创新,算法安全是一个动态问题。因为算法创新带来的风险是不确定的,所以算法安全往往需要通过监测和评估来控制。从国家安全来讲,算法安全属于数字技术安全的范畴,它涉及国家对算法运行所需数据、技术和算力的安全进行保障。数字技术是构建数字主权和维护数字主权安全的关键领域,因此,算法安全是数字主权安全的核心范畴。

(五)数字基础设施安全

数字基础设施是指数字空间得以构建的基础设施,如基站、光纤电缆、数据处理中心、算力设施、移动网络通信技术、云计算技术、区块链技术、人工智能设备,等等。数字基础设施是数字空间的物理层,一旦数字基础设施遭到攻击或破坏,数字空间也会同样崩塌。数字基础设施之于数字空间,正如人脑之于人的意识一样。人脑受损之后,人的意识能力也会受损。在这个意义上,数字基础设施安全是信息安全、网络安全、数据安全、算法安全等数字安全领域的基础。质言之,关键的数字基础设施是数字主权安全的根基。因此,保障数字基础设施安全是维护数字主权安全的"重中之重"。

(六)数字社会领域的功能安全

现代社会是一个功能分化的社会,不仅有产业分工,如农业、工业和服务业,而且,形成不同的社会功能领域,如经济领域、政治领域、法律领域、科学领域、宗教领域、教育领域、艺术领域、大众传媒领域、医疗领域等。随着从工业社会到数字社会的转型,功能分化没有停止,反而是加速了。在这个意义上,数字化转型深刻影响了不同社会领域的功能运作,如数字经济兴起,以及数字教育、数字医疗和数字媒体大量涌现,等等。数字社会各个领域的安全运行,不仅依赖于各个社会领域自身的安全机制和保障,而且严重依赖于数字基础设施和数字空间的安全。由于数字社会各个领域的风险和不安全,也可能波及整个国家安全,如数字金融风险、数据泄露风险等,因此保障数字社会领域的功能安全也是数字主权安全的重要议题。

三、数字主权安全的基本原则

维护数字主权安全的实践已经形成一些基本原则,下面主要介绍六条基本原则:一是主权原则,二是实力原则,三是预防原则,四是法治原则,五是平衡原则,六是合作原则。

(一) 主权原则

主权原则是维护数字主权安全的核心原则。首先,国家主权是数字主权的权力基础。没有国家主权,数字主权就是空中楼阁。数字主权的政策主张是国家主权的利益体现,而政策执行则依靠国家权力的支持和行使,如立法、执法和司法等。其次,国家主权是主权安全的逻辑起点和终点。维护主权安全的核心任务就是要维护国家主权的统一和完整。没有主权安全,国家主权的统一和完整就可能遭到危害,如领土入侵、经济殖民、治外法权等。最后,国家主权是数字主权安全的核心利益和根本目标。维护数字主权安全就是维护国家在数字空间的主权利益,如信息主权、网络主权、数据主权、数字技术主权等。

(二) 实力原则

实力原则是维护数字主权安全的根本原则。首先,数字主权的建设和维护建立在实力原则的基础上。没有数字技术优势和数字市场优势,就不可能拥有足够的实力来维护和建设数字主权及其安全。其次,数字技术优势和数字市场优势不是凭空产生的,没有数字技术创新、数字基础设施建设和数字市场的建立和发展,国家的数字科技实力就不可能增强和提高。因此,国家对数字科技创新和数字基础设施的投资和规划,是奠定一个国家数字科技实力的基础和保障。可见,数字科技实力是数字主权安全的物质基础和科技保障。

(三) 预防原则

预防原则是维护数字主权安全的关键原则。首先,数字空间是一个高度复杂的系统网络,这种复杂性也容易产生风险,从而引发安全事件,如黑客利用软件程序的漏洞进行网络攻击,或者通过爬虫程序造成数据泄露,又或者通过深度伪造技术传播虚假信息,等等。其次,数字空间的安全风险具有不确定性,甚至防不胜防。因此,数字空间安全保障必须采取预防原则,对可能引发安全危机的风险事件进行监测和评估,通过建立相应的预防机制和应对预案来保障数字技术和数字系统的韧性和弹性,以防止危害数字主权安全的突发事件。

(四) 法治原则

法治原则是维护数字主权安全的基本原则。首先,法治是构建和维护数字主权的法律基础和制度保障。不受法律约束的权力往往产生腐败,最终损害权威,使权力丧失合法性。数字主权的实现离不开法律制度的保障和支撑,而法治保障数字主权的基本秩序,也是数字主权合法性的根基。其次,依法维护数字主权安全是保障数字主权的法治要求。法治的本质就是限制权力。维护数字主权安全往往涉及巨大的权力之行使,防止数字权力的滥用,在主权安全与公民权利之间保持平衡,就必须坚持法治原则,保障数字公民的基本人权,如公民的数字财产权、个人信息权和隐私权等。

(五)平衡原则

平衡原则是维护数字主权安全的重要原则。首先,安全与发展是对立统一的辩证关系。发展必然会产生安全的问题,解决好安全的问题可以促进更好的发展。不过,安全没有绝对,绝对的安全有可能窒息发展的动力。在数字科技领域,国家必须处理好安全与发展的平衡问题。这意味着国家必须从动态角度来把握安全和发展的关系,将安全和发展统筹起来,既要通过安全保障发展,也要通过发展保障安全。其次,数字主权安全必然通过发展数字科技实力才能实现。没有数字科技实力,数字主权安全就是空谈。在这个意义上,国家必须从动态角度来维护数字主权安全,保持数字科技的创新能力和发展韧性。

(六)合作原则

合作原则是维护数字主权安全的重要原则。首先,合作与冲突是人类社会发展面临的基本矛盾。在数字科技领域,既充满合作的机会,也充斥冲突的风险。面对美国在数字科技领域的世界霸权,无论中国,还是欧洲,都存在合作的空间和利益。同时,由于中国与欧盟国家之间存在着意识形态的分歧,因此,中国与欧洲在数字科技领域也存在着竞争甚至是冲突的风险。其次,维护数字主权安全需要国家与国家之间的合作和国际合作,因为单靠一个国家的力量根本不足以保障自己主权的安全。因此,中国必须抓住机会,促进数字安全的全球合作,依托国家之间的合作和国际合作,为维护数字主权安全提供良好的国际环境。

第三节　数字主权安全的法律体系及保障

一、数字主权安全的法律体系

数字主权及其安全保障离不开法律制度的建构。一方面法律构建了数字主权的制度框架，如《国家安全法》，为建设和保障数字主权提供制度支撑；另一方面数字主权推动了数字法律制度的形成和发展，如《网络安全法》《数据安全法》《个人信息保护法》等，为维护数字主权安全提供法律依据和体制机制。

（一）数字主权与法律

法律是主权的产物，主权者创造了法律。同时，法律也塑造了主权。由于数字空间与物理空间的差异，现实世界的法律并不能直接适用于数字空间。但是，随着数字科技与经济、政治、社会、文化等领域的融合和发展，数字空间也逐渐变得具有可规制性。在数字空间，人们的行为受到了代码的规制，受到数据和算法的控制，最终受到数字平台的支配和治理。人们认识到，受到商业利益驱动的数字平台，逐渐拥有日益强大的数字权力，尤其是跨国的数字企业巨头，它们甚至可以拒绝国家的管辖。譬如，微软就曾经拒绝美国联邦执法人员就其境外数据进行取证的请求。为了维护国家在数字空间的主权利益，美国政府2018年快速颁布《澄清境外数据合法使用法案》，建立美国政府对数字空间的"长臂管辖"。同样，为了应对非欧盟的数字科技公司对欧洲数字主权的挑战，欧盟不断通过对数字空间的立法进行规制，如2018年《通用数据保护条例》、2022年《数字市场法案》和《数字服务法案》、2024年《人工智能法案》等。欧盟的数字立法，通过跨国数字企业巨头的执行，形成了"布鲁塞尔效应"，使其数字立法引领全球。在这个意义上，法律是建设和捍卫数字主权的堡垒。

数字法是维护数字主权及其安全的有力媒介和工具。当数字平台执行法律时，现实世界的法律就可能变成数字世界的法律即数字法，并直接对人们的数字行为产生拘束力。美国法学家劳伦斯·莱斯格曾经提出："代码即法律。"① 不过，随着法律的代码化、数据化和算法化，未来的数字法可能不仅塑造数字空间，甚至穿透物理空间，对人们的现实行为进行规制，如通过算法控制车辆，人们可以远程进行锁车，或者控制车辆的驾驶行为，从而直接禁止盗窃车辆或者危险驾驶行为。可见，数字法将可能深刻改变法律运作模式。

（二）主权安全与法律规制

安全是相对于危险而言，即一种没有危险的状态。安全/危险的区分是人们理解安全的基础。没有对危险的标示，危险是看不见的，安全的意识和需求也不会产生。当炸药和枪支被标示为危险时，人们才会产生对炸药和枪支进行管制的安全需求。主权安全的意识和需要，同样源自对主权危险和威胁的标示，而这种标示往往通过法律的方式。譬如，法律规定叛国、分裂国家、煽动叛乱、颠覆或者煽动颠覆国家政权、泄露国家秘密等行为属于犯罪，就是对危害主权行为的标示。通过法律上的区分和标示，人们才可能对危害主权行为进行法律上的规制。

安全是法律规制的价值和目标。任何社会都需要秩序，没有秩序的世界，就是丛林法则的世界，弱肉强食，自然就没有安全可言，因为危险是不确定的，也是不可控制的。在文明社会，社会秩序建立在法律基础上，即法律秩序。安全是法律秩序的众多目标之一，在这些法律价值和目标中，如自由、平等和正义等，安全具有基础性，为其他法律价值提供保障，如生命安全、人身安全和财产安全等。安全具有广泛性，从交通安全到社会福利保障，从经济安全到文化安全，从领土安全到粮食安全。因此，安全的法律规制具有多样性，不同的安全领域具有不同的法律制度，如《道路交通安全法》《粮食安全保障法》《国防法》《社会保险法》《安全生产法》《食品安全法》《药品管理法》等。

主权安全是国家安全的核心，它统摄国家各个领域的安全保障，从经济、社会和文化安全，到军事、政治和领土安全。同时，这些不同领域的安全保障，又是主权安全的基础和保障。然而，不同领域安全的法律保障具有不同的制度逻辑，为了保障主权安全，实现国家安全的法律规制之统一和协同，围绕国家安全进行统一立法就很有必要。因此，世界法治发达国家都先后颁布相应的《国家安全法》，如 1947 年美国《国家安全法》、2023 年英国《国家安全法》。中国也在 2015 年颁布了《国家安全法》，为以主权安全为核心的国家安

---

① 〔美〕劳伦斯·莱斯格：《代码 2.0：网络空间中的法律（修订版）》，李旭、沈伟伟译，清华大学出版社 2018 年版，第 1 页。

全提供有力的法治保障。

(三) 数字主权安全的基本法律制度

我国围绕数字主权安全的立法已经初具规模,除了 2015 年颁布的《国家安全法》之外,我国立法机构分别于 2016 年 11 月通过《网络安全法》,2021 年 6 月通过《数据安全法》,2021 年 8 月通过《个人信息保护法》。这四部法律构筑了中国数字主权安全的基本法律制度。

首先,《国家安全法》是维护数字主权安全的基本法律。《国家安全法》对维护国家安全的任务、维护国家安全的职责、国家安全制度和国家安全保障等内容作了详细规定,是维护国家安全的基本法律。主权安全是国家安全的核心内容,数字主权是维护国家在数字空间的主权利益之体现。因此,维护数字主权安全就是维护国家在数字空间的主权安全。在这个意义上,维护数字主权安全是维护国家安全的重要任务。譬如,《国家安全法》第 25 条规定:"国家建设网络与信息安全保障体系,提升网络与信息安全保护能力,加强网络和信息技术的创新研究和开发应用,实现网络和信息核心技术、关键基础设施和重要领域信息系统及数据的安全可控;加强网络管理,防范、制止和依法惩治网络攻击、网络入侵、网络窃密、散布违法有害信息等网络违法犯罪行为,维护国家网络空间主权、安全和发展利益。"这条规定不仅涉及数字主权安全的基本内容,如网络安全、信息安全、技术安全、关键基础设施安全和数据安全等,而且明确表达了我国"维护国家网络空间主权、安全和发展利益"的基本立场。

其次,《网络安全法》是维护网络安全的基本法律。《网络安全法》对网络安全支持与促进、网络运行安全、网络信息安全、监测预警与应急处置等内容作了详细的规定,是维护网络空间主权和国家安全的基本法律。譬如,该法第 1 条开宗明义地规定:"为了保障网络安全,维护网络空间主权和国家安全、社会公共利益,保护公民、法人和其他组织的合法权益,促进经济社会信息化健康发展,制定本法。"在《国家安全法》的基础上,《网络安全法》对网络安全的法律保障更进一步,主要体现为两个基本方面:一是对网络运行安全的法律保障,如网络运营者的网络安全保护义务、网络产品和服务的安全保障、网络关键设备的安全要求、关键信息基础设施的运行安全等。二是对网络信息安全的法律保障,如网络用户的个人信息安全与保护、对网络犯罪活动的管制、对不法网络信息的管制、对恶意应用软件的管制等。可见,《网络安全法》

将网络安全和信息安全有机结合起来，认识到网络安全对信息安全的重要影响和作用。

再次，《数据安全法》是维护数据安全的基本法律。《数据安全法》对数据安全与发展、数据安全制度、数据安全保护义务、政务数据安全与开放等内容作了详细的规定，是维护数据主权和国家安全的基本法律。随着大数据、物联网和人工智能发展，数据处理活动对信息传播和网络运行产生了重要的变革和影响，如对网络流量的数据挖掘。但是，信息/数据处理活动并不局限网络空间，而是扩展到物理空间，如物联网。因此，《网络安全法》未能覆盖数据处理活动的全周期，使数据安全的法律保障存在漏洞。为了充分保障数据安全，《数据安全法》在三个方面做了进一步努力：一是构建数据安全制度，如数据分级分类保护制度、数据安全风险评估和监测制度、数据安全应急处理制度、数据安全审查制度等。二是确立数据安全保护义务，如建立健全数据全流程安全管理制度的义务、数据安全教育培训的义务、数据处理活动的伦理义务、数据安全风险监测义务、依法进行数据收集的义务等。三是保障政务数据安全与开放，如推进电子政务建设，规范国家收集数据的行为，建立国家政务数据开放平台，等等。

最后，《个人信息保护法》是维护信息安全的基本法律。《个人信息保护法》对个人信息处理规则、个人信息跨境提供的规则、个人在个人信息处理活动中的权利、个人信息处理者的义务、履行个人信息保护职责的部门等进行了详细的规定，是维护信息主权和国家安全的基本法律。尽管《民法典》第111条规定了对自然人个人信息的法律保护，但是随着数据处理活动的技术发展，个人信息的私法保护具有局限性，未能应对数据处理活动如数据跨境提供对国家安全的影响和挑战。此外，《民法典》对个人信息的保护，无法处理国家数据处理活动对个人信息权利的侵害。因此，《个人信息保护法》进一步解决上述问题，为维护信息主权和国家安全提供有力的法律保障。譬如，该法第10条规定："任何组织、个人不得非法收集、使用、加工、传输他人个人信息，不得非法买卖、提供或者公开他人个人信息；不得从事危害国家安全、公共利益的个人信息处理活动。"第11条规定："国家建立健全个人信息保护制度，预防和惩治侵害个人信息权益的行为，加强个人信息保护宣传教育，推动形成政府、企业、相关社会组织、公众共同参与个人信息保护的良好环境。"第36条规定："国家机关处理的个人信息应当在中华人民共和国境内存储；确需向境外提供的,应当进行安全评估。安全评估可以要求有关部门提供支持与协助。"

二、数字主权安全的法律保障

数字主权安全的法律保障可以分为三个基本方面:一是数字主权安全的立法保障,如数字领域的安全立法;二是数字主权安全的执法保障,包括建立数字领域安全的执法机构和队伍,以及数字执法平台建设等;三是数字主权安全的司法保障,如数字法院建设和数字检察建设等。

(一) 数字主权安全的立法保障

立法是数字主权安全的法律保障之前提。没有立法,就没有法律制度的供给。立法是现代法律产生的基本机制和渠道。立法权源自国家主权,是国家主权的重要组成部分和基本的权力分支。可见,法律是国家主权的产物,同时也是维护国家主权的重要工具。在这个意义上,立法对于维护数字主权及其安全发挥了十分重要的作用。立法为维护数字主权及其安全提供了制度支撑,为国家对数字空间的法律规制提供了合法性基础。

目前,国家根据数字科技发展的程度及其出现的问题,适时通过立法来保障数字主权及其安全。尽管数字立法数量还有待增加,但是,国家立法初步奠定了数字主权安全的基本法律制度,如 2015 年的《国家安全法》、2016 年的《网络安全法》、2021 年的《数据安全法》和《个人信息保护法》。随着数字科技的新挑战和新问题涌现,如大模型、自动驾驶汽车等,立法者必然要做出回应,以维护数字主权及其安全,如制定《人工智能法》《自动驾驶汽车法》等。可见,数字主权安全的立法保障与数字科技发展的程度紧密联系一起。通过立法构建数字科技发展的法律保障,不仅是促进数字科技高质量和高水平地发展,而且也是提升维护数字主权及其安全之能力的重要举措。

立法是促进数字法律发展的重要动力。数字法建立在代码、数据和算法的基础上,数字平台是数字法的主要创制者,而数字平台的商业化往往使得数字法难以充分体现公共性,维护公共利益,如维护国家安全、保障人民基本权利等。因此,通过国家立法来引导数字平台,规范数字平台的运行和行为,尤其数字法的创制行为,对于维护数字主权及其安全而言就十分重要和必要。欧盟通过数字立法产生的"布鲁塞尔效应",就是有力的例证。

(二) 数字主权安全的执法保障

执法是数字主权安全的法律保障之支撑。法律的生命在于实施,执法是法律实施的基本方式。执法权是行政权的基本内容和表现形式。行政权也是源自国家主权,是国家主权的重要组成和基本分支。相对于立法权的政治性和司法权的被动性,行政权具有执行性和主动性,尤其是行政执法。国家安全尤其是主权安全,一旦发生危害行为和事件,其后果是很难挽回和补救的。因此,行政执法必须主动作为,而不是等出现了严重和重大的安全事故,才采取行动。可见,行政执法为维护数字主权及其安全提供了组织行动和运行机制的支撑。

根据中国目前的相关法律规定,国家是维护主权安全的基本行动主体。譬如,《国家安全法》第6条规定:"国家制定并不断完善国家安全战略,全面评估国际、国内安全形势,明确国家安全战略的指导方针、中长期目标、重点领域的国家安全政策、工作任务和措施。"此外,党作为国家的行动代表,则是维护主权安全的关键行动者和组织者。譬如,《国家安全法》第4条规定:"坚持中国共产党对国家安全工作的领导,建立集中统一、高效权威的国家安全领导体制。"第5条规定:"中央国家安全领导机构负责国家安全工作的决策和议事协调,研究制定、指导实施国家安全战略和有关重大方针政策,统筹协调国家安全重大事项和重要工作,推动国家安全法治建设。"政府则是执行党和国家维护主权及其安全决策的最高行政权力。譬如,《国家安全法》第37条规定:"国务院根据宪法和法律,制定涉及国家安全的行政法规,规定有关行政措施,发布有关决定和命令;实施国家安全法律法规和政策;依照法律规定决定省、自治区、直辖市的范围内部分地区进入紧急状态;行使宪法法律规定的和全国人民代表大会及其常务委员会授予的涉及国家安全的其他职权。"第39条规定:"中央国家机关各部门按照职责分工,贯彻执行国家安全方针政策和法律法规,管理指导本系统、本领域国家安全工作。"第40条规定:"地方各级人民代表大会和县级以上地方各级人民代表大会常务委员会在本行政区域内,保证国家安全法律法规的遵守和执行。地方各级人民政府依照法律法规规定管理本行政区域内的国家安全工作。香港特别行政区、澳门特别行政区应当履行维护国家安全的责任。"可见,我国已经建立健全维护国家安全的组织机构和执法体系,如从国务院及其部门到各级地方政府,并通过法律明确规定各个执法机构维护国家安全的法定职责。

国家网信部门、公安部门和国家安全机关是维护数字主权安全的重要职责主体和执法主体。譬如,《网络安全法》第8条规定:"国家网信部门负责统筹协调网络安全工作和相关监督管理工作。国务院电信主管部门、公安部门和其他有关机关依照本法和有关法律、行政法规的规定,在各自职责范围内负责网络安全保护和监督管理工作。县级以上地方人民政府有关部门的网络安全保护和监督管理职责,按照国家有关规定确定。"《数据安全法》第6条规定:"各地区、各部门对本地区、本部门工作中收集和产生的数据及数据安全负责。工业、电信、交通、金融、自然资源、卫生健康、教育、科技等主管部门承担本行业、本领域数据安全监管职责。公安机关、国家安全机关等依照本法和有关法律、行政法规的规定,在各自职责范围内承担数据安全监管职责。国家网信部门依照本法和有关法律、行政法规的规定,负责统筹协调网络数据安全和相关监管工作。"《个人信息保护法》第60条第1、2款规定:"国家网信部门负责统筹协调个人信息保护工作和相关监督管理工作。国务院有关部门依照本法和有关法律、行政法规的规定,在各自职责范围内负责个人信息保护和监督管理工作。县级以上地方人民政府有关部门的个人信息保护和监督管理职责,按照国家有关规定确定。"可见,国家网信部门、公安部门和国家安全机关已经成为在行政执法体系中维护数字主权安全的"三驾马车"。

我国近年来积极推进数字政府建设,尤其数字法治政府建设。譬如,2021年《国民经济和社会发展第十四个五年规划和2035年远景目标纲要》提出:"提高数字政府建设水平。"2022年《国务院关于加强数字政府建设的指导意见》提出:"全面建设数字法治政府。"此外,该意见还提出:"构建数字政府全方位安全保障体系。"可见,数字政府建设,尤其是保障数字政府安全运行,对于维护数字主权和国家安全具有重大的现实意义和深远影响。因为数字政府是数字执法的国家平台和基础架构。数字执法将深刻改变国家安全的治理模式,并成为维护数字主权安全的重要机制和关键力量。

(三)数字主权安全的司法保障

司法是数字主权安全的法律保障之枢纽。司法是维护公平正义,实现法治的重要权力机制和制度保障。司法权与立法权、行政权一样,都源自国家主权,是维护国家主权的重要权力媒介和形式。不过,与立法权、行政权不同,司法权的行使和运行是以个案审理的方式进行。司法者往往以中立的第三方出现在案件纠纷中,通过裁判的方式来维护法律的权威,并实现个案正义。质言之,司法必须对法与不法做出决定,即宣告什么是合法的,什么是不合法的。在司法决定过程中,正义是衡量裁判的超级纲要,因为司法必须保证"同案同判,异案异判"的正义要求。在这个意义上,司法不是遵循强权原则,不是主张强权即真理,而是使自身的决定保持一贯性和一致性,并通过论理的方式,使得这些前后相续的决定具有理性和说服力。因此,司法在限制权力的同时,也保障了权力的有效运行,因为司法维护了权力的权威和合理性。法治的真谛就在于此。

面对危害数字主权的行为,不仅需要立法和执法,更需要通过司法来宣告这些不法行为和犯罪行为,并给予严厉的制裁,才能真正有效地维护数字主权及其安全。譬如,《国家安全法》第 41 条规定:"人民法院依照法律规定行使审判权,人民检察院依照法律规定行使检察权,惩治危害国家安全的犯罪。"在我国,司法权分为两个部分,即检察权和审判权。前者是由检察院独立行使的权力,后者是由法院独立行使的权力,它们共同构筑了维护国家主权和国家安全的司法权力。根据上述法律规定,无论检察权,还是审判权,它们都是通过"惩治危害国家安全的犯罪"来维护国家主权安全。不过,罪与非罪,法与不法,都不是强权说了算。即便检察院代表国家提起公诉,犯罪嫌疑人也必须经由法院审判,才能被定罪。可见,在维护主权安全和保障公民人权上,这两个目标之间往往存在一定的张力,并经由司法来调节和平衡。这是因为,一方面法院作为中立裁判,可以在国家安全和公民权利发生冲突时,通过裁判进行利益衡量,从而防止国家权力过度扩张对公民权利造成侵害;另一方面检察院作为法律监督机关,它对于滥用国家安全权力的行为可以起到监督的作用,从而保障公民权利,如言论自由、结社自由、出版自由、宗教信仰自由等。当司法可以在国家权力与公民自由之间划出清晰的界限时,法律才可能真正在保障人民自由的同时,赋予国家权力真正的权威——法律的权威。法律的权威则是数字主权安全获得有效法律保障之基础,因为如果法律没有权威,它就难以有效实施。

为了充分维护数字主权及其安全,我国近年一方面积极推动法院的信息化建设、智慧法院建设和数字法院建设,另一方面建立健全数字检察工作机制。譬如,《人民法院信息化建设五年发展规划(2016—2020)》提出,"打造全面覆盖、移动互联、跨界融合、深度应用、透明便民、安全可控的人民法院信息化 3.0 版","形成支持全业务网络办理、全流程审判执行要素依法公开、面向法官、诉讼参与人、社会公众和政务部门提供全方位智能服务的智慧法院"。《人民法院信息化建设五年发展规划(2021—2025)》提出:"打造全方位智能化、全系统一体化、全业务协同化、全时空泛在化、全体系自主化的人民法院信息化4.0版,推动智慧法院支持多元解纷、诉讼服务、审判执行、司法管理和辅助决策能力水平实现新的跃升,构建中国特色、世界领先的互联网司法模式。"《2023—2027年检察改革工作规划》提出,积极构建"业务主导、数据整合、技术支撑、重在应用"数字检察工作模式,推进数字时代互联网检察办案工作。此外,浙江省和上海市还相继推出《关于推进建设"浙江全域数字法院"重大改革的实施方案》(2021年)和《上海"数字法院"建设方案》(2023年)。可见,司法数字化转型已经成为国家重要战略举措,而数字司法将为数字主权安全提供更有力的司法保障。

典型案例

2013年12月,美国联邦政府执法人员根据《存储传播法案》(Stored Communication Act)向纽约南区联邦地区法院申请搜查令,要求微软公司协助调查一起毒品案件,将一名涉案用户的电子邮件内容和其他账户信息等数据提交给美国政府。由于用户的数据被存储在微软位于爱尔兰都柏林的数据中心,不在美国政府管辖范围内,因此微软拒绝了联邦政府执法人员获取数据的请求,并提出废除搜查令的动议。2014年4月,纽约南区联邦地区法院助理法官詹姆斯·弗兰西斯驳回微软的动议。微软不服,并提出诉讼,其理由是:美国政府的搜查令涉嫌侵害用户隐私,美国政府无权依据搜查令获取境外数据。然而,法院裁决微软败诉,驳回微软的诉讼请求,要求微软向美国政府提供邮件数据。当时法院的首席法官洛蕾塔·普瑞斯卡支持弗兰西斯的观点,认为关键问题是"谁控制数据,而非数据存储在什么位置"。不过,微软拒绝接受裁判结果,并于12月10日向美国曼哈顿第二巡回法院提起上诉,再次强调数据的境外属性,依据国内法的搜查令对其无法适用。2016年7月14日,法院作出最终裁决,支持微软的主张,推翻地方法院执行搜查令的判决,美国执法部门的搜查令不具有域外效力,美国政府想要获取境外数据,必须通过双边司法协助条约等方式进行。法官在上诉判决中写道:"数据存储在都柏林,要取回数据,微软必然要对都柏林的数据中心做出一些(远程)操作或互动,而数据中心受一外国主权的管辖。"2017年1月24日,美国执法部门向第二巡回上诉法院提出重审该案的申请。在八位法官中,有四位法官拒绝重新审理该案,该案重审申请最终由于未获多数法官支持而被搁置。微软案结束后,美国于 2018 年快速制定了《澄清境外数据合法使用法案》(Clarifying Lawful Overseas Use of Data Act,简称 CLOUD 法案,即"云法案"),从而使美国能够对数字空间建立"长臂管辖",以维护其数字霸权。

问题与思考

1. 主权与数字空间是什么关系?
2. 数字主权与信息主权、网络主权、数据主权的区别是什么?
3. 美欧之间关于数字主权的立场和实践有何不同?
4. 为什么要维护数字主权安全?
5. 法律如何保障数字主权安全?

延伸阅读

1. 张新宝、许可:《网络空间主权的治理模式及其制度构建》,载《中国社会科学》2016 年第 8 期。

2. 刘晗、叶开儒:《网络主权的分层法律形态》,载《华东政法大学学报》2020 年第 4 期。

3. 郑智航:《网络社会中传统主权模式的消解与重构》,载《国家检察官学院学报》2018 年第 5 期。

4. 曾婧婧、张博杰:《数字主权:理论框架、国际探索与中国方案》,载《信息技术与管理应用》2023 年第 3 期。

5. 史拴拴:《欧盟数字主权:生成逻辑、构建策略与现实挑战》,载《世界经济与政治论坛》2022 年第 6 期。

6. 邬江兴、邹宏、张帆、尚玉婷:《数字主权与国家安全若干问题研究》,载《国家安全研究》2023 年第 3 期。

第十三章　数据跨境流动安全

> **法律故事**

2021年6月30日,滴滴全球股份有限公司(下称"滴滴公司")在美国上市。上市后三天,网络安全审查办公室发布《关于对"滴滴出行"启动网络安全审查的公告》,宣布将对"滴滴出行"实施网络安全审查,审查期间"滴滴出行"停止新用户注册。2022年7月,网信办在对"滴滴公司"为期一年的安全审查后,最终依据《网络安全法》《数据安全法》《个人信息保护法》以及《行政处罚法》等法律法规,对滴滴公司作出行政处罚决定,对其处以人民币80.26亿元罚款,对董事长和总裁个人处以人民币100万元罚款。[①]

对"滴滴公司"予以行政处罚,一方面是因为其存在非法收集、过度收集个人信息的问题,另一方面是因为其存在严重影响国家安全的数据处理活动。"滴滴公司"赴美上市无疑需要遵循美国法下的信息披露要求,而其在未通过网信办网络安全审查的情况下即完成美国上市,很可能造成涉及国家安全的重要数据传输出境,触碰了法律及监管红线。

"滴滴事件"已成为我国数据跨境流动安全监管史上重要的里程碑事件。由此事件触发,2021年年底修订的《网络安全审查办法》明确规定:"掌握超过100万用户个人信息的网络平台运营者赴国外上市,必须向网络安全审查办公室申报网络安全审查。"

[①] 参见《国家互联网信息办公室有关负责人就对滴滴全球股份有限公司依法作出网络安全审查相关行政处罚的决定答记者问》,https://www.cac.gov.cn/2022-07/21/c_1660021534364976.htm,2024年8月31日访问。

第一节 全球数据跨境流动的现状与安全风险

一、全球数据跨境流动现状

数据跨境流动（Cross-border Data Transfer），一般是指数据跨越法域传输的行为，既包括数据从一个法域传输到另一个法域的情形，也包括存储在一个法域的数据可以被其他法域的主体访问的情形。产生于各类经济贸易活动的数据正在爆炸式增长，这些数据的流动产生数据流，而随着跨国经济交往的展开，数据跨境流动也日益频繁。数据的价值本就根源于流动，在数字经济的全球化进程中，数据作为新的生产要素，其跨境流动更是成为各国经济增长的新动力。据统计，2021年，数据跨境流动为全球GDP贡献了2.8万亿美元，高于全球货物贸易所占份额，并预计将在2025年增长至11万亿美元。[①] "数字全球化"的作用已超过贸易和投资全球化，数据跨境流动的重要性愈发凸显。如果说20世纪的全球化以贸易和投资的全球化为主要特征，那么21世纪的全球化将以数据跨境流动为主要驱动力量。

当前全球的数据跨境流动呈现出以下主要特点：

首先，数据跨境流动的规模持续扩大，成为全球经济不可或缺的一部分。随着数字技术的飞速发展和互联网应用的普及，数据作为新的生产要素，在全球范围内高速流动，促进了贸易、金融、科技等多个领域的深度融合与创新发展，不仅提高了资源配置效率，而且极大地推动了全球经济的增长。以美国为例，其数据跨境流动规模巨大，众多跨国企业通过在全球范围内高效配置和利用数据，推动了业务的快速增长和全球化布局。

其次，数据跨境流动的形式日益多样化，全球的数据交互共享更加便捷。除了传统的数据传输，云计算、大数据、人工智能等新兴技术的广泛应用，使得数据跨境流动的形式更加灵活多变。企业可以借助云服务平台，在全球范围共享数据，并在此基础上展开全球协作；个人也可以经由社交媒体、在线购物等渠道，完成数据的跨国界交互。例如，中国的阿里巴巴和字节跳动等互联网企业，纷纷在全球范围内布局电商平台、云服务和社交媒体软件，实现了商品、服务、数据的一体化跨境流动，为用户提供了更加便捷和高效的数字化

[①] 参见张继红：《金融数据跨境流动的法律监管》，载《数字法治》2023年第6期。

服务。

再次,数据跨境流动推动了国际投资结构的新变化,重塑了国际贸易的新形态。随着数据成为新的生产要素,国际投资区位选择的重要因素随之发生变化。跨国公司在跨境投资时,往往将数据资源是否丰富、数字技术是否先进、数字基础设施是否良好作为重要考量,数据跨境流动是否便利也日益成为选择目标投资地的重要因素。当前的国际贸易更是以数据的跨境流动为基础,不论是跨境电商还是数字服务贸易,数字贸易的开展都离不开海量的数据跨境流动。从大型跨境电商平台到分散化的数字订购模式,跨境贸易已无法同数据跨境流动相分离,数据跨境流动的基础设施、监管规则等直接决定了数字贸易的前景。

最后,数据跨境流动安全成为新问题,全球化监管面临挑战。针对数据跨境流动行为的规制并非各国的初始意图,而是为了应对全球数据保护规范系统的裂隙,以及消除全球经济与贸易壁垒采取的滞后性举措。[①] 归根结底,数据的跨境流动是国际经济运转不可缺少的一环,并非天然携带着原罪。但一方面,为了更好维护数据主体的权益,减少因跨境利用行为带来的安全风险,各国数据保护法通常将数据本地化作为数据存储的基本要求,并将数据跨境传输作为例外,加以出境的必要性条件与保护义务。经济合作与发展组织(OECD)报告显示,目前至少有 92 项数据本地化措施在 39 个国家实施,其中一半以上是近五年制定的。[②] 另一方面,由于发展水平、法律文化等方面的不同,各国的数据跨境流动规则存在明显的差异,数据跨境的国际治理碎片化严重。如何在国家安全、隐私保护与数字贸易之间权衡取舍,最终形成全球性的共识和规则,是数据跨境流动给当今世界提出的重要挑战。

二、数据跨境流动产生的安全风险

数据跨境流动,实质上属于数据跨境提供的数据处理行为。不同于商品、贸易等其他跨境行为,数据由于自身携带着繁杂的信息,承载着经济、人格利益,具有极强的敏感性,极易因不当获取或滥用产生各类安全风险。因

[①] 参见黄宁、李杨:《"三难选择"下跨境数据流动规制的演进与成因》,载《清华大学学报(哲学社会科学版)》2017 年第 5 期。

[②] 参见国务院发展研究中心对外经济研究部、中国信息通信研究院课题组:《数字贸易中的跨境数据流动》,载《中国经济报告》2023 年第 5 期。

此，就个人信息等数据的跨境流动而言，如何协调数据的自由流动与数据的安全风险成为最关键的问题。[①] 从国际社会上看，2013年"棱镜门"事件后，各国日益重视数据跨境流动引发的国家安全风险。本部分从风险识别的理论与实践两个视角出发，分析讨论数据跨境流动的安全风险。

（一）数据跨境流动安全风险识别的基础理论

数据跨境流动不仅可能引发损害个人隐私权益、公共利益、国家利益的风险，也可能在一定程度上反向抑制数据的自由流通。尽管隐私泄露主要关乎个人权利，但当此类数据之上附着生物识别、基因或金融信息等时，则可能被恶意利用，从而危及公共利益和国家安全。然而，若因此采取严格的禁止出境管制措施，又可能不当扩大限制出境的数据范围，从实质上滑向贸易保守主义。种种安全风险盘根错节、相互交织，亟待建立清晰有效的识别机制。

数据安全主权理论强调数据安全与主权国家的利益紧密相连，主张在保障数据安全的前提下推动数据跨境流动。但与此同时，数据跨境流动安全风险本身具有动态性和不确定性，有效识别风险还需要具备前瞻性预判的能力。因此，基于风险可能性的判断与预估，就成为数据跨境规制体系设计的重要考量因素，要求建立数据分类分级制度。数据分类分级制度根据数据的生产来源、敏感程度对风险加以差异化区分，进而面向不同层级的数据设置不同的跨境规则。比如，不同业务场景下，出境数据的类型和量级存在较大差异，需要结合出境目的、类型、体量等进行综合考量，才能根据隐含的安全风险予以差异化、层级化规制。

（二）数据跨境流动安全风险的类型划分

根据利益主体的不同，可以将数据跨境流动的安全风险分为三类，分别是个人信息侵权、国家安全损害与公共利益侵犯。三类风险并非完全清晰区隔，存在相互转化以及竞合的可能。

首先，企业为跨境开展业务，往往将个人信息跨境传输至境外的数据控制者或处理者，但由于境外的个人信息保护立法体系、技术措施等与我国存在差异，由此导致的个人信息侵权风险可能处于个人的视野盲区。根据我国《个人信息保护法》的规定，个人信息处理者向境外提供个人信息需取得个人的单独同意。但在实践中，大量企业尚未就个人信息跨境提供制定足够详细

[①] 参见许可：《自由与安全：数据跨境流动的中国方案》，载《环球法律评论》2021年第1期。

的隐私政策,个人也难以依据告知内容真实判断其个人信息跨境的风险,甚至往往在非自愿的商业交易环境中陷入被迫同意的境地。个人信息处理者还可能为了规避一国较高程度的隐私保护法律,而将数据转移至保护程度较低的国家。① 而个人信息的泄露很容易导致公民的个人信息被境外所窃取、利用,造成对个人隐私的侵害,甚至引发针对个人的网络诈骗与电信诈骗,严重危害公民个人财产与人身安全。

其次,就国家安全而言,携带与国家重要机密相关信息的数据出境后,可能被不法利用,对国家安全造成损害。国家重要数据、核心机密数据泄露导致国家秘密外泄,一旦被境外不法分子、恐怖主义所利用,可能对国家的政治安全、经济安全等构成巨大威胁,严重侵犯国家主权和安全利益。由于数字空间已成为经济发展的新空间,数据资源的控制和利用对各国的经济、政治、文化等领域也将产生重大影响。国际国内形势均表明,数据主权已成为继边防、海防、空防之后大国博弈的另一个阵地。② 2013年"棱镜门"事件便是侵害数据主权的典型事例,大量涉及国家安全、国家利益的他国数据被监控、窃取,严重威胁他国主权。一些跨国企业也可能将经营中获取的大量公民个人信息包括敏感个人信息秘密向他国转移,这也是为他国政府提供情报的典型行为,有损我国的国家安全与数据主权。

最后,就公共利益而言,数据的跨境流动也可能导致不特定多数人的利益受到损害。公共利益和国家安全有所区别,《数据安全法》第2条采用"损害中华人民共和国国家安全、公共利益或者公民、组织合法权益"的表述,《网络安全法》第1条采用"保障网络安全,维护网络空间主权和国家安全、社会公共利益,保护公民、法人和其他组织的合法权益"的表述,可见公共利益是作为与国家安全、私主体合法权益并列的一种独立的利益形态。理论上看,公共利益是指不特定多数社会成员的利益,而国家利益是指一国境内全体成员的共同利益。一方面,公共利益与国家利益的核心内涵是不同的,大量的立法采取了两者并列的立法模式正是有力的体现;另一方面,两者在某些场合也可以发生转化。③ 就公共利益而言,例如绿色能源技术、节能减排等数据如果被恶意跨境转移,可能使国内在可持续发展领域的努力受到挫折,延缓社

---

① 参见程啸:《个人信息保护法理解与适用》,中国法制出版社2021年版,第301页。
② 参见李爱君、王艺:《数据出境法学原理与实务》,法律出版社2023年版,第31页。
③ 参见张舵:《刍议跨境数据流动的公共利益保护》,载《河北法学》2018年第5期。

经济发展向绿色、低碳经济转型的进程。总体而言,不论是个人数据还是企业数据,在达到一定数量和影响力之后,相关的保护问题都不仅仅属于私权范畴,而是具有鲜明的公共秩序特征,需考虑相关权益侵犯对社会整体的潜在风险,综合数据主体、数据控制者与社会的利益加以平衡。①

（三）数据跨境流动安全风险的成因分析

数据跨境流动之所以产生诸多复杂的安全风险,其主要成因在于两个方面:

一是由于数据控制者或处理者的技术漏洞,数据在跨境传输和处理过程中,容易遭遇借助技术手段的窃取和非法利用。数据跨境传输过程环节多、路径广,且溯源困难,可能面临被黑客利用网络安全漏洞或弱点进行中间人攻击的风险,导致数据被截获、篡改或伪造。如果数据传输过程中未采用足够的加密技术,或者加密技术被破解,敏感数据可能被轻易窃取。这种由技术缺陷催生的风险,需要通过改进数据传输的安全保障技术,使风险最小化。但在现实中,数据窃取技术总是与安全保障技术同步发展,对数据的跨境安全传输造成威胁。由于数据所载的利益极为丰厚,数据窃取技术发展的资本动因也十分充足,因此各类法律法规对数据跨境传输过程中的技术安全要求绝非杞人忧天,对外数据提供者和境外数据接收者有义务从技术上保障跨境数据流动的安全,以防止信息泄露或被非法窃取。

二是由于数据跨境流动的规范体系不完善,隐含着内在的规则冲突与规则漏洞。一方面,当前数据跨境的国际规则体系总体上仍处于冲突状态,正常的经济活动可能因为政治性的目标指令而受到干扰。随着国际冲突的加剧,对数据控制权的争夺使得各国的数据跨境活动都处于极不稳定的状态,境外势力试图通过一切手段非法获取数据,进而展开网络攻击、间谍活动或其他危害国家安全的行动。另一方面,各国国内的跨境数据监管规则也容易出现漏洞,尤其表现为对数据处理者在数据跨境传输行为实施过程中的义务要求,难以有效预防、化解合规与安全风险。比如,对特定类型数据跨境流动的严格管制,很大程度上依赖于数据提供者的自行申报和自我限制,一旦数据流出,则可能造成无法挽回的后果;又如,由于与境外数据处理者的空间阻隔,遭受隐私侵权的个人即便依据相应程序寻求救济,成本也非常高昂。

---

① 参见梅夏英:《在分享和控制之间:数据保护的私法局限和公共秩序构建》,载《中外法学》2019年第4期。

第二节 国际协定中的数据跨境流动机制

当前不少国家利用国际双边与多边自由贸易谈判、区域性规则等多重方式，尝试在维护国家安全、公共利益的前提下建立数据跨境流动的可行机制，推动数据跨境自由流动，促进全球与区域经济发展。1980年经济合作和发展组织（OECD）发布的《关于隐私保护与个人数据跨境流动的指南》（以下简称《OECD指南》）最早回应数据跨境传输议题，将数据跨境定义为个人数据跨越国境流动的行为，并在第三部分"自由流动与合法限制"提出了数据跨境的基本原则。①《OECD指南》提供了一种在国际间搭建数据跨境协作平台的美好图景，但其本身过于理想化且没有强制效力，未能真正促成数据跨境传输安全机制的实现。

当前，数据跨境流动安全议题与数据主权、网络空间、地缘政治等议题联系密切。由国际政治格局演化出两种关于数据跨境流动治理的法治叙事：一是强调行业自律、分散立法、想要成为世界数据服务器的美国模式；二是强调基本人权、统一内部立法规制、想要抗衡美国数据霸权的欧洲模式。② 两种不同的治理模式在延续既有国际政治格局的同时，不断发生冲突与融合，并影响其他主要经济体与第三世界国家的治理方式。以下就以美国与欧洲主导下所形成的典型国际协定为主线进行分别介绍，并以其他区域性国际规则作为补充。

一、美国主导下的国际协定

（一）《APEC隐私保护框架》

亚太经济合作组织（APEC）是亚太区内促进经济增长、合作、贸易、投资的区域性论坛。2004年，APEC电子商务指导小组发布了《APEC隐私保护框架》，并于2015年对其进行了更新。《APEC隐私保护框架》原则上适用于个人信息，并提出了相互关联的九项隐私原则：避免伤害、通知、收集限制、个人信息的使用、选择性原则、个人信息的完整性、安全保护、查询及更正、问责制。上述框架文件与原则规定在APEC成员中实施，包括境内实施与跨境实

---

① 参见何渊主编：《数据法学》，北京大学出版社2020年版，第170页。
② 参见何跃鹰、卓子寒编著：《全球数据跨境流动治理》，科学出版社2023年版，第2—4页。

施两个方面,而 2011 年发布的《跨境隐私规则》(Cross-Border Privacy Rules,CBPR)即是为了落地跨境实施而构建的规则体系。

CBPR 被定义为"规范 APEC 成员经济体企业关于个人信息跨境传输活动的自愿的多边数据隐私保护计划"。整体而言,CBPR 体系的建立旨在促进各国个人信息隐私保护标准的统一,并在此基础上推动区域经济一体化的发展;具体而言,该体系旨在促进在 APEC 框架内实现无障碍跨境信息交换,推动参与该体系的 APEC 成员经济体中经营业务的公司就形成保护数据隐私的惯常操作达成一致。CBPR 体系类似于行业自律体系,因为企业系自愿加入上述计划,但同时又不等同于行业自律,因为其设计机制中还加入了隐私执法机构,给自愿认证体系增加了法律保障。该计划由隐私执法机构、问责代理机构和企业三方共同参与:企业可以向成员国的问责代理机构申请对其隐私保护进行评价,通过审核的企业即可获得 APEC 认证的隐私保护信赖标志,而如果其违反相应的隐私规则,则将由成员国的隐私执法机构对其进行惩罚。① 目前 CBPR 体系下已有美国、墨西哥、日本、加拿大、韩国、新加坡、澳大利亚、菲律宾、中国台北共 9 个经济体或地区加入。②

(二) CPTPP 协定

2018 年正式生效的《全面与进步跨太平洋伙伴关系协定》(CPTPP)是一项自由贸易协定,其前身是以美国为主导的《跨太平洋伙伴关系协定》(TPP)。美国于 2017 年宣布退出 TPP 后,日本、加拿大等十余个国家重新磋商并签署了 CPTPP,其中保留了 TPP 下诸多规则条款。TPP 是第一个将"禁止数据本地化"措施纳入数字贸易规则体系的区域贸易协定,CPTPP 则延续了 TPP 关于数据跨境流动的相关条款。CPTPP 的正式文本中,直接涉及数据跨境规则的是第十四章"电子商务",其中第 14.8 条为"个人信息保护",鼓励各国促进个人信息保护制度的兼容性和可互操作性;第 14.11 条为"通过电子方式进行的信息跨境传输",采取了"鼓励数据跨境流动+合法公共政策目标例外"的框架;第 14.13 条则直接要求各国不得要求将计算设施本地化作为在其领土内开展业务的前提条件。③ 值得一提的是,我国已于 2021 年 9 月正式申请加

---

① 参见弓永钦、王健:《APEC 跨境隐私规则体系与我国的对策》,载《国际贸易》2014 年第 3 期。
② See CBPRs, APEC Economy Participation, https://cbprs.org/documents/, accessed August 31, 2024.
③ 参见殷敏、冶利亚:《国际数据跨境流动限制规则研究——以 CPTPP 和 RCEP 为例》,载《数字法治评论》2023 年第 1 期。

入 CPTPP,反映出我国主动与国际规则接轨的意愿。

总体来说,CPTPP 在促进数据跨境自由流动方面设置了较高的开放标准,旨在减少缔约方之间数字经济、贸易开展的壁垒,尽可能促进多边经贸合作。作为全球范围内最早生效的新一代数字贸易规则,CPTPP 的"电子商务"章节对后续的国际数字贸易协定产生了深远影响,尤其被美国主导下的区域规则借鉴和进一步发展。典型的例如 2018 年美国、墨西哥与加拿大签署的《美墨加协定》(USMCA),将 CPTPP 中的数据跨境传输规则扩大到金融服务领域,要求缔约方不得禁止或限制通过电子方式跨境传输金融信息,不得以数据本地存储作为开展业务的前提条件。之后,2019 年美国和日本签署的《美日数字贸易协定》(UJDTA),也同样沿袭了 CPTPP 和 USMCA 中有关开放数据跨境流动方面的要求。[1]

二、欧洲主导下的国际协定

(一)《OECD 指南》

OECD 的前身是欧洲经济合作组织,总部位于巴黎。如前所述,自 20 世纪 60 年代以降,OECD 就开始构建数据跨境流动机制;1980 年发布的《OECD 指南》,则成为全球范围内对数据跨境流动进行规制的首次尝试。严格来说,《OECD 指南》并不能算是完全在欧洲国家主导下形成的国际规则,甚至有学者认为其系美国主导。[2] 但从具体内容上看,《OECD 指南》和在美国主导下形成的其他规则存在明显区别,或者说,OECD 更像是欧洲国家和美国之间寻求谈判和妥协的平台,因此其规则体现了更多的妥协性。典型的表现是,经过数年谈判,OECD 专家组依然无法在欧洲和美国对于个人数据、隐私权的概念上达成一致,因此只能使用"隐私与个人自由"的数据来指代所要保护的个人利益。[3]

《OECD 指南》确立了数据跨境流动的基本原则:自由流动与合法限制。具体包括:(1)成员国应当考虑到个人数据的国内处理及其再出口对其他成员国的影响;(2)应当采取合理、适当措施保证数据跨境流动的安全和不受干

---

[1] 参见李墨丝:《CPTPP+数字贸易规则、影响及对策》,载《国际经贸探索》2020 年第 12 期。
[2] 参见罗云开:《数据跨境流动的欧美政策演进及启示——基于数据保护与数字经济发展权衡视角》,载《当代经济管理》2024 年第 10 期。
[3] 参见何跃鹰、卓子寒编著:《全球数据跨境流动治理》,科学出版社 2023 年版,第 16 页。

扰;(3)除非成员国未实质遵守该准则,或个人数据的再出口将规避其国内隐私法的保护要求,否则成员国之间应避免限制个人数据的跨境流动;(4)成员国应避免以保护隐私和个人自由的名义制定将对个人数据跨境流动造成障碍的法律、政策和做法,即此种保护超出了必要限度。《OECD指南》在2013年还经历了一次大的修订,成为许多国家和贸易协定中制定规则的参考。OECD也长期关注全球数据跨境的最新实践,是参与全球数据流动治理的最有影响力的多边机制之一。

(二) 108号公约

1981年,亦即《OECD指南》发布后的第二年,欧洲委员会通过《关于个人数据自动化处理的个人保护公约》(以下简称《108号公约》),成为全球范围内有关数据保护的第一份具有约束力的国际公约,也是欧洲首部有关个人数据跨境流动规则的法律文件。① 尽管《OECD指南》对个人数据保护提供了很好的原则指引,但由于其既无法要求美国执行,也无法真正统一欧洲的数据保护立法,因此必须出台更有执行力的公约以弥补指南的不足。

《108号公约》在2018年经历了现代化修订,但并未对数据跨境规则进行实质性修改。根据《108号公约》第14条有关个人数据跨境流动的规定,成员国原则上不能仅仅因为保护个人隐私而限制数据在相互之间进行流动;所有成员国在签署了公约规定的数据保护核心条款后,都提供了适当的保护水平,应当进行自由流动;除非存在真正和严重风险,例如存在国家安全、公共安全、国家金融政策或者打击犯罪等理由,才能限制特定的数据类型和个人数据主体的权利。② 《108号公约》的一大特点是其开放性,即不限于欧盟国家签署,其他非成员国也可以参加,目前全球已有55个国家签署了该公约。③

三、其他区域性国际协定

(一) RCEP协定

《区域全面经济伙伴关系协定》(RCEP)是2012年由东盟发起,由包括中

---

① 参见吴沈括、崔婷婷:《国际数据治理与欧洲委员会及其"108号公约+"》,载《审计观察》2019年第2期。
② See European Parliament, Convention 108+, https://www.europarl.europa.eu/meetdocs/2014_2019/plmrep/COMMITTEES/LIBE/DV/2018/09-10/Convention_108_EN.pdf, accessed August 31, 2024.
③ See Council of Europe, Parties, https://www.coe.int/en/web/data-protection/convention108/parties, accessed August 31, 2024.

国、日本、韩国、澳大利亚、新西兰和东盟十国共15方成员制定的协定,中国是初始缔约国之一。RCEP正式文本的第十二章"电子商务"对数据跨境作出了相应规定。其与CPTPP的规则结构类似,都采取了"原则+例外"的模式,并且同样有禁止数据本地化措施与数据跨境自由流动规则。与CPTPP不同的是,由于缔约方国内数据立法水平差异较大,RCEP规则下的"例外"允许缔约方进行保留的程度较高。缔约方如果采取被认为对保护其基本安全利益所必要的任何措施,都可不受禁止数据本地化措施与数据跨境自由流动原则的限制。① 相较而言,RCEP更尊重缔约国应对国家安全风险的自由裁量权,将缔约国基本安全利益的重要程度置于数据跨境流动之上,这与CPTPP的立法态度存在较大区别。

(二) DEPA协定

2020年6月,新加坡、新西兰和智利共同宣布开启《数字经济伙伴关系协定》(DEPA),这是继CPTPP、RCEP之后又一具有创新性的数字贸易多边协议。DEPA涉及一些新兴领域例如电子支付、电子发票、数字身份以及人工智能等,覆盖范围远超出之前两个数字贸易协定,但其有关数据跨境自由流动的规则和禁止数据本地化上的表述与CPTPP几乎一致。② 目前我国已加入RCEP,且正在努力争取加入DEPA,这些国际数字贸易协定的数据跨境流动规则可能对我国产生进一步的现实影响。

第三节 全球主要经济体的数据跨境流动规则设计

数据跨境流动之所以成为全球范围内的难题,本质上还是因为各国对数据跨境采取了不同的甚至是相互冲突的态度与规则。很多国家的数据保护法都包含跨境数据流动规则,属于单边跨境数据流动的规制。国际层面的规制与各国数据保护法的关系较为复杂,静态比较看来规制对象一致,但规制目标却存在根本差别。数据保护法的规制目标主要是保护个人隐私与国家安全、公共利益,而国际层面的跨境数据流动规制的目标却同时包括保护国

---

① 参见殷敏、冶利亚:《国际数据跨境流动限制规则研究——以CPTPP和RCEP为例》,载《数字法治评论》2023年第1期。
② 参见宋云博:《DEPA个人信息跨境流动的规则检视与中国法调适》,载《法律科学(西北政法大学学报)》2024年第1期。

内利益与确保合理的数据流动。或者说,国际层面的规制正是为了应对各国数据保护法的差异所造成的数据流动障碍。① 因此,本部分将依然从美国、欧盟两大立法体系出发,阐释其不同的理念与发展,并观察其他国家的应对方法,这对于我国的制度建构具有参考价值。

一、美国

现代意义上的互联网发端于美国,赛博空间中长久流行自由、开放以及无须监管的观念,而过去30年的经济全球化也因此始终伴随着数据在全球的自由流动。② 正是由于血液里流淌着互联网的原始观念,美国传统上对数据的国内流动和跨境流动都坚持自由理念,直到近年才逐渐在消费者保护和数据财产化等趋势影响下,有限地收缩了相关政策,形成了仍以自由流动为基调但在部分领域强化监管的基本框架。美国法体系中没有针对个人隐私的统一立法,相关规则分散在各个不同的行业监管之下,且十分强调行业自律监管的地位。数据跨境方面亦没有专门的统一立法。美国总体上对数据跨境流动采取自由态度,这使它能够加强对流入国内的数据的控制,充分管理和使用来自世界各地的大量数据。与此同时,作为数字霸权主义的延伸,美国在数据跨境方面采取双重标准,对部分国家采取针对性的管控措施,在要求外国数据流入的同时,限制本国数据向特定国家流出。

2018年美国通过的《澄清境外数据合法使用法案》(以下简称《CLOUD法案》)是美国主张数据霸权、通过跨国公司向全球收集数据的典型表现。《CLOUD法案》的核心即主张美国数据服务者所拥有、监管或控制的数据,无论该数据是否存储于美国境内,美国政府均有权要求数据服务提供者向其披露该数据。这一法案赤裸裸地暴露了美国"长臂管辖"的意图,使得因"棱镜门"事件已经警觉的各国再次对国家安全与个人隐私产生了担忧,直接刺激了越来越多的国家在数据保护法案中明确本地化要求,禁止企业将本地服务器中的数据未经审查直接交给外国政府。③《CLOUD法案》对各国的数据跨

---

① 参见黄宁、李杨:《"三难选择"下跨境数据流动规制的演进与成因》,载《清华大学学报(哲学社会科学版)》2017年第5期。

② See Giuliano G. Castellano, et al., The Emergence of Financial Data Governance and the Challenge of Financial Data Sovereignty, in Anupam Chander and Haochen Sun eds., *Data Sovereignty*, Oxford University Press, 2023, p.185.

③ 参见方元欣:《数据本地化政策的全球博弈分析》,载《中国信息化》2019年第12期。

境流动立法影响深远,美国数据全球化理念的实质目的在于获取全球资源,而这势必对他国的数据保护和治理体系产生不利影响,导致各国数据本土化要求日趋严格,给全球数据自由流动制造了壁垒与障碍。

与欧盟相比,虽然传统上美国对本国数据尤其是个人数据的跨境流出没有过多限制,有利于其利用自身技术与市场优势实现数据跨境流动的经济利益最大化,但近年来其在特定领域尤其是针对特定国家,明确加强了关于本国数据出境的管控。例如,在2018年通过的《外国投资风险审查现代化法案》的框架下,美国外国投资委员会(CFIUS)有权审查在外国投资行为中收集美国公民个人敏感信息以及可能威胁美国国家安全的数据利用方式,其背后的用意也在于限制重要数据流向特定主体和国家。又如,2024年年初美国政府颁布《关于防止关注国家访问美国公民大量敏感个人数据和美国政府相关数据的行政命令》,限制中国、俄罗斯、伊朗等六个"关注国家"以及与其有关的实体或人员访问和利用美国公民与政府的敏感数据。该行政命令虽然尚未发生直接的法律效力,但已经表明美国政府将制定更为严格的行政法规,限制精确地理位置数据、生物识别信息、人类基因组数据、个人健康数据、个人财务数据、美国政府相关数据等敏感数据的跨境流出。

二、欧盟

欧盟包括数据跨境规则在内的数据保护政策高度重视人格尊严与人权保护,这与近代欧洲的人权历史有关。1950年签署的《欧洲人权公约》充分反映了这一点,旨在保护人权与基本自由,其中第8条就是隐私权的规定。在后来对该项权利所做的宽泛解释中,个人数据保护也被纳入。可以说,正是欧洲近现代的人权发展的历史和特征,决定了欧盟一贯强调并坚持严格保护个人数据。[①] 2016年,欧盟《通用数据保护条例》也即鼎鼎大名的GDPR出台,整合了以往欧洲《108号公约》以及《95指令》所累积的立法资源与实践经验,被称为"史上最严数据保护条例"。GDPR适用于欧盟所有成员国,具有直接的法律效力。GDPR以个人数据权利为核心,构建了体系完备、救济渠道充足的数据权利保护法律体系。

在数据跨境流动方面,GDPR针对个人数据的跨境传输主要设置了三种

---

① 参见罗云开:《数据跨境流动的欧美政策演进及启示——基于数据保护与数字经济发展权衡视角》,载《当代经济管理》2024年第10期。

渠道：

一是"充分性保护认定"（GDPR 第 45 条）。从《95 指令》开始，欧盟即将"充分性保护认定"作为数据跨境传输的基本准则，这一立场一直延续到 GDPR 的规则。所谓"充分性保护认定"，即如果欧盟以外的其他国家能够对欧盟公民的个人隐私和数据提供充分的保护，那么欧盟公民的个人隐私和数据就可以从欧盟境内转移到欧盟境外的其他国家。欧盟委员会在对一个国家进行"人权保护、数据保护、数据保护监管机构、参与的区域、多边体系"等方面的考察后，决定是否将其纳入"充分性认定"名单。被纳入名单的国家或国际组织无须特别授权，即可与欧盟之间进行数据跨境传输。不过，欧盟对于数据保护充分性的认定标准较高，截至目前，欧盟官网公布的通过数据保护充分性认定的国家或地区尚不足 20 个。① 此外，欧盟委员会对纳入"充分性认定"名单的国家还会定期进行审查。

二是在不满足"充分性保护认定"的情况下，也可以通过提供适当的保障措施、为数据主体提供权利行使的充足空间，实现数据向第三国/国际组织跨境传输（GDPR 第 46 条）。主要包括以下几种方式：(1) 公共当局或机构间的具有法律约束力和执行力的文件；(2) 约束性企业规则（Binding Corporate Rules，BCR）；(3) 标准合同条款（Standard Contractual Clauses，SCC）；(4) 经批准的行为准则；(5) 经批准的认证机制。实践中应用最为广泛的路径即 BCR 和 SCC，其中 BCR 指的是跨国企业为实现跨境数据传输，在集团内部制定的一套统一的数据保护规则，通过监管机构审批后得以实现集团内部的自由跨境传输；而 SCC 指的是出口方与接收方的企业间通过签订含有特定标准条款的合同，确保个人数据在跨境传输过程中得到充分保护，以保障数据主体权益的机制。

三是减损规则，即在不满足"充分性保护认定"和无法提供适当保障措施的情形下，满足以下条件之一也可实现个人数据出境：告知数据主体相关情况并取得其同意；为履行数据主体与数据控制者之间的合同义务或先合同义务所必须；为订立、履行数据控制者与其他主体之间的合同所必须；为重要的公共利益所必须；为确立、行使或请求法定请求权之必要；在数据主体由于生

---

① 目前欧盟官网公布的通过数据保护充分性认定的国家或地区共计 15 个：安道尔公国、阿根廷、加拿大（商事组织）、法兰群岛、根西岛、以色列、马恩岛、日本、泽西岛、新西兰、韩国、瑞士、英国（特定安排下）、美国（商事组织在特定安排下）、乌拉圭。

理或法律原因无法同意的情形下,为保护数据主体或其他主体的重要利益所必须;为公众提供信息或向不特定公众证明存在合法利益的特定主体开放查询而设立的登记簿所必须。

GDPR 下数据跨境政策的鲜明特点,就在于以"充分性保护认定"为其核心政策,如果一家企业的所在国无法获得上述认定的话,那么实践中再以集团公司内部约束性企业规则(BCR)或数据出口方与接收方之间签订标准合同(SCC)等作为补充手段,整体而言具有很强的可实操性。除了个人数据以外,欧盟对于非个人数据的跨境流动也采取类似态度,2022 年颁布的《数据治理法案》即强调类似于 GDPR 的充分性保障原则,尤其是防止境外国家例如美国通过《CLOUD 法案》强行获取欧盟境内数据的情况。[①]

值得注意的是,虽然今天谈及 GDPR 时,多数人已经习惯将欧盟作为整体看待,但实际上欧盟是由多个国家构成,GDPR 本身就是数据跨境治理历史上难以复制的里程碑。为在数字经济时代保持与美国的对抗,欧盟始终在其内部成员国之间推动数据的自由流动,构建欧洲单一数据市场。2023 年通过的欧盟《数据法案》也进一步贯彻了这种理念,其不再以"个人/非个人数据"作为数据流通类型化的标准,而是通过允许中小企业、初创企业的用户向传统金融机构等数据持有者提出数据访问请求的方式,实现企业与企业之间的横向数据流通制度。[②] 因此,欧洲国家之间有关数据跨境流动的规则,属于典型的"对内共享"与"对外限制"。

三、其他国家

美、欧各自的数据跨境流动规则,及其在国际上的博弈,对其他国家的规则制定与立场选择产生了深远影响。本部分拟选取两个与中国在经济和政治上关系较为密切的典型国家进行观察,并重点分析美、欧立法及在其主导下的区域协定对这些国家立法的影响。

(一)日本

日本虽然在政治和军事方面对美国有所依赖,但其作为经济大国,很早便意识到需要建立本国的数据跨境流动规则体系,并且力争在与数字贸易相

[①] 参见黄钰:《欧盟非个人数据跨境流动监管模式研究》,载《情报杂志》2022 年第 12 期。
[②] 参见尚博文:《从"开放银行"到"开放金融":金融数据要素流通的治理应对》,载《金融监管研究》2023 年第 11 期。

关的区域经济中占据主导地位。日本在2003年颁布的《个人信息保护法》及其后的修订案中,形成了以个人主体同意为首要原则,辅以其他例外情形为补充的数据跨境传输总体机制。具体而言,当数据处理者向境外提供个人数据时,首要考虑的合规手段是事前取得个人主体的知情同意,并需要按照法律规定,告知个人主体有关外国个人信息保护制度、接收方采取的安全措施等详细背景情况,这实际上对数据处理者已经施加了较高的注意义务。除了获取同意以外,还可以通过充分性认定"白名单"制度进行个人数据出境,即接收方采取了必要适当的标准,以及法令和公共利益例外这三项补充制度。

值得一提的是,2019年日本通过了欧盟GDPR下的充分性保护认定,并给予了欧盟同等的"白名单"待遇,这意味着欧盟和日本之间的个人数据跨境传输原则上可自由流动,无须事前取得个人主体的同意。此外,在对接收方的认证方面,如果境外接收方企业已经获得APEC框架下CBPR系统的认证,也被认为接收方对个人信息保护采取了必要适当的标准,可以直接从日本的数据处理者处接收数据。[①] 从日本与欧盟双方互认"白名单"国家,以及日本认可美国主导APEC框架下的认证体系中可见,日本的数据跨境流动规则与美、欧建立的规则体系是高度互动的。

(二)俄罗斯

俄罗斯从政治上与美国完全对立,在地缘上则与欧洲有着千丝万缕的联系。如果说美、欧的数据战略属于"进攻型",通过长臂管辖扩张数据跨境执法,那么俄罗斯等新兴经济体的数据战略不得不采取更为保守的态度,通过严格的数据本地化和限制跨境流动来维护国家主权与国家安全。[②] 2006年俄罗斯通过《俄罗斯联邦个人数据法》,其中对个人数据的跨境流动在首先符合本地化存储的基础上,提出了以同等保护水平为核心原则,辅以取得数据主体同意、接收国与俄罗斯签署双边条约等例外条件。值得一提的是,俄罗斯于2001年就申请加入了以欧洲国家为主要缔约国的《108号公约》,该公约于2013年对俄罗斯生效后,所有公约下的缔约国即被俄罗斯视为是符合同等保护水平的国家,个人数据可以向上述国家进行跨境传输。[③] 2022年9月,俄罗

---

① 参见傅盈盈:《数字经济视野下跨境数据流动法律监管制度研究及对我国的启示——以日本为例》,载《经济研究导刊》2021年第33期。

② 参见孙祁、[俄]尤利娅·哈里托诺娃:《数据主权背景下俄罗斯数据跨境流动的立法特点及趋势》,载《俄罗斯研究》2022年第2期。

③ 参见何跃鹰、卓子寒编著:《全球数据跨境流动治理》,科学出版社2023年版,第217—218页。

斯联邦通信监管局在其更新的充分性认定名单中添加了中国、印度、日本、新加坡等非《108号公约》的缔约国，至此共有89个国家成为俄罗斯认定的充分性保护国家。[①] 同样是采取充分性保护或同等保护作为跨境传输的核心标准，俄罗斯认证的"白名单"国家数量远比欧盟和日本认证的要多，由此可见俄罗斯虽然坚持数据本地化策略，但对个人数据的跨境流动也并非采取完全抵制的态度。

第四节 数据跨境流动安全机制的中国探索

如何建立数据跨境流动规则，是数字时代给每个主权国家提出的时代命题和重大挑战。梳理各国数据跨境制度和国际协作框架，不难看出数据跨境流动与国家安全、经济贸易等直接联系，是各国参与国际竞争、获得国际话语权的重要抓手。整体而言，我国的数据保护立法晚于美欧等世界重要经济实体，但我国作为新兴经济大国，尤其是在互联网与数字经济领域占据重要地位的数字贸易大国，对待数据跨境流动的立场与其他国家都有所区别。

一、我国现行的数据跨境流动安全机制

以2016年《网络安全法》、2021年《数据安全法》与2021年《个人信息保护法》为核心，以陆续出台的各类行政法规（如2024年《网络数据安全管理条例》）、标准文件等为辐射光谱，尤其是以2024年《促进和规范数据跨境流动规定》为集中表现，我国已搭建起初具雏形的数据跨境流动安全机制。根据上述"核心三法"，目前我国已明确需要进行跨境监管的数据为个人信息与重要数据，需要关注的重点主体为涉及国家安全的关键信息基础设施运营者，并建立起以数据出境安全评估、个人信息保护认证、标准合同备案为主轴的数据跨境流动安全机制。

首先，从数据安全与合规的监管主体看，我国目前为"网信办＋行业主管"协同监管的模式。根据《数据安全法》第6条，国家网信部门负责统筹协调网络数据安全和相关监管工作。但在特定行业，如金融业、医疗健康业等，还

[①] See One Trust, Russia: Roskomnadzor updates data protection adequacy list, https://www.dataguidance.com/news/russia-roskomnadzor-updates-data-protection-adequacy, accessed August 31, 2024.

涉及多个监管主体并存与协作的问题。具体到数据跨境监管方面,网信部门也是主要责任部门,《个人信息保护法》第 38 条规定的安全评估、保护认证与标准合同三种路径,都有赖于网信部门制定具体细则并负责实施;《网络数据安全管理条例》第 34 条更是明确规定:"国家网信部门统筹协调有关部门建立国家数据出境安全管理专项工作机制,研究制定国家网络数据出境安全管理相关政策,协调处理网络数据出境安全重大事项。"同时,在特定行业,例如金融领域,由于数据跨境流动在跨境金融业务开展过程中极为重要,金融信息的交换必不可少,而且金融数据本身负载了特殊的金融信息,关涉金融安全,因此同时受中国人民银行、国家金融监督管理总局等主体监管。

其次,从具体出境规则看,我国总体上倾向于数据本地化的治理模式,数据出境需满足"出境必要性+合规义务"的要件。重要数据跨境必须进行出境安全评估,而对于个人信息的跨境,则设置了不同层级的合规要求,甚至在一定条件下可以豁免跨境合规申报。数据跨境提供本身属于数据处理行为,需要具备《个人信息保护法》第 13 条所设置的处理个人信息的合法性基础。对此,《促进和规范数据跨境流动规定》第 5 条与《个人信息保护法》第 13 条进行了立法衔接,设置了三类符合出境必要性要件的情形,为个人信息跨境提供合法性基础:一是为订立、履行个人作为一方当事人的合同,确需向境外提供个人信息的;二是按照依法制定的劳动规章制度和依法签订的集体合同实施跨境人力资源管理,确需向境外提供员工个人信息的;三是紧急情况下为保护自然人的生命健康和财产安全,确需向境外提供个人信息的。符合上述三种情形之一,即无须进行额外的跨境合规申报。此外,最晚出台的《网络数据安全管理条例》第 35 条还增补了另外一类豁免情形,即"为履行法定职责或者法定义务,确需向境外提供个人信息"的情况。

最后,从具体出境程序看,我国数据出境的三个主要监管路径是数据出境安全评估、个人信息保护认证、标准合同备案,在个人信息的层面主要依据出境数据的规模体量大小进行分层管理。根据 2022 年《数据出境安全评估办法》第 4 条,需要通过所在地省级网信部门向国家网信部门申报数据出境安全评估的情形主要有:关键信息基础设施运营者和处理 100 万人以上个人信息的数据处理者向境外提供个人信息;自上年 1 月 1 日起累计向境外提供 10 万人个人信息或者 1 万人敏感个人信息的数据处理者向境外提供个人信息。然而,对数据量级的设置遭遇了来自评估实践中的阻力。由于处理 100 万人以上个人信息的主体和出境10万人个人信息的处理规模在商业实践中都十分常见,网信部门的监管范围过大,监管压力也相应增大,因此《促进和规范数据跨境流动规定》第7条对监管范围加以限缩,将监管的数据量级门槛调整为"自当年1月1日起累计向境外提供100万人以上个人信息"需要通过数据出境安全评估,摒弃了两年内10万人数据出境和处理100万人以上个人信息的数据处理者数据出境作为监管量级门槛的规则,从而有效地纾解了监管压力,形成更有操作性的实操规范。

二、现行安全机制的实施难题

(一)治理理念:安全、发展与平衡

全球范围正在经历保守主义、民族主义的回归,网络空间尤其显著。随着美国数据霸权政策的推出,当前数据跨境首先遭遇的就是数据本地化难题。面对人为设置的经济壁垒,全球范围内大量经济体之间默契地互相设置起数据本地化的高墙,作为寻求互信传输机制的前置程序。一方面,必须促进数据的流通与利用,才能推动数字经济发展;另一方面,数据流通完全自由化又可能带来政治、经济风险。如何平衡安全与发展,我国仍在摸索,任重道远。不同价值导向的立法,导致数据跨境流动安全机制的构建歧路丛生。事实上,这也是大多数国家所遭遇的困境。完全本地化或完全自由化只存在于极少数国家的管制路径之中,更多的是在二者之间进行立法协调与合理科学的规则构建,消除规则内部的体系性冲突。[①]

我国的数据跨境流动监管一度秉持静态安全观念,容易过度估计国家安全风险,阻碍经济活动正常运行。有鉴于此,2024年国家网信办出台了《促进和规范数据跨境流动规定》,对此前的过度监管倾向加以调整。由于静态安全观主张以一种相对僵硬的管制措施限制各类信息处理活动,尤其是将各类审批行为进行前置,对于可能存在风险的跨境传输一刀切地禁止,因此客观上会形成信息无法正常流转的后果,给跨境业务开展带来重大阻碍。与之相对应,动态安全观念以对数据安全保障技术的更高要求和规范体系构建的开放性为特征,而不以僵化的事前审批为唯一监管手段。基于动态安全观的监管模式不仅要求在数据出境前设置清晰明确的出境规则,还要求在出境中、

---

① 参见张琨蓓、陈星月:《跨境数据流动法律规制协调性之检视与重塑》,载《重庆社会科学》2022年第3期。

出境后实施动态、持续监管。当然,这也对监管机构造成了一定挑战,监管成本不可避免会随之上升。

(二)外部衔接:分裂、对抗与合作

2024年5月7日,TikTok及其母公司字节跳动向美国哥伦比亚特区巡回上诉法院提交请愿书,要求法院裁定旨在封禁TikTok的《保护美国人免受外国对手控制应用程序法》违宪,以此对抗美国政府的封禁压力。[①] TikTok封禁是数据控制权引发的冲突中极为典型的一例,深刻反映了全球数据跨境规则体系的裂隙与政治博弈。从整体的角度观察,全球数据跨境规则的演化趋势呈现为,以地缘为基础的局部合作,以政治、经济较量为中心的局部对抗;在二者的基础之上,全球数据跨境流动规则的演进呈现总体的分裂趋势,以及在动态演化中走向寻求合作的嬗变。

当前我国在此局势中,处于较为不利的位置。在与欧盟的关系方面,我国在一定程度上需被动接受欧盟关于数据跨境的整体规制路径,否则对那些出海到欧盟的企业业务展开极为不利。在与美国的关系方面,一是面对美国分散的、有时甚至没有确定标准的规则体系,容易留下事后追责的隐患;二是美国将中国列为受管控国家,针对中国企业的审查将极为严格,中国企业的合规成本也将激增。在这样的大背景下,作为在数据跨境规则体系建立方面起步较晚的国家,中国应如何应对美欧已经成形的数据跨境治理体系,如何联合区域内国家以及其他立场一致的国家与美、欧展开制度竞争,是又一重大挑战。

(三)具体实施:体系搭建与落地困境

如前所述,我国数据跨境流动规则尚处于体系搭建的试验阶段,离真正的监管落地还有一定差距。自2021年《个人信息保护法》《数据安全法》出台以来,国家网信部门便开始大力探索构建数据出境合规体系,但推进过程并不顺利。以2022年出台的《数据出境安全评估办法》为例,在实践推进中存在两个主要问题:一是监管部门缺乏对各个行业数据跨境风险进行准确评估的经验,导致安全评估流程耗时非常长;二是将一些明显风险较低的场景也纳入评估范围,例如要求处理100万人以上个人信息的数据处理者向境外传输哪怕一条个人信息,也需履行安全评估义务,这导致实践中大量企业只有几

---

① 参见《TikTok正式起诉美国政府,称封禁法案违宪》,https://finance.sina.cn/tech/2024-05-08/detail-inaunpfa9674193.d.html?fromtech=1,2024年8月31日访问。

百名员工数据出境的场景也均被要求进行安全评估。以上两方面主要问题,使得企业的数据合规和网信部门自身的监管工作都面临沉重负担。[1] 2024 年之后出台的监管措施在这一方面进行了一定程度上的拨乱反正,但如何找到最佳平衡点依然需要实践的检验。

此外,一些与数据跨境高度相关的规则或标准,至今仍存在较大缺失,例如数据的分类分级标准以及重要数据的识别问题等。根据《网络数据安全管理条例》第 29 条,我国对重要数据实行目录式管理,"对确认为重要数据的,相关地区、部门应当及时向网络数据处理者告知或者公开发布"。而同时《网络数据安全管理条例》第 37 条也明确规定,如果数据处理者未被监管机构告知或者公开发布为重要数据,那么就"不需要将其作为重要数据申报数据出境安全评估"。当前,何谓"重要数据"在多数行业尚未得以明确,这自然也给数据跨境合规带来直接的难题。只有尽早向数据处理者明确需受监管的"重要数据"的范畴,才能在此基础上实现对国家安全的更好维护。

三、数据跨境流动机制的中国探索

(一)理念整合与目标调整

安全与发展双重理念之下的规则构建,难免产生难以调和的冲突,需要对二者加以秩序整合,从而更好地引导立法走向符合实践的方向。[2] 有学者认为,跨境数据流动治理存在所谓"三难选择",即任何一个国家在良好的数据保护、跨境数据自由流动与数据保护自主权之间,至多只能尽力实现其中两个目标。[3] 如何在特定的历史时期,从相互矛盾的治理目标之中选择需要优先实现的价值,是对国家智慧的重大考验。

为此,首先,应当建立动态调整的治理目标体系。与其他国内立法明显不同,数据跨境流动的规则建立,与国际局势和国家间博弈存在密切联系。就立法的一般原理而言,虽然在一定时期内需要为企业和个人提供可预见的规则体系,但长远来看则必须根据国际形势的变化进行适时的动态调整。我

---

[1] 参见张墨洋:《我国证券公司数据出境的合规困境与监管应对》,载《天府新论》2024 年第 2 期。
[2] 参见唐巧盈、杨嵘均:《跨境数据流动治理的双重悖论、运演逻辑及其趋势》,载《东南学术》2022 年第 2 期。
[3] 参见黄宁、李杨:《"三难选择"下跨境数据流动规制的演进与成因》,载《清华大学学报(哲学社会科学版)》2017 年第 5 期。

国近年来的实践已经证明,数据跨境监管之路上没有一劳永逸的制度设计。其次,数据跨境流动应分行业精细化管理,使基于发展理念的机制设计能够符合不同行业的特定需求。当前,各地自贸区正在纷纷试点的"负面清单"和"正面清单"制度,正是根据不同行业的数据出境依赖程度、对国家安全的影响大小等因素进行综合评价的结果,在实践中可以发挥精准监管和动态调整的重要作用。

(二)规则检视与内部协调

针对我国当前数据跨境流动规则设计和监管落地方面的不足之处,需要进一步展开规则检视与内部协调。首先,要从内部制度协调角度出发,合理划分监管部门的权限职责,尤其是加强行业主管部门的主动管理职能。在金融行业、生物医疗等特殊领域,结合业务特殊属性,由行业主管部门负责制定本行业的具体数据出境规则,使其更符合本行业的发展生态与需求。其次,要进一步推进落地全行业数据分类分级制度。在我国当前的体系下,需要进行跨境监管的数据已明确为个人信息与重要数据。因此,需要整合各类数据分类分级标准,尽快明确各行业的重要数据清单,将其作为确保国家安全的底线规范,为数据出境活动统一规则指引。最后,要对当前已经开始实施的三类不同出境合规路径进行阶段性评估,并听取企业反馈、发布动态指引,为企业的主动合规创造条件。2024年出台的《促进和规范数据跨境流动规定》,其实正是对之前已经实施的跨境安全评估与标准合同备案两条路径的阶段性反馈与调整。而《个人信息保护法》下规定的第三种路径即个人信息保护认证至今还鲜有应用案例,监管部门可以考虑在后续就典型应用场景进行发布,以便于企业更为灵活地选择适合自身的合规路径。

(三)国际合作与机制构建

面对布满裂隙的数据跨境国际规则体系,我国更需要以一种积极的姿态参与构建双边、多边数据跨境传输安全机制,加强国际合作,提升国际影响力,贡献数据治理的中国方案。具体来说,一是要秉持多边主义的主张,充分支持联合国等国际组织的协调作用,推动各国政府在国际组织框架下平等地参与治理并形成共识。二是要加快建立数据跨境合作的"白名单",主动与世界主要经济实体达成数据跨境共识性规则,推动形成可互操作、互认可的跨境数据流动治理机制,逐步推进双边与多边数据合作。三是要加快研究和对接国际高标准数字贸易规则,例如我国正在申请加入的CPTPP与DEPA等数字贸易协定,适时改造国内法立场与具体条款,在确保国家安全的前提下促进数字经济与数字贸易的蓬勃发展。

典型案例

2020年年底,一家自称从事铁路运输技术支撑服务的境外公司,以"为进入中国市场需要提前对中国铁路网络进行调研,受新冠疫情影响公司人员来华困难"为由,与上海某信息科技公司职员联系,委托其采集包括物联网、蜂窝和GSM-R(高铁移动通信专网)等在内的中国铁路信号数据、轨道使用的频谱数据。上海这家公司在明知采集相关数据存在风险的情况下仍接下生意,按照境外要求完成设备购买和安装,先在固定地点采集数据,后又由公司员工背着设备在北京、上海等16个城市及相应高铁线路上进行移动测试和数据采集。在此过程中,境外公司还提出开通远程登录端口的要求,采集到的数据被源源不断传向境外。

经调查,这家境外公司长期合作的客户包括某西方大国间谍情报机关、境外国防军事单位以及多个政府部门。相关数据涉及铁路GSM-R敏感信号,直接用于高铁列车运行控制和行车调度指挥,一旦被不法分子利用进行干扰和破坏,将严重影响高铁运行秩序,对我国铁路运营构成重大威胁。相关数据被国家保密行政管理部门鉴定为情报,境内公司的行为是相关法律法规严令禁止的非法行为,相关人员行为涉嫌为境外刺探、非法提供情报罪。[①]

这起案件是《数据安全法》实施以来,首例涉案数据被鉴定为情报的案件,也是我国首例涉及高铁运行安全的危害国家安全类案件,揭示了境外间谍情报机关对我国高铁数据的觊觎,以及数据跨境流动安全面临的严峻挑战。

问题与思考

1. 为何数据不能进行完全自由的跨境流动?
2. 美、欧在数据跨境上各自有怎样的理念与立场?
3. 现阶段中国对待数据跨境流动应采取怎样的态度?

[①] 参见侯艳:《国家安全机关公布一起为境外刺探、非法提供高铁数据的重要案件》,https://china.cnr.cn/gdgg/20220414/t20220414_525795356.shtml,2024年8月31日访问。

 **延伸阅读**

1. 何跃鹰、卓子寒编著:《全球数据跨境流动治理》,科学出版社 2023 年版。

2. 李爱君、王艺:《数据出境法学原理与实务》,法律出版社 2023 年版。

3. 张继红主编:《个人数据保护法国别研究》,北京大学出版社 2023 年版。

4. 许可:《自由与安全:数据跨境流动的中国方案》,载《环球法律评论》2021 年第 1 期。

5. 陈颖、薛澜:《全球跨境数据流动治理的演进与趋势》,载《国际经济合作》2024 年第 2 期。

6. 金晶:《欧盟的规则,全球的标准?——数据跨境流动监管的"逐顶竞争"》,载《中外法学》2023 年第 1 期。

7. 黄宁、李杨:《"三难选择"下跨境数据流动规制的演进与成因》,载《清华大学学报(哲学社会科学版)》2017 年第 5 期。

8. 罗云开:《数据跨境流动的欧美政策演进及启示——基于数据保护与数字经济发展权衡视角》,载《当代经济管理》2024 年第 10 期。

第十四章 全球数据治理环境安全

> **法律故事**

2021年4月,国家互联网信息办公室等部门召集约谈滴滴等30多家互联网公司,滴滴宣称对其运营进行了自查,并发现了不合规问题。国家网信办建议滴滴推迟在美上市并对其网络安全进行自查,但滴滴仍于6月30日在纽交所挂牌上市。7月2日,网络安全审查办公室发布关于对"滴滴出行"启动网络安全审查的公告,指出从防范国家数据安全风险,维护国家安全,保障公共利益角度出发,将对"滴滴出行"实施网络安全审查。7月4日,国家网信办发布关于下架"滴滴出行"App的通报,其内容显示"根据举报,经检测核实,'滴滴出行'App存在严重违法违规收集使用个人信息问题"。2022年7月21日,国家网信办对滴滴公司作出行政处罚决定,处以其人民币80.26亿元罚款。网信办负责人在答记者问中表示,在网络安全审查过程中发现,滴滴公司存在严重影响国家安全的数据处理活动,其违法违规运营给国家关键信息基础设施安全和数据安全带来严重安全风险隐患。

在滴滴公司上市之初,针对网络上质疑滴滴公司会将用户数据和中国的道路地图卖给美国的言论,滴滴公司曾回应称,滴滴国内用户的数据都存放在国内服务器,绝无可能交给美国。然而,美国《外国公司问责法案》规定,所有赴美上市企业必须接受美国公众公司会计监督委员会(PCAOB)对审计底稿的审查,而滴滴公司的审计底稿中包含大量用户个人信息。这意味着,尽管滴滴公司对用户数据采取了本地化措施,但是美国法律依然强制要求其提供有关数据,由此就产生了中美两国的法律冲突,并会引发我国个人信息安全以及国家安全的风险。

第一节 全球数据治理概述

在数字时代凭借计算机、互联网等数字化媒介,现实世界的海量信息得以转化为数据在全球范围内广泛传播,这推动经济、政治和文化等领域的全球化进入更高的发展阶段。然而,在促进各国间经贸往来、文化交流的同时,数据跨境流动也引发了侵犯个人隐私、加剧经济不平等、危害国家安全等风险。在数字全球化的背景下,这些数据风险难以仅凭某个国家的努力成功应对,而需要世界各国和国际组织的共同努力。同时,任何国家数据治理政策的影响不可能仅限于本国境内,而必定会对其他国家产生溢出效应。因此,数据治理逐渐成为全球治理的一个焦点议题。

一、全球数据治理的概念和特征

全球数据治理是数据治理活动在全球维度的展开。所谓治理,是指提供秩序、可预期性,并指引人们改变特定领域社会行动的规则和规制过程。[①] 经合组织(OECD)则进一步引入了数据价值周期的概念,将数据治理界定为"包括管理数据的技术、政策和规制框架,其涵盖数据从产生到删除的整个价值周期,并横跨医疗、研究、公共管理、金融等多个政策领域"[②]。因此,从行动的角度可以将数据治理界定为:通过技术和制度手段,对各政策领域的数据处理行为进行规范性指引的活动。这里的数据处理行为可依据我国《数据安全法》第3条的规定作广义理解,即包括数据的收集、存储、使用、加工、传输、提供、公开等活动。而在全球维度下,数据治理活动的构成则更加复杂,不仅包括国家以外的治理主体,而且涉及各主体之间的规范和协调。据此,国内有学者将全球数据治理界定为:"在全球范围内,各治理主体依一定的规则对全球数据的产生、收集、存储、流动等各个环节以及与之相关的各行为体的利益进行规范和协调的过程。"[③]

与一般的数据治理活动相比,国际数据治理具有以下四点特征:

其一,当代全球数据治理的背景是大数据和人工智能技术的高度发展,这使得数据成为国家的战略性资源。全球数据治理并不是一个新的现象,例如早在1980年,经合组织就颁布了《关于隐私保护与个人数据跨境流动的指

[①] See Carolina Aguerre & Malcolm Campbell-Verduyn & Jan Aart Scholte, Introduction: Polycentric Perspectives on Digital Data Governance, in Carolina Aguerre & Malcolm Campbell-Verduyn & Jan Aart Scholte eds., *Global Digital Data Governance: Polycentric Perspectives*, Routledge, 2024, p.5.

[②] OECD, Data governance, https://www.oecd.org/en/topics/sub-issues/data-governance.html, accessed October 22, 2024.

[③] 蔡翠红、王远志:《全球数据治理:挑战与应对》,载《国际问题研究》2020年第6期。

南》(《OECD 指南》),提出了限制收集、数据质量、目的明确等八项原则,并明确了数据保护的最低标准。当时,一方面因为互联网尚未出现,所以国家间数据传输的规模十分有限;另一方面因为机器学习技术尚未成熟,人们无法对数据进行深度挖掘运用,所以其资源属性和价值也远不及现在。因此,早期的全球数据治理规则多立足于打破国家之间的数据壁垒,而非限制数据流动。而在大约 2010 年之后,大数据技术、机器学习算法以及为之提供支撑的芯片算力实现突破,数据的价值才获得了显著提升。凭借机器学习算法,人们可以运用海量数据训练算法模型,将其运用于算法推荐、自动驾驶、司法裁判、图文和视频生成等场景。正是在此背景下,数据才一跃成为数字经济、数字治理的关键要素,进而成为各国努力争夺的战略性资源,由此产生对其进行全球治理的需要。

其二,全球数字治理的主体呈现出多元化、国际化特征。一般数据治理的主体往往限于一国境内,例如政府的数据监管部门、平台企业等。而全球数字治理发生在国际层面,其治理主体与国际法的主体相对应,主要包括各个主权国家,以及由部分国家形成的区域性国际组织。需要注意的是,因为全球数字治理往往涉及国家之间的跨境数据传输,所以一国政府对本国境内数据管理措施,例如限制本国数据出境或者限制国外数据入境,也必然会对别国产生影响,因而也属于全球数据治理的范畴。除了主权国家以外,区域性的国际组织在全球数据治理中也发挥着重要作用。一定区域内的少数国家基于其国情的相似性和利益诉求的一致性,更容易形成战略同盟,从而在统一的数据治理框架下展开经贸合作。其中最具代表性的就是欧盟,其制定的《通用数据保护条例》(GDPR)已成为世界各国数据立法效仿的模板,产生了广泛的"布鲁塞尔效应";除此以外,经合组织、亚太经合组织(APEC)等也都制定了相应的数据治理规范。然而,目前为止覆盖世界多数国家的全球数据治理框架依然付之阙如。

其三,全球数据治理关注的是具有国际性的数据处理行为。数据治理是一个较为宽泛的概念,早期文献对数据治理的讨论多集中在企业层面,主要关注数据作为企业资产的属性;治理的目的在于通过公司内部的数据管理措施,实现数据资产价值的最大化。① 而全球数据治理着眼于具有国际影响的

---

① See Ibrahim Alhassan & David Sammon & Mary Daly, Data Governance Activities: an Analysis of the Literature, *Journal of Decision Systems*, Vol. 25, No. S1, 2016.

数据处理行为,尤其是数据的跨境流动。数据跨境流动包含数据出境和入境两个方面。鉴于数据包含重要经济利益,并关涉个人隐私和国家安全,各国规制的重点往往在于数据出境,对产生于一国境内的个人信息等重要数据的流出做出限制。而就数据入境而言,管制一般相对宽松,往往与国家的网络信息内容治理和外资准入限制等监管机制结合在一起。与数据跨境密切相关的是对数据存储地的限制,即数据本地化政策,这往往作为数据出境限制的配套措施出现。例如,我国《个人信息保护法》第40条规定,关键信息基础设施运营者和处理个人信息达到国家网信部门规定数量的个人信息处理者,应当将在中华人民共和国境内收集和产生的个人信息存储在境内。

其四,全球数据治理的方式包括技术性措施和制度性措施。① 互联网最初是设计为全球信息互联互通而服务的,它致力于打造一个自由的、去中心化的数字沟通网络。因此,数据自由流动可以说是互联网架构的"默认设置"。而用于全球数据治理的各种措施,无论是技术性的还是制度性的,大都是对此默认设置的调整,也就是对数据跨境流动施加限制。首先,一国政府可以采用技术手段限制数据跨境,例如,设置防火墙使境外数据无法传输到境内,从而限制国内用户浏览境外网站或使用相应的程序。其次,制度性措施包括国家制定的法律法规、政策、国与国之间订立的国际条约以及国际组织颁布的软法规范。全球数字治理制度性措施可以分为国内法和国际法两个范畴。国内规范主要由各国的法律法规和政策构成,如我国的《个人信息保护法》《网络安全法》《数据出境安全评估办法》等。国际规范一方面包括国际硬法,即国家之间订立的双边、多边条约以及国际组织对其成员国的立法,如欧盟的《通用数据保护条例》《数字市场法》等;另一方面包括国际组织制定的软法规范,主要体现为各类指南和指引规则,如经合组织的《关于隐私保护与个人数据跨境流动的指南》、亚太经合组织的《跨境隐私规则》等。

二、全球数据治理的路径格局

基于不同的政治文化传统、经济实力和科技发展水平,世界各国在数据治理方面有不同的价值立场和利益诉求,因而会选择不同的治理路径和策

---

① See Samm Sacks & Justin Sherman, Global Data Governance: Concepts, Obstacles, and Prospects, https://d1y8sb8igg2f8e.cloudfront.net/documents/Global_Data_Governance_final_eyG7dLY.pdf, accessed October 16, 2024.

略。了解全球数据治理的路径格局,有助于从宏观上把握我国所处的全球数据治理的环境,进而研判风险、寻求对策。目前全球数据治理的路径主要可分为以下三种。

(一)主张数据自由流动的美国路径

在全球数据治理中,美国秉持数据自由流动的立场。和欧盟将个人数据权作为基本人权进行保护的立场不同,美国长期以来奉行"小政府、大市场"的新自由主义政治传统。政府和实务界认为通过严苛的法律限制数据流动,将有碍于数字经济发展和科技创新,因此应当尽可能减少公权力对企业数据处理活动的干预,更多地通过市场和行业自治的方式实施保护个人数据。[①]由此可见,美国的数据治理路径在价值取向上,更加侧重于经济利益和科技发展,反对因过度的权利保护而提高企业的合规成本,压制其创新潜力。

在国际层面上,美国试图通过一系列区域性经贸合作组织的软法规范,将其治理路径向更多国家推广,以争取全球数据治理的话语权。美国路径的起点是经合组织的《关于隐私保护与个人数据跨境流动的指南》,该指南以数据自由流动为其基本原则,要求各成员国采取合理措施确保个人数据跨境流动,避免阻碍数据跨境流动的法律、政策和做法。亚太经合组织的《APEC隐私保护框架》和《跨境隐私规则》,是美国路径在亚太地区的进一步扩展。《APEC隐私保护框架》要求成员经济体"采取一切合理及适当步骤避免和消除任何不必要的信息流动障碍",并采取行业自律的方式进行隐私保护;在《APEC隐私保护框架》基础上制定的《跨境隐私规则》延续了前者促进数据自由流动的立场,并通过引入隐私执法机构和问责代理机构,强化了个人数据保护的力度。此外,《跨太平洋伙伴关系协定》(TPP)及其继承者《全面与进步跨太平洋伙伴关系协定》(CPTPP)以及《美墨加协定》(USMCA)都是由美国主导的区域性贸易协定,充分体现其鼓励数据跨境、反对数据本地化政策和数据贸易壁垒的基本立场。[②]

(二)强调个人数据权保护的欧盟路径

不同于美国看重数据的经济价值,欧盟倾向于从人权角度看待数据,主

---

① 参见许多奇:《个人数据跨境流动规制的国际格局及中国应对》,载《法学论坛》2018年第3期。
② 参见沈伟、冯硕:《全球主义抑或本地主义:全球数据治理规则的分歧、博弈与协调》,载《苏州大学学报(法学版)》2022年第3期。

要围绕个人数据权保护来建构其数据治理制度。欧洲历来重视个人隐私保护,1953年颁布的《欧洲人权公约》已经规定对隐私权利和家庭生活尊重权利的保护。基于隐私和个人数据的密切联系,欧盟认为个人数据权是一项基本人权,必须通过立法加以确认和保护。[①] 这也是欧盟数据治理的基本立场,因而其数据治理领域的法规多以个人信息保护法的形式出现。

欧盟的数据治理立法主要由1981年的《关于个人数据自动化处理的个人保护公约》、1995年的《个人数据保护指令》和2016年的《通用数据保护条例》(GDPR)三部规范性文件构成,三部文件对个人数据的保护力度依次增强,同时对个人数据跨境流动的限制也逐步提升。作为欧洲数据治理的第一份规范性文件,《关于个人数据自动化处理的个人保护公约》明确提出数据保护的目的在于维护欧洲公民的权利和基本自由。但当时它的主要目标仍在于打破成员国之间的数据流通壁垒,实现欧洲各国之间的数据自由流通,而尚未涉及和欧洲以外国家之间的个人数据跨境问题。之后的《个人数据保护指令》一方面进一步促进欧盟内部数据的自由流通,规定成员国之间不得以保护隐私权等个人权利为由限制数据自由流动;另一方面首次涉及向欧盟以外国家的数据跨境问题,提出了数据保护的"充分性认定"规则,即只有当数据传输的目的国达到欧盟所认可的个人数据保护水平时,才允许个人数据流出。2016年的GDPR是欧盟为回应大数据、人工智能等新兴技术,进一步强化个人数据保护的立法产物。首先,GDPR在《个人数据保护指令》基础上扩大了效力范围,不仅适用于欧盟境内的数据处理者,而且可以适用于在欧盟境外处理欧盟内个人数据的行为,因而具有长臂管辖效果;其次,GDPR通过规定拒绝权、可携带权等多项数据权利,对个人数据进行了全面保护;最后,在数据跨境问题上,GDPR重申了《个人数据保护指令》的充分性认定规则,强调欧盟不允许将其公民的个人数据转移至不能提供充分保护的地区和国家。

(三)维护数据主权的新兴市场国家路径

中国、俄罗斯、印度等新兴市场国家相比欧美的科技强国,在数字技术和数字经济发展方面居于劣势,因而其数据治理路径更注重维护本国的数据主权,防止其数据资源受到掠夺并引发进一步的安全风险。数据主权是传统国家主权在数据治理领域的延伸,意指国家对本国数据与本国国民数据的所有

[①] 参见齐爱民:《拯救信息社会中的人格:个人信息保护法总论》,北京大学出版社2009年版,第173页。

权、控制权、管辖权与使用权。① 传统的国家主权针对的是一国领土范围内的主体和行为,但数据跨境流动对传统主权的控制力提出了挑战,因为数据主体和处理者可以处于不同的国家,而前者所在国却无法控制境外数据处理者的行为。数据主权的提出正是为了应对这一挑战,其主张国家有权通过数据本地化措施,强化自身对本国数据的控制,进而维护本国的数字经济产业、公共秩序和国家安全。

数据本地化是新兴市场国家维护数据主权的主要政策工具。例如,俄罗斯 2015 年生效的第 242-FZ 号法律规定,所有国内外的数据运营商都应使用俄罗斯联邦境内的数据库处理俄罗斯公民的个人信息。在数据出境方面,俄罗斯的《个人信息保护法》采取了和欧盟类似的"白名单"制度,允许数据运营商将个人数据跨境传输到欧洲委员会《关于个人数据自动化处理的个人保护公约》的公约国及其他充分维护个人数据主体权利的国家。我国法律也坚持数据本地化要求,规定由国家机关、关键信息基础设施运营者等处理的个人信息和重要数据应当在境内存储②,并通过数据出境安全评估、个人信息保护认证、个人信息出境标准合同等方式对个人信息出境实施监管。③ 印度的数据治理政策则最为宽松,其于 2023 年生效的《数字个人数据保护法案》删除了之前草案中的数据本地化要求,而对数据出境方面仅做了宽泛的限制,即中央政府可发布通知,限制数据持有者将个人数据传输到印度以外的国家或地区进行处理。

第二节 全球数据治理环境的安全风险

从我国的视角出发,全球数据治理环境是我国以外的国家和国际组织就数据存储和跨境流动等事项所做的数据治理活动的总称,其形式包括制定法律、政策、国际软法规范,订立国际条约,行政执法以及司法判决等。按照这一界定,全球数据治理环境的安全风险就是指境外国家和国际组织等实体的数据治理活动,对我国可能产生的危害后果和不利影响。本节将从两个维度

---

① 参见张晓君:《数据主权规则建设的模式与借鉴——兼论中国数据主权的规则构建》,载《现代法学》2020 年第 6 期。
② 参见《网络安全法》第 37 条,《个人信息保护法》第 36、40 条。
③ 参见《网络安全法》第 37 条,《个人信息保护法》第 38 条,《网络数据安全管理条例》第 35 条。

分析全球数据治理环境的安全风险：产生风险的数据治理活动和风险所指向的对象，即境外实体的何种数据治理活动会对我国产生威胁，以及会对我国的何种法益产生威胁。结合这两个维度可以对全球数据治理环境的安全风险进行相应的类型化。

一、产生安全风险的境外数据治理活动

可能对我国产生安全风险的境外数据治理活动，既包括外国的数据跨境流动治理措施，也包括国际法层面上，在数据治理事项上具有共同立场和利益的国家，为促进数据流通而进行的合作和结盟活动。数据跨境流动包括数据出境和入境，因此一国对数据跨境流动的治理，也可以相应区分为对数据出境和数据入境的治理。前者体现为数据本地化和数据出境监管政策，后者则是以数据掠夺为目的的数据自由流动和长臂监管政策。

（一）数据本地化政策

鉴于数据的资源属性，世界上多数国家都会对数据出境实施管制，只是宽严程度有所不同，其主要包括数据本地化和数据出境监管政策。根据世贸组织2018年报告，数据本地化政策涉及限制公司将国内用户数据传输到国外的能力，主要以规则形式要求数据服务器位于本国境内或者在国内存储或处理数据，并禁止在未经政府批准的情况下收集或传输数据。[①] 因此，数据本地化政策主要涉及两方面内容，其一是对数据存储地的限制，其二是对数据出境的管控。实践中，不同国家会采取严格程度不同的数据本地化措施。较为宽松的如前述印度的《数字个人数据保护法案》，就完全没有个人数据本地存储和处理的要求，而仅有对数据出境的宽泛限制。此外，美国、日本、加拿大的法律中也没有关于数据出境管制的专门规则，原则上允许数据自由跨境流动。而多数国家和经济体，如欧盟、俄罗斯、中国、巴西等，则兼有数据本地存储和数据出境的监管要求。

（二）数据自由流动和长臂管辖政策

数据自由流动作为美国数据治理路径的核心主张，其实质是为促进全球数据向美国汇集。在各国相互间不设置数据壁垒的条件下，全球的数据资源会通过社交传媒、电子商务等方式，自然地向数字科技和数字经济实力强大

---

① See World Trade Organization, World Trade Report 2018, https://www.wto.org/english/res_e/publications_e/world_trade_report18_e.pdf, accessed October 22, 2024.

的国家流动。美国的数字科技实力雄厚，在大数据、人工智能和云计算等领域的技术水平全球领先，同时拥有谷歌、微软、亚马逊、苹果、特斯拉等跨国科技巨头企业，其业务范围覆盖全球大部分国家和区域。因此，美国主张数据自由流动，减少各国之间的数据壁垒，在客观上有利于全球数据资源向美国集中，从而巩固和强化其既有数字技术和经济优势。①

除了通过主张数据自由流动让全球数据自然流向自己以外，美国还通过长臂管辖政策主动调取他国数据。这类政策的代表就是美国于2018年颁布的《澄清境外数据合法使用法案》，又称《云法案》。该法案在管辖范围上采用属人主义的"数据控制者标准"，规定所有电子通信服务或远程计算服务的提供者，无论其控制的数据是否存储在美国境内，只要其公司总部或者注册地位于美国，都有义务应美国司法机关的要求，提供其占有、监管或控制之下的电子通信内容和相关的用户信息。鉴于美国拥有数量庞大的跨国数字科技公司，长臂管辖政策采用的属人主义的管辖权标准，有利于美国发挥其本国跨国公司数量和规模上的优势，调取境外的个人信息等数据，但同时也对他国的数据主权和司法主权提出了挑战。

（三）数据治理国际合作与结盟

在全球性数据治理机制缺位的情况下，区域性的双边和多边贸易协定成为国家间的数据治理合作和结盟的主要方式，相应的数据跨境流动规则体现为协定中的重要条款。全球涉及数据治理的多边贸易协定主要有《全面与进步跨太平洋伙伴关系协定》（CPTPP）、《数字经济伙伴关系协定》（DEPA）、《区域全面经济伙伴关系协定》（RCEP）和《美墨加协定》（USMCA）。这四个多边贸易协定均主张"自由流动为原则，限制监管为例外"，以"原则＋例外"的模式对跨境数据流动进行规制。USMCA由美国主导，体现了美国进路对数据本地化政策的否定，其禁止一切将计算设施放置于一国境内或使用一国境内计算设施的本地化要求。CPTPP则允许缔约方出于合法公共政策目标，对于电子方式传输数据和计算设施的使用设定监管要求，只要不构成歧视或超出必要限度。DEPA很大程度上借鉴了CPTPP关于数据跨境流动的规定，二者的数据跨境流动条款和数据本土化条款基本一致，都规定了"合法公共政策目标"例外条款。RCEP由东盟主导，体现了新兴市场国家对数据主权的侧

---

① 参见阙天舒、王子玥：《数字经济时代的全球数据安全治理与中国策略》，载《国际安全研究》2022年第1期。

重,赋予了缔约方更大的数据跨境流动监管权,且设置了更宽泛的例外条款,包括公共政策目标例外、基本安全利益例外等。

二、境外数据治理活动威胁的安全法益

风险分析的另一个维度在于明确风险可能威胁的对象。就全球数据治理环境的安全风险而言,需要分析有哪些安全法益可能因为境外的数据治理活动而受到威胁,或者说我国致力于保护哪些安全法益。在如今国家社会生活全方位被数字化的时代,数据涉及的安全法益也日趋多样化。根据所涉及的主体和治理领域,可以将与数据有关的安全法益分为个人信息安全、科技安全、经济安全和国家安全四种类型。

(一)个人信息安全

个人信息作为一种重要的数据类型,承载着个人信息权益、隐私权等人格权益,也是境外数据治理活动可能威胁的主要法益之一。按照我国《个人信息保护法》的界定,个人信息数据是指"以电子或者其他方式记录的与已识别或者可识别的自然人有关的各种信息,不包括匿名化处理后的信息"。对于个人而言,个人信息数据主要关乎他们的个人信息权益和隐私权,二者既有重叠又有不同。隐私权是诞生于数字化时代以前的传统人格权,较为宽泛地指向个人与公共利益无关的、不愿为他人知晓的信息。个人信息权益则是在网络平台、人工智能等快速发展的背景下,为保障个人信息免受不当收集和处理而产生的一系列权益,包括同意权、拒绝权、删除权、更正权、可携带权等。总体而言,隐私权和个人信息权益的客体是高度重叠的,绝大多数私密信息同时也是个人信息,但也有部分例外,如个人自愿公开的个人信息不再是隐私。

(二)科技安全

数据是推动数字技术创新与发展的关键资源,深刻影响着我国的科技安全。首先,用于训练算法模型的数据资源,对于推进人工智能等数字技术的发展迭代起到重要的作用。以机器学习算法为核心的新一代人工智能是数据驱动的,算法模型的准确性和可靠性很大程度上取决于训练数据的数量和质量。因此,海量的数据资源——"大数据"成为影响我国科技发展的关键要

素。① 其次，记录科技成果的科技秘密数据直接影响着一国的科技安全。科技秘密数据往往涉及一国在尖端领域的核心技术，对于一国科技竞争力而言至关重要。为了维护国家的科技安全，防止具有垄断优势的核心技术被他国占有，一国政府往往对科技秘密数据采取严密的保护措施，严格限制甚至禁止科技秘密数据出境。例如，美国于2024年5月通过了《加强海外关键出口限制国家框架法案》，赋予了商务部工业和安全局（BIS）对人工智能及其他与国家安全相关的新兴技术实施出口控制的权力。

（三）经济安全

数据作为数字经济核心的生产要素，对于我国的经济安全有重大影响。近年来，数字经济在我国国民经济中的地位愈发突出。2022年，我国数字经济规模达到50.2万亿元，数字经济占全国GDP的比重达到41.5%。② 数字经济一方面建立在数字产业化的基础上，电信业、软件和信息技术服务业、互联网行业等信息通信产业，为其他数字经济产业提供技术和服务支持；另一方面也包含传统产业的数字化变革，电子商务、智能制造、在线教育等数字化新产业模式为全社会创造了巨大的经济效益。所有这些数字经济产业都依赖于最基本的数据收集、传输、加工等处理活动。因此可以说，一个国家及其企业对于一国数据的控制力，也就相当于它们对于相应数字经济产业和市场的占有和控制能力。所以，就关系国民经济命脉的支柱产业以及数字经济核心产业而言，保证本国企业对数据的掌控对于维护本国的经济安全至关重要；就我国的企业出海而言，实现我国企业对他国数据的掌控，有助于提高我国的数字经济实力。

（四）国家安全

国家安全是数据治理保护的重要法益，与国家秘密数据保护密切相关。《保守国家秘密法》规定，国家秘密包括国家事务重大决策、国防建设和武装力量活动、外交和外事活动及对外承担保密义务、国民经济和社会发展、科学技术以及维护国家安全活动和追查刑事犯罪中的秘密事项。国家秘密数据的泄露将直接导致国家的安全和利益遭受损害。以国家安全为由限制数据出境，是许多多边和区域条约的通行规定。"国家安全例外"最早可追溯到

---

① 参见杨楠：《大国"数据战"与全球数据治理的前景》，载《社会科学》2021年第7期。
② 参见《中国数字经济发展研究报告（2023年）》，http://www.caict.ac.cn/kxyj/qwfb/bps/202304/P020240326636461423455.pdf，2024年10月20日访问。

1948 年的《关贸总协定》(GATT),其中规定缔约方可以基于其基本安全利益或国家安全利益,拒绝披露有关信息。之后的 CPTPP、DEPA、RCEP 等区域性贸易协定延续了 GATT 的规制思路,分别设置了如"公共政策目标例外""基本安全利益例外"等条款。①

三、全球数据治理环境安全风险的类型

在分析产生安全风险的境外数据治理活动类型,以及这些活动可能威胁的数据安全法益类型的基础上,就可以将二者进行交叉式排列组合,从而列举出全球数据治理环境安全风险的类型。如表 14-1 所示,从受到的境外数据治理活动威胁的四种法益出发,可以将全球数据治理环境安全风险区分为四种类型;而外国的数据治理合作和结盟则会对多种法益产生系统性影响,因而本章将其作为一种单独的风险类型予以阐述。

表 14-1 全球数据治理环境安全风险的类型

政策类型＼法益类型	个人信息安全	科技安全	经济安全	国家安全
数据本地化	/	科技封锁	市场准入限制	/
数据自由流动、长臂管辖	个人信息不当处理	自主创新受阻、科技秘密泄露	市场侵占	国家秘密泄露
数据治理合作与结盟	数据脱钩			

(一)个人信息安全风险:个人信息不当处理

个人信息安全风险主要与数据出境有关,即本国的个人信息数据被境外实体收集和处理,而不涉及外国的数据本地化措施。个人信息的不当流出主要有两种方式。其一是个人信息被境外的网络平台等企业实体收集和处理,这是最为常见的个人信息跨境流出方式。例如,当我国居民使用境外的社交媒体、电商平台以及相应的手机 App 时,这些网站和应用就会收集和处理用户的个人信息,以便进行精准的信息推送和广告营销。在这种情形中,可能涉及的个人信息不当处理行为包括企业超出必要范围或者未经告知和同意而收集个人信息、未经同意将收集的个人信息传输给第三方、未经同意公开

---

① 参见张丽娟、郭若楠:《国际贸易规则中的"国家安全例外"条款探析》,载《国际论坛》2020 年第 3 期。

个人信息以及个人信息的不当泄露等。其二,境外的监管部门和执法机构还可能通过长臂管辖调取我国的个人信息数据。美国是运用此类长臂管辖政策的代表,除了前述的《云法案》以外,"9·11"之后,美国还制定了《爱国者法案》和《外国情报监控法案》两部法案。《爱国者法案》允许执法部门为收集外国情报或调查国际恐怖主义,从网络运营商处获取服务器日志;《外国情报监控法案》规定,司法部长和国家情报总监可以授权情报机构对非美国居民的通信或会话进行监控。

(二)科技安全风险:科技封锁、自主创新受阻和科技秘密泄露

外国的数据本地化、数据自由流动和长臂管辖政策均会引发我国的科技安全风险。首先,外国的数据本地化措施可通过限制科技数据流出,而充当对我国实施科技封锁的工具。例如,2024年2月,美国总统拜登签署了《关于防止受关注国家获取美国公民大量敏感个人数据和美国政府相关数据的行政命令》,限制包括中国在内的国家科研人员访问和使用美方的"敏感数据",特别是个人健康数据和人类基因组数据。这一命令可能导致我国科研人员无法使用 PubMed、UK Biobank、TCGA 等数据库中的病例和基因组数据。其次,数据自由流动政策可能会使我国的自主创新能力受阻。例如,外国的数字科技公司可能凭借他们的技术优势,在我国的部分行业占据垄断地位,使我国企业难以与之竞争,并获得足够利润进行自主技术的研发。最后,数据的长臂管辖措施可能引发科技秘密泄露风险。例如,美国的《云法案》允许美国执法机构调取本国企业存储在外国的数据,《爱国者法案》授权美国执法机构从本国网络运营商处获得数据。如果我国的科技秘密数据存储在美国企业的数据库中,就面临泄露风险。

(三)经济安全风险:市场准入限制和市场掠夺

鉴于数据和数字经济的密切联系,外国数据治理政策也可能被用作市场政策,对我国企业出海和境内市场产生威胁。首先,外国的数据本地化措施可能会作为限制市场准入的政策工具,排斥中国企业进入外国市场。例如,2020年美国总统特朗普提出针对中国企业的"清洁网络计划",声称为保护美国公民隐私和美国公司敏感信息免受中国窃取,要求撤销中国电信等三家电信运营商在美国提供电信服务的资格;从美国移动应用商店中删除中国应用程序;禁止华为等中国手机供应商安装和下载美国移动应用程序;禁止阿里巴巴、腾讯等中国云服务厂商进入美国市场收集和处理信息等。这些措施试

图通过禁止中国科技公司在美国境内收集和处理数据,达到阻止这些公司进入美国相关行业市场的贸易保护主义效果。其次,在数据自由流动的政策下,外国数字科技公司还可能凭借其技术优势,对我国数字经济市场实施掠夺。就此而言,一方面,需要防范外国科技巨头过度挤占本国企业的发展空间,避免使本国企业因为无力竞争而难以存续。另一方面,需要防止外国科技巨头控制有关的数字支柱产业和核心产业,使我国在数据基础设施以及重要的产业数字化领域受制于外国。

(四)国家安全风险:国家秘密泄露

国家安全主要受到外国数据自由流动和长臂管辖政策的威胁,由此引发国家秘密泄露风险。首先,外国的长臂管辖政策可能直接导致我国国家秘密数据的泄露。例如,根据《爱国者法案》和《外国情报监控法案》,美国执法部门或情报机构经授权可以调取存储在我国的数据,或者对掌握国家秘密的个人通信实施监控,从而直接获悉有关的国家秘密。其次,凭借人工智能和大数据技术,人们还可以从海量的个人信息等非国家秘密数据中,间接地分析出一国的政治、经济、社会和军事等状况,从而获得与国家秘密有关的信息。例如,手机导航、网约车等软件中就包含大量用户个人信息、地理位置和道路交通等信息,可以成为重要的商业和军事情报。因此,外国的数据自由流动政策也可能间接促使我国国家秘密的泄露。

(五)全球治理风险:数据脱钩

西方国家进行的数据治理合作和结盟活动,可能使我国在全球数据治理中面临被孤立和脱钩的风险。首先,部分西方国家试图通过区域性的贸易协定,对中国实施数据封锁和孤立。例如,美国于2022年主导的"印太经济框架"(IPEF)有意在印太地区建立贸易联盟,并将中国排除在外。该框架主张在成员国内部促进"可信与安全的跨境数据流动",从而在客观上构成对中国的数据封锁。[①] 其次,就目前数据治理方面有影响力的贸易协定而言,我国的参与度仍较为有限,加入CPTPP和DPEA的进程尚有待推进。这一方面导致我国在全球数据治理领域缺乏话语权,无法参与制定有利于我国的数据治理规范;另一方面也使我国的数据治理规则难以和国际规则相对接,可能导致我国在全球数据流通中被边缘化,与其他国家发生数据脱钩。

---

① 参见张天桂:《"印太经济框架"新进展及其对亚太区域经济一体化的影响》,载《国际论坛》2024年第4期。

由外国数据治理合作和结盟而引发的数据脱钩风险,会对我国的个人信息安全、科技安全、经济安全和国家安全产生系统性影响。首先,在科技安全方面,数据脱钩可能导致中外学术交流和技术合作受到限制,减缓科技创新速度。外国可能会加强对我国技术转让和合作的监管,例如限制与我国的共同研发项目,从而阻碍我国企业获取新技术并提升创新能力。其次,在经济安全方面,数据脱钩可能显著增加我国出海企业的数据合规成本。外国可能会在数据流动、隐私保护等方面设置严格的标准,从而使我国企业在进入外国特定行业时,面临高昂的数据合规成本和严苛的市场准入限制,从而降低我国企业的竞争力。最后,对于维护个人信息和国家安全而言,数据脱钩阻碍了我国和外国执法人员在打击数据犯罪方面进行合作。外国的数据本地化措施为犯罪者提供了避风港,使我国难以调取执法所需的境外数据,从而限制了我国调查和打击数据犯罪的能力。

第三节 全球数据治理环境的安全保障

面对全球数据治理环境的安全风险,我国应坚持促进数据流动和保障数据安全并重的治理理念,同时从国内法和国际法两个层面寻求应对之策。在国内法层面,我国应不断推进数据分类分级监管、国家充分性认定等制度创新,促进国内规则与国际规则相对接;在国际法层面,我国应加强数据治理国际合作,提升全球数据治理话语权,通过参与规则和标准制定创造有利于我国社会经济发展的全球数据治理环境。

一、坚持促进数据流动和保障数据安全并重的治理原则

安全与发展相协调是数字安全法治的基本原则,在数据治理领域,应当统筹安全和发展两大价值,在促进数据流动和保障数据安全之间取得平衡。我国《数据安全法》第11条提出"促进数据跨境安全、自由流动",将自由流动和安全确立为我国数据安全治理的两项基本原则。

首先,促进数据流动有助于我国数字经济和科技的发展,是发展原则在数据治理领域的延伸,应作为我国数据治理的基础性原则。[1] 数据跨境流动

---

[1] 参见许可:《自由与安全:数据跨境流动的中国方案》,载《环球法律评论》2021年第1期。

对经济增长有明显的拉动效应。据麦肯锡机构预测,数据流动量每增加10%,将带动GDP增长0.2%。预计到2025年,全球数据流动对经济增长的贡献将达到11万亿美元。根据经合组织测算,数据流动对各行业利润增长的平均促进率为10%,在数字平台、金融业等行业中可达到32%。数据跨境流动也极大地促进了数字科技的发展。例如,来自世界各地的海量数据为训练人工智能算法模型提供了丰富的样本,使得算法能够建立更契合真实世界的模型,在提高算法准确性的同时避免歧视和偏见的发生,从而在各个场景的应用中更好地做出预测和建议。此外,国际间的数据共享能够促成跨国公司和科研机构之间的紧密合作,加速新技术的研发过程。例如,在医疗领域的数据共享可以快速推进新药的开发与临床试验。

其次,保障数据安全是应对全球数据治理环境风险的必要举措,应作为我国数据治理的限制性原则。[①] 在数据治理路径的选择上,保障数据安全原则要求我国从维护数据主权出发,采取以数据本地化为主的治理措施。选择以数据本地化为主的治理路径,是由我国数字经济和数字科技发展现状所决定的。一方面,随着我国近年来电子商务、社交媒体等数字经济形态的迅猛发展,我国积累并不断生产海量的数据资源,成为世界范围内的数据大国。根据国际数据公司IDC的预测,我国的数据量在2021—2025年间平均增长速度为30%,将成为全球数据量最大的国家。另一方面,与以美国为代表的欧美数字强国相比,我国的数字经济和科技发展水平仍有较大差距,体现为我国尚缺少谷歌、微软、苹果等具有全球影响力的跨国科技公司,对全球数据的汲取能力较为有限,在人工智能、大数据和尖端芯片等领域的许多技术依然受制于外国。在此背景下,欧美数字强国可能在其数字自由流动政策下,凭借其数字经济和技术优势对我国的数据资源实施掠夺,进而威胁我国的个人信息、科技、经济和国家安全。因此,为保护我国的数字资源和各项数字安全法益,有必要基于数据主权原则,坚持对我国数据的本地化存储,并在数据出境实施适当监管。

最后,应认识到促进数据流动和保障数据安全的辩证统一关系,在实践中寻求两种价值的均衡。其一,数据安全是一种以促进数据流动为目标的相对安全,而不是绝对安全。这一方面意味着,在如今的风险社会中,事实上不

---

① 参见许可:《自由与安全:数据跨境流动的中国方案》,载《环球法律评论》2021年第1期。

可能实现数据的绝对安全；另一方面意味着，不发展才是最大的不安全，以牺牲数字经济和科技发展为代价而片面地追求绝对安全，将走向数据安全治理的反面，引发更多新的风险。① 应当充分认识到，数据跨境的监管在保护我国数据安全的同时，可能对数字经济发展产生负面效果。据欧洲国际政治经济研究中心的报告，数据跨境监管导致欧盟 0.48%、印度 0.25%、中国 0.55%的 GDP 损失。② 因此，合理的数据治理制度应当实现促进数据流动和保障数据安全之间的均衡。其二，由数据流动而实现的数字经济和技术发展，有助于提升我国的数据安全保障能力。以美国为例，其发达的数字经济和科技水平使其可以采取较为宽松的数据出境监管措施，充分释放经济发展的潜力，而不用过度担心由此产生的数据安全问题。此外，区块链、同态加密等先进的数据安全技术，也有助于更为高效地保障数据安全，而这些技术创新都有赖于数据的自由流动。

二、推进数据出境监管制度创新

全球数据治理环境的安全风险一方面缘于境外数据治理活动，另一方面缘于我国数据治理制度的不完备。因此，推进我国数据治理制度的完善和创新，并促进其与国际规则相对接，当为国内法层面对全球数据治理环境风险的合理因应。

首先，应依托自由贸易区开展数据跨境流动制度创新试点。我国的自由贸易区市场化和对外开放程度较高，发挥着制度改革创新试验田的功能。因此，可以在自贸区内针对数据分类分级保护和数据出境监管等方面展开制度创新试点，经过实践反复尝试形成成熟稳定、适应性强的制度成果向全国其他地区推广。2020 年 8 月，商务部发布《全面深化服务贸易创新发展试点总体方案》，提出在条件较好的试点地区开展数据跨境传输安全管理试点。2024 年 3 月，国家网信办发布《促进和规范数据跨境流动规定》，其第 6 条正式授权自由贸易区实施数据跨境监管制度创新，规定"自由贸易试验区在国家数据分类分级保护制度框架下，可以自行制定区内需要纳入数据出境安全

---

① 参见刘跃进：《系统思维下的大安全格局与理念》，载《人民论坛》2021 年第 8 期。
② See Martina Francesca Ferracane & Erik van der Marel, Digital Innovation in East Asia: Do Restrictive Data Policies Matter?, *World Bank Group Policy Research Working Paper*, No. 9124, 2020.

评估、个人信息出境标准合同、个人信息保护认证管理范围的数据清单(以下简称负面清单)"。2024年4月,商务部印发《数字商务三年行动计划(2024—2026年)》,对自贸区的数据治理试点做了进一步部署,提出"支持北京、上海、天津等自由贸易试验区落实数据分类分级保护制度,制定重要数据目录等制度规范,探索建立合法安全便利的数据跨境流动机制"。

其次,实施数据出境分类分级监管制度。[①] 所谓数据出境的分类分级监管,是指根据数据在经济社会发展中的重要程度,以及一旦遭到篡改、破坏、泄露或者非法获取、非法利用,对国家安全、公共利益或者个人、组织合法权益造成的危害程度,对数据进行分类分级,并在数据出境时采取严格程度不同的管制措施。根据《数据安全法》第21条,按照跨境数据分级从高到低,依次可将数据区分为核心数据、重要数据和一般数据。目前,北京、上海和天津自贸区的数据分类分级规定都基本遵循了这种分类方式,并据此设置了相应的负面清单。例如,《中国(上海)自由贸易试验区临港新片区数据跨境流动分类分级管理办法(试行)》规定,临港新片区管委会负责制定纳入数据出境安全评估管理范围的重要数据目录,纳入数据出境安全评估、个人信息出境标准合同、个人信息保护认证管理范围的数据清单,以及一般数据清单;核心数据禁止跨境,重要数据应当申报数据出境安全评估,一般数据可在相关管理要求下自由流动。[②] 实施数据出境分类分级监管,避免了对数据出境一刀切式的治理方式,有助于在促进数据流动和保障数据安全之间取得平衡。

最后,探索实施数据出境的国家充分性认定和企业跨境数据保护问责制度。我国目前的数据出境监管制度是从数据输出国一端进行设置的,也就是仅仅通过阻止重要和敏感程度较高的数据流出,达到保护数据安全的目的。然而,一方面,这种监管模式给监管部门过重的审查负担,容易使其为追求绝对的数据安全,而对数据出境做过多过严的限制;另一方面,这种监管模式对于数据流出之后的情况无从监管,因而可能引发数据出境后的泄露、公开、非法传输等安全风险。为解决这些问题,可以借鉴欧盟的国家充分性认定制度和美国的企业数据保护问责制度。对于数据出境后的安全监管而言,欧盟采

[①] 参见谢卓君、杨署东:《全球治理中的跨境数据流动规制与中国参与——基于WTO、CPTPP和RCEP的比较分析》,载《国际观察》2021年第5期。
[②] 参见《中国(上海)自由贸易试验区临港新片区数据跨境流动分类分级管理办法(试行)》第8—13条。

取的是"以地域为标准"的事前认证进路,即只有当数据传输的目的国达到欧盟所认可的充分保护标准时,才允许向该国传输个人数据。美国以及由其主导的 APEC 则采取"以组织为标准"的事后问责进路,即原则上允许数据出境,但是要求相应的数据处理者承担数据跨境过程中的安全保护义务,并对违反义务的行为实施处罚。① 对比来看,欧盟的路径较为严格,但以地域为标准过于僵化,可能对数据跨境造成过多阻碍;而美国路径较为宽松,但容易因企业缺乏自律而产生数据安全风险。我国可兼采两种规制路径的优点,并结合数据分类分级监管对不同类型的数据采用不同规制方式,构建符合国情的数据出境监管模式。

三、积极开展数据治理领域国际合作

面对外国数据治理合作和结盟引发的数据脱钩和孤立的风险,我国除了在国内法层面做好制度因应以外,还应当积极开展数据治理领域的国际合作,主动参与全球数据治理秩序的构建,从而创造有利于我国发展的国际环境。

首先,我国应当主动开展数据治理双边和多边谈判,与主要经济体及发展中国家建立合作机制,签署双边和多边贸易协定,增加互信与合作基础。目前,在全球范围内统一数据治理机制缺位的情况下,双边和多边经贸协定已成为各经济体协调数据跨境流动监管机制,以及全球数据治理制度供给的主要方式。在此背景下,积极和其他经济体围绕数据治理开展双边和多边谈判,并签订有关条约协定,有助于打破我国和其他国家的数据壁垒和贸易壁垒,形成相互认可的数据保护机制,进而实现数据的安全自由流动。为此,我国可以先从"一带一路"沿线国家、东盟成员国和金砖国家等与我国长期保持友好关系的国家开始,通过双边和多边协定构建数据跨境流通的统一规则,而后逐渐向欧美国家进行延伸,将数据治理的"中国方案"向世界推广。②

其次,我国应当积极利用已有的多边合作机制,参与全球数据治理规则的制定。我国已和世界各国建立广泛的多边合作机制,包括"一带一路"合作

---

① 参见黄宁、李杨:《"三难选择"下跨境数据流动规制的演进与成因》,载《清华大学学报(哲学社会科学版)》2017 年第 5 期。
② 参见阙天舒、王子玥:《数字经济时代的全球数据安全治理与中国策略》,载《国际安全研究》2022 年第 1 期。

倡议、金砖国家峰会、G20 经济合作论坛、APEC、RECP 等。这些合作机制为中国在全球范围内增进数据治理合作提供了重要平台,例如,自 2023 年 RCEP 全面生效以来,我国已与 29 个国家和地区签署 22 个自贸协定。我国可以借此在协定中增加有关数据跨境流动的谈判内容,推动成员国就数据跨境流动监管、数据安全和隐私保护等关键问题达成共识,促成统一的数据标准和政策,从而增强我国在全球数据治理领域的话语权。此外,我国还应积极实施经贸领域体制改革,针对外商投资准入、知识产权、数据保护等领域,推动国内法律法规与国际规则相对接,以期早日加入 CPTPP 和 DEPA 等自由贸易协定,在全球数据治理规则的制定和完善过程中,充分表达中国的利益诉求。

最后,我国应注重和其他国家在数据执法领域的合作,建立数据跨境联合执法和监管机制。目前,世界各国差异化的数据治理机制,为各国的数据共享设置了制度性的壁垒,使得不同国家的执法机构在面对网上赌博、电信诈骗、网络洗钱等涉及数据跨境流动的犯罪时难以展开合作,从而为犯罪分子逃避追查提供了空间。对此,我国可以与其他国家签署双边或多边的执法合作协议,其中规定执法数据共享和申请调取的条款,以便各国执法机构在必要时能够合法访问和调取他国数据。此外,在反洗钱、反电诈和反恐等重点执法领域,还可建立专项的执法数据共享机制和相应的数据平台,以提高特定类型案件跨境执法的效率和效果。[①]

典型案例

2017 年,字节跳动推出抖音国际版 TikTok,并于次年与 Musical.ly 合并。短短数年时间里,TikTok 下载量迅速超过了 Facebook、YouTube 等美国社交软件。2020 年 8 月,时任美国总统特朗普签署了一项行政令,声称 TikTok 收集大量美国公民的个人信息,对美国国家安全构成了威胁,并下令字节跳动必须在 90 天内剥离其在美国运营的所有权益。随后,TikTok 宣布对特朗普的行政命令提起诉讼。9 天后美国哥伦比亚地区联邦法院作出裁定,认为特朗普的行政令超出了《国际紧急经济权力法》所赋予的权限,判定暂缓执行下架 TikTok 的行政命令。2024 年 3 月,美国众议院审议通过《保护

---

① 参见蔡翠红、王远志:《全球数据治理:挑战与应对》,载《国际问题研究》2020 年第 6 期。

美国人免受外国对手控制应用程序侵害法案》,要求TikTok在270天内剥离旗下短视频应用程序TikTok,否则TikTok在美国将被应用商店下架。2024年4月23日,该法案在美国参议院获得通过,并于24日由美国总统拜登签署生效。

问题与思考

1. 全球数据治理有哪些治理路径?
2. 我国的数据治理政策致力于保护哪些数据安全法益?
3. 我国面临哪些全球数据治理环境的安全风险?
4. 应当从哪些方面保障我国的全球数据治理环境安全?

延伸阅读

1. 沈伟、冯硕:《全球主义抑或本地主义:全球数据治理规则的分歧、博弈与协调》,载《苏州大学学报(法学版)》2022年第3期。

2. 阙天舒、王子玥:《数字经济时代的全球数据安全治理与中国策略》,载《国际安全研究》2022年第1期。

3. 蔡翠红、王远志:《全球数据治理:挑战与应对》,载《国际问题研究》2020年第6期。

4. Jacqueline Kuzio et al., Building Better Global Data Governance, *Data & Policy*, Vol. 4, 2022.

5. De La Chapelle, B. and L. Porciuncula, We Need to Talk About Data: Framing the Debate Around Free Flow of Data and Data Sovereignty, https://www.internetjurisdiction.net/uploads/pdfs/We-Need-to-Talk-About-Data-Framing-the-Debate-Around-the-Free-Flow-of-Data-and-Data-Sovereignty-Report-2021.pdf, accessed October 18, 2024.

第六编

数字安全法律责任

第十五章　数字安全法律责任的属性

法律故事

2021年7月2日,网络安全审查办公室对滴滴公司实施网络安全审查,同时,国家互联网信息办公室依法对滴滴公司涉嫌违法行为进行立案调查。2022年7月21日,滴滴公司因被证实存在16项违反《网络安全法》《数据安全法》《个人信息保护法》的行为事实,例如违法收集用户手机相册中的截图信息、过度收集用户剪切板信息、应用列表信息等,且存在严重影响国家安全的数据处理活动,以及拒不履行监管部门的明确要求,阳奉阴违、恶意逃避监管,被国家网信办处以人民币80.26亿元罚款。

此案由于影响之深被称为"国内网络安全审查第一案",也由于处罚力度之重引发了人们对于违法违规收集、使用、处理数据、个人信息等危害数字安全的行为所需承担法律责任,即数字安全法律责任的探讨与思考。事实上,近年来关于数字安全法律责任的法律规范日益完善,各类危害数字安全的行为也受到了严格的规制。可见,只有形成完备的数字安全法律责任体系,才能筑牢可信可控的数字安全屏障。

第一节　数字安全法律责任的概念

当今世界信息化浪潮风起云涌、气象万千。颠覆性数字技术如人工智能、区块链、物联网、数字孪生等的蝶变升级构成新质生产力,重塑全球分工体系,成为大国综合国力较量的关键点。对此,我国一方面要牢牢把握数字革命的历史新机遇,抢占发展主动权与话语主导权;另一方面要防止数字风险对我国数字经济健康发展带来的威胁,确保数字中国建设行稳致远。如何守住数字安全底线、构建数字安全责任体系、明确数字安全法律责任的概念,成为数字时代亟待解决的理论问题。

一、数字安全法律责任的概念界定

(一)数字安全的概念界定

随着数字技术在全球范围内的应用和拓展,数字安全的重要性愈加凸显。传统观点认为,安全是指"一种合理的稳定生活状况"①。而数字安全是"我国法治体系数字化建设的重要技术路线,是推动政府数字化转型、遏制数字安全风险不可缺少的手段工具"②。在一定程度上,数字安全是"数字文明的前提,是数字法学的三大基本原则之一,在内容上包含系统安全、算法安全、应用安全、数据安全、网络安全等,在对象上包括国家、社会与个体安全"③,既涉及"数字时代出现的新技术、新要素及新关系的安全,也覆盖数字应用衍生的安全,还包括数字产业所涵盖的安全问题,常常表征为一个复杂、多变的综合风险集"④。综合看,数字安全的内涵主要指"数字系统及应用处于稳定可靠运行的状态以及保障其安全性的能力"⑤。从外延看,数字安全至少包括以下四个层次的内容:(1)网络主权安全(确保一国领土上的网络基础设施及相关活动不受外来威胁);(2)网络设施安全(保证基础设施的功能完整与稳定运行);(3)数据处理安全(避免数据和算法的滥用);(4)数据跨境流动安全(设置严格的数据跨境流动的安全标准)。⑥ 实质上,数字安全是一个"以国家安全为根本归依,以数字技术为主要场域,以法治价值为基本架构的体系性概念,具有人民性、全面性、协调性三重特征"⑦。

国外学者对数字安全概念的研究中,大多将数字安全的概念等同于网络安全。奥卢瓦桑米·理查德等人认为,数字安全指的是为保护组织的核心网络基础设施而采取的一系列策略、程序和防护措施。这些措施旨在防止未经授权的访问、数据泄露、网络攻击以及其他可能危及系统。马林认为,数字安全是计算机安全的一个特定领域,涵盖了适用于网络安全以及广泛计算机安

---

① 〔美〕E.博登海默:《法理学:法律哲学与法律方法》,邓正来译,中国政法大学出版社 2004 年版,第 321 页。
② 黄文瀚:《论法治政府建设中的数字化转型领导力》,载《数字法学》2024 年第 1 期。
③ 张志坚:《数字法学真的来了》,载《华东政法大学学报》2024 年第 4 期。
④ 邹东升:《加强数字安全预防性法治建设》,载《国家治理》2024 年第 8 期。
⑤ 张吉豫:《数字法理的基础概念与命题》,载《法制与社会发展》2022 年第 5 期。
⑥ 参见蒋银华:《论数字法治政府建设的安全之维》,载《法律科学(西北政法大学学报)》2024 年第 4 期。
⑦ 同上。

全措施的大部分策略和注意事项。它集中于保护数字信息和系统免受各种威胁,确保数据的机密性、完整性和可用性。① 陶德认为,数字安全定义中贯穿的一条主线是考虑整个网络的安全性,而不仅仅是端点问题。一份全面的网络安全计划必须涵盖构成网络的所有要素,并提供五项重要服务:访问控制(为用户提供访问权限);机密性(确保网络中的信息保持私密性);认证(确保消息的发送者确实是其声称的身份);完整性(确保消息在传输过程中未被修改);不可否认性:(无法否认曾经发送过该消息)。② 帕瓦尔等人认为,数字安全指的是从授权开始,通过用户名和密码进行,包括由网络管理员采用的各种规定和政策,用于防止和监控未经授权的访问、系统中的修改、滥用或对计算机网络及网络可访问资源的拒绝。③ 可见,目前大部分学者认为,数字安全并没有和网络安全彻底分开,两者概念是等同的。

(二) 数字安全法律责任的内涵

在现代法学理论中,法律责任主要指在法律上违法者必须接受惩罚或承担赔偿责任。这一概念强调违法行为所引发的法律后果,要求行为人对其违法行为承担相应的法律义务。④ 这种责任形式通常包含两大类:一是刑事责任,涉及对违法者的惩罚;二是民事责任,涉及对受害者的赔偿。法律责任的这种定义确保了法律对社会秩序的维护,并为受害者提供了救济途径。在实践中,法律责任的应用不仅限于惩罚和赔偿,还可能包括其他形式的法律义务,如履行特定义务或修复损害等。但核心仍在于对不法行为作出法律上的回应,以维持法治的公正和有效性。

国外关于数字安全法律责任概念有不同的称谓,如人工智能安全责任、数字网络安全责任、信息安全责任等。瓦拉赫和艾伦将数字安全责任定义为一个渐进的概念,人类是真正的责任代理人,但某些人工系统——如自动驾驶仪或人工系统 Kismet——可能被视为"操作性"责任代理人,在这一点上,

---

① See Gerald Marin, Network Security Basics, *IEEE Security & Privacy*, Vol. 3, No. 6, 2005.
② See P. W. Dowd, J. T McHenry, Network Security: it's Time to Take it Seriously, *Computer*, Vol. 31, No. 9, 1998.
③ See Mohan V. Pawar, J. Anuradha, Network Security and Types of Attacks in Network, *Procedia Computer Science*, Vol. 48, 2015.
④ 参见蔡宏伟:《"法律责任"概念之澄清》,载《法制与社会发展》2020年第6期。

它们是"设计者价值观的直接延伸"。① 泰德和弗洛伊德认为,数字安全责任实际上是一种"分布式责任",是基于人工智能的决策或行动的影响,往往是许多参与者之间无数次交互的结果,包括设计者、开发者、用户、软件和硬件等,随着代理的分散化,责任也随之分散。② 科克尔贝赫认为,数字安全责任实际上是"叙事责任",将人工智能对我们的意义牢牢掌握在人类手里。虽然人工智能有着改造世界的能力,但人类作为有意识的存在和世界上的存在,是必要和主要意义制造者和叙述者,通过这些意义建构的解释过程完成这个人物。人类负有叙事责任,更普遍地说,还有解释学责任,我们有责任创造一个我们可以接受的叙事,并讲述一个对人工智能有意义、支持人工智能或反对人工智能的故事。③

俄罗斯学者基于国家叙事立场和简洁主义立场将数字安全责任集中定义为信息安全责任。从国家叙事立场看,数字安全责任是确保网络空间的安全活动,并且不对其他国家造成跨界损害,防止针对或借助计算机和网络基础设施的恐怖袭击,阻止破坏重要领域的运作。涅兹纳莫夫和史密斯认为,数字安全责任是一个与人工智能和信息网络监管密不可分的话题。④ 从简洁主义立场看,阿萨罗则将数字安全责任扩展到四个概念,提出了一些与人工智能相关的最重要的法律责任问题。首先是制造商对产品质量的责任(产品责任),因为从法律制度的角度来看,人工智能机器人目前被视为商品。其次是人工智能机器人的法律地位(或法律身份),作为准代理人(中介),随着机器人功能的日益复杂,它们逐渐承担起更多的任务,在相关领域上需要为"自己"的行为承担责任。再次是责任限制,即由于制造商与使用者的法律关系性质,以及人工智能技术并未有足够突破的进展,人工智能机器人不总能为自己的行为承担全部责任。最后是类比适用的法律责任,将对代理人的法律

---

① See Wendell Wallach, Colin Allen, *Moral Machines: Teaching Robots Right from Wrong*, Oxford University Press, 2008, p.25.
② See Mariarosaria Taddeo, Luciano Floridi, How AI can be a Force for Good, *Science*, Vol.361, No.6404, 2018.
③ See Mark Coeckelbergh, Narrative Responsibility and Artificial Intelligence: How AI Challenges Human Responsibility and Sense-making, *AI & SOCIETY*, Vol.38, No.6, 2023.
④ See Bryant Walker Smith, Andrey Neznamov, It's not the Robot's Fault! Russian and American Perspectives on Responsibility for Robot Harms, *Duke Journal of Comparative & International Law*, Vol.30, No.1, 2019.

责任类比适用于不是自然人的法律实体,例如人工智能机器人和数字设备。[①]玛丽亚·利普昌斯卡娅等学者认为,数字安全责任问题在本质上是责任分配的问题,与人类创造的任何其他发明不同,在其发展过程中,人工智能或者数字设备不可避免地获得了某些主观性特征。如果法律客体在任何情况下都不能成为责任主体(在没有法人资格的情况下),则根据法理学的一般做法,主体应对其行为负责。因此,即使出现了某些法律人格要素,至少也可以提出责任分配的理由。瑙莫夫认为,数字安全责任在深层原因上是人的责任。人工智能系统行为的刑事责任仍应归属于人类,前提是有法律规定的依据以及责任分配的条件。同时,除了对具体实施者追究刑事责任外,针对法人实体(如公司)的刑事责任措施也是合适的,尤其是因为人工智能机器人的开发和大规模引入通常与大公司活动有关。

国内关于数字安全法律责任的概念,主要指数字技术应用和管理过程中,由于责任主体(如政府、企业、个人等)违反了保障数字系统及应用安全运行的法定或约定义务,而必须承担的具有直接强制性、否定性、制裁性的第二性义务。根据《国家安全法》《民法典》《网络安全法》《数据安全法》《个人信息保护法》等数字安全领域的基础性法律规范,数字安全法律责任主要包括以下四个方面:其一,责任主体由于未尽到保护网络基础设施免受攻击的义务,影响网络服务的连续性和稳定性;或未尽到实施防火墙、入侵检测系统等网络安全措施义务,发生网络攻击和数据泄露等后果,从而承担的网络安全法律责任。其二,责任主体由于未尽到采取加密措施、使用匿名化技术等注意义务,在个人信息收集、存储、处理和传输的过程中,发生了未经授权的访问和泄露,从而承担的个人信息安全法律责任。其三,责任主体由于未尽到数据处理的规范化义务、数据安全的维护保护义务、数据安全风险评估与应急处置义务,造成大量数据泄露等严重后果,从而承担的数据安全法律责任。其四,责任主体由于未尽到在公共数据出境、公共数字设施建设、公共数据开放过程中的安全审查、安全保障、监督管理等义务,损害国家安全或社会秩序,从而承担的国家安全或社会安全责任。

---

① See Peter M. Asaro, Robots and Responsibility from a Legal Perspective, Proceedings of the IEEE, Vol. 4, No. 14, 2007.

二、数字安全法律责任的主要特征

如前所述,数字安全法律责任涵盖网络安全法律责任、个人信息安全法律责任、数据安全法律责任、国家或社会安全法律责任等,具有鲜明的体系性,其特征主要表现在以下三方面:

第一,责任主体的综合性。数字安全法律责任的主体是指违反法定或约定的义务,危害或可能危害数字安全,并具有责任能力因而必须承担相应不利后果的人。由于数字安全法律责任涵盖诸多内容,因而其责任主体显现出明显的综合性。正如有学者指出:"数字时代正推动一系列新的社会行动者进入相关场域,社会关系链条变得高度复杂,形成众多在法律上难以准确定位的综合性责任主体。"① 责任主体的综合性主要体现在以下两方面:一方面,责任主体类型的开放性,即其既包括自然人、法人、其他组织等私主体,也包括政府等公主体。例如,根据《网络安全法》,网络运营者、关键信息基础设施的运营者以及网络产品或者服务的提供者可能因未尽到网络安全保护义务,承担数字安全法律责任。而网络用户个人或其他组织也可能因未尽到遵守网络秩序的义务承担相应的法律责任。又如,根据《个人信息保护法》第66条、第68条、第70条的规定,只要在处理个人信息时未履行去标识化、匿名化等必要的个人信息保护义务,个人信息处理者、企业甚至国家机关,就都有可能成为数字安全法律责任的主体。而《个人信息保护法》还对某些特定主体,例如超大型平台经营者附加了个人信息保护的特殊义务,以对其进行有效的责任监管。② 再如,《数据安全法》也规定了开展数据处理活动或从事数据交易中介服务的组织、个人或者履行数据安全监管职责的国家工作人员,只要未尽到数据安全保护义务,就须承担相应作为或不作为的数字安全法律责任。另一方面,责任主体承担责任的分散性,即数字安全法律责任往往并不集中归于某一责任主体。理由在于,数字网络的多边共享模式决定了无论是将责任归于个人、企业或国家机关都可能出现责任空白的情况,难以令人信服。这种结构性分散的主体承担责任形式在实践中通常"依据主体的网络份额、利益与控制能力等标准,比例化地分配"③ 来实现。

---

① 余成峰:《数字时代隐私权的社会理论重构》,载《中国法学》2023年第2期。
② 参见林洹民:《人形机器人的操纵性风险及规范进路》,载《东方法学》2024年第3期。
③ 李姝卉:《数字时代隐私权保护的立法因应》,载《法学》2024年第3期。

第十五章 数字安全法律责任的属性

第二,违法行为与损害后果的技术性。违法行为指违法作为或不作为,与之有必然联系即直接因果关系的就是损害后果,二者共同构成法律责任认定的核心要素。① 这样看,数字安全法律责任中的违法行为,是指数字安全法律责任主体违反数字安全法律规范的作为或不作为,其产生的尚未现实化的危险或已经现实化的危害结果就是数字安全法律责任的损害后果。基于数字网络的飞速发展与数字技术的广泛应用,危害行为以及危害结果的技术化俨然成为一种必然趋势。② 因此,数字安全法律责任的违法行为与损害后果也呈现出技术性的显著特征。一方面,是违法行为的技术性,即责任主体利用数字技术、数字系统、数字平台等进行违反数字安全法律规范的作为或不作为。例如,在网络安全法律责任中,责任主体违反网络安全保护义务的行为主要表现为设置恶意程序、对网络产品或服务的安全缺陷、漏洞等风险未立即采取补救措施、使用未经安全审查或者安全审查未通过的网络产品或者服务等。这种以数字技术为基础实施的违法行为具有高度的隐蔽性与专业性,进而可能导致数字安全风险的提高与责任认定的复杂化。另一方面,是损害后果的技术性。正如有学者指出,数字技术的参与既能引起损害的量变,也能引起损害质变。③ 数字安全法律责任的损害后果就与传统法律责任的损害后果不同,更多呈现出难以量化、虚拟化、延伸化等技术性特征。首先,数字网络的"全域共通性"显著增强了数据、个人信息电子代码传播的广度与速度,责任主体都难以准确估量自身行为的损害后果,这意味数字安全法律责任违法行为的损害后果将难以量化。其次,在"虚实同构"的数字社会,数字安全法律责任中的违法行为大多发生在虚拟空间内,因而也大多造成虚拟的、非物质性的损害。例如,个人、组织未履行数据安全保护义务,开展不规范的数据处理活动,造成大量数据泄露的损害后果,就属于无形的虚拟性损害后果。最后,是损害后果的延伸化。不仅责任主体自身造成的损害后果将作为责任认定的基础,由其利用数字技术引起的他人造成的损害后果也将归责于引起者,其目的在于避免责任主体利用数字技术规避与其违法行为相匹配的社会危害性。

---

① 参见张俊杰:《法理学案例教程》,人民出版社 2009 年版,第 220 页。
② 参见张智辉、贺晨霞:《数字时代保护科技创新的刑法立法》,载《法治研究》2023 年第 4 期。
③ 参见林雨佳:《刑法司法解释应对新型科技犯罪的逻辑、立场与路径》,载《东方法学》2022 年第 3 期。

第三,责任形态的多元性。传统法学理论中,责任形态是指责任承担的具体方式与形式。根据不同的法律部门和违法行为的性质,责任形态大体可分为民事责任、行政责任与刑事责任。根据不同当事人之间责任分配方式的不同,责任形态可分为自己责任和替代责任、单独责任和数人责任等几种类型。在数字安全法律责任的语境下,无论是上述任何一种责任形态的分类,都表现出明显的多元性。一方面,根据不同法律部门和违法行为性质的分类,数字安全法律责任包括民事责任、行政责任、刑事责任,而非局限于某一特定的责任形态。原因在于数字安全违法行为往往既损害公共利益,又对私人利益造成威胁。例如,在数据安全领域,就有学者认为"数据信息损害的性质既含个人对数据合理控制的私益,也兼具数字社会生产安全的公共利益"①。从《网络安全法》《数据安全法》《个人信息保护法》等既有的数字安全法律规范中看,数字安全法律责任以行政法律责任为主,具体表现为行政罚款、责令改正、给予警告、吊销相关业务许可证或营业执照等。而当责任主体危害数字安全的行为造成他人损害时,也需要承担相应的民事责任。刑事责任则作为"最后一道防线",只有当责任主体的上述行为造成严重后果构成犯罪的,才适用刑事法律责任进行制裁与规制。值得注意的是,既有的数字安全法律规范对数字安全民事责任与刑事责任规定得较为概括、原则,需要援引《民法典》《刑法》的具体规定方能适用。例如,当数据处理者违反数据安全保护义务给他人造成损害时,无法只依据《数据安全法》第52条第1款"给他人造成损害的,依法承担民事责任"这一准用性条款进行归责,而必须援引《民法典》第1165条关于过错责任原则或过错推定原则的规定方能进行准确的责任认定。②另一方面,依据不同当事人之间不同的责任分配方式的分类,数字安全法律责任也具有多元性,涵盖自己责任和补充责任、单独责任和数人责任,其基础在于前述数字安全法律责任主体的综合性,即只有当责任主体处于不特定多人的状态下,责任形态才可能表现多元化的特质。例如,在数据泄露案例中,往往存在受害用户、提供数据服务者以及损害人这三方当事人,当提供数据服务者未尽到相应的数据安全保护义务且第三方损害人难以查找时,其要么因未尽数据安全保护义务而承担相应的过失侵权责任,要

---

① 张凌寒:《论数据信息损害的承认与救济》,载《中国法学》2024年第3期。
② 参见刘宇飞:《〈数据安全法〉视域下档案数据安全保护义务制度的规范化构建》,载《档案学通讯》2024年第1期。

么因故意侵权而与第三方损害人承担连带责任或承担全部责任。① 而在提供数据服务者与第三方损害人都明确时,往往由第三方损害人承担直接的自己责任,提供数据服务者则在未尽到数据安全保护义务即有过错的情况下,承担与未尽到数据安全保护义务的程度相匹配的补充责任份额。这事实上与传统物理空间的安全保障义务人需要承担相应的补充责任一脉相承。②

第二节 私法责任说与公法责任说

数字安全责任主要指数字技术应用和管理过程中,由于责任主体(如政府、企业、个人等)违反了保障数字系统及应用安全运行的法定或约定义务,而必须承担的具有直接强制性、否定性、制裁性的第二性义务。从域内分析,《新一代人工智能发展规划》《个人信息安全规范》《新一代人工智能治理原则——发展负责任的人工智能》《关于规范和加强人工智能司法应用的意见》《互联网信息服务算法推荐管理规定》《互联网信息服务深度合成管理规定》等大量的政策法规文件均提出了"安全可控"的人工智能治理目标,明确要求通过算法透明、算法设计、算法输出等具体规范建立公开透明的责任体系,实现算法的全流程监管。③ 从域外分析,欧盟的《人工智能法案》《通用数据保护条例》《算法问责及透明度监管框架》《可信人工智能伦理指南》以及美国的《电子记录系统和个人隐私》《公平信贷报告法》,均规定了技术持有者对于算法的义务要求。④ 这为数字安全责任说的论证提供了重要支撑。

一、私法责任说

私法责任通常指民事责任中的赔偿责任,其核心判断标准与公私法划分的标准相同,即调整对象是否为国家统治关系,是否有国家公权力的介入。⑤

---

① 参见解正山:《数据泄露损害问题研究》,载《清华法学》2020年第4期。
② 《最高人民法院关于审理人身损害赔偿案件适用法律若干问题的解释》(法释〔2003〕20号)第6条第2款规定,安全保障义务人有过错的,应当在其能够防止或制止损害的范围内承担相应的补充赔偿责任。
③ 参见许可:《驯服算法:算法治理的历史展开与当代体系》,载《华东政法大学学报》2022年第1期。
④ 参见马海群等:《美国数据与算法安全治理:进路、特征与启示》,载《信息资源管理学报》2023年第1期。
⑤ 参见孙文桢:《论私法与公法的区分标准》,载《中南大学学报(社会科学版)》2013年第4期。

因此,实践中通常是由受到侵害权利人的意愿决定是否追究责任主体的私法责任。换言之,私法责任追究以请求权为基础,法律规范仅仅是对责任进行确认,以保障私权利的实现。而数字安全法律责任在一定程度上满足私法责任的外观属性,但仍需对数字安全责任的法理基础、表现形式、理论困境进行深入探讨。

(一)私法责任说的法理基础

第一,数字安全责任具有私人性,排斥公权力的肆意介入,符合私法责任的基本属性。数字安全的核心要义是数字系统和谐稳定的运行状态与数字技术合理配置的使用状态。《"十四五"数字经济发展规划》指出,数字经济是以"数据资源为关键要素,以现代信息网络为主要载体,以信息通信技术融合应用、全要素数字化转型为重要推动力"的发展模式,决定了现有的数字系统、数字技术、数字安全资产大多由平台公司、互联网公司、科技公司等数字企业所开发、掌握、所有。可见,数字安全的平稳运行很大程度是由以数字企业为代表的多主体参与的,体现了数字安全的私人性,一旦出现危害数字安全的违法行为,可以请求违法主体承担相应的数字安全法律责任。此外,大部分数字系统、数字技术兼具商业秘密的身份,公权力盲目介入很可能造成数字安全风险的二次伤害,不利于数字安全的维护。例如,在数字平台安全风险治理中,政府若不遵循"适当干预""私法自治"原则,采取"强监管、重责罚"的过度管制模式,将导致数字平台的正常运行与自主创新受到阻碍,反而对数字安全造成损害。[①]综上,数字安全责任的私法性具有法理的正当性。

第二,数字安全责任具有规范性。基于数字安全的私人性,违反数字安全保护义务的行为必将对私人权益造成不同程度的损害,只有具有规范性,才能对同样行为做出同样的法律评价。以个人信息安全为例,公民的个人信息安全权益这项典型的私权利很可能在无形间被数字技术所侵蚀,使得公民的身份、位置、行为等个人信息都置于风险之中。数字技术纵向切入个体生活的加深,可能对人格尊严造成侵犯。在诸多私权利被侵蚀的情况下,公民寻求救济的最佳选择是请求违法主体承担相应的损害赔偿、赔礼道歉等私法责任,其理由在于不会出现重复评价,具体表现在以下两方面:一方面,"私法责任重在调整平等主体之间因民事行为而致的利益失衡状态,填补损害是其

[①] 参见董纪昌等:《数字平台自治的边界重构及政府监管策略研究》,载《中国科学院院刊》2024年第3期。

适用的主基调"①。因此,数字安全责任主体承担责任的边界应以其造成的损害为限,从而规避重复评价。另一方面,一旦适用公法责任,国家公权力很可能大范围、高强度地介入私人生活和私人领域,并在公力救济尤其是在刑事信息调取的过程中,对违法主体的人格尊严与自由发展造成不利影响②,进而出现重复评价。因此,私法责任说具有法理上的合理性。

第三,数字安全责任具有适用上的优先性。传统法学认为,私法责任较公法责任具有适用上的优先性,即"民法优先原则"。由于数字安全责任具有私人性,私法责任追究机制启动得更快。而公法责任作为一项更严厉的制裁措施,兼具报应与预防的功能,应当被严格限定在后置的范围内,这即是刑法谦抑性的要求,也是行政法对公权利必须遵循适当性原则的约束。只有当单独适用私法责任不足以对违法行为进行详尽的评价时,才考虑引入后置、升格的公法责任。正如有学者指出:"在民事法律关系已经理清,行为人存在违约或侵权等民事不法并需承担民事责任,且其行为社会危害性达到一定严重程度,已超出民事法律规制范围时,对该行为进行刑事评价才具有正当性。"③数字安全法律责任也是如此。一方面,违反数字安全保障义务,造成他人损害的行为,而社会危害性上并未达到需要公法规制的程度,此时需遵循"民法优先"原则,由损害人承担私法上的侵权损害赔偿责任,在实现填平损害的目的的同时,还可以节省公法救济资源;另一方面,司法实践在适用公法责任的情况下倾向于"以刑代民""打了不罚",过度追求裁判效果④,那么若在损害数字安全的案件中优先适用公法责任,极有可能忽视私法责任在保障私权方面的作用⑤,从而难以维护权利人的数字人权。基于上述两方面内容,数字安全法律责任的私法责任说具有法理上的必要性。

(二)私法责任说的具体内容

第一,数字安全法律责任是以私法义务的违反为前提产生的法律责任。结合私法责任理论通说与《民法典》第 176 条关于民事法律责任的一般规定,

---

① 单平基:《环境民事公益诉讼惩罚性赔偿的适用及规制》,载《政法论坛》2023 年第 6 期。
② 参见钱程:《个人信息刑事调取的适用限度与法律规制》,载《中国海商法研究》2024 年第 2 期。
③ 杨志国:《民法典时代:从"民刑交叉"到"民刑协同"》,载《检察日报》2020 年 12 月 3 日第 3 版。
④ 同上。
⑤ 参见〔美〕Robert C. Martin:《代码 整洁之道——程序员的职业素养》,余晟、章显洲译,人民邮电出版社 2016 年版,第 18 页。

可以知晓私法义务与私法责任的关系,即私法责任的产生必然以私法义务的违反为前提,私法义务的违反必然以私法责任的产生为后果。① 其中,私法义务分为当事人意定义务与法律规定的强制性义务;私法义务的违反分为作为的违反与不作为的违反。私法义务与私法责任的关系本质上体现了"原权利/救济权"的二分法,即作为救济的私法责任并不伴随原权利当然产生,而必须以原权利的受损为前提。由此可见,私法责任说下,数字安全法律责任是以作为私法义务的数字安全保护义务的违反为前提产生的法律责任。一方面,从《网络安全法》《数据安全法》《个人信息保护法》等数字安全法律规范看,我国数字安全立法已明确数字安全保护义务的具体内容,并通过规定数字安全保护的积极义务与消极义务,构建了相对完备的义务体系,进而较为完整地涵摄数字安全法律责任的救济范围。另一方面,现有的数字安全保护义务体系并未对相关主体履行数字安全保护义务的标准、程序性要求进行详尽的规范。② 为此,需要针对特殊的义务主体进行进一步的责任细化。例如,针对程序员提出"责任与义务""不行损害之事"等专业伦理要求。又如,针对数字平台设置必要的审核义务及特定的安全保障义务,以实现网络经营者责任的落实。

第二,数字安全法律责任是兼具补偿性与惩罚性的责任。补偿性是私法责任的基本属性,在一定程度上贯彻了私法公平原则,即补偿性私法责任的首要功能在于弥补权利人的损害和偿还权利人的财物,平衡受损的合法权益,而不过分苛责违法义务人。从归责原则的角度看,只要存在违反私法义务的行为,就需要承担补偿性私法责任,责任主体在主观上是否存在过错则在所不论。惩罚性是对补偿性的例外与突破,在填平损害的基础上,还要求对违反私法义务且存在主观过错的主体施加额外的加重责任,其目的在于加大违法成本,对他人起到警示作用,进而达到惩戒、威慑与警示的作用。虽然惩罚性私法责任往往以补偿性私法责任为前提,参照补偿性赔偿的计算标准,但由于二者在制度功能、目的方面的显著差异,惩罚性私法责任并不依附于补偿性私法责任。③ 换言之,惩罚性私法责任作为一种独立责任存在,与补

---

① 参见杨旭:《〈民法典〉第 176 条(民事责任的一般规定)评注》,载《法治研究》2024 年第 2 期。
② 参见邹东升:《加强数字安全预防性法治建设》,载《国家治理》2024 年第 8 期。
③ 参见张平华:《〈民法典〉上的惩罚性赔偿法定主义及其规范要求》,载《法学杂志》2023 年第 4 期。

偿性私法责任共同构成私法责任的完整功能面向。那么在私法责任说下，数字安全法律责任是兼具补偿性与惩罚性的责任。一方面，数字安全法律责任具有补偿性。众所周知，数字安全法律责任的根本目的在于统筹好数字安全与数字发展的关系。《网络安全法》《数字安全法》《个人信息保护法》等数字安全法律规范都明确体现了安全与发展的双重立法目的。[1] 因此，数字安全法律责任尽可能体现了公平原则，并不过分苛责违反数字安全保护义务人，通过赔偿性责任使得数字安全权利人所遭受的实际损失得以完全赔偿，从而在维护数字安全的同时，不过分打击数字创新与发展的积极性。另一方面，数字安全法律责任也具有惩罚性。随着数字经济的高速增长以及数字技术的迅速迭代，当前的数字安全风险形势已进入快迭代、高智能、全覆盖的新格局，网络犯罪的规模、范围、严重程度和复杂性提升。[2] 为将数字安全风险约束于可控范围内，不至于产生具有重大社会危险性与法益侵害性的社会安全风险与国家安全风险，数字安全法律责任广泛吸纳了惩罚性责任的内容，即通过对在客观上违反数字安全保护义务，并在主观上具有严重过错的主体施加额外的不利后果，来遏制严重损害数字安全的不法与犯罪行为。

第三，数字安全法律责任方式具有多样性，主要以财产型私法责任为主。私法责任方式是指行为人将承担与其所实施的违反法定义务或者约定义务行为，以及救济对方当事人相适应的私法责任的具体方法和形式。根据《民法典》第179条规定的十一种私法责任方式，通说观点将私法责任方式分为综合型私法责任方式、财产型私法责任方式以及精神型私法责任方式三大类。其中，综合型私法责任方式主要包括停止侵害、排除妨碍、消除危险；财产型私法责任方式主要包括返还财产、恢复原状、赔偿损失；精神型私法责任方式主要包括赔礼道歉、消除影响、恢复名誉。[3] 可见，私法责任方式具有多样性的特征。在司法实践中，私法责任方式以财产型私法责任为主，非财产型为辅。甚至，作为财产型私法责任的损害赔偿往往能与私法责任方式画上等号。[4]另外，上述私法责任方式往往可合并适用而不相冲突。那么，在私法责任说下，数字安全法律责任方式也具有多样性，主要以财产型私法责任为主。

---

[1] 参见张吉豫：《数字法理的基础概念与命题》，载《法制与社会发展》2022年第5期。
[2] 参见陆菲菲等：《数字时代安全科技价值报告》，载《智能社会研究》2024年第1期。
[3] 参见胡卫：《侵权责任方式类型与环境侵权责任方式选择》，载《理论界》2015年第6期。
[4] 参见冯珏：《我国民事责任体系定位与功能之理论反思》，载《政法论坛》2022年第4期。

一方面，数字安全法律责任方式具有多样性。例如，在信息安全案例中，行为人对他人的信息安全造成损害时，往往既要承担停止侵害等综合型私法责任，也要承担赔偿损害等财产型私法责任，更要承担消除影响、恢复名誉等精神型私法责任，其原因在于"个人信息安全得不到解决，将直接影响到个人的精神生活以及生命财产安全和社会稳定"①。换言之，只有通过多样性的责任方式，才能保障公民的个人信息排除外界的不法侵害与干扰，保持安全的状态，从而保证个人尊严这一终极目标得到维护。另一方面，数字安全法律责任方式主要以财产型私法责任为主。此外，财产型私法责任本身的通用性与有效性使得其具备最大限度填平权利人现实损害的优势。从现行法规范的实证角度看，《网络安全法》《个人信息保护法》《数据安全法》等数字安全法律规范中涉及财产型私法责任的条款也明显多于综合型与精神型私法责任的条款。因此，数字安全法律责任方式主要以财产型私法责任为主。

（三）私法责任说的理论局限

第一，诉讼时效限制。私法诉讼时效是指权利人经过法定期限不行使自己的权利，依法律规定其胜诉权便归于消灭的制度。从学界既有成果看，私法诉讼时效的目的在于督促权利人尽快行使权利，实现对法律关系和社会秩序稳定性的追求，对义务人信赖利益进行保护三个方面。② 可见，私法诉讼时效背后的立法目的与立法精神在于保护私法平等主体之间的权利，即权利人未在诉讼时效期间内请求义务人承担私法责任，就丧失了要求法院给予救济的权利。相应地，义务人就有权拒绝承担因违反私法义务而应承担的私法责任。但在数字安全法律责任案件中适用私法诉讼时效，很可能对合理的救济行为产生限制，最终违背其保护私法平等主体之间权利的根本目的。伴随新兴数字技术广泛应用于社会经济各个领域，各类侵害数字安全的行为具备强隐蔽性与强专业性等特征。"各种数字技术应用所搭建的全景敞视的在线控制系统已然成型且愈发隐蔽成熟。"③恰是这种强隐蔽性与强专业性产生了数字时代的"信息鸿沟"，使得权利人深陷技术壁垒，很难在第一时间察觉数字

---

① 谷镇：《大数据环境下个人信息安全问题研究》，载《情报科学》2021年第12期。
② 参见王泽鉴：《民法总则》，北京大学出版社2009年版，第492页；梁慧星：《民法总论（第五版）》，法律出版社2017年版，第248—249页；朱庆育：《民法总论》，法律出版社2016年版，第546—547页；张雪楳：《诉讼时效审判实务与疑难问题解析——以〈民法总则〉诉讼时效制度及司法解释为核心》，人民法院出版社2019年版，第11页。
③ 单勇：《从传统犯罪学到数字犯罪学的代际更新》，载《上海大学学报（社会科学版）》2023年第4期。

安全损害事实。而根据《民法典》第 188 条的规定，权利人向人民法院请求保护私法权利的诉讼时效期间仅仅为三年，加之权利人在数字安全损害中较义务人的弱势地位，势必造成"损害尚未发生，时效业已消灭"的不合理结果。

第二，证明责任分配失衡。证明责任是指诉讼中承担提出证据证明案件事实的法律上的义务。一般认为，证明责任包括行为意义上的证据提供责任，以及结果意义上的不利后果承担责任。[1] 因此，可认为证明责任本质上属于一种不利的风险负担，目的在于防止原告滥诉，对双方当事人的权利进行平衡，从而更好地查明案件事实，是私法平等原则的体现。基于此，《民事诉讼法》第 64 条确定了"谁主张，谁举证"这一证明责任分配的通常规则。但在例外情况下，为矫正由于形式平等造成的不公正状态，保护弱势当事人或受害人的实体权利，则实行证明责任的倒置，由提出主张的一方当事人就某种事由不承担证明责任，而由他方当事人就某种事实存在或不存在承担证明责任。而在数字安全损害案件中，数据、算法、黑箱、人工智能等具有专业性、壁垒性的数字技术的存在造成了权利人"取证举证难、周期长、成本高"的困境，因此在立法和司法实践中，往往采用证明责任倒置的分配规则，意图对权利人进行"强保护"。例如，《个人信息保护法》第 69 条第 1 款就规定："处理个人信息侵害个人信息权益造成损害，个人信息处理者不能证明自己没有过错的，应当承担损害赔偿等侵权责任。"该条款在明确个人信息侵权实行证明责任倒置的基础上，也确定了个人信息侵权追责的过错推定原则，对个人信息处理者进行较为严格的限定。

然而，在数字安全领域中适用证明责任倒置，虽能对权利人进行"强保护"，但也带来了证明责任分配失衡的困境，这主要体现在两个方面。一方面，对数字安全义务人来说，证明责任倒置意味着风险负担的加大，这种过分苛责并不利于数字经济社会的健康发展。以个人信息安全为例，"个人信息侵权的过错推定原则较好地保障了信息主体的权益，但也极大地加重了信息处理者的举证责任。在此背景下，若是不加区分地适用《个人信息保护法》第 69 条的过错推定原则，可能阻碍个人信息处理商业活动的规模化，无法契合《个人信息保护法》的立法精神"[2]。另一方面，证明责任倒置在数字安全

---

[1] 参见胡骁：《程序保障视角下证据调查请求权的理论构造》，载《法制与社会发展》2024 年第 1 期。
[2] 袁俊宇：《个人信息侵权责任的归责困境与消解路径》，载《数据法学》2023 年第 1 期。

领域中存在适用泛化的危险。众所周知,证明责任的倒置需要以法定基础事实为前提,适用证明责任倒置的情况、内容、类型都需要由法律明文规定。而实际中,现行的数字安全法律规范较为原则化、概括化,对证明责任的分配缺乏精细化的规定,法官对此享有过大的自由裁量权,从而出现证明责任倒置的适用泛化危险。

第三,责任救济不力。众所周知,救济是指纠正、矫正或改正已发生或业已造成伤害、危害、损失或损害的不当行为。基于此,对权利人或受害人进行救济成为责任追究的直接甚至首要目的。而私法责任恰是以个人责任承担与权益救济作为导向的。从权利人角度看,其可通过私法责任获得填补性的救济。从义务人角度看,其须承担以违反义务、造成损害限度内的私法责任。因此,私法责任的显著优势是其可最大限度平衡当事人双方的权利,高效化解纠纷矛盾。但数字安全领域,单纯适用私法责任即有可能出现救济不力的情况。一方面,救济对象狭隘。数字网络具有万物互联、信息互动的显著特征,一旦发生数字安全损害行为,其不仅将对个体造成损害,更可能弥散至整个群体,造成巨大的负面影响。数字时代信息处理的广泛性、互联性和复杂性,增加了个体风险的系统性趋势。① 面对具有弥散性、群体性特征的数字安全损害行为,私法责任救济对象的范围就略显狭隘,在功能层面局限于个体的数字安全利益填补,难以深入到群体层面,进行大规模、整体性的救济。另一方面,救济权益有限。数字安全涉及的不只有私人权益,更包括社会公共利益甚至国家利益。即使是具有鲜明隐私性的个人信息,也在大数据的推动下,日益呈现出公共产品的特征,排他性大大降低,从而与社会公共利益密切相关。② 在这种情况下,私法责任就难以直接对数字安全的社会公共权益进行直接性的保护。根据"社会公共利益是个人利益总和"的观点,私法责任至多能对部分数字安全的社会公共利益进行填补,而无法体系性地对其进行修复,因此导致救济权益的有限。

二、公法责任说

公法责任是相对于私法责任而言,在范畴上主要包含行政法律责任与刑

---

① 参见刘权:《风险治理视角下的个人信息保护路径》,载《比较法研究》2024年第2期。
② 参见高志宏:《个人信息保护的公共利益考量——以应对突发公共卫生事件为视角》,载《东方法学》2022年第3期。

事法律责任,依赖于公法规范的授权与国家强制力的保障。"公法责任一般必须由国家强制力进行追究,'不得由个人之间的协议而变更',而公法责任的承担方式不因当事人意志的转变而改变,行为人必须遵从法律规定的方式来承担法律责任。"[①]公法责任说在一定程度上满足公法责任的属性外观,需对数字安全责任的法理基础、表现形式、理论困境进行深入探讨。

(一)公法责任说的法理基础

第一,数字安全责任具有公共性,在责任追究上需以国家强制力作为保障。随着元宇宙、区块链、虚拟现实等数字技术造就了线上—线下、数据—物理的双重空间架构,新兴的数字安全保障的重要性与日俱增。依据数据主权理论,数字安全俨然与传统的物理安全共同构成了国家安全的重要基础。"数据主权的有力保障是确保数据安全、网络安全、国家安全以及维护国家主权的要义所在。"[②]由此可见,数字安全本质上是关乎国家基本安全利益的非传统安全。我国既有的数字安全法律规范也明确了数字安全对于国家基本安全利益的重要战略地位。例如,《国家安全法》第25条指出,维护国家网络空间主权、安全和发展利益。又如,《网络安全法》《数据安全法》《个人信息保护法》在总则部分分别明确了维护网络、数据、信息主权与安全的立法目的。基于国家基本安全利益的内核,数字安全在本质上必然具有公共性,而非私人性。但正是数字安全具有的公共性加剧了数字领域的公共风险,从而使得违反数字安全保护义务的行为往往超出个体风险承担者直接的理解和控制,难以仅通过没有公权力介入的市场机制就得到有效规制。[③] 因此,对数字安全的公共风险进行责任追究与权利救济需要以国家强制力作为保障,从而符合公法责任的构造。其中法理上的正当性就在于:一方面,对侵犯法秩序的公共风险进行防控是国家机关公法职责之所在。另一方面,作为国家强制力的公法规范在内部视角上具有正义价值,在外部视角上具有政治之维、经济之维和社会之维,发挥着规范和调整公共治理关系与公共服务关系的重要功能。[④]

---

① 徐楠轩:《在自由与秩序之间——私法、公法与经济法责任制度的价值辨析》,载《南华大学学报(社会科学版)》2005年第4期。
② 孙宇:《国家数据管理体制构建的历程、逻辑与图景——以国家数据局的组建为视角》,载《中国科技论坛》2024年第6期。
③ 参见张吉豫:《数字法理的基础概念与命题》,载《法制与社会发展》2022年第5期。
④ 参见袁曙宏:《统一公法学的基本理论架构》,载《法学论坛》2007年第4期。

第二，适用公法责任才不至于出现空白评价。诚然，"数据安全是公共秩序与社会管理秩序的安全，因为无论是计算机系统犯罪还是纯正网络犯罪，其侵害的均是计算机系统数据安全运行管理秩序和网络安全管理秩序"①。一旦发生数据泄露、丢失等数据安全事故，首先受到侵害的，必然是社会公共利益甚至国家利益。在这种情况下，将违反数字安全保护义务人的责任范围限定在私法范围，显然不妥。只有适用公法责任，才不至于产生评价空白。一方面，公法责任重在对行为人的主观不法与行为不法进行惩罚性、禁限性的制裁，以救济受损的公共社会秩序与国家利益。数字安全领域通过适用刑事罚金和行政罚款等公法责任，有效弥补了私法责任在公共领域的评价空白，对社会公共利益与国家利益进行合理的补偿与救济。另一方面，从功能主义的视角看，公法责任是一种补充性、二次性或者后置性的法律责任，即当前置的私法责任难以完备地评价某一行为时，才由公法责任进行补充性的评价。在数字安全领域，私法责任只能对个体的数字安全权利进行填平性的补偿，而无法救济群体性的社会公共利益、国家利益，这就需要公法责任作为补充，避免在评价结果上出现"过罚不相当"的情形。

第三，数字安全公法责任具有预防性和威慑力。众所周知，制裁与预防是公法责任的一体两面。其中，制裁是指国家公权力对违反公法规范的相关主体强制性施加法律责任，使其承受较为不利的后果，以示惩罚。预防是指通过制裁，对潜在不法行为人形成威慑，预防其实施犯罪活动，或者预防当事人再犯。可见，制裁与预防二者相辅相成。制裁以预防为目的，预防以制裁为内容，从而"有效地教育不法行为人，引导人们的正确行为，预防和遏制各种违反公法规范行为的发生，保持公法秩序的良好状态"②。在数字安全领域，通过适用公法责任，即可获得私法责任难以替代的威慑力，从而在事前预防违反数字安全保护义务的行为。一方面，适用公法责任可预防当事人再犯。由于"数字信息的使用成本低，数字信息的复制和使用成本接近于零"③，违反数字安全保护义务的行为往往成本低廉，行为人即使被请求承担私法责任，也并不会产生太多负担，仍有较大可能再次实施违反数字安全保护义务

---

① 阎二鹏、马光远：《数据犯罪的教义学限缩：基于数据使用权法益的证立》，载《北方法学》2024年第4期。
② 徐以祥、梁忠：《论环境罚款数额的确定》，载《法学评论》2014年第6期。
③ 吕勇斌、郭懿晨：《分好蛋糕：数字金融如何促进收入平等》，载《中南财经政法大学学报》2023年第4期。

的行为。而通过公法责任对其进行制裁，即可加重违法成本，对当事人产生威慑，使之"再犯不敢""再犯不能"。另一方面，适用公法责任可预防潜在实施违反数字安全保护义务的行为。违反数字安全保护义务的行为往往具有从众性、群体极化等特征，私法责任救济显得乏力。而适用公法责任将会产生更强的威慑性，从而有效预防数字安全风险。

（二）公法责任说的表现形式

第一，数字安全法律责任是以客观上存在公法义务的违反，以及主观上存在过错为前提产生的法律责任。一般认为，公法责任的承担不仅要求行为人在客观上违反公法义务，还要求在主观上存在过错，即公法责任是公法义务违反的必然结果。公法义务强调个人和国家或者社会的关系，均具有较强的国家性和社会性，义务的违反直接构成对国家公权力或社会整体利益的漠视和挑衅。"公法责任产生于'道义'，着重考虑行为动机的'善'与'恶'，其中夹杂着浓厚的道德色彩和价值判断。"[1]公法责任承担的范围较私法责任更为狭窄，"主观过错是以刑事责任为主体的公法责任的必备要件，而在民事领域，只有在过错责任中，主观过错才是必备要件，无过错责任和公平责任都不需要行为人主观上有过错"[2]。在公法责任说下，数字安全法律责任不仅要求行为人在客观上违反数字安全保护的公法义务，还要求其在主观上具备未履行数字安全保护义务的过错。一方面，承担数字安全法律责任的，需要具有数字安全保护的公法义务。尽管既有的数字安全法律规范未明确指明数字安全保护义务的公私属性，但因违反义务而需承担的法律责任形式则具备明显的公法属性。例如，我国《数据安全法》第45条明确指出，违反数据安全保护义务的，由有关主管部门责令改正、给予警告、处以罚款等，可见数据安全保护义务显然属于公法义务。另一方面，承担数字安全法律责任，需要主观上具备未履行数字安全保护义务的过错，即数字安全法律责任本质上是一种过错责任，当行为人不具有过错时，就无须承担基于道义产生的公法责任，也符合公法介入所必需的审慎与谦抑原则。数字安全法律责任的这种过错责任原则在既有立法例中也有体现。例如，《网络安全法》正式确立了以"发现"为前提的过错责任原则。

第二，数字安全法律责任是以维护和增进社会总体数字安全为目的的法

---

[1] 李义松、杨子欣：《论污染场地修复行政责任的认定》，载《行政与法》2017年第5期。
[2] 李拥军：《法律责任概念的反思与重构》，载《中国法学》2022年第3期。

律责任,具有公益性与宏观引导性。例如,《网络安全法》《数据安全法》第1条分别指出,其立法目的是"保障网络安全,维护网络空间主权和国家安全、社会公共利益,保护公民、法人和其他组织的合法权益,促进经济社会信息化健康发展",以及"规范数据处理活动,保障数据安全,促进数据开发利用,保护个人、组织的合法权益,维护国家主权、安全和发展利益"。一方面,数字安全法律责任具备一般公法责任的惩罚性,加重了违法成本,可在事前遏制和预防未履行数字安全保护义务的行为,从而维护和增进了社会总体数字安全。另一方面,数字安全法律责任也具备一般公法责任的教育性。例如,《数据安全法》第44条指出:"有关主管部门在履行数据安全监管职责中,发现数据处理活动存在较大安全风险的,可以按照规定的权限和程序对有关组织、个人进行约谈,并要求有关组织、个人采取措施进行整改,消除隐患。"这显然发挥了数字安全法律责任的教育性,通过相对柔性的手段实现以维护数字安全为目的的宏观引导。

第三,数字安全法律责任是以行政法律责任为主要方式的法律责任。例如,《数据安全法》第六章"法律责任"的大部分条款都直接、明确指出违反数字安全保护义务需承担的具体的行政法律责任,而仅仅通过第52条这一援引条款,提供违反数字安全保护义务需承担其他法律责任的裁判可能性。上述的行政法律责任,"既涵盖作为柔性监管方式的行政约谈;也包括旨在纠正违法行为的责令改正、责令整顿等行政命令;还包括警告、罚款、吊销许可证或营业执照等具有惩罚性的行政处罚措施"[1],呈现出明显的合理配置性与梯次性,根据违反数字安全保护义务人行为的损害后果严重与否、主观过错大小,分别适用不同的行政法律责任方式,以实现过罚相当。而在诸多的行政法律责任方式中,最为核心的"行政处罚",理由在于"行政处罚本质特征在于惩戒性,这是公法责任的核心精髓"[2]。公法责任说下以行政法律责任为主的责任方式,使得数字安全法律责任的承担具有明显的行政机关主导性。这与强调意思自治的私法责任说存在本质区别,其高度依赖于行政机关的主动履职、主动监督与主动审查,由政府直接对违反数字安全保护义务的主体进行约

---

[1] 刘宇飞:《〈数据安全法〉视域下档案数据安全保护义务制度的规范化构建》,载《档案学通讯》2024年第1期。

[2] 章志远:《行政法学总论(第二版)》,北京大学出版社2022年版,第260页。

谈、处罚或责令其停止侵害,进行整改等,具有行政强行性与命令性。这种以行政机关为主导的公法责任模式有利于发挥政府行政监管职能,提高维护数字安全的效率,节省司法成本。

(三)公法责任说的理论困境

第一,公法责任说可能无法统筹数字发展与数字安全的关系。数字发展与数字安全的关系是数字时代的核心命题。通常认为,二者之间的关系是一种辩证关系,二者如"一体之两翼、驱动之双轮"。习近平总书记指出:"网络安全和信息化是相辅相成的。安全是发展的前提,发展是安全的保障,安全和发展要同步推进。"[1]数字安全理念是数字发展理念的基础红线[2],即"数字安全是数字中国建设和数字经济发展的重要基础"[3]。数字发展理念是数字安全理论的保障与目的,即以数字化的创新发展和高质量发展为数字安全提供技术保障与价值指引。在公法责任说下,数字安全法律责任很可能无法统筹数字安全与数字发展的关系,即对数字安全过分偏重,忽视了对数字发展的保障维护。惩罚和制裁是公法责任的首要功能,这意味着公法责任将对未履行数字安全保护义务的人施加严苛而沉重的负担,其既可能是财产性的罚款,也可能是人身性的拘留、监禁。这种形式本意是利用严密的规制网对数字安全进行完备的保护,但实际上不利于引导和实现数字善治,即忽视对数字发展的保障维护。过分严苛的公法责任可能形成"寒蝉效应",抑制相关主体的积极性,从而不利于营造数字创新、发展的良好市场环境。正如有学者指出:"数字经济立法过度重视风险防范,导致治理权限主要集中在政府手中,规制型制度远多于激励型制度,数字经济执法过于严格,司法对新型数字产权保护不够积极,这些现象不利于促进数字经济高质量发展。"[4]

第二,数字安全法律责任可能无法直接对受损害的数字安全利益进行填补。众所周知,"公法责任重在禁限与惩罚,缺乏对损害后果的消除和补救,

---

[1] 习近平:《在网络安全和信息化工作座谈会上的讲话》,载《人民日报》2016年4月26日第2版。
[2] 参见姚秀文、王燃:《刑事司法领域数据跨境流动规则的冲突与调和》,载《数字经济与法治》2024年第1期。
[3] 宋才发:《信息处理者处理个人信息的法律规制、法定职责与侵权责任》,载《学术论坛》2023年第5期。
[4] 王延川:《数字经济的立法模式选择与制度体系构造》,载《西北大学学报(哲学社会科学版)》2024年第4期。

往往出现即使行为停止、违法者遭受惩罚,受害状态依然存在的情况"①。公法责任作为一项事后的救济手段,往往无法直接对受损的利益进行填补,而只能通过对违反义务人的惩罚,进行间接性的救济。例如,对未履行网络安全保护义务人追究公法责任时,只能对其施以警告、行政罚款、暂停相关业务、停业整顿、关闭网站、吊销相关业务许可证或者吊销营业执照等措施。上述公法责任措施本质上是对未履行网络安全保护义务人的行为的评价,受损的网络安全利益则很可能仍处于缺乏保护的状态。此外,公法责任说下,数字安全法律责任的这种间接保护性使得相关权利人难以得到有效的救济,将降低个体的维权意愿,一定程度上提高了救济门槛,并形成恶性循环,更加不利于对受损害的数字安全利益进行填补。

第三,数字安全法律责任难以回收成本。一方面,公法责任的执行成本高。公法与私法不同,具有显著的强制性与命令性,因此公法责任的实施实际上非常依赖于行政机关的主动、积极介入。"如果国家机关工作人员在公法责任执行过程中懈怠履职、执法不力、滥用职权、徇私枉法或贪污腐败,公法责任就难以发挥作用或其作用就会大打折扣。因此,公法责任的执行通常还需要配备必要的权力监督机制。"②公法责任说下,数字安全法律责任就面临着执行成本高的问题。"依靠传统公法维护良好的网络秩序不仅会产生高昂的执法成本,并且其效果甚微。"③事实上,由行政机关主导进行责任追究,需进行一系列烦琐的流程,不仅耗时长,还可能由于行政机关的主客观原因而收益低下,使得法律责任的执行成本激增。例如,面对过分技术化、专业性的数字安全事故时,行政机关往往无能为力,难以进行有效审查和举证。另一方面,公法责任的维权成本高。公法责任的追究并非应当事人的请求就能随意启动,而需要事先对社会危害性、主观恶性等因素进行衡量。这虽然能避免公法责任的泛化,但也在一定程度上提高了公法责任的维权成本。公法责任说下的数字安全法律责任也是如此。例如,在个人信息安全领域,权利

---

① 巩固:《环境民事公益诉讼性质定位省思》,载《法学研究》2019 年第 3 期。
② 朱广新:《论生态环境侵权惩罚性赔偿构成条件的特别构造》,载《政治与法律》2023 年第 10 期。
③ 李柏松、陈玉佩、李有安:《自治与法治视野下网络平台自治规约的司法审查》,第二十二届中国科学家论坛会议论文集,2023 年。

人往往难以就单一的个人信息侵权要求违反个人信息安全保护义务人承担公法责任,而必须证明该个人信息侵权涉及面广,并造成了较为严重的损害后果,显然加重了维权成本。实践中,"由于个人信息侵权诉讼周期长、维权成本高、举证难度大以及单个受害方专业知识欠缺、权益受侵害程度低甚至达不到立案标准等原因,个人很难通过提起诉讼来救济自身权益"[1]。

第三节 数字安全法律责任的实现

遵照大陆法系公、私法二元划分的原则,针对数字安全法律责任属性的学术争论存在私法责任说与公法责任说两种观点。但无论是私法责任说还是公法责任说,都具有一些难以解释与应对的理论局限。然而,"公法与私法的界分并非绝对的,而是相对的、多元的,不能将两者完全割裂开来"[2]。因此,应当打破"'公法的归公法,私法的归私法',两者各自独立,互不介入"的观点,将"公法责任说"与"私法责任说"进行理论耦合,即通过公私法的并存、互补、协调、融通保护,实现数字安全法律责任的功能再造,从而筑牢数字安全保护的坚固屏障。

一、完善责任客体分类分级的保护模式

法律责任的客体指法律责任主体必为的行为(义务)所指向、影响和作用的对象,即受到侵害的权益(包括个人的、集体的、社会的和国家的合法权益)、法律关系和法律秩序。[3] 在以现实、实体、中心化为特征的物理社会场域下,传统法律责任关系中往往只具备公法或私法的单一化责任客体,可通过无差别的笼统措施进行保护。但随着数字时代的到来,数字社会日益呈现出原子化、微粒化的特征。"数字社会由于具有扁平化、破碎化和流动化特征而成为微粒社会。"[4]这意味数字社会的复杂性远超物理社会,与此相关的法律

---

[1] 华梓善、张安毅:《个人信息保护公益诉讼的制度检讨与规范续造——以〈个人信息保护法〉第七十条为中心》,载《河南财经政法大学学报》2024年第4期。

[2] 黄忠:《民法如何面对公法:公、私法关系的观念更新与制度构建》,载《浙江社会科学》2017年第9期。

[3] 参见张文显:《法律责任论纲》,载《吉林大学社会科学学报》1991年第1期。

[4] 付翠莲、王成涛、陈好:《"制度—技术—效能"视角下人大基层单元数字化改革的困境与优化路径》,载《人大研究》2024年第8期。

责任客体也具有分层化的特征,那么传统无差别的责任客体保护模式就不再具有广泛的适用性。因此,应当明确责任客体分类分级的保护模式,将公法责任与私法责任的优势结合起来,有针对性地对数字安全法律责任客体进行精细化的保护,以此实现数字安全法律责任。

(一)完善责任客体的分类保护模式

从逻辑上看,客体分级的基础在于对客体的分类。"受侵害的客体与对客体的侵害程度包含着许多变量因素,同一类的受侵害客体,所遭受侵害程度不同,保护等级也会有不同情况。不同类的受侵害客体,虽然法益性质轻重有别,但由于所遭受侵害程度也有轻重差别,也可能处于同一保护级别。"① 根据数据分类、个人信息分类等领域的经验,数字安全法律责任客体的分类需要以其属性、法律特征为标准,将其分为网络及网络基础设施、数据、个人信息三类。这种分类标准的优点在于,其可明确指出不同数字安全法律责任客体蕴含的不同法益类型。② 第一,网络及网络基础设施这类客体的保护主要是公法范围。因为此类客体所指向的网络安全法益具有明显的公共性与社会性。例如,作为网络基础设施的网络平台对于生产力的组织、生产要素的分配和流转、新业态的发展等,都具有重要影响,其准公共产品的特征日益明显。③ 因此,运用公法责任进行行为规制的保护具有合理性。第二,数据这类客体的保护范围处于公法与私法的重合范围。因为此类客体指向的数据安全兼具私人性与公共性。私人性来源于数据的财产属性与人格属性,使得其可高度精准且能指向具体的数据主体。④ 公共性则是由数据自然的共享性和自由流动性所决定的。"数据兼具'治理要素'与'生产要素'双重属性,具有公共效用和市场价值。"⑤因此,运用公法责任与私法责任进行惩罚与补偿的二元保护具有合理性。第三,个人信息这类客体的保护范围主要是私法范围。因为此类客体所指向的个人信息法益具有明显的私人性。众所周知,个人信息的本质特征就在于身份可识别性,那么个人身份、工作、家庭、财产、健康等各方面可精准指向某一具体自然人身份的信息即是个人信息。从这个

---

① 张勇:《敏感个人信息的公私法一体化保护》,载《东方法学》2022年第1期。
② 参见王哲:《数据分类分级刑法保护体系的具体建构研究》,载《法律适用》2024年第5期。
③ 参见刘权:《网络平台的公共性及其实现——以电商平台的法律规制为视角》,载《法学研究》2020年第2期。
④ 参见袁康:《金融数据治理的分层与耦合》,载《法学杂志》2024年第3期。
⑤ 胡丽:《需求导向下公共数据授权运营的实施困境与调整进路》,载《河北法学》2024年第8期。

角度看，正是个人信息的身份可识别性造就了个人信息法益的私人性，运用私法责任进行填平补偿的保护具有合理性。

(二) 完善责任客体的分级保护模式

在蕴含同一具体法益的数字安全法律责任客体内部，任何一种客体虽然都共享同一法益，但客体之间仍可能存在"质"的差异，即客体的重要性程度、风险性大小存在差异。这种重要性、风险性层面的差异会影响具体的责任形式与责任轻重。因此，应在上述客体分类基础上，进一步对客体分级，以实现一体化保护与法秩序的统一。根据客体在数字经济社会发展中的重要性高低以及识别风险的大小，可将其分为核心客体、重要客体与一般客体三类客体级别，针对性地采取强等级保护、次强等级保护、弱等级保护三种保护模式。首先是强等级保护。对于具有高度重要性与巨大安全风险隐患的核心客体，应强调其安全价值，强化防御性保护。通过公法责任或惩罚性私法责任，从事前的预防角度和事中的制裁角度进行严格规制，从而与其他保护等级的客体形成相区别的保护目的、保护手段与保护效果。其次是次强等级保护。对于具有较高重要性与较大安全风险隐患的重要客体，应当既重视其安全价值，也不偏颇发展价值，强化后发性保护。在一般情况下，重要客体由私法责任进行保护，只有当出现二次违法，或对社会公共利益或国家利益造成严重损害，即私法责任难以全面保护的特殊情况下，升格由公法责任进行规制。这需要对公私法责任的衔接程序、规则进行解释与细化。例如，2024年9月国务院出台的《网络数据安全管理条例》就设专章部署"重要数据安全"，细化了重要网络数据的处理者所负的安全保护义务，并在后续的责任条款中明确规定，重要网络数据的处理者"存在主动消除或者减轻违法行为危害后果、违法行为轻微并及时改正且没有造成危害后果或者初次违法且危害后果轻微并及时改正等情形的"，可以不予行政处罚，而单纯由私法责任进行保护。最后是弱等级保护。对于具有较低重要性与较小安全风险隐患的一般客体，应当更加重视其发展价值，强化自治性保护。对于一般客体，基本完全由以请求权为基础的私法责任进行保护，非必要不介入公权力，即应权利人的请求进行以填平损害为目的的补偿。

二、确立多元化的归责原则

在数字时代背景下，归责事由难以穷尽，归责情形也发生了较大变化，具备明显的数字化特征。因此,传统单一化的归责原则对于数字安全法律责任的事实基础已不再适用,亟须重塑数字安全领域的归责原则。正如有学者指出:"如何在数字经济发展的背景下合理确立归责原则,是需要立法者斟酌的重要问题。"①应当依据数字安全应用场景蕴含的具体风险与利益冲突,适用不同的归责原则。

(一)依据数字安全应用场景蕴含的具体风险与利益冲突适用不同的归责原则

利益平衡原则和场景化原则是数字安全法律责任认定和归结的主要原则。利益平衡原则指"当两种以上的利益不能兼得或相对立的价值发生冲突时,依据一定的原则和标准,确定某一或某些方面更为优越而放弃另外的方面"②。场景化原则是指将用户的个人信息权益保护置于共同体或某种特定的关系网中加以规制。坚持利益平衡原则和场景化分析,可从价值判断的视角,协调各方主体利益关系,实现法律责任的效果最大化。③ 在数字安全法律责任中需坚持利益平衡原则和场景化原则,依据数字安全应用场景蕴含的具体风险与利益冲突,适用不同的归责原则。在人工介入程度较高、技术化程度较低的数字安全场景中,本质上仍是人的行为在数字空间的映射与扩展,不存在较大的数字安全风险。这种情况下,可比照传统行为所对应的法律关系的归责原则进行处理。在人工介入程度低、技术化程度高的数字安全场景中,数字技术直接导致了损害的发生,此时需要依据数字技术产生风险的可知可控标准来确定归责原则的适用。对于知晓或应当知晓数字安全风险,并有能力对其进行控制的主体,应当适用无过错的严格责任原则。对于知晓或应当知晓数字安全风险,但没有能力对其进行控制的主体,应当适用过错推定原则,即只要主体不能证明自己在数字安全场景中不存在过错,就应当承担相应的数字安全法律责任。对于不知晓或不应当知晓数字安全风险,且没有能力对其进行控制的主体,应当适用过错责任原则,对其利益进行相对性的保护,不至于抑制数字发展的积极性。然而,值得注意的是,归责原则中"过错"的根本标准在于未履行或违反数字安全保护义务。因此,在责任分配

---

① 蒋新苗、罗凡:《数智审计法律责任的适用困境与纾解展望》,载《齐鲁学刊》2024年第3期。
② 孙谦:《构建我国刑事被害人国家补偿制度之思考》,载《法学研究》2007年第2期。
③ 参见李璐:《论利益衡量理论在民事立法中的运用》,中国政法大学出版社2015年版,第20页。

时,应当考虑到数字安全保护义务的履行应与主体的控制能力相匹配,若超出了当前应具备的控制能力,则不应对其加以苛责。此外,上述追责原则的认定并非一成不变、完全静态,在特殊情况下,应当在利益平衡的前提下,遵循公平原则适用合理的归责原则。

(二)根据责任性质和归责原则的不同,合理分配证明责任

归责原则的差异化会导致证明责任分配的不一致性。例如,过错责任和过错推定责任之间的区别,就是由权利人还是违反义务人承担违反义务人行为有过错的举证证明责任和举证不能的不利后果。在数字安全领域,也是如此。因此,应当根据归责原则与责任性质的不同,合理分配数字安全的证明责任。第一,若需承担的数字安全法律责任只具有私法层面的填平或补偿性质,且已适用过错责任的归责原则,就属于一般情况,适用"谁主张谁举证"的证明责任分配方式,由权利人证明损害后果与义务人违反数字安全保护义务的行为具有直接的因果关系,从而不会对义务人产生过重负担,影响数字经济发展。第二,若需承担的数字安全法律责任具有公法上的制裁性与惩罚性,且已适用过错推定责任的归责原则,就属于特殊情况,适用举证责任倒置,对义务人施加更重的证明责任,由其证明其行为与损害后果之间不存在因果关系,否则就要承担数字安全法律责任。这样一来,可减轻个人举证负担,鼓励权利人行使权利。第三,在已适用无过错责任的归责原则下,应当由权利人承担初步的证明责任,即其只要举证证明违反数字安全保护义务的行为与损害后果之间具有的泛在关联性,而无须对因果关系进行证成。但需要指出的是,上述证明责任的分配方式只是原则性的设计,在具体实践中,仍应依据具体情况进行判定。"数字损害案件在分配举证责任时,应当充分考虑个案具体情况,综合个案中法律关系性质、当事人举证能力、后果严重程度等因素确定。"[1]

三、构建复合型的数字安全责任体系

众所周知,数字安全保护是周期性、系统性的动态过程,涉及彼此关联的多主体、多场域、多情境。因此,数字安全法律责任体系的构建应当考虑责任主体的多元性、责任类型的多样性以及追责情况的多变性,以此形成融贯公

---

[1] 陈记平、宋思杰:《数字民事损害赔偿请求权法律适用问题研究》,载《法学前沿》集刊 2023 年第 3 卷。

私法的复合型数字安全法律责任体系。

（一）准确界定多元主体的数字安全责任等级

要构建融贯公私法的复合型数字安全法律责任体系，首先需准确界定多元主体的数字安全责任等级。纵观既有的数字安全法律规范，不难发现，在数据安全方面，存在数据管理者、运营者、处理者等责任主体；在网络安全方面，存在网络运营者、网络产品或者服务的提供者、电子信息发送服务提供者、应用软件下载服务提供者等责任主体；在个人信息安全方面，存在个人信息处理者、加工者、管理者等责任主体。而上述责任主体的共同特征就在于其都对数字安全承担一定的控制职责，且不同主体的数字安全控制职责也不尽相同。因此，在界定多元主体的数字安全责任等级时，应当依据主体的职责大小确定相应的责任等级。例如，《网络数据安全管理条例》就设立"网络平台服务提供者义务"专章，不仅规定了网络平台服务提供者自身应当履行的网络数据安全管理义务，还要求网络平台服务提供者应当通过平台规则或合同形式确定第三方网络数据安全管理义务，明确了其在网络数据安全管理方面具有重要职责，进而在后续的责任条款中对网络平台服务提供者提出了较高的要求。具体操作上，可通过数字安全风险评估系统量化各个主体职权行使的数字安全风险大小，并对照风险等级设置差异化的主体责任等级，其大体可分为高等级风险的责任主体、中等级风险的责任主体、低等级风险的责任主体。[①] 一般来说，主体的数字安全控制职责越大，履行的数字安全保护义务也越重，相应的数字安全风险也越高，因此需要认定其为高等级风险的责任主体，为后续的责任追究提供相应的依据。

（二）促进数字安全法律责任的位阶化、层次化、序列化配置

融贯公私法的复合型数字安全法律责任体系建构的核心措施在于促进数字安全法律责任的位阶化、层次化、序列化配置，形成民事责任、行政责任、刑事责任有机耦合的责任形式体系。一方面，确保数字安全法律责任的配置与责任主体的数字安全责任等级相匹配，以确保罚则谦抑、罪罚相当。对于低等级风险的数字安全责任主体，一般通过消除影响、赔礼道歉等综合型、精神型的民事责任予以化解，不应当由公法层面相对更为严厉的财产罚、行为罚予以追究。对于中等级风险的数字安全责任主体，可通过损害赔偿、惩罚

---

① 参见范为：《大数据时代个人信息保护的路径重构》，载《环球法律评论》2016年第5期。

性赔偿等财产型民事责任填平数字安全损害,不宜运用刑法、行政法的罪罚进行威慑与惩罚。而对于高等级风险的数字安全责任主体,只涉及公益的,由公法责任进行单独规制,私法责任不再参与;同时涉及私利与公益的,则需要私法、公法的多种责任类型予以并罚。另一方面,实现数字安全法律责任的公私衔接。数字安全法律责任的位阶化、层次化、序列化配置,本质上是公私法的衔接问题,只有公私法之间实现了有效衔接,方能对法律责任进行合理的区分配置,否则诸多的数字安全法律责任类型仍是"一盘散沙",难以统一在法秩序的规范框架下。既有的数字安全法律规范中就存在这种问题。例如,《数据安全法》只粗略地规定,在特定情况下,违反数据安全保护义务的主体,需要承担相应的民事责任、行政责任与刑事责任,而未将其细化。为此,在制度安排上,明确数字安全私法责任与公法责任的前后置关系:数字安全私法责任作为数字安全公法责任的前置程序,数字安全公法责任是数字安全私法责任的补充、后置程序。通过二次性违法、升格处罚、不法性统一判断等措施实现数字安全法律责任的公私衔接。只有在行为人存在违反数字安全保护的私法义务且属于二次性违法,或其行为社会危害性达到一定严重程度,已超出私法规制范围时,对该违反数字安全保护义务的行为进行升格处罚的公法评价才具有正当性。

(三)建构类型化的个案追责认定模式

数字技术的虚拟性、无形性与多元性决定了数字安全违法行为本身具有多样性、复杂性。"由于责任主体所处责任等级不同,故而各个等级的追责起点有所差异;但在同一责任等级之内,不同个案情况仍旧导致不同程度的责任承担"[1],因此应建构类型化的个案追责认定模式。宏观上,若主体的数字安全责任等级不同,则适用不同的数字安全责任追究类型。中观上,即使主体的数字安全责任等级相同,仍要依据个案的具体情况,灵活认定责任追究类型。具体来说,应当充分考虑个案下,违反数字安全保护行为的具体表现、构成、危害程度及社会影响等内容,综合权衡以认定最为合理的责任追究类型。微观上,要对个案中违反数字安全保护行为的具体表现、构成、危害程度及社会影响等内容进一步地细化,并设置相应权重,以此更加科学地认定应当采取的责任追究类型。例如,在信息安全中,《信息安全技术 信息安全事

---

[1] 闫静、吴太轩:《数字经济时代个人信息的公法保护——兼论公私法保护之耦合》,载《理论导刊》2020年第3期。

件分类分级指南(征求意见稿)》附录 A 规定,某个信息安全事件的严重级别取决于该事件的性质,而事件的性质又由故意性、目标性、时机、量级等诸多细节性因素构成。

典型案例

案例 1

2024 年 3 月 28 日,广州市某科技有限公司向荆门市公安局东宝分局举报,称有网民制作和售卖针对《某游》游戏的外挂程序。通过综合研判,办案民警掌握了制作、出售外挂的作者及多名出售外挂犯罪嫌疑人真实身份。2024 年 4 月至 7 月,荆门市公安局东宝分局民警辗转多地,将犯罪嫌疑人莫某等 6 人抓获,扣押涉案硬盘 6 个,手机 7 部,查明涉案资金 10 余万元。目前,犯罪嫌疑人均已被公安机关采取刑事强制措施,案件已移送起诉。

网警提醒:(1)增强法治意识。制作外挂者涉嫌违法,使用外挂也是为违法犯罪推波助澜,滥用也可能涉嫌犯罪,面临处罚。(2)积极举报违法行为。发现制售游戏外挂等违法行为时,应积极向网警部门举报,共同维护网络健康环境。

案例 2

2024 年 8 月 13 日,沙洋县十里铺居民王某在家中刷手机时,突然跳出一个网页弹窗。在好奇心的驱使下,他打开了这个弹窗,发现里面可以观看色情直播和同城约会服务。随后,王某在客服的引导下,下载了一款 App。客服告诉王某,只要他按照要求完成充值打赏任务,就能免费观看色情直播,而且会将本金全额返还,还会予以返利。信以为真的王某陆续向对方转账多笔,从几百元到几万元不等,最后共计被诈骗 33 万余元。接到报案后,沙洋县公安局第一时间采取紧急止付措施并对案件展开调查。通过分析研判,民警迅速锁定唐某、雷某两名嫌疑人。8 月底,民警先后辗转甘肃、广东等地将两名嫌疑人抓获归案,为王某追回被骗资金 20 余万元。

诈骗套路揭秘:(1)广泛撒网。诈骗分子借助互联网以及各类社交软件投放广告或链接,引诱受害人去点击链接或者下载 App,宣称能够观看成人直播,设下陷阱等待受害人上钩。(2)抛饵设套。诈骗以可提供同城约会或者免费观看成人直播作为诱饵,诱导受害人进行充值打赏任务或者购买服务,一步步将受害人引入诈骗的圈套。(3)骗局戳穿。当用户完成充值打赏任务后,却发现根本无法观看视频和直播,提现更是无从谈起。

问题与思考

1. 如何理解数字安全法律责任的概念?
2. 如何把握数字安全法律责任的特征?
3. 数字安全法律责任属性如何区分?
4. 数字安全法律责任是公法责任还是私法责任?
5. 数字安全法律责任如何实现?

延伸阅读

1. 〔美〕劳伦斯·莱斯格:《代码2.0:网络空间中的法律(修订版)》,李旭、沈伟伟译,清华大学出版社2018年版。

2. 丁晓东:《个人信息保护:原理与实践》,法律出版社2021年版。

3. 〔美〕海伦·尼森鲍姆:《场景中的隐私——技术、政治和社会生活中的和谐》,王苑等译,法律出版社2022年版。

4. 陈庄等编著:《数据安全与治理》,清华大学出版社2022年版。

5. 〔英〕罗杰·布朗斯沃德:《法律3.0:规则、规制和技术》,毛海栋译,北京大学出版社2022年版。

第十六章　数字安全法律责任的种类

> **法律故事**

　　在人类文明长达万年的演进和发展历程中,科学技术充当了推动文明升级的内生动力和根本驱动力,而生产工具和能源利用方式则是文明形态的外在表现和直观特征。如果说对人力、畜力的使用是农业文明的标志,对电力、磁力和化石能源的使用是工业文明的标志,那么对数字的使用是数字文明的最主要特征。最近十余年方兴未艾的云计算、大数据、物联网、金融科技与其他新的数字技术,在很大程度上已经摆脱工具理性的束缚,转而开始制约乃至型构人类社会的基本关系网络和组织形态。以网络为代表的现代科学技术的不断发展和深度社会化,正在全方位地改变着人类的社会面貌和生活,技术成为新的社会范式。如今,网上购物、在线教育等新业态快速发展,数字技术已融入各种生活场景,在不经意间改变着人们的生活方式。同时,智能巡检、数字工厂等新场景、新模式快速兴起,一大批传统企业纷纷"上云",加快数字化转型步伐。数字经济发展速度之快、辐射范围之广、影响程度之深前所未有,为经济社会持续健康发展提供了强劲动力。[①]

　　然而,在数字经济蓬勃发展的同时,广受诟病的"大数据杀熟",以及"信息茧房"、App偷听等问题也随之而来,数据隐私保护、数字平台可信度、产品安全问题等引发了人们的担忧。5G商用推进工业互联网发展,企业内外网关联增加了工业网络安全风险。

　　数字经济在突破传统生产要素流动限制、提升市场效率的同时,带来了不容忽视的信息安全问题。万物互联时代,数字安全越来越受到重视。2024年的《政府工作报告》强调,健全数据基础制度,大力推动数据开发开放和流通使用,做强做优做大数字经济。近年来,我国出台了《网络安全法》《数据安全法》《个人信息保护法》《国家网络空间安全战略》《关键信息基础设施安全

---

① 参见《探索数字安全中国方案》,https://m.gmw.cn/baijia/2022-08/05/35934298.html,2024年10月30日访问。

保护条例》等法律法规、战略规划，印发了《网络安全审查办法》《云计算服务安全评估办法》《汽车数据安全管理若干规定（试行）》等部门规章和规范性文件，数字安全法治基础不断打牢夯实。

第一节 数字安全法律责任概述

随着信息技术的快速发展与深度迭代，网络和信息化在推动经济社会发展、促进国家治理体系和治理能力现代化、满足人民日益增长的美好生活需要方面发挥着日趋重要的作用。2017年12月8日，习近平总书记在十九届中共中央政治局第二次集体学习时的重要讲话中指出，"大数据是信息化发展的新阶段"。2018年5月26日，习近平总书记在致2018中国国际大数据产业博览会贺信中重申，"全面实施国家大数据战略，助力中国经济从高速增长转向高质量发展"。数字技术的广泛应用，亦带来了数字安全问题。数字安全是指在数字时代与数字化相关的一切安全要素、行为和状态的集合，既包括保障数字经济的安全性，也包括将数字技术用于安全领域，其密切关系着经济发展安全、人民生命财产安全和国家安全，牵一发而动全身。习近平总书记在党的二十大报告中强调，"以新安全格局保障新发展格局"，体现了统筹发展和安全的根本要求，为我国数字经济发展和数字安全保障工作提供了根本遵循。

数字安全涵盖了多个领域，包括网络安全、数据安全、信息系统安全、基础设施安全、供应链安全、个人隐私保护、云计算安全以及移动安全等。其中，数据安全是数字安全的核心环节之一。在数字信息技术日新月异的发展趋势下，数据业已成为数字经济发展的核心生产要素，是国家重要资产和基础战略资源。数据具有爆发式增长、海量集聚、取之不竭等特征，不仅是数字经济的关键要素，而且已成为各经济体实现创新发展、重塑人们生活乃至国家经济社会发展的重要支撑和动力。数据安全包括数据处理安全、所涉及技术和基础设施的安全以及数据权属带来的安全。在全球合作日益密切的背景下，数据安全对于提升用户信心促进数字经济发展至关重要。当前数据价值愈加凸显，数据外泄、用户画像贩卖（如精准营销数据的滥用）、账户信息兜售等数据安全事件频发,个人隐私、企业商业秘密、保护数据安全风险与日俱增,给国家安全等带来了严重的安全隐患。从这个角度而言,保障数据安全,就是保护数字经济的基础和命脉。没有数字安全,数字治理也就无从谈起。

作为法学的基本范畴,法律责任在立法中始终占有重要的位置,责任问题又具有直接的司法意义:责任及其执行(制裁)涉及人们的财产、人格、自由乃至生命。① 也就是,因没有履行职责或义务而承担的不利后果或强制性惩戒。② 因此,数字安全法律责任既未脱离传统法学责任的范畴,又带有数字信息时代的新特点、新烙印。

其一,从法律责任的要素或特点角度看,数字安全法律责任属于法律预置义务,法律责任总是以法律有约在先为基本特点,法律的预置义务遂成为法律责任的首要要素。这实际上正是法不溯及既往原则的具体体现,没有前置的法定义务,就不得事后追究相应法律责任。而追究数字安全法律责任的前提是违反法定义务。这是一种事实状态,即违法性,是法律责任追究的客观前提。如果说法定前置义务是法律责任的规范依据、逻辑大前提,那么违反法定义务的事实就是追究法律责任的事实依据、逻辑小前提。此外,数字安全法律责任应具有可预见性。可预见性是法律作为社会成员共同行为规范的必需。法定的必然是可预见的,故可预见性就是法定性。法律责任的两大要素即前置义务与不利后果的法定性,派生出了法律责任的可预见性。数字安全法律责任具有强行性,违法者就其违法行为所承担,是具有强制性的法律责任。③ 任何法律责任都具有国家强行的特性,表现为:(1) 由带有强制性的法律规定;(2) 由国家强制力保证的有关国家机关来认定和追究;(3) 即使可以由当事人自行处理的法律责任,也是由潜在的国家强制力保障的因权利人申请有关国家机关执行而具有强行性。④

其二,从法律责任的承担角度看,数字安全法律责任的承担方式主要包括:(1) 惩罚(制裁);(2) 强制。这也是法律责任被动实现的两种手段。⑤ 制裁是法律责任的一种形式。法律责任及其内容意味着最终要实施法律制裁。

---

① 参见张文显:《法律责任论纲》,载《吉林大学社会科学学报》1991年第1期。
② 参见陈金钊主编:《法理学》,北京大学出版社2002年版,第240页。
③ 参见章若龙、李积恒主编:《新编法理学》,华中师范大学出版社1990年版,第401页。
④ 参见孙笑侠主编:《法理学》,中国政法大学出版社1996年版,第200页。
⑤ 参见陈金钊主编:《法理学》,北京大学出版社2002年版,第270页。

这是国家为确保法律之效力,对违法者所加之恶报和惩罚①,是以法律的道义性为基础,通过国家强制力对责任主体的人身、精神以及财产实施的最严厉的责任方式。法律责任承担中的强制系以法律上的强制性为基础,通过国家强制力对不履行义务的责任主体实施强制措施,迫使其履行义务的法律责任方式。功能在于保障义务的履行,实现权利,使法律关系正常运作。

其三,数字安全法律责任的价值。没有责任就没有完整的法律,更没有对法律的敬畏;没有对法律的敬畏,法律就没有尊严,更不会有对法律的自觉遵守。数字安全法律责任的功能,从形式上说是实现立法的宗旨或目的。法治给人的最直接印象,是法律的形式主义。法律首先追求形式上的公平,因为法治背后隐藏的一个基本规律是,通过实现形式公平,能够促成人类社会自发发展的可能性。数字安全法律责任的功能,从实质上讲是实现立法者所要提供的服务、福利或者秩序。法律责任作为法律运行的保障机制,是法治不可缺少的环节。

其四,数字安全法律责任的归责原则。法律责任的归结,简称归责,是对违法行为引起的法律责任进行判断、确认、追究以及免除的活动。② 归责原则,是认定和归结法律责任必须依照的标准和规则,即何等行为或结果应当承担何等后果,并就此确定其法律责任。③ 归责原则有两项基本功能:就法律责任设定而言,体现立法者的价值取向,是法律责任立法时应当遵循的指导性原则;就法律责任的实施而言,是指导法律责任具体适用的基本准则。归责原则主要可以概括为:责任法定原则、公正原则、效益原则。其中,责任法定原则属于设定原则,公正原则和效率原则属于适用原则。依照《民法典》第1165条和第1166条规定,确定民事责任的归责原则包括过错责任原则、过错推定原则和无过错责任原则。适用过错责任原则的是一般侵权民事责任;适用过错推定原则或者无过错责任原则须依照法律规定,即有法律特别规定的才可以适用,法律没有明确规定的不可以适用。④ 通常认为,数字安全侵权责任适用过错责任原则,一般不适用过错推定原则,更不得适用无过错责任原

---

① 参见蔡荫恩:《法学绪论》,三民书局1979年版,第142页。
② 参见孙笑侠主编:《法理学》,中国政法大学出版社1996年版,第194页。
③ 参见沈宗灵主编:《法理学》,北京大学出版社2000年版,第357页。
④ 参见杨立新:《个人信息处理者侵害个人信息权益的民事责任》,载《国家检察官学院学报》2021年第5期。

则。而《个人信息保护法》根据保护个人信息权益的特别需要,规定适用过错推定原则。

其五,数字安全法律责任的新特点。从安全特性上看,数字安全法律责任关注的违法事实由静态安全事实转为动态安全事实。当前数据安全犯罪或违法事实存在从静态安全向动态安全过渡的过程,在静态安全的法益模式下,法律规范注重按照数据类型实现对数据安全的保护,在动态安全的法益模式下,法律规范则注重对数据流动安全的保护。静态安全注重对数据类型的保护,只要完成对数据的个别化的保护,即可实现安全目的,而动态安全则强调对数据的流程和全生命周期的保护。这种变化的背后是因为数据在其共享流转利用过程中的安全风险也被不断放大,尤其是近年来,围绕数据泄露、数据权属纠纷、数据跨境流动展开的数据安全事件层出不穷,成为威胁公民个人信息安全、阻滞数据产业发展、引发国家安全风险的重大问题。① 从法益内涵上看,数字安全法律责任保护的法益由单一安全到多元安全。在信息化条件下,数据的价值获得充分开放,由此导致数据安全承载的利益开始多元化。近年来,除了传统渠道的数据泄露以外,医疗数据、政务数据、生物识别信息等高价值的敏感数据成为不法分子侵害的重点目标。政务数据不但具有较高的经济价值,还具有不菲的社会价值乃至国家安全价值,因而成为黑客分子侵害的主要对象。此外,医疗数据的价值开始凸显,这类数据泄露,极易诱发电信网络诈骗犯罪活动,且严重侵害患者隐私。为此,我国包括《刑法》在内的多部法律,专门对人类遗传资源等数据的出境作了规定。生物识别信息是另一类特殊的数据,它不但具有专属性、识别性,还具有可靠性、唯一性、不可替代性等特点,也正因如此,一旦泄露造成的损害也是不可逆的。此外,数据达到一定规模后会产生单个数据无法替代的价值。数据的价值并非来源于"额头流汗"和投入,大多数是来源于因为数据具有相当规模而具有的商业利益价值,只有突破一定的流量临界点,这种价值才有可能迸发出来。② 从风险规避角度看,数字安全法律责任涵涉个体安全到国家安全。数据的个体安全比较好理解,主要体现在大规模的数据泄露和个人信息倒卖

---

① 参见陈兵、胡珍:《数字经济下统筹数据安全与发展的法治路径》,载《长白学刊》2021年第5期。
② 参见梅夏英:《在分享和控制之间:数据保护的私法局限和公共秩序构建》,载《中外法学》2019年第4期。

上,这对个人的人身、财产与生命安全造成极大危害。2020年苏州警方破获的一起泄露、贩卖公民个人信息的黑色产业链,查获非法获取的各类公民个人信息数百万条。2022年6月,许多高校使用的学习通软件中的个人注册信息被泄露,涉及1.7亿条学生信息。数据安全不但关乎个人利益,还关乎国家安全。2021年7月,中共中央办公厅、国务院办公厅公开发布《关于依法从严打击证券违法活动的意见》。该意见提出,完善数据安全、跨境数据流动、涉密信息管理等相关法律法规;抓紧修订关于加强在境外发行证券与上市相关保密和档案管理工作的规定,压实境外上市公司信息安全主体责任。大型互联网企业掌握着大量的个人数据,且许多公司的业务与网络基础设施息息相关,如果对这些数据不加监管而任由其出境,将会对国家安全造成巨大危害。而西方国家正在利用自己的信息技术优势,加大网络空间的信息搜集和对他国数据的获取。我国的《网络安全法》和《数据安全法》的出台,标志着数据出境规则的基本确立。

第二节 数字安全法律责任的分类

法律责任体系,是不同分类方法区分的法律责任构建的概念体系及制度体系,是一国法律体系中针对不同行为设置的性质迥异、惩治力度有别的法律后果构成的系统,其互为补充、相互衔接的结构性设计,构成一张法网,囊括该法域内法律不容之行为。法律责任最主要、最基本的分类,是按照部门法界限,划分为私法责任和公法责任;进而结合违法行为性质划分为违宪、行政、刑事和民事责任。其中,民事或私法责任主要有违约、侵权责任等。公法责任特指为了从根本上更好地维护私权,在赋予公权力机关维护私权的义务、职责的同时,对私权享有者设立的有限的法定义务及违者的法律责任。[①]本节将数字安全法律责任分为刑事责任、民事责任及行政责任,并分别展开论述。

一、刑事责任

刑事责任是指违反刑事法律规定的个人或者单位,所应当承担的法律责

---

① 参见张越:《法律责任设计原理》,中国法制出版社2010年版,第28页。

任,即实施符合构成要件的违法行为人应承受的事先已预告的刑罚规范,亦即典型的刑罚法定主义。① 为了实现、维护和促进数字经济的高效、有序发展,各国在产业规划、政策指导、法律保障等各个层面出台大量政府性文件和法律规范,力图全方位为数字经济发展提供支持和帮助。促进数字经济发展也上升到了国家战略的高度,一方面,国家在正向促进、鼓励、支持数字经济的发展,为数字经济发展协调与聚集各类资源;另一方面,国家在反向扫除阻碍、制约数字经济发展的各类障碍困难、风险、隐患。在此背景下,数据安全获得了空前关注,由此也引发了刑法层面关于数据安全法益以及刑法应对思路的探讨。

(一)数字安全的罪名体系概述

刑法的任务是保护人类社会的共同生活秩序。在维护人类社会关系的和平秩序和保护秩序方面,刑法具有重要的意义。②"数字犯罪"是进入大数据时代才出现的概念,但是这不等于在大数据时代之前司法实践中就没有数字或数据犯罪,而是该类犯罪依附于其他犯罪,并服从于其他犯罪的法益类别与规范目的。

数字安全的罪名体系可以分为以下两类:第一类是计算机犯罪罪名体系,即附属于系统安全的数据类别。《刑法》第 285 条第 2 款非法获取计算机信息系统数据、非法控制计算机信息系统罪要求"获取该计算机信息系统中存储、处理或者传输的数据",第 286 条第 2 款破坏计算机信息系统罪要求"对计算机信息系统中存储、处理或者传输的数据和应用程序进行删除、修改、增加",这两个罪名构成了对计算机信息系统数据保护的主要罪名。

第二类是直接侵犯数据或信息安全罪名体系,即附属于对企业数据或个人信息的保护类别。商业秘密是指不为公众所知悉,具有商业价值,并经权利人采取相应保密措施的技术信息、经营信息等商业信息。《民法典》第 123 条明确将商业秘密列为知识产权的客体。商业秘密是企业的核心资产,是企业竞争力的集中体现,一旦泄露,将会给企业造成巨大损失甚至会导致企业破产,因而我国从《反不正当竞争法》再到《刑法》,建立了一套针对商业秘密

---

① 参见冯军主编:《比较刑法研究》,中国人民大学出版社 2007 年版,第 1 页。
② 参见〔德〕汉斯·海因里希·耶赛克、托马斯·魏根特:《德国刑法教科书》(上),徐久生译,中国法制出版社 2017 年版,第 1 页。

的保护制度。侵犯公民个人信息罪是《刑法修正案（七）》增设、《刑法修正案（九）》修改的罪名，其立法初衷是应对公民个人信息的大规模泄露导致的对公民合法权益的损害，以及遏制后续的电信网络诈骗犯罪等行为。公民个人信息是数据的重要类型，因而本罪也是数字犯罪体系的组成部分。

（二）个人信息安全的刑法规制

在当前的网络时代，互联网已经深度嵌入生活，在网络深度渗透社会生活的背景下，社会公共领域与个人私生活领域的界限逐步模糊，其黏合剂就是公民个人信息。不仅是我们日常的行为需要运用各种个人信息，网络平台的日常运作也需要合法运用我们的个人信息，在此过程中，公民个人信息存在泄露、滥用等各种重大风险。当前《民法典》《网络安全法》《个人信息保护法》等各种法律、行政法规、部门规章等开始建立系统性的公民个人信息保护的法律体系，其中也包括《刑法》的侵犯公民个人信息罪。

2017年《最高人民法院、最高人民检察院关于办理侵犯公民个人信息刑事案件适用法律若干问题的解释》明确了公民个人信息的概念范围以及具体的定罪量刑标准，其第3条第2款规定，"未经被收集者同意，将合法收集的公民个人信息向他人提供的，属于刑法第二百五十三条之一规定的'提供公民个人信息'，但是经过处理无法识别特定个人且不能复原的除外"，体现了信息匿名化的处理规则，为数字经济时代数据的合法流转和利用释放了法律空间。匿名化的处理规则也得到了《网络安全法》第42条和《个人信息保护法》第4条的确认。

公民个人信息的类型多样，包括个人姓名、家庭住址、社会关系、健康生理信息、财产信息等不同种类，其中有些信息一旦泄露可能会诱发后续的电信诈骗犯罪、绑架罪、敲诈勒索罪等犯罪。数据分类分级保护制度要求对承载国家安全与公共利益的重要数据进行重点保护[①]，《数据安全法》第21条规定了数据分类分级保护制度，《个人信息保护法》第28条规定了敏感个人信息。而《最高人民法院、最高人民检察院关于办理侵犯公民个人信息刑事案件适用法律若干问题的解释》业已根据不同的信息类型设定了差异化的入罪量刑标准，其第5条规定："非法获取、出售或者提供公民个人信息，具有下列

---

① 参见刘双阳：《论数据处理者的重要数据安全保护义务及刑事责任》，载《北京社会科学》2022年第6期。

情形之一的,应当认定为刑法第二百五十三条之一规定的'情节严重':……(三)非法获取、出售或者提供行踪轨迹信息、通信内容、征信信息、财产信息五十条以上的;(四)非法获取、出售或者提供住宿信息、通信记录、健康生理信息、交易信息等其他可能影响人身、财产安全的公民个人信息五百条以上的;(五)非法获取、出售或者提供第三项、第四项规定以外的公民个人信息五千条以上的……"按照该解释,个人信息设定了三种类型,并且规定了差异化的量刑标准。差异化的量刑标准强化了特殊信息的保护,与其社会危害性相适应,同时体现了数据分类保护的思想。

典型案例 李甲、杨某等提供侵入计算机信息系统程序、工具案,侵犯公民个人信息案

2015年年初,被告人李甲在网上创立"某啊答题"平台,后与被告人杨某合作,由杨某提供图像识别客户端,有偿为接入平台的软件提供批量识别验证码服务。被告人张甲、林某、陈某等众多软件开发者在编译出具有批量登录腾讯QQ账号功能的软件后,将软件接入被告人李甲提供的"某啊答题"平台的对外接口。软件通过平台接入的图文验证码识别技术,能快速、批量实现对腾讯公司服务器下发的图文验证码的识别,从而顺利完成腾讯QQ账号密码的验证及账号的登录。后众多软件用户以向"某啊答题"平台充值的形式有偿使用前述程序工具,并通过运行前述程序工具侵入腾讯公司的服务器,批量验证腾讯QQ账号密码的一致性以及登录账号以获取账号内信息。

2016年至2017年间,被告人李乙通过网络购买等方式获取大量QQ账号密码形式的数据,后加价出售给被告人郑某、曾某等人获利,被告人郑某、曾某利用软件再次对数据进行账号密码匹配后用于网络推广。在此期间,被告人张乙、胡某等人通过网络购买等方式获取大量QQ账号密码形式的数据,并利用软件批量进行账号密码匹配并出售获利。

本案的争议焦点之一是QQ账号密码是否属于公民个人信息的问题。在判决理由中,法院认为QQ账号密码数据本身不具有个人信息的特征,但QQ账号密码数据的价值不在于数字本身,而在于获取匹配的QQ号密码等同于掌握与账号关联的注册认证信息、好友资料、空间动态等信息。上述信息能够直接与特定自然人关联,反映特定自然人的活动情况、财产状况等。

本案裁判要旨为：QQ账号密码的数据本身不属于个人信息，但获取经过匹配的QQ账号密码，等同于掌握与账号关联的注册认证信息、好友资料、空间动态等信息，后续信息直接与特定自然人相关联，属于个人信息。

（三）企业数据安全的刑法规制

在网络时代，通过网络侵犯商业秘密的行为也屡见不鲜。侵犯商业秘密罪规定在我国《刑法》第219条。此外，随着OA办公等系统的普及和运用，企业的商业秘密多以数据的方式存储在计算机信息系统中，这就形成了以数据形式体现的商业秘密。数据化的企业信息虽然能提升企业的办公效率以及优化整体的企业竞争力，但是也给企业数据的保密和安全带来巨大挑战。因为企业进行数据化的不仅包括商业秘密，还包括其他类型的数据，诸如结构化数据与非结构化数据、外部数据与内部数据等，企业据此建立自己的完整的数据资产，也就是资产数据化。而企业数据的类型和种类繁杂，除了属于商业秘密的数据之外，还有大量的非商业秘密的企业数据，这类数据同样对企业具有巨大的商业价值，但是因为不属于商业秘密而无法纳入侵犯商业秘密罪的框架中。类似的问题还有政府掌握的"国家机密""情报"以外的其他数据，目前也无对应罪名处罚。

（四）保护计算机管理秩序和网络秩序的刑法规范

前者包括非法侵入计算机信息系统罪（第285条第1款），非法获取计算机信息系统数据、非法控制计算机信息系统罪（第285条第2款），提供侵入、非法控制计算机信息系统程序、工具罪（第285条第3款），破坏计算机信息系统罪（第286条第1款）；后者包括帮助信息网络犯罪活动罪（第287条之二）。刑法规定的这些犯罪，可以用来惩治破坏数据安全的手段行为，因为数据的存储、处理等都依赖于计算机信息系统，非法取得、篡改、销毁数据等行为直接表现为计算机信息系统的非法侵入、非法控制或者侵入后获取数据。同样，数据的传输、远程进入等，都可以通过网络来实现，因而为他人实施信息网络犯罪活动提供数据处理服务的，就可以根据帮助信息网络犯罪活动罪定罪处罚。以这类刑法规范应对破坏数据安全的犯罪，存在三点不足：(1)这类刑法规范只能对数据安全提供间接的保护，因为这类犯罪的行政违法性主要涉及对计算机信息系统安全进行规制的法律和行政法规，如《计算机信息系统安全保护条例》,而不是对数据安全进行规制的法律(包括《数据安全法》)和行政法规。(2)这类犯罪被归类为扰乱公共秩序的犯罪,因而其保护客体并不包括数据权益人的财产权利或者其他商业利益。以这类犯罪追究行为人的刑事责任,对被害人的利益并未给予确认,被害人也无法依照附带民事诉讼主张其权益并取得赔偿。(3)这类犯罪的法定刑总体上较低。当行为人以非法获取计算机信息系统数据等方式取得数据或者利用、销毁数据,造成破坏数据安全严重后果的,以这类犯罪定罪量刑,而从行为人所造成的损失等危害后果看,以这类犯罪定罪处罚,会存在一定的不均衡现象。①

二、民事责任

民事责任是指由于违反民事法律、违约或者由于民法规定而应承担的一种责任。② 随着信息化与经济社会持续深度融合,网络已成为生产生活的新空间、经济发展的新引擎、交流合作的新纽带。但是,网络是一把双刃剑,在带来益处的同时,也随之出现了新的问题:在使用网络的过程中个人信息被数字化,伴随着网络技术快速提升,在大数据面前,每个人都仿佛是"透明人",这意味着泄露个人信息的风险大大提高。目前,我国对于违反保护个人信息规范所应承担的民事责任在《数据安全法》《个人信息保护法》等法律法规中都有相关规定。

(一)《数据安全法》中的民事责任

《数据安全法》规范下民事责任的范围主要包括两个方面。首先,从事数据相关业务活动的企业应当对未按规定采取必要的安全措施而导致的数据安全事件承担民事责任。根据《数据安全法》第 4 条的规定,从事数据相关业务活动的企业应当建立健全综合安全保障体系,采取必要的技术措施或其他措施保护数据安全。当企业未按规定采取必要的安全措施而导致数据安全事件发生时,企业应当承担民事责任。其次,破坏数据安全的个人也应当承担民事责任。根据《数据安全法》第 4 条的规定,如果个人故意破坏数据安全,或者窃取、更改或销毁数据,或者非法使用或恶意使用数据,或者非法泄露数据,则应当承担民事责任。此外,如果个人因疏忽而导致数据安全事件发生,

---

① 参见李怀胜:《建构数字安全:数据时代的刑法立场》,中国法制出版社 2023 年版,第 42 页。
② 参见沈宗灵主编:《法理学》,北京大学出版社 2000 年版,第 351 页。

也可能承担民事责任。

《数据安全法》中的民事责任的标准是过错责任。过错责任是指由于实体或个人的过失而造成损害的,该实体或个人应当承担民事责任。根据《数据安全法》第 19 条的规定,如果数据安全事件是由实体或个人的过失造成的,则该实体或个人应当承担相应的民事责任。此外,根据《数据安全法》第 3 条的规定,因疏忽而导致数据安全事件发生的实体或个人应当承担民事责任。因此,《数据安全法》下的民事责任标准是过错责任。责任人主要是未按规定采取必要安全措施的企业以及破坏数据安全的个人。

《数据安全法》规范下的民事责任要求企业为数据安全事件承担法律责任,主要表现为赔偿、消除影响和采取预防措施。

(二)《个人信息保护法》中的民事责任

《个人信息保护法》明确个人信息权益包括知情权、决定权;查阅、复制、要求转移/可携带权;更正、补充权;删除权;要求解释说明权;继承人权利、诉权等。

《个人信息保护法》根据保护个人信息权益的特别需要,规定适用过错推定原则。《个人信息保护法》第 69 条第 1 款规定:"处理个人信息侵害个人信息权益造成损害,个人信息处理者不能证明自己没有过错的,应当承担损害赔偿等侵权责任。"简言之,对于侵犯个人信息权益的行为,个人信息处理者原则上会被推定为是有过错的,除非能够举证证明其对于相关侵权行为的发生不存在过错。过错推定原则会导致司法程序中的举证责任倒置,即原来应该由原告提供证据证明的事项,转由被告提供相反证据证明。具体如表 16-1 所示。

表 16-1 过错推定原则具体体现

	通常情况下的举证责任	倒置的举证责任
原告需要证明	个人信息处理者侵害个人信息权利的行为;损害结果;侵权行为和损害结果之间的因果关系;个人信息处理者存在过错	个人信息处理者侵害个人信息权利的行为;损害结果;侵权行为和损害结果之间的因果关系
被告需要证明	无	个人信息处理者没有过错

之所以确定侵害个人信息权益的侵权责任适用过错推定原则,主要的原因在于,一是侵权行为的主体特殊,是个人信息处理者,而不是一般主体;二

是个人信息权人是自然人,其个人信息权益特别需要保护;三是双方当事人的地位不平等,个人信息处理者地位强势,个人信息权人处于弱势,如果采用过错责任原则,不利于对个人信息权人的保护。

《个人信息保护法》第69条第2款规定:"前款规定的损害赔偿责任按照个人因此受到的损失或者个人信息处理者因此获得的利益确定;个人因此受到的损失和个人信息处理者因此获得的利益难以确定的,根据实际情况确定赔偿数额。"鉴于个人信息权益的财产价值,侵害个人信息权益的责任承担方式应首先考虑损害赔偿。《最高人民法院关于审理利用信息网络侵害人身权益民事纠纷案件适用法律若干问题的规定》第12条第2款规定:"被侵权人因人身权益受侵害造成的财产损失以及侵权人因此获得的利益难以确定的,人民法院可以根据具体案情在50万元以下的范围内确定赔偿数额。"当然,根据《民法典》第179条之规定,侵权主体可能被法院判决承担停止侵害、排除妨碍、消除危险、赔偿损失、消除影响、恢复名誉、赔礼道歉等民事责任。

知识拓展

我国《个人信息保护法》明确将个人信息侵权行为纳入可提起公益诉讼的范畴,加强了对侵犯个人信息行为的法律规制。同时,检察机关通过提起个人信息保护民事公益诉讼,可有效解决公民个人维权难度大、诉讼成本高、举证能力有限等难题,弥补公民个人维权相对困难的不足,切实维护公民个人信息安全。

表16-2 相关案例及其裁判要旨

案例	裁判要旨
针对侵害众多个人信息权益的,检察机关依法提起刑事附带民事公益诉讼,诉请侵权人承担停止侵害、消除危险、赔偿损失等民事责任——上海市浦东新区人民检察院诉张某侵犯公民个人信息刑事附带民事公益诉讼案	检察机关在办理涉网络的侵犯公民个人信息刑事案件时,对侵害众多个人信息权益的,可依法提起刑事附带民事公益诉讼,诉请侵权人承担停止侵害、消除危险、赔偿损失等民事责任。相关公益损失难以直接计算的,按照侵权人通过网络交易获得的利益确定赔偿金额

(续表)

案例	裁判要旨
针对非法利用信息网络侵害众多公民个人信息违法行为,检察机关可以提起刑事附带民事公益诉讼,依法追究行为人的刑事与民事双重责任——宁夏回族自治区青铜峡市人民检察院诉张某某等人侵犯公民个人信息刑事附带民事公益诉讼案	针对非法利用信息网络侵害众多公民个人信息违法行为,检察机关可以提起刑事附带民事公益诉讼,依法追究行为人的刑事与民事双重责任,对侵犯公民个人信息违法犯罪行为起到有效震慑作用,有力维护法律权威尊严、社会公平正义和社会公共利益
利用工作之便,获取不特定主体个人信息后非法出售牟利,侵害公民个人信息安全及社会公共利益的,应承担侵权责任——松原市检察院诉黄某甲、黄某乙、邓某某个人信息保护民事公益诉讼案	行为人利用工作之便,获取不特定主体个人信息后非法出售牟利,不仅侵害了公民个人信息安全,还侵害了承载在不特定主体个人信息之上的社会公共利益,应当承担相应赔偿损失、向社会公众赔礼道歉的侵权责任
检察机关可通过提起刑事附带民事公益诉讼方式,提出惩罚性赔偿、消除影响、赔礼道歉等法律责任方式,实现对众多个人信息的公益保护——呼和浩特市玉泉区人民检察院诉梁某某、崔某某侵犯公民个人信息刑事附带民事公益诉讼案	检察机关通过提起刑事附带民事公益诉讼方式,探索提出惩罚性赔偿、消除影响、赔礼道歉等法律责任方式,实现对众多个人信息的公益保护。通过制发社会治理检察建议,促进涉案企业积极整治,以案为鉴推动行业规范治理,全方位保护个人信息安全
行为人利用伪装成"颜值检测"的黑客软件窃取软件使用者"人脸信息"等公民个人信息,属于非法获取公民个人信息的行为,人民法院在刑事附带民事公益诉讼中判决其承担民事责任——李某侵犯公民个人信息刑事附带民事公益诉讼案	鉴于"人脸信息"具有极高的可识别性并符合公民个人信息的定义和特征,据此行为人利用伪装成"颜值检测"的黑客软件窃取软件使用者"人脸信息"等公民个人信息,属于非法获取公民个人信息的行为,人民法院在刑事附带民事公益诉讼中可以判决公开赔礼道歉,删除恶意程序软件、相关代码及所有终端设备中存储的公民个人信息

三、行政责任

行政责任又称行政制裁,是指由国家行政机关认定的、行为人因违反行政法律规范所应当承担的法律后果。在数字安全的责任体系中,我国采取行政责任为主、其他责任为辅的方式构建综合性的法律责任体系。相较于《网络安全法》,《个人信息保护法》《数据安全法》和《网络数据安全管理条例》对违反规定处理数据的法律后果作出更具针对性的规定。其中,《网络数据安全管理条例》已经国务院第40次常务会议通过,于2024年9月公布,自2025年1月1日起施行。后面拟比较归纳四部法律下的行政法律责任。

表 16-3 处罚案例

时间	处罚机关	处罚对象	处罚原因
2024年6月21日	国家金融监督管理总局	交通银行	违法违规事实为:安全测试存在薄弱环节、运行管理存在漏洞、数据安全管理不足、灾备管理不足
2024年4月19日	国家金融监督管理总局湖北监管局	湖北银行	违法违规事实为:流动资金贷款用途监控不审慎;贷后管理不尽职导致个人贷款资金被挪用;项目贷款管理不尽职,资本金未及时到位;贷款管理不审慎,风险暴露不及时;委托债权投资业务不审慎,形成不良;同业投资业务管理不审慎,形成不良;数据安全管理不到位,存在风险隐患;运维管理不到位,存在风险隐患
2023年12月29日	国家金融监督管理总局	中信银行	违法违规事实为:部分重要信息系统应认定未认定,相关系统未建灾备或灾难恢复能力不符合监管要求;同城数据中心长期存在基础设施风险隐患未得到整改;对外包数据中心的准入前尽职调查和日常管理不符合监管要求,部分数据中心存在风险隐患;数据中心机房演练流于形式,部分演练为虚假演练,实际未开展;数据中心重大变更事项未向监管部门报告;运营中断事件报告不符合监管要求

(续表)

时间	处罚机关	处罚对象	处罚原因
2023年12月28日	国家金融监督管理总局	中国银行	违法违规事实为:部分重要信息系统识别不全面,灾备建设和灾难恢复能力不符合监管要求;重要信息系统投产及变更未向监管部门报告,且投产及变更长期不规范引发重要信息系统较大及以上突发事件;信息系统运行风险识别不到位、处置不及时,引发重要信息系统重大突发事件;监管意见整改落实不到位,引发重要信息系统重大突发事件;信息科技外包管理不审慎;网络安全领域未开展安全评估,网络架构重大变更未开展风险评估且未向监管部门报告;信息系统突发事件定级不准确,导致未按监管要求上报;迟报重要信息系统重大突发事件;错报漏报监管标准化(EAST)数据

值得注意的是,上述处罚案例主要指向安全相关问题。其中,"数据安全管理不足"这一违法违规行为,这几年在多家银行的罚单中出现,甚至有金融科技部门的主管本人因此受到处罚。目前,数据安全问题凸显,监管也加强对相关领域的关注,银行机构需对数据安全加强管理。2024年12月,国家金融监督管理总局发布《银行保险机构数据安全管理办法》,其中针对数据安全管理问题提出多项要求。银行保险机构内的信息科技部门应该履行好相关的网络数据安全管理职责以及其他数据安全义务,主要从落实数据安全主体责任、建立数据安全技术保护体系、建立数据安全技术应急管理机制等方面开展工作。

(一)未履行安全保护义务的行政责任

1. 数据安全保护

相较于《网络安全法》和《网络数据安全管理条例》,《数据安全法》大幅加重了企业和相关责任人员未履行数据安全保护义务的法律责任:

——对企业而言:当其未按照网络等级保护制度要求履行数据保护义务,或在发生数据安全事件时未及时补救并履行报告义务时,其罚款标准从原先的"1万元以上10万元以下"提高至"5万元以上50万元以下",拒不改正或造成严重后果时,甚至可能受到暂停相关业务、停业整顿、吊销相关业务许可证或营业执照,以及高达500万元的罚款处罚。

——对责任人员而言:除直接负责的主管人员外,《数据安全法》将"其他直接责任人员"纳入责任主体的范围内,且对其罚款的额度最高将达50万元。

表 16-4　相关条款

《网络安全法》	《数据安全法》	《网络数据安全管理条例》
第五十九条　网络运营者不履行本法第二十一条、第二十五条规定的网络安全保护义务的,由有关主管部门责令改正,给予警告;拒不改正或者导致危害网络安全等后果的,处一万元以上十万元以下罚款,对直接负责的主管人员处五千元以上五万元以下罚款 关键信息基础设施的运营者不履行本法第三十三条、第三十四条、第三十六条、第三十八条规定的网络安全保护义务的,由有关主管部门责令改正,给予警告;拒不改正或者导致危害网络安全等后果的,处十万元以上一百万元以下罚款,对直接负责的主管人员处一万元以上十万元以下罚款	第四十五条　开展数据处理活动的组织、个人不履行本法第二十七条、第二十九条、第三十条规定的数据安全保护义务的,由有关主管部门责令改正,给予警告,可以并处五万元以上五十万元以下罚款,对直接负责的主管人员和其他直接责任人员可以处一万元以上十万元以下罚款;拒不改正或者造成大量数据泄露等严重后果的,处五十万元以上二百万元以下罚款,并可以责令暂停相关业务、停业整顿、吊销相关业务许可证或者吊销营业执照,对直接负责的主管人员和其他直接责任人员处五万元以上二十万元以下罚款 违反国家核心数据管理制度,危害国家主权、安全和发展利益的,由有关主管部门处二百万元以上一千万元以下罚款,并根据情况责令暂停相关业务、停业整顿、吊销相关业务许可证或者吊销营业执照;构成犯罪的,依法追究刑事责任	第五十五条　违反本条例第十二条、第十六条至第二十条、第二十二条、第四十条第一款和第二款、第四十一条、第四十二条规定的,由网信、电信、公安等主管部门依据各自职责责令改正,给予警告,没收违法所得;拒不改正或者情节严重的,处100万元以下罚款,可以责令暂停相关业务、停业整顿、吊销相关业务许可证或者吊销营业执照,对直接负责的主管人员和其他直接责任人员可以处1万元以上10万元以下罚款

2. 个人信息保护

表 16-5　相关条款

《网络安全法》	《个人信息保护法》	《网络数据安全管理条例》
第六十四条　网络运营者、网络产品或者服务的提供者违反本法第二十二条第三款、第四十一条至第四十三条规定，侵害个人信息依法得到保护的权利的，由有关主管部门责令改正，可以根据情节单处或者并处警告、没收违法所得、处违法所得一倍以上十倍以下罚款，没有违法所得的，处一百万元以下罚款，对直接负责的主管人员和其他直接责任人员处一万元以上十万元以下罚款；情节严重的，并可以责令暂停相关业务、停业整顿、关闭网站、吊销相关业务许可证或者吊销营业执照 违反本法第四十四条规定，窃取或者以其他非法方式获取、非法出售或者非法向他人提供个人信息，尚不构成犯罪的，由公安机关没收违法所得，并处违法所得一倍以上十倍以下罚款，没有违法所得的，处一百万元以下罚款	第六十六条　违反本法规定处理个人信息，或者处理个人信息未履行本法规定的个人信息保护义务的，由履行个人信息保护职责的部门责令改正，给予警告，没收违法所得，对违法处理个人信息的应用程序，责令暂停或者终止提供服务；拒不改正的，并处一百万元以下罚款；对直接负责的主管人员和其他直接责任人员处一万元以上十万元以下罚款 有前款规定的违法行为，情节严重的，由省级以上履行个人信息保护职责的部门责令改正，没收违法所得，并处五千万元以下或者上一年度营业额百分之五以下罚款，并可以责令暂停相关业务或者停业整顿、通报有关主管部门吊销相关业务许可或者吊销营业执照；对直接负责的主管人员和其他直接责任人员处十万元以上一百万元以下罚款，并可以决定禁止其在一定期限内担任相关企业的董事、监事、高级管理人员和个人信息保护负责人	第五十五条　违反本条例第十二条、第十六条至第二十条、第二十二条、第四十条第一款和第二款、第四十一条、第四十二条规定的，由网信、电信、公安等主管部门依据各自职责责令改正，给予警告，没收违法所得；拒不改正或者情节严重的，处 100 万元以下罚款，并可以责令暂停相关业务、停业整顿、吊销相关业务许可证或者吊销营业执照，对直接负责的主管人员和其他直接责任人员可以处 1 万元以上 10 万元以下罚款

同样地，《个人信息保护法》承继了严厉惩罚个人信息违法行为的国际通行做法，设置了更为严格的法律责任。对于"情节严重"的违规处理个人信息行为，违法企业可能被处以 5000 万元以下或者上一年度营业额 5% 以下罚款。而相关责任人的罚款数额也大幅提高，将可能受到高达百万的惩处。

尽管《个人信息保护法》第 66 条提出了如此高额的罚款规定，但对具体何种违法行为将落入"情节严重"的范围,尚未作出明确界定,有待监管部门出台更为细致的规则指导行政裁量。但无论如何,《个人信息保护法》看齐欧盟《通用数据保护条例》的罚款上限,将大大增加企业的违法成本,遏制企业违法违规处理个人信息的行为。

(二)重要数据出境的法律规范

表 16-6 相关条款

《网络安全法》	《数据安全法》
第六十六条 关键信息基础设施的运营者违反本法第三十七条规定,在境外存储网络数据,或者向境外提供网络数据的,由有关主管部门责令改正,给予警告,没收违法所得,处五万元以上五十万元以下罚款,并可以责令暂停相关业务、停业整顿、关闭网站、吊销相关业务许可证或者吊销营业执照;对直接负责的主管人员和其他直接责任人员处一万元以上十万元以下罚款	第三十条 重要数据的处理者应当按照规定对其数据处理活动定期开展风险评估,并向有关主管部门报送风险评估报告 风险评估报告应当包括处理的重要数据的种类、数量,开展数据处理活动的情况,面临的数据安全风险及其应对措施等 第四十五条 开展数据处理活动的组织、个人不履行本法第二十七条、第二十九条、第三十条规定的数据安全保护义务的,由有关主管部门责令改正,给予警告,可以并处五万元以上五十万元以下罚款,对直接负责的主管人员和其他直接责任人员可以处一万元以上十万元以下罚款;拒不改正或者造成大量数据泄露等严重后果的,处五十万元以上二百万元以下罚款,并可以责令暂停相关业务、停业整顿、吊销相关业务许可证或者吊销营业执照,对直接负责的主管人员和其他直接责任人员处五万元以上二十万元以下罚款 违反国家核心数据管理制度,危害国家主权、安全和发展利益的,由有关主管部门处二百万元以上一千万元以下罚款,并根据情况责令暂停相关业务、停业整顿、吊销相关业务许可证或者吊销营业执照;构成犯罪的,依法追究刑事责任

不同于原先《网络安全法》仅针对关键信息基础设施运营者(CIIO)的重要数据出境活动作出限制,《数据安全法》将普通的数据处理者(即 CIIO 之外的数据处理者)的重要数据出境也纳入监管范围,并明确其相应的法律责任。根据目前《数据安全法》的规定,CIIO 应在中国境内存储重要数据,确需对外提供应通过安全评估,否则将按照《网络安全法》第 66 条进行处理;而其他

数据处理者如违反后续相关配套管理办法的规定，则根据《数据安全法》第45条予以处罚。

对违规出境重要数据的处罚，《数据安全法》与《网络安全法》整体上保持一致，即由有关主管部门责令改正、警告、处5万元以上50万元以下罚款、对直接责任人员处1万元以上10万元以下罚款等。值得注意的是，虽然《数据安全法》第45条明确了"拒不改正"和"造成严重后果"的法律责任（包括对违法处理者处以50万以上200万元以下的罚款等，以及对直接责任人员处以5万元以上20万元以下的罚款），但未能明确在CIIO违规出境重要数据造成严重后果的情况下，是仅基于《网络安全法》第66条进行处罚，还是同样受到《数据安全法》第45条的约束。从体系解释的角度来看，如果CIIO仅受到《网络安全法》第66条的约束而不受到《数据安全法》第45条的约束，那么非CIIO的普通数据处理者甚至可能受到更严厉的处罚，这显然不符合立法者的制度设计要求。为确保相关规定的合理性，《数据安全法》第45条未来是否同样能够适用于CIIO，有待立法者予以澄清。

（三）未经审批对外提供数据的行政责任

表16-7 相关条款

《个人信息保护法》	《数据安全法》
第四十一条 中华人民共和国主管机关根据有关法律和中华人民共和国缔结或者参加的国际条约、协定，或者按照平等互惠原则，处理外国司法或者执法机构关于提供存储于境内个人信息的请求。非经中华人民共和国主管机关批准，个人信息处理者不得向外国司法或者执法机构提供存储于中华人民共和国境内的个人信息	第四十八条 违反本法第三十五条规定，拒不配合数据调取的，由有关主管部门责令改正，给予警告，并处五万元以上五十万元以下罚款，对直接负责的主管人员和其他直接责任人员处一万元以上十万元以下罚款 违反本法第三十六条规定，未经主管机关批准向外国司法或者执法机构提供数据的，由有关主管部门给予警告，可以并处十万元以上一百万元以下罚款，对直接负责的主管人员和其他直接责任人员可以处一万元以上十万元以下罚款；造成严重后果的，处一百万元以上五百万元以下罚款，并可以责令暂停相关业务、停业整顿、吊销相关业务许可证或者吊销营业执照，对直接负责的主管人员和其他直接责任人员处五万元以上五十万元以下罚款

《个人信息保护法》和《数据安全法》均规定了向境外司法或执法机构提供数据的事先审批要求。对于这一要求,《数据安全法》第 48 条新增了"未履行报批义务"需要承担法律责任,但《个人信息保护法》尚未参照《数据安全法》第 48 条的规定,就"未经审批向境外机构提供个人信息"的行为制定专门对应的法律后果。

(四)违反安全审查义务的行政责任

《网络数据安全管理条例》在《数据安全法》的基础上,进一步明确网络数据处理者开展网络数据处理活动,影响或者可能影响国家安全的,应当按照国家有关规定进行国家安全审查。若违反安全审查义务的,可处 100 万元以上 1000 万元以下罚款,有关部门可责令暂停相关业务、停业整顿、吊销相关业务许可证或者吊销营业执照。

表 16-8 相关条款

《数据安全法》	《网络数据安全管理条例》
第二十四条 国家建立数据安全审查制度,对影响或者可能影响国家安全的数据处理活动进行国家安全审查 依法作出的安全审查决定为最终决定	第五十六条 违反本条例第十三条规定的,由网信、电信、公安、国家安全等主管部门依据各自职责责令改正,给予警告,可以并处 10 万元以上 100 万元以下罚款,对直接负责的主管人员和其他直接责任人员可以处 1 万元以上 10 万元以下罚款;拒不改正或者情节严重的,处 100 万元以上 1000 万元以下罚款,并可以责令暂停相关业务、停业整顿、吊销相关业务许可证或者吊销营业执照,对直接负责的主管人员和其他直接责任人员处 10 万元以上 100 万元以下罚款

第三节 数字安全法律责任的竞合与细化

(一)法律适用的竞合

《个人信息保护法》《网络数据安全管理条例》《数据安全法》与《网络安全法》共同构成我国网络安全与数据合规领域的四部基础性法律。在适用范围上,《个人信息保护法》聚焦于个人信息保护;《网络数据安全管理条例》和《数据安全法》以数据安全为核心,后者适用于所有主体处理网络数据和非网络数据的行为,重点保护重要数据和国家核心数据;《网络安全法》适用于境内所有网络运营者的包括处理个人信息及数据在内的行为,聚焦于网络安全,属于网络空间治理的基本法。四法相互交叉又各有侧重,在法的适用的过程中,四法存在竞合。

表 16-9 相关案例

滴滴案	知网(CNKI)案
国家互联网信息办公室依法对滴滴全球股份有限公司涉嫌违法行为进行立案调查。经查实,滴滴全球股份有限公司违反《网络安全法》《数据安全法》《个人信息保护法》的违法违规行为事实清楚、证据确凿、情节严重、性质恶劣。国家互联网信息办公室依据《网络安全法》《数据安全法》《个人信息保护法》《行政处罚法》等法律法规,对滴滴全球股份有限公司处人民币 80.26 亿元罚款,对滴滴全球股份有限公司董事长兼 CEO 程维、总裁柳青各处人民币 100 万元罚款	国家互联网信息办公室依法对知网(CNKI)涉嫌违法处理个人信息行为进行立案调查。经查实违法行为后,国家互联网信息办公室依据《网络安全法》《个人信息保护法》《行政处罚法》等法律法规,综合考虑知网(CNKI)违法处理个人信息行为的性质、后果、持续时间,特别是网络安全审查情况等因素,对知网(CNKI)依法作出网络安全审查相关行政处罚的决定,责令停止违法处理个人信息行为,并处人民币 5000 万元罚款

上述两案的公告显示,其违法行为是同时落入三法或两法适用范围的。依据《行政处罚法》第 29 条以及《网信部门行政执法程序规定》第 16 条,对当事人的同一个违法行为,不得给予两次以上罚款的行政处罚。同一个违法行为违反多个法律规范应当给予罚款处罚的,按照罚款数额高的规定处罚。因此,滴滴及知网两案都是依据《个人信息保护法》第 66 条情节严重情形下的顶格处罚。不同于滴滴案,知网案并没有对责任人员的个人处罚。

从处罚主体的角度看,大量部门皆负有个人信息保护职责。《个人信息保护法》第 60 条列明了"国家网信部门""国务院有关部门""县级以上地方人民政府有关部门"三种为履行个人信息保护职责的部门。《网络安全法》第 8 条、《数据安全法》第 6 条将电信、公安、国安、交通、金融、自然资源、卫生健康、教育、科技部门列为网络安全、数据安全监管部门,但也采用"其他有关机关"和"等"的措辞来表明列举是不穷尽的。由此可见,多个行政主体都可以进行立案和行政处罚,但需要进一步明确管辖主体,是由最先立案的行政机关处理,还是由法定罚款额高的行政机关处理,亦或是由法定处罚措施多样的行政机关处理。此外,相较于《网络安全法》与《数据安全法》,《个人信息保护法》第 66 条的设置较为特别,并未区分不同违法行为配以不同处罚,而是根据违法情节来决定处罚;最高额罚款的设置区间与违法主体的全年度营业额挂钩;除了双罚制外,还增加了责任人员的职业禁止。由此可见,对于个案的行政处罚,如何适用法律及进行处罚,需要进一步细化裁量标准,减少可能较大的裁量空间。

(二) 同种法益保护进路的竞合

在抚顺个人征信案[①]中,再审法院认为某行抚顺分行在还款到期日前及还款逾期后均向借款人合同中留存的电话发出了短信提醒,告知义务已履行。因此,某行抚顺分行将逾期记录和不良信息上报金融信用信息数据库不构成侵权。由于该案因负面征信信息和不良信用记录而发生,围绕侵权责任的成立及其承担而历经三审,形成两种完全相反的裁判观点和论证理路。二审首先认可贷款人方面负有贷款、还款日期的告知义务。借款人逾期还款的事实如源自贷款人对还款日期告知义务的反映,那么即便逾期还款的事实客观存在,亦应将贷款人方面报送逾期记录和不良信息的行为界定为对借款人名誉权的侵害。借款人由此遭受的直接财产损失应经由赔偿请求权,不良信用信息和征信记录亦应删除。再审则以完全相反的结论否定了二审的观点。

抚顺个人征信案亦引发了数字安全法律法益保护客体的竞合问题。以该案争议的个人征信信息为例,在我国现行法律规范下,包括《民法典》《个人信息保护法》《征信业管理条例》在内的多部法律法规均有规则涉及。《民法典》和《个人信息保护法》专门针对个人征信或个人信用信息保护的规则尚付阙如。不过,依《民法典》第 1034 条、《个人信息保护法》第 4 条的规定,不论是识别说[②]还是关联说[③],个人征信和信用信息无疑皆应纳入该两部法律的适用范围内。《征信业管理条例》作为专门规范征信活动、保护信息主体合法权益的行政法规,于第 26 条第 3 款规定:"信息主体认为征信机构或者信息提供者、信息使用者侵害其合法权益的,可以直接向人民法院起诉。"这一规则固然明确展示了立法者强调个人征信私法保护的态度,但其内容的空洞制约了

---

① 某银行股份有限公司抚顺分行与辛某名誉权纠纷案,参见辽宁省抚顺市中级人民法院(2022)辽 04 民再 4 号民事判决书。
② 参见王利明、丁晓东:《论〈个人信息保护法〉的亮点、特色与适用》,载《法学家》2021 年第 6 期。
③ 参见程啸:《论〈民法典〉与〈个人信息保护法〉的关系》,载《法律科学(西北政法大学学报)》2022 年第 3 期。

规范实际效果的发挥。

在该案判决之前,个人征信信息失真或信用评价不当导致的侵权纠纷诉讼已属频发案型。从案情事实看,个人征信法益的私法定位、与名誉权的关系以及侵权责任形式,都是争议焦点。既往的裁判实践中,已有不少判决认识到个人征信相较于名誉在法益基础、保护对象及侵权责任构成方面的不同之处。典型的例证是陈某与中国某银行股份有限公司上海分行侵权责任纠纷案①,该案判决明确指出:"信用虽然也是一种社会上的评价,与名誉互有关联,但也存在区别。信用是社会其他成员对民事主体经济上的评价,是以经济生活中的可靠性或支付能力为内容。名誉则是社会生活的综合评价……两者的保护范畴不同,必然在其构成要件上存在差异。《征信业管理条例》第四十条第四项所列应承担民事责任的情形,没有将广泛传播作为构成要件,正是因其规范和保护是信用,而非名誉……错误信息是否广泛传播,不是侵害信用的构成要件。"由此,即便征信系统本身具有封闭性,不实的负面征信信息并不会广泛外传、扩散,名誉侵权无从成立。可个人征信作为一种值得保护的独立法益,仍不妨因征信系统内的错误记载而遭受侵害。与此同时,司法实践中亦有不少判决书依然未能将个人征信法益与名誉权清晰地区分,其表现形式有两种。第一,对于负面个人征信信息的错误记载引发的纠纷,单纯因普通侵权构成要件中对外传播或社会评价降低要件的欠缺,径直否定侵权的成立。孔某与安徽合肥某商业银行股份有限公司侵权责任纠纷案②即为采用此种分析进路的典型案例,其判决书指出:"征信系统中的内容对外具有保密性……只有本人或者相关政府部门、金融机构因法定事由才能对系统内的记录进行查询,这些记录并未在不特定的人群中进行传播,不当然引起当事人的社会评价的降低,故不能认定存在损害名誉权的后果,据此驳回信息主体全部诉讼请求。"第二,针对错误的不良征信记录,尽管判定侵权责任成立,以实现对信息主体的保护,但在具体规范路径上,却直接将此种征信信息和信用评价失实的行为认定为侵害名誉权。③

---

① 陈某与中国某银行股份有限公司上海分行侵权责任纠纷案,上海市高级人民法院(2018)沪民再13号民事判决书。
② 孔某与安徽合肥某商业银行股份有限公司侵权责任纠纷案,安徽省合肥市中级人民法院(2019)皖01民终1028号民事判决书。
③ 中国某银行股份有限公司东平支行与刘某名誉权纠纷案,山东省泰安市中级人民法院(2020)鲁09民终229号民事判决书。

由上可知,于立法的层面,个人征信之上的法益常被置于人格权保护的框架下。虽然从一般私法到特别私法对个人征信的保护多有涉及,但对个人征信本身的属性定位、与侵权的关系以及侵权责任内容,基本未见清晰规定。因此,在个人征信私法定位、侵权责任方面,仍有赖于理论的建构和裁判的演进。

典型案例

2019 年 4 月 27 日,原告郭某向被告杭州某公司购买以指纹识别方式入园的双人年卡,支付卡费 1360 元。某公司以店堂告示形式公示涉及指纹识别的年卡办理类别、年卡办理流程和年卡使用说明。郭某与其妻子留存了姓名、身份证号码、电话号码等个人信息,并进行了指纹录入和照片拍摄。该双人年卡在 2019 年 4 月 27 日、5 月 4 日、6 月 1 日、9 月 14 日有共计 5 次的使用记录。在双方服务合同履行过程中,某公司将入园方式从指纹识别调整为人脸识别,并于 2019 年 10 月 7 日停用指纹识别闸机。2019 年 7 月 12 日和 10 月 17 日,某公司曾先后向包括郭某在内的年卡消费者发送两条短信,告知年卡系统已升级,若不激活人脸识别系统,将无法正常入园。2019 年 10 月 26 日,郭某到某公司处交涉,工作人员表示:原指纹识别方式已无法入园,未注册人脸识别系统将无法入园。郭某认为人脸识别信息属于高度敏感个人隐私,对人脸识别的入园方式质疑,要求某公司退卡,双方协商未果。

郭某起诉请求为:(1) 确认某公司店堂告示和短信通知中涉及指纹识别和人脸识别的内容,因侵害消费者合法权益而无效;(2) 判令某公司因涉嫌欺诈和违约而赔偿年卡卡费 1360 元,并赔偿交涉发生的交通费 360 元以及法院立案、出庭应诉发生的交通费 800 元;(3) 判令某公司在第三方技术机构见证下删除郭某在某公司办理年卡及之后使用年卡时提交的全部个人信息,并承担相应技术见证费用。

本案的裁判要旨是:消费者在知悉营业场所指纹识别店堂告示内容的情况下,自主作出办理年卡的决定并提供相关个人信息,该店堂告示对双方均具有约束力,且不符合格式条款无效的法定要求。人脸识别未在店堂告示中公示,并非双方的合同条款,对个人信息主体不发生效力。因此,后者要求确认店堂告示无效的请求,不予支持。营业场所经营者单方变更入园方式违约。营业场所经营者要求消费者激活人脸识别,超出事前收集目的,且存在侵害消费者面部特征信息之人格利益的可能与危险,故其应当删除消费者办卡时提交的包括照片在内的面部特征信息。营业场所经营者除欲将照片用于人脸识别外,可以在消费者知情同意的情形下收集、使用包括指纹识别信息在内的其他个人信息,但不得泄露、非法提供或者滥用等。鉴于营业场所单方变更指纹年卡的入园方式,并停止使用指纹识别闸机致使原约定的指纹识别入园服务方式无法实现,故其还应当删除指纹识别信息。

问题与思考

1. 简述公益诉讼对保护个人信息方面的价值。
2. 《个人信息保护法》为何适用过错推定原则?
3. 2024年8月29日,原告缪某某诉被告杭州市余杭区市场监督管理局、杭州市余杭区人民政府、第三人某软件有限公司行政处罚及行政复议一案进行公开宣判。该案系首例将数据产品作为商业秘密予以保护的司法案件。请结合该案判决,谈谈公开出售的数据产品能否作为商业秘密受保护。

延伸阅读

1. 孙笑侠主编:《法理学》,中国政法大学出版社1996年版。
2. 陈金钊主编:《法理学》,北京大学出版社2002年版。
3. 〔奥〕凯尔森:《法与国家的一般理论》,沈宗灵译,中国大百科全书出版社1996年版。
4. 李怀胜:《建构数字安全:数据时代的刑法立场》,中国法制出版社2023年版。
5. 〔美〕杰·雅克布、鲍布·鲁迪斯:《数据驱动安全:数据安全分析、可视化和仪表盘》,张卓等译,机械工业出版社2015年版。

第十七章　数字安全法律责任与数字法治

> **法律故事**

　　生活在数字社会中,我们开始作为"数字人类"而存在,一切都有迹可循。2017年,高德地图联合多家权威机构,发布了一份《2016年度中国主要城市交通分析报告》,其中分析了各品牌汽车车主最常去的场所,凯迪拉克被与"洗浴推拿场所"关联,凯迪拉克车主因此被戏称为最爱去洗浴中心的人群。在大家把凯迪拉克车主当作茶余饭后的谈资时,似乎没有意识到背后的严重问题:谁给了高德调取用户数据、分析披露用户数据的权利?换个角度来看,如果你是凯迪拉克的车主,你的信息安全如何得到保障?

　　再把视野扩大到国际维度,这种数字安全风险继续上升到国家层面。2012年,美国证券委员会(SEC)搞了个大新闻,要求四大会计师事务所提交所有的在美上市中国公司的审计底稿,这直接包括了中国公司的所有机密信息,甚至包含关系到国家安全的保密信息。面对SEC的强硬要求,中国证券监督管理委员会(CSRC)强势回击:决不允许SEC拿走任何一家中国企业的任何一份审计底稿。然而,2021年6月10日,在我国公布《数据安全法》的当天晚上,滴滴向SEC递交了招股书。20天后,滴滴在美国纽约证券交易所悄然上市。显然,这背后的问题也非常严峻:掌握海量国家和公民数据的企业在海外上市,如何保障国家数据安全和网络安全?如何维护我国数字主权?

　　2021年7月2日,网络安全审查办公室对滴滴实施网络安全审查,暂停新用户注册;7月4日,网信办要求下架"滴滴出行"App;7月9日,网信办要求下架"滴滴企业版"等25款App,滴滴旗下软件被一锅端;7月16日,国家七部门联合进驻滴滴出行科技公司,开展网络安全审查。2022年,国家互联网信息办公室对滴滴全球股份有限公司开出人民币80.26亿元的罚单,对滴滴全球股份有限公司董事长兼CEO、总裁各处100万元罚款。经查明,滴滴公司共存在16项违法事实,涉及信息安全、数据安全、网络安全、主权安全等多方面的数字安全问题。

第一节　数字法治框架中的数字安全法律责任

一、数字时代的数字法治框架

在数字时代,数字经济跃然成为引领经济发展的核心力量。产品服务、分销渠道、定价策略、营销策略等均从传统的集中式商业权力架构中解构而出,摒弃了广泛覆盖各类需求的规模化模式,转向个性化、细分化、定制化的精准运营模式。物理资源在这一变化过程中同样也经历着数字化转型,新兴数据成为关键生产要素进入社会生产链条之中。随着生产要素变化,生产方式、社会组织与治理体系也持续变革,制度体系、运行机制、规制方式和社会秩序发生重要迭变,人类社会的法治范式逐渐从物理空间的自由主义法治范式、福利国家法治范式、程序主义法治范式,演变为物理和网络双重空间下的数字法治范式。

与传统法治范式相比,数字法治范式呈现出完全不同的特点:第一,在数字法治范式中,技术逻辑与法治逻辑是并重的。技术逻辑的本质是社会组织的自我治理,法治逻辑与之一并成为国家与社会的"双强"架构。国家依赖技术提升下沉基层能力和精细化治理能力,同时依靠法治手段抑制技术主体的垄断倾向和私利偏好,从而寻求数字法治范式在赋权性与安定性之间的平衡。① 在技术逻辑与法治逻辑并重的理念下,数字法治范式以补充立法体系、拓展司法解释、提升执法能力的方式,保留现有法治范式的功能,同时充分发挥技术主体自我治理与技术手段高效治理的优势。第二,在数字法治范式中,中心化和去中心化的体制架构同时存在。从以王权为标志的高度中心化结构,到以分权制衡为标志的国家/社会二元结构,再到由垄断资本主义推动的中心化与等级化结构,现代性制度逐渐进入以信息技术为基础的去中心化结构之中,传统的公共领域被人人皆可为节点的社交媒体取代。区块链作为一种去中心化的分布式账本,以建立新的信任机制为基础逻辑,允许各网络节点之间在没有权威节点的去中心化情况下达成可信共识,已被应用于金融、物流、食品安全等多个领域。与此同时,在数字法治范式的去中心化外观之下,一种内在的中心化权力却正在取代物理时代的集中权力。边沁提出的

---

① 参见马长山主编:《数字法治概论》,法律出版社2022年版,第425页。

"全景监狱"(panopticon)设想逐渐成为现实,平台在平台生态(全景监狱)中处于中央塔楼的位置,管理每一位生活在平台中的数字公民(全景监狱中的囚犯),平台经济垄断几乎成为世界各国同时面临的问题。① 第三,在数字法治范式中,算法决策与代码规制成为新的秩序形态。算法决策与代码规制源于著名论断"代码就是法律"(code is law),软件代码或者技术架构被看作是规范社会行为的四个因素之一,仅次于法律、市场和社会规范。"在真实的空间里,我们认识到法律如何规制——通过宪法、法规和其他法典;在网络空间,我们必须了解代码如何规制——使网络空间成为现在这样的软件和硬件,是如何规范网络空间的:这些代码就是网络空间的'法则'。"②从现实来看,技术和社会是相互形塑的,技术带来的积极影响是,通过两者之间行动的联结和转译,可以消解公共政策所需公共性和合理性之间的矛盾,实现政策民主化和科学化。③ 算法决策和代码规制甚至比法律规则更广泛应用于社会生活之中,随着智慧政务、智慧司法、智慧城市、智慧商务建设加速,代码无处不在,隐匿在电子商务平台规则、平台用户公约、政务服务系统、智慧审判系统之中,以自动化方式全方位实现对数字生活的重大影响。

由此,在宏观维度上,数字时代的数字法治框架由以下三个方面组成:

第一,数字政府和数字公民的新框架。在数字法治框架中,首先发生变化的是现代国家/社会、政府/公民的二元关系框架,法治需应对数字政府与数字公民之间的新型关系。作为治理方,构建数字政府意味着政府在技术维度和价值维度的双向整体跃升,助推更好发挥政府作用,指向以政府职能转变为目标的政府现代化。数字政府革新了传统科层官僚制的"人际协作"架构,向"人机协作"的现代政府组织形式转型。这标志着全新数字行政生态的崛起,精准对接了当代数字社会治理的迫切需求,超越了科层官僚制框架下的结构性桎梏,有效缓解了因人为因素限制而引发的治理挑战,进而全面提升了政府的行政效能,增强了政府解决问题的能力。而作为被治理方,公民身份也不同以往,呈现出从"生物人"向"数字人"的转变。④ 当数据分享和自

---

① 参见〔法〕米歇尔·福柯:《规训与惩罚:监狱的诞生》,刘北成、杨远婴译,生活·读书·新知三联书店2007年版,第219页。
② See Lawrence Lessig, *Code and Other Laws of Cyberspace*, Basic Books, 1999, p. 6.
③ See Michel Callon, Actor-Network Theory—the Market Test, *The Sociological Review*, Vol. 47, No. 1, 1999.
④ 参见段伟文:《信息文明的伦理基础》,上海人民出版社2020年版,第8页。

动化决策成为常态,从制度上确认数字公民身份,保障数字公民的数字利益表达、数字民主参与、数字协商治理、数字正义诉求并畅通救济机制,也便成为数字法治框架中的核心内容。①

第二,数字治理的新范式。数字法治具有共建共治共享的特殊属性,是法律规则、平台规则、技术规则等各类规则的交互回应型规制。技术对法律是颠覆性的。在法律 1.0 时代,法律的推理形式就是将规则、标准和一般原则适用于特定的事实情景。显然,随着技术和商业创新的广度和深度不断提升,法律 1.0 不能适应当今社会所呈现出来的一系列风险。法律 2.0 应运而生,法律推理不再是重新利用大量的传统规则、标准和原则,而是要阐明新的规则和监督框架,以适应新的需求。法律 3.0 的到来则基于一种更新的理解,即新技术已经呈现为与法律规则一起被利用的规制工具。换句话说,法律 3.0 的规制思维是持续关注技术工具的潜在用途,以技术措施作为规制问题的解决方案,发挥支持、补充或替代法律规则的作用。② 在法律 3.0 时代,数字治理结构是一种新的三元结构平衡机制。现代社会治理框架以横纵两种关系为主线:以宪法为轴心设定国家和社会的纵向"官民"关系、以民法为轴心设定社会生活中平等主体之间的横向人身财产关系。数字社会治理结构则转变成国家/平台/社会的三元结构。平台在其"虚拟生态系统"中拥有制定和解释平台规则、裁判和解决争端等自治权力,行使平台内"立法权"制定"平台自治规则",并以"平台自治规则"为"执法标准"在平台内进行自治管理,甚至设立内部纠纷解决机制行使"司法权"。在这种治理范式中,数字法治更加注重以人为本,呈现数字正义,主张智慧司法可视,为传统法治注入新的活力。

第三,数字主权的新形态。数字主权是现实世界国家主权向虚拟网络空间的延续,需要辩证、全面地考虑数字主权相较于现实空间主权的变与不变。国家主权是神圣的,乌托邦式的网络自由主义早已被形形色色的网络入侵、网络攻击、网络犯罪等数字安全问题击得粉碎,坚持国家的数字主权是实现信息自由流动、维护国家安全和公共安全有机统一的重要法治前提。当然,与此同时,数字主权也要适应数字时代的社会虚拟属性,以兼顾国际社会共

---

① 参见马长山:《数字公民的身份确认及权利保障》,载《法学研究》2023 年第 4 期。
② 参见〔英〕罗杰·布朗斯沃德:《法律 3.0:规则、规制和技术》,毛海栋译,北京大学出版社 2023 年版,第 4—5 页。

同利益为原则,推动全球数字治理,维护网络空间的人类命运共同体。[①]

数字时代机遇与挑战并存。技术是打通社会中不同主体之间关联的桥梁,也常在异化风险中成为阻碍社会良性发展的壁垒,全方位地改变着数字法治框架的内容。从这个意义上看,数字法治框架不仅数字化重构了传统法治框架中政府与公民之间、平等民事主体之间、经营者与消费者之间等多重复杂关系的调整方式,更补充了关于人与技术之间关系的调整方式,反映了信息革命所带来的颠覆性改变,成为数字时代经济发展与社会进步的最重要依托。显然,如果我们追问科技何以向善,答案必然不在技术创新本身。因为技术创新自身并不能保证广泛的社会进步,仍然需要以数字法治框架中数字安全法律责任的补充、惩罚、救济之功能,规制技术风险和促进产业发展,引导科技向善。

二、数字安全法律责任在数字法治框架中的重要地位

(一)数字安全与法律责任

进入数字社会,我们被迫处于越来越高程度的风险状态之中。德国社会学家乌尔里希·贝克认为,当代社会是一个"风险社会","在发达现代性中,财富的社会化生产与风险的社会化生产系统相伴","生产力在现代化进程中的指数式增长,使风险和潜在自我威胁的释放达到了前所未有的程度"。[②] 党的二十大报告明确提出,要"以新安全格局保障新发展格局",而数字安全是新安全格局的重要内容。这种重要性体现在两个方面:在国际维度,随着全球新一轮科技革命和产业变革深入推进,各国围绕数字主权的争夺更加激烈,数字安全成为塑造国家竞争优势的战略支点;在国内维度,随着我国数字技术与实体经济加快融合,网络安全风险加速演进升级,给关键信息基础设施稳定运行、重要核心数据安全带来了众多不确定因素,数字安全是国内数字经济发展与数字化转向的重要保障。

责任指分内应做之事,法律责任重在"因自己的失误而对不利后果应承担的处罚"[③]之义,主要是指法律以强制施加不利后果为手段,对违反法定或

---

① 参见黄志雄主编:《网络主权论——法理、政策与实践》,社会科学文献出版社 2017 年版,第 8 页。

② 参见〔德〕乌尔里希·贝克:《风险社会:新的现代性之路》,张文杰、何博闻译,译林出版社 2018 年版,第 1 页。

③ 涂可国:《儒家责任伦理考辨》,载《哲学研究》2017 年第 12 期。

约定义务的一定主体的否定性评价①,其本质就在于"处罚""惩罚"或者说是"强制性不利后果"。法律责任的"赌注"更高。② 因此,数字安全法律责任相较于数字权利和数字义务,有更凌厉而鲜明的内涵,集中体现了国家公权的强力和被追究责任者在法律之剑下的巨大承担,或为金钱的损失,或为名誉的剥夺,甚至是自由和生命,对身涉其中的当事人影响更为深远。在互联网兴起之初,网络自由主义盛行,"控制互联网就好像是试图将果冻钉在墙上",网络世界被认为应该无政府。1996 年,约翰·P.巴洛在《网络空间独立宣言》中慷慨陈词:"工业世界的政府们,我来自网络世界——一个崭新的心灵家园,在我们这里,你们并不受欢迎,你们没有主权。"③随后,人们发现网络空间并不是一个理性的"和谐场所",民粹主义、网络犯罪、黑色灰色产业等负面效应如影随形,"网络环境允许志趣相投的人们迅速取得联系,却同时也给欺骗和不和创造了机会",网络自由的美梦被轻易打碎。④ 通过基础设施、代码及人类技能,"网络权力"能够创造、控制和沟通相互联系的信息资源,从而在网络空间之内和之外达致期望的结果。⑤ 因此,网络秩序和数字安全成为更迫切的需求,数字安全法律责任应运而生,以独特的方式发挥尤为重要的功能。

(二)数字法治框架中数字安全法律责任的全新变化

第一,在数字社会治理的国家/平台/社会三元结构中,作为去中心化和中心化的承载者,平台承担了更严格的数字安全法律责任。如今,互联网平台深刻重构了经济生产的流程与组织模式,革新了资源配置的逻辑,成了超越传统政治力量与市场机制之外的第三种重要影响力,公共属性日益凸显,成为连接社会各界的桥梁与纽带。与平台这种愈加重要的地位相称的,是其所承担的越来越严格的法律责任。欧盟《数字市场法》(DMA)是典型代表,其为大型平台设立了"守门人"(gatekeeper)的义务,例如确保终端用户可以轻松地退订核心平台服务或卸载预装的核心平台服务、停止默认与操作系统一起安装软件、提供广告业绩数据和广告定价信息、允许开发者使用替代的应用内支付系统、允许终端用户下载替代的应用程序商店等。如果"守门人"不

---

① 参见马长山主编:《法理学导论》,北京大学出版社 2014 年版,第 113 页。
② 参见〔美〕富勒:《法律的道德性》,郑戈译,商务印书馆 2005 年版,第 71 页。
③ 参见〔美〕约翰·P. 巴洛:《网络空间独立宣言》,李旭、李小武译,载高鸿钧主编:《清华法治论衡》(第四辑),清华大学出版社 2004 年版。
④ 参见马长山主编:《数字法治概论》,法律出版社 2022 年版,第 446 页。
⑤ 参见〔美〕约瑟夫·奈:《权力大未来》,王吉美译,中信出版社 2012 年版,第 171 页。

遵守规则，欧盟委员会可以对其处以最高为该公司全球年度总营业额10%的罚款，如果重复违规，则处以20%的罚款，并定期支付最高为该公司全球日总营业额5%的罚款。同时，在系统性侵权的情况下，欧盟委员会可以实施额外的补救措施。在有必要实现合规的情况下，如果没有其他同样有效的措施，这些措施甚至可以包括结构性补救措施，如迫使"守门人"出售业务或部分业务（即出售单位、资产、知识产权或品牌），或禁止"守门人"收购任何提供数字部门服务或能够收集受系统性违规影响的数据的公司。对于被认定为"守门人"的企业来说，这些法律责任不可谓不严厉。在我国，平台的法律责任亦趋于严格，特别是罚款金额屡破新高，责任形式也有所创新。2021年，由于阿里巴巴集团实施"二选一"行为构成滥用市场支配地位行为，市场监管总局依法作出行政处罚决定，责令阿里巴巴集团停止违法行为，并处以其2019年中国境内销售额4557.12亿元4%的罚款，计182.28亿元。此外，市场监管总局要求阿里巴巴集团围绕严格落实平台企业主体责任、加强内控合规管理、维护公平竞争、保护平台内商家和消费者合法权益等方面进行全面整改，并连续三年向市场监管总局提交自查合规报告。

第二，代码责任或算法责任。在算法决策和代码规制过程中，法律责任也随之变化，尤其是责任主体和责任形式。前面已经提到，算法和代码会带来数字安全方面的风险。例如，算法决策可能侵蚀消费者的信息安全。某在线约会交友软件通过收集用户在平台上右滑"喜欢"、左滑"跳过"、亲密表述、上传图片等行为数据，判断用户对于线上交友的"焦虑""紧迫"程度，进而以算法预测其支付意愿的高低，从而实现精准的差异化定价。在这种情况下，如果将视角放在承载算法和代码的平台上，法律责任常表现为罚款、没收违法所得、停止侵害行为等事后的惩罚、赔偿或恢复性的措施。而如果回归到代码规制的本质，技术管理应该是事前的，旨在预测和防止不当行为，而非事后救济。换句话说，法律责任主体和责任形式切换到了"代码"本身。这其实就是所谓的"代码即法律"。事实上，这正是欧盟《通用数据保护条例》中隐私增强技术（privacy enhancing technologies）和隐私设计（privacy by design）所秉持的基本思路，即让代码本身符合法律的基本价值和规则，否则应承担相应的法律责任。为这种设想提供支持的，还有人工智能与法律（Artificial Intelligence and Law）研究分支中的人工智能法律推理，研究者开发的计算模型将执行法律推理，提取与论证相关的信息，直接与法律文本关联，产生支持和反对文本输入的问题的特定结果,并用法律职业人士识别和进行自我评价的理由解释其所预测的结果。① 此外,随着人工智能快速发展,代码的载体 AI 甚至可能成为承担法律责任的主体。有学者认为,当强人工智能时代到来,可能我们就能给机器人施以删除数据、修改程序,限制自由、剥夺自由、销毁、罚金、没收违法所得,剥夺政治权或相关资格等一系列新型法律责任,与传统法律责任相区别。②

第三,数字主权中的国家责任。数字主权既包括对一国境内有形网络基础设施的主权,也包括对无形网络信息和数据的主权。前者为载体,后者为灵魂,两者密不可分、缺一不可。任何国家不能利用网络设施从事或指挥、控制私人从事违反本国义务的行为(如干涉他国内政、网络攻击和网络监控),这基本已在国际法中形成共识。各国应对本国境内私人使用网络基础设施对他国从事违法行为加以监控,但这种监控义务应该与其能力相当,而不应该被过度强化。③ 2007 年,美国国家安全局秘密实施代号名为"棱镜"的绝密电子监听计划,联合电信巨头威瑞森公司及微软、Google、苹果、雅虎等九大互联网巨头公司,对即时通信和既存资料进行深度监听,涉及所有在美国以外地区使用参与计划公司服务的客户,以及所有与国外人士通信的美国公民,涉及的人数超过 54 亿。2013 年,前美国中央情报局技术分析员爱德华·斯诺登向媒体曝光这个已"地下"进行了 7 年的计划,在全球引起轩然大波。当国家面对这类网络监控或网络攻击行为,如这一行为属于国际不法行为且可以被归责于一国时,则该行为国就应该承担由此而产生的国家责任,主要包括停止和不重复不法行为、恢复原状、补偿、抵账等责任内容。同时,受害国也有权采取反措施,迫使不法行为国及时纠正其不法行为,作为对加害国先前国际不法行为的有力回应。对于网络攻击受害国而言,这种国家责任具有迫切的现实意义,既能对攻击国形成震慑,促使其立即终止网络攻击行为,及时维护受害国的国家安全和利益,又能在国际社会展现本国坚决维护国家数字主权、尊重并践行国际法的正面形象。

(三)在安全保障与数字发展之间寻找平衡:法律责任的重与轻

在数字时代,法律责任的重轻变化直接体现了对数字治理中不同价值的

---

① 参见〔美〕凯文·D.阿什利:《人工智能与法律解析——数字时代法律实践的新工具》,邱昭继译,商务印书馆 2020 年版,第 4 页。
② 参见刘宪权:《人工智能时代的刑法观》,上海人民出版社 2019 年版,第 68 页。
③ 参见黄志雄:《论网络攻击在国际法上的归因》,载《环球法律评论》2014 年第 5 期。

左右衡量。若数字主体承担更严格的法律责任,数字风险便较为容易得到控制,数字安全必然将更容易受到保障;但若法律责任过重,也必将是一种对数字产业的致命打击,不利于数字产业发展。这种关于安全保障与数字发展之间的权衡,发生在数字法治框架的每一处细节之中。其中,每一种数字安全法律的设置几乎都体现了这种对价值平衡的追求。例如,关于网络服务提供者的侵权责任认定,最著名的莫过于源于美国《数字千年版权法案》(Digital Millennium Copyright Act)的"避风港规则"。这一规则意在平衡网络服务商、版权人与网络用户之间的利益关系。对于网络服务提供者使用信息定位工具,包括目录、索引、超文本链接、在线存储网站,当其链接、存储的相关内容涉嫌侵权,如果其能够证明自己并无恶意,并且及时删除侵权链接或者内容,则其不承担赔偿责任,故该规则又称为"通知+删除"规则。但是,随着平台侵权事件铺天盖地出现,避风港规则不再能满足数字安全的需求,"红旗规则"出现,即如果网站或者平台上的侵权内容是显而易见的,就像红旗飘扬一样,但网络服务提供者假装看不见而没有采取合理措施,则也应当承担侵权责任。"红旗规则"在某种程度上来说是对"避风港规则"的补充和限制。此外,当侵权行为发生在关系到消费者生命健康的商品或服务中时,红旗规则似乎都难以满足数字安全的紧张需求。因此,除了避风港规则和红旗规则,又出现了一类特殊的侵权责任——瞭望塔规则,即要求电商平台承担先行赔付、资质审核和安全保障义务,事实上具有最高程度的注意义务,与避风港规则和红旗规则具有质的区别。

  类似的权衡还发生在人工智能领域。人工智能正在以前所未有的深度、广度和速度,进入我们的生产和生活,其间巨大的风险激发了人们最高的警惕之心。人工智能还不成熟,还存在着固有的缺陷,存在着被滥用的可能,需要对它进行治理,但这不能成为阻碍它发展的理由——"对于人工智能,不发展就是最大的不安全"。如何权衡安全保障和产业发展,出现了包含责任在内的大量争论。例如,在讨论人工智能是否具有责任能力时,出现了截然不同的两类观点。相信者认为,人工智能不受外部控制,自主决策、自主行动,具备自己的预见性和独立的认知。失控的风险属于技术创新带来的风险。如果将人工智能视为客体,而由设计者、生产者承担法律责任,则会损害技术创新的积极性。因此,赋予人工智能责任主体地位,能使法律风险由整个社会分担,促进产业发展。反对者则认为,不赋予人工智能责任主体地位,反而有利于促进人工智能发展。因为如果赋予人工智能责任主体地位,确实可以为相关企业解绑,但会造成人工智能的研发如脱缰之马,后果难以预估。在事物的孕育阶段,对其孕育者予以规制,往往是规范风险和保障安全的第一抓手。当然,从学界主流来看,现阶段并不适合赋予人工智能以责任能力,当下人工智能的技术发展仍须以安全保障为前提,人工智能背后的"人"的法律责任不能被轻易解除。

可以肯定的是,一方面,当今社会肯定不会容忍朝着机器主宰世界、技术危害人类的方向发展,不会将与此相关联的严重风险简单地当作社会进步的代价而接受;另一方面,给他人生命健康、财产利益造成难以预料的风险而无须担负数字安全法律责任的领域又不能过于宽泛。关键在于合理评估智能机器的利用价值以及可能带来的危险,寻求合理平衡。① 总的来说,在数字时代,我们不断在安全保障与数字发展之间寻找平衡,数字安全法律责任因而一变再变,跟随技术善用和技术滥用的左右而进退。这种责任的轻重区别,已经在现有数字安全法律责任体系中得到体现,还会继续发生在未来的变化之中。在2024年9月出台的《网络数据安全管理条例》中,规定了网络数据处理者存在主动消除或者减轻违法行为危害后果、违法行为轻微并及时改正且没有造成危害后果或者初次违法且危害后果轻微并及时改正等情形的,可以依照《行政处罚法》的规定从轻、减轻或者不予行政处罚。通过适当设置责任的轻与重,数字安全法律责任得以发挥权益保障与秩序维护的双重功能。

第二节 数字安全法律责任的保障功能

一、数字安全法律责任对个人数字权益的保障功能

(一)个人信息安全与数字安全法律责任

进入数字社会,作为数字公民存在,个人的信息安全是人们尤为重要的人身性权益,延伸出大量与个人信息相关的权益,例如个人信息自决权、信息保密权、信息查询权、信息更正权、信息删除权、撤回同意权、自动化决策透明度与拒绝权、投诉举报权等,以确保人们可以自主决定信息如何被使用,保障

---

① 参见〔瑞士〕萨比娜·格雷斯、〔德〕托马斯·魏根特:《智能代理与刑法》,赵阳译,载陈泽宪主编:《刑事法前沿》(第十卷),社会科学文献出版社2017年版,第231—235页。

个人信息使用、存储、转移安全。《网络数据安全管理条例》就以专章形式强调了个人信息保护方面的内容。

之所以首先要强调个人的信息安全，是因为新技术让信息安全所面临的威胁发生了质的变化。例如，搜索引擎技术打破了物理上的时间遗忘机制，信息在时间的维度上被无限延伸。互联网上的公开信息永远不会被遗忘，搜索引擎辅助人们获取信息，唤起记忆，让"翻旧账"成为可能，已公开的个人信息也处于高度风险状态之中。数字技术已经让社会丧失遗忘的能力，取而代之的则是完善的记忆。[①] 德国联邦宪法法院 2020 年判决的北德电视台案中，Celle 州高等法院指出，批判性报道传播的正当性随时间的流逝渐趋减弱，而其损害效果可能随着时间的流逝显著增强，尤其是多年后通过姓名检索某人，其负面内容依然在展示列表前列被优先传播。2010 年，西班牙律师冈萨雷斯向西班牙数据保护局投诉，他声称在谷歌上搜索其姓名时会返回 1998 年《先锋报》两则刊载新闻的链接，其内容是因其未能清偿债务而被强制拍卖其财产的公告。冈萨雷斯请求数据保护局责令谷歌删除有关他个人数据的索引链接。数据保护局支持了针对谷歌的投诉，要求谷歌删除相关链接。由此案延伸出的权利——公民的"被遗忘权"（right to be forgotten），即作为"数据控制者"的搜索引擎提供商，负有删除"不充分的、无关的、不再相关的、超出数据处理目的的"个人数据的法定义务，这正是一种对个人信息的不安全状态的应对方式。

如果一个人的犯错和他所受的惩罚之间应该有一个正当的比例关系，那么在信息时代，惩罚实践可能已完全打破这种比例——犯错信息不被遗忘给犯错人带来的惩罚的量被千百倍地放大了。回归比例性的方式即打断惩罚的无限延续性。"针对哪些信息流是可以被允许的或被阻止的，哪些是需要鼓励或者打压的，都需要在制度、激励、法律、技术和规范方面进行清晰的设计和规划。"[②] 因此，在此种情形下，搜索引擎提供商的责任在于，应限制通过查询目标内容跳转信息页的网站链接，而非直接从网络上删除该内容。如果该搜索引擎提供商未能按照规定处理个人信息，则需要面临责令改正、给予

---

① 参见〔奥〕维克托·迈尔-舍恩伯格：《删除：大数据取舍之道》，袁杰译，浙江人民出版社 2013 年版，第 9 页。

② 〔美〕埃里克·布莱恩约弗森、安德鲁·麦卡菲：《第二次机器革命：数字化技术将如何改变我们的经济与社会》，蒋永军译，中信出版社 2014 年版，第 342 页。

警告、没收违法所得、暂停服务或终止服务、吊销营业执照、单位及个人的罚款等行政法律责任,甚至可能面临更为严厉的刑事责任。

(二)个人财产安全与数字安全法律责任

在技术给人类生活带来便利的同时,利用技术犯罪也如影随形,侵害着人们的财产安全。早在计算机刚出现的时候,以计算机为手段进行犯罪率先出现,随后还出现了以计算机为对象、空间的犯罪。同样,人工智能技术广泛应用以来,以人身和财产为主要侵害对象的犯罪行为也如雨后春笋。2023年6月,福州市某科技公司法人代表郭先生,在与好友视频聊天时,被对方以借用账户转账为由,10分钟内骗走了430万元。事后才发现,视频中的好友其实是骗子利用AI换脸和拟声技术伪造的。该诈骗利用AI人工智能,通过"换脸"和"拟声"技术模仿受害人的朋友或亲戚的声音和外貌,以此骗取受害者的信任,进行网络诈骗。其中,类似这种数额较大的诈骗行为,首先会构成下游的诈骗罪,关涉有期徒刑、拘役或者管制,罚金或者没收财产。再深入分析人工智能换脸诈骗行为,其上游的手段行为还可能构成非法利用信息网络罪,面临较前者稍轻的有期徒刑或拘役,以及罚金。

除了有形财产,知识产权等无形财产的安全性也经受着巨大的威胁。例如,人工智能的进化和发展取决于三个要素:大数据、算法和算力。[①] 其中,海量的数据是AI创作的基本词库。因此,现有AI常大规模抓取网络数据,甚至包括享有著作权的作品。2023年7月,OpenAI和微软因此被几位美国作家联合发起集体诉讼,指控被告直接侵犯版权、间接侵犯版权、违反DMCA、违反加州不正当竞争法和普通法不正当竞争法,寻求禁令救济以及损害赔偿。本质上来说,OpenAI、微软、Google、Meta、Stability等企业正在面临的集体诉讼是各方对网络公开数据资源控制权与收益权的博弈,而且这种竞争是跨行业跨地域跨国界的。由于涉及的涉嫌被侵权作品量动辄高达"百万""数百万",数据抓取方的法律责任认定并非一件容易的事情。总的来说,虽然当下未必有统一的应对思路,但生成式AI和大模型发展引起的诸多社会事件正在推动立法与监管,法律责任的确定必然会给权利人以安全保障。同时,即使没有立法与行政监管,行业规则本身也会对资源争夺、竞争规则产生影响。例如,企业为保护资产的商业价值所采取的保护措施,从版权登记、标签

---

① 参见[英]卡鲁姆·蔡斯:《人工智能革命:超级智能时代的人类命运》,张尧然译,机械工业出版社2017年版,第10页。

和URL管理、加水印,到强大的网络监测和维权协助,也可以一定程度上为数字产业的安全性提供保障。

(三)个人人身安全与数字安全法律责任

在数字时代,人们面对的最大危险还在于新技术本身,以及新技术催生的新产业给人们带来的关于身体健康、生命安全方面的威胁。2018年8月,浙江乐清女孩赵某乘坐滴滴顺风车前往永嘉途中,惨遭司机钟元奸杀。2019年2月,法院一审以故意杀人罪、强奸罪、抢劫罪,数罪并罚,判决钟元死刑,剥夺政治权利终身,并处罚金。2019年8月,钟元被执行死刑。作为互联网时代的一项新生事物,滴滴等网约车平台给消费者的出行带来了巨大便利。然而,和传统出租车业务相比,网约车在车辆准入、平台监管、安全防范、司机素质、应急处理等方面均有一定的隐患,这些因素与消费者的出行安全息息相关。确定责任的目的是稳定由违法行为所扰乱的对秩序的信赖,如果认为为消除扰乱必须避免实施的行为是行为人分内的事,且确信规范是正确的话,那么行为人实施该行为就应当被认为具有责任。①滴滴顺风车司机杀人一案以死刑画上句号,但数字安全保障远未结束,这是司法作为社会公平正义最后一道防线对大众安全的保障,也是给各大网络平台敲响的警钟。

数字时代,个人的人身安全不仅受到利用技术的人的威胁,甚至还遭受来自不成熟技术的本源威胁。2016年年初,谷歌在无人驾驶汽车的测试阶段遭遇了首个全球性事故,其根源指向了系统自身的失误。同年,特斯拉Model S车型相继发生两起致命车祸,这两起事件均涉及车主在使用车辆的自动驾驶功能时遭遇不幸。2018年,全球范围内对自动驾驶技术的安全性关注达到新高点,特别是中国"特斯拉自动驾驶首例致死案"中,特斯拉官方确认了车辆在事故发生时处于自动驾驶模式。随即不久,美国亚利桑那州发生了一起由优步自动驾驶汽车引起的悲剧,该车辆因未能及时识别穿越马路的行人,导致一名女性行人丧生,这是自动驾驶技术首次直接关联到行人死亡事故。这一系列事件凸显了自动驾驶技术面临的核心挑战:新技术所固有的安全漏洞如何增加交通事故的风险,以及在此背景下,如何合理界定并分配相关法律责任。法律责任的分配方式和轻重直接影响法律惩戒和引导效果,目前依然存在巨大争议。对于人工智能产品的制造与研发阶段可能引发的风险与

---

① 参见〔德〕格吕恩特·雅科布斯:《行为 责任 刑法——机能性描述》,冯军译,中国政法大学出版社1997年版,第34页。

损害,学界倾向于以产品责任来救济人工智能产品造成的损害。而对于人工智能技术在具体部署与应用过程中可能带来的风险,则不宜将开发者作为第一责任人,应分情况为提供者和使用者设定这一环节中的责任归属。对于高风险人工智能,无过错责任有助于充分救济受害人;对于有限风险和低风险人工智能,则可以适当适用过错推定和过错责任,从而实现惩戒和宽容之间的动态平衡。

此外,一些传统的财产风险甚至可能演变成人身安全方面的危险,个人的人身安全有了技术意义上的新内涵。有关报道显示,美国麻省理工学院教授 Hugh M. Herr 开发了一种新的神经假肢接口,通过柔性电极捕获肌电信号,帮助截肢者自主控制仿生假肢。在这项新技术的帮助下,失去小腿的患者完全可以通过大脑很自然甚至无意识地控制机械假肢,不仅可以像正常人一样快速行走,而且在上下坡、爬楼梯和跨越障碍等方面,几乎也与常人无异。如果损毁了与人体配合良好的假肢,可能会给使用者带来巨大的肉体和精神上的痛苦。背后的法律争议在于,如果这种假肢被人故意损坏,这一行为属于毁坏财物还是故意伤害?如果将假肢视为人的财物,则行为人可能需要承担赔偿、恢复原状等民事责任,也可能因情节严重被处以有期徒刑、拘役或者罚金。如果将被倾注人类感情的假肢视为人身体的一部分,这一行为甚至可以被认为属于故意伤害罪,那么除了前述法律责任,以特别残忍手段致人重伤或造成严重残疾的,或由于破坏假肢致人死亡的,行为人甚至可能面临死刑。

二、数字安全法律责任对企业数字权益的保障功能

数据成为未来商业竞争的核心动力,有人指出,数据已经取代石油成为当今世界最有价值的资源。① 尤其是对于互联网企业,数据属于重要的生产资源,在算法模型优化、用户拓展、产品或服务升级与营销推广等方面,数据都起着不可替代的作用,在人工智能领域,数据更是人工智能深度学习的源泉。数据资源是数字时代企业的重点争夺对象,企业掌握数据资产,创造海量财富价值,却也因这种数据的高价值性承受巨大风险。

"删库跑路",以前可能还只是业内的一个都市传说,但近年来,却越来越

---

① See The World's Most Valuable Resource is No Longer Oil, but Data, *The Economist*, May 6, 2017.

频繁出现在我们的生活之中。2020年2月,微盟的SaaS业务服务数据遭研发中心运维部核心运维人员破坏,造成微盟的SaaS业务服务宕机,微盟旗下300万商户的线上业务全部停止,商铺后台的所有数据被清零。这次删库事件也给当时刚上市的微盟带来了巨大的经济损失,其市值一度缩水约24亿元港币(约合21.5亿元人民币),堪称史上最昂贵的"删库跑路"事件。最后,涉事程序员被判处6年有期徒刑。与这一事件相关的,是1997年《刑法》的新增罪名"破坏计算机信息系统罪"。对于数字时代的数字经营者而言,计算机可谓是最为重要的资产。相对于传统行业的重要固定资产,破坏计算机信息系统行为的成本显著降低、隐匿性显著增加,计算机这一核心资产被无限地暴露在高风险之中。为了应对这种高风险,《刑法》及《最高人民法院、最高人民检察院关于办理危害计算机信息系统安全刑事案件应用法律若干问题的解释》(法释〔2011〕19号)设定了较为严格的刑事责任。2018年,最高人民法院审判委员会发布了我国第一起"流量劫持"案:付宣豪、黄子超破坏计算机信息系统案,当事人由于对计算机系统中存储的数据进行修改,后果特别严重,被处以五年以上有期徒刑。

除了最极端的"删库"行为,更常见的是窃取数据或者泄露数据行为。一般情况下,行为人必须因此承担民事责任。例如,大连某数据公司的员工崔某将公司具有保密要求的爬虫平台数据信息,擅自通过公司邮件系统发送至个人邮箱,致使该技术秘密脱离公司控制,造成严重的信息泄露。法院考虑到该案涉及技术秘密的性质、商业价值、研究成本,以及侵权人的侵权情节等因素,禁止崔某披露、使用或允许他人使用涉案技术秘密,并赔偿经济损失。如果窃取数据的行为损害了市场竞争秩序,行为人还需停止违法行为,承担罚款或没收违法所得等行政责任。此外,如果行为性质过于严重,例如涉嫌非法获得计算机信息系统数据,还会面临严厉的刑事法律责任。2019年,张某和陈某受公司指派在医院从事"医疗排队叫号系统"软件维护,擅自数次侵入上述医院计算机信息系统数据库,非法下载医院统方数据,内容包含药品ID、药品名称、规格、单位、生产厂家、医生排序、医生工号、医生姓名、数量、金额、占比等,从中非法获利。法院判决,张某和陈某违反国家关于计算机信息和医药信息的管理规定,非法获得医疗单位计算机信息系统中存储的数据,构成非法获取计算机信息系统数据罪,情节严重,判处二人有期徒刑,并处罚金。此外,陈某被禁止在刑罚执行完毕后三年内从事计算机信息系统维护管理相关工作。可以看到,通过构建全方位的数字安全法律责任体系,涵盖民事责任、行政责任与刑事责任的立体防护网,企业的数据权益安全得到了坚实而高效的保障。

三、数字安全法律责任对国家数字主权的保障功能

2015 年,我国《国家安全法》对原有相对狭隘的国家安全内涵和较为单一的国家安全职能进行全面扩展和改良,将"总体国家安全观"法律化和制度化,构建了充分"基于风险"和有效回应安全诉求的国家安全保障框架。

在滴滴赴美上市事件中,我国启动了一项非常重要的制度:国家安全审查。国家安全审查旨在识别、控制、防范和应对特定活动中的国家安全风险,有效维护国家安全。2024 年 3 月,国家互联网信息办公室公布《促进和规范数据跨境流动规定》,明确了应当申报数据出境安全评估的两类数据出境活动条件,一是关键信息基础设施运营者向境外提供个人信息或者重要数据;二是关键信息基础设施运营者以外的数据处理者向境外提供重要数据,或者自当年 1 月 1 日起累计向境外提供 100 万人以上个人信息(不含敏感个人信息)或者 1 万人以上敏感个人信息。按照 2024 年 9 月出台的《网络数据安全管理条例》的规定,当网络数据处理者违反了有关国家安全审查的相关规定时,应由网信、电信、公安、国家安全等主管部门依据各自职责责令改正,给予警告,可以并处 10 万元以上 100 万元以下罚款,对直接负责的主管人员和其他直接责任人员可以处 1 万元以上 10 万元以下罚款;拒不改正或者情节严重的,处 100 万元以上 1000 万元以下罚款,并可以责令暂停相关业务、停业整顿、吊销相关业务许可证或者吊销营业执照,对直接负责的主管人员和其他直接责任人员处 10 万元以上 100 万元以下罚款。此时的法律责任是相对较为严格的,"责令暂停相关业务、停业整顿、吊销相关业务许可证或者吊销营业执照"属于新修订的《行政处罚法》中较重的行政责任。同时,当具有重大的国家安全风险隐患,应当属于《数据安全法》第 45 条第 2 款规定的"危害国家主权、安全和发展利益"的情形,此时"构成犯罪的,应依法追究刑事责任",遵循"行政责任不得替代刑事责任"的处罚原则,产生了行政责任和刑事责任并行适用的可能。滴滴事件给我们敲响了警钟,数据处理者必须引起警醒,审慎对待数据安全审查活动,强化自身的国家安全注意义务,切实履行数据安全审查规定的各项要求。

2022年7月,国家网信办依据《网络安全法》《数据安全法》《个人信息保护法》《行政处罚法》等法律法规,针对滴滴公司作出网络安全审查相关行政处罚的决定,对滴滴公司处人民币80.26亿元罚款,对滴滴公司董事长兼CEO、总裁各处人民币100万元罚款。在本案中,国家网信办认定滴滴公司存在侵犯公民个人信息权益和危害国家安全等多方面的违法事实,重拳出击,以维护国家安全和公民信息安全。

另一种迥异的对国家数字安全的威胁,则需要由网络攻击国承担国家责任。根据中国国家互联网应急中心发布的统计信息,2020年,大约5.2万个位于海外的恶意软件控制服务器对位于中国境内的约531万台计算机主机实施了非法控制。在针对中国境内主机进行控制的势力分布中,美国及其他北约成员国占据了显著位置。360公司发布的独立研究报告进一步揭示了网络安全的严峻形势。该报告显示,一个隶属于美国中央情报局(CIA)的网络攻击组织,代号APT-C-39,长期针对中国的多个核心领域,包括航空航天业、科研单位、石油产业、大型互联网服务供应商以及政府机构,进行了长达十一年的高级持续性威胁(APT)攻击。这些攻击行为不仅深刻影响了中国的国家安全体系,还对经济稳定、关键基础设施的防护屏障以及广大民众的个人隐私和数据安全构成了严重威胁。

判断是否构成国家责任,需要判断某一行为是否属于一国的国际不法行为。国际条约、国际习惯、国际法的一般法律原则,以及国家单方面行为所产生的国际义务,都可以成为对一个国家有约束力的国际义务,进而属于引起国家责任的不法行为。[①] 因此,网络空间中的国家网络情报窃取和国家网络攻击破坏都需要甄别国际义务以衡量行为的不法性。此外,只有当国际不法行为被认定是属于国家的行为时,才能追究国家责任。《福布斯》杂志曾发布了最重要的12款新式武器排行榜,其中震网(Stuxnet)病毒位列第一。在感染该病毒之后,伊朗近1/5的离心机被毁坏,20多万台计算机被感染,1000台机器物理退化,上千台离心机直接发生损毁或爆炸,放射性元素铀的扩散和污染造成了严重的环境灾难。俄罗斯网络安全公司卡巴斯基实验室指出,如此复杂的攻击只能在"国家支持下"才可进行,暗指发起"震网"攻击的幕后主使是伊朗的宿敌美国。因此,国家责任确定的关键还在于网络攻击追踪溯源

---

① 参见朱文奇主编:《国际法学原理与案例教程》,中国人民大学出版社2006年版,第159页。

技术的精确性问题。如何有效区分网络攻击行为的主体身份,特别是辨识出哪些攻击是由国家行为体发起,哪些源自非国家行为体,成为一个复杂的法律与技术交织的议题。在全球网络治理的语境下,我们应该推动国际社会在网络空间治理上的合作与共识,建立起更加清晰、公正且可操作的国家责任认定标准,以平衡网络安全、国家主权与个人权益之间的关系,共同构建一个更加安全、有序、可信赖的国际网络安全环境。

第三节 数字安全法律责任的秩序功能

一、数字安全法律责任对数字市场竞争的秩序功能

马克思很早就发现,竞争是市场经济的灵魂。他在《资本论》关于资本与竞争的论述中指出,社会分工"使独立的商品生产者互相对立,他们不承认任何别的权威,只承认竞争的权威"①。之后哈耶克也发现,竞争能够产生一种非人力的强制,迫使无数个人必须以一种任何刻意的指令或命令都不可能促成的方式去调整他们的生活方式。②公平和自由的竞争能够促进经济效率和社会公正,因为"成败取决于市场的力量,而不是特殊的待遇或权力的滥用"。市场具有的统一性和开放性使得各类生产经营者能够自由和充分竞争,资源在市场运转的过程中遵循最天然的供需规律,促进社会各类关系和谐共存、协调发展。我国改革开放四十多年来,市场在资源配置中的作用从"补充"到"基础"再到"决定",各类商品市场和要素市场之间相互关联、有机结合,打破地区、行业、主体之间割裂封闭的状态,形成统一的大市场体系。这既是对市场认识的转变,也是对市场决定论的最好检验。

(一)数字垄断行为与数字安全法律责任

科技发展无疑是法律变革和人类进步的重要动力,但它也会"废除所有能够带来稳定和秩序的传统故事和符号,而重新讲述一个关于技能、技术知识和消费美梦的故事"③。在数字时代,公平自由的市场秩序遭受巨大冲击,

---

① 马克思:《资本论》第1卷,人民出版社2004年版,第412页。
② 参见〔英〕冯·哈耶克:《作为一种发现过程的竞争——哈耶克经济学、历史学论文集》,邓正来译,首都经济贸易大学出版社2014年版,第49页。
③ 〔美〕尼尔·波斯曼:《技术垄断:文化向技术投降》,何道宽译,中信出版社2019年版,第168页。

经营者们遭受市场垄断的风险,经营安全受到威胁。例如,在美团"二选一"案件中,美团平台滥用在中国境内网络餐饮外卖平台服务市场的支配地位,以实施差别费率、拖延商家上线等方式,促使平台内商家与其签订独家合作协议,并通过收取独家合作保证金和数据、算法等技术手段,采取多种惩罚性措施,保障"二选一"行为实施,排除、限制了相关市场的竞争,扰乱竞争秩序。2021年,市场监管总局依法对美团在中国境内网络餐饮外卖平台服务市场实施"二选一"垄断行为作出行政处罚,计 34.42 亿元。从全球范围来看,数字平台垄断无一例外受到各国的严厉制裁,平台承担了较为严格的法律责任。例如,2024 年 6 月,欧盟初步认定,微软将视频应用 Teams 与企业应用程序 Office 捆绑在一起,涉嫌违反欧盟竞争法。而根据欧盟竞争法的相关规定,对滥用市场支配地位行为的罚款最高可达公司全球收入的 10%。按照微软上个财年的全球收入总额,其可能最高面临 211 亿美元的巨额罚款。

除了通过前端采集方式限制下游经营者交易、直接收集数据资源之外,垄断者还常通过企业并购这种间接收集方式取得数据资产、排除市场竞争,谷歌、微软、Facebook 等行业巨头都曾发起过类似的并购交易。OECD 的统计报告显示,在数据密集型产业中,以获取数据资产为目的发起的并购交易数量不断激增,从 2008 年的 55 宗并购交易增至 2012 年的近 164 宗并购交易,仅仅是 2013 年上半年就已发生 127 宗并购交易。自 2015 年以来,我国互联网行业就进入一场产业并购与整合的狂欢浪潮,期间发生了多起涉及数据资产交易的并购案件,包括滴滴和优步合并、美团和大众点评合并、赶集网和 58 同城合并等。

较为特殊的是,除了巨额罚款,结构性措施也是数字垄断治理中可能出现的法律责任形式。2020 年,在美国联邦贸易委员会(FTC)对 Facebook 的一项诉讼中,Facebook 因在 2012 年和 2014 年分别收购 Instagram 和 WhatsApp 的行为而成为重点调查对象。FTC 向联邦法院寻求一项永久禁令:要求 Facebook 剥离包括 Instagram 和 WhatsApp 在内的资产,禁止 Facebook 向软件开发者施加反竞争条件,并且 Facebook 未来的收并购案都必须寻求事先通知和批准。相比之下,结构性拆分比罚款更严格,从法律责任的形态来看具有惩戒意味,是一种直接以物理"剥离"的方式恢复市场的有效竞争秩序。当然,也有观点认为,禁止实施反竞争行为的行为性禁令是一种鼓励市场竞争性的选择,但仍要保证消费者和其他用户能从中获益。相比之下,拆分等结构性救济措施通常会消除或严重限制消费者的选择。①

（二）数字不正当竞争行为与数字安全法律责任

除了垄断行为，不正当竞争行为也可能破坏公平自由的竞争秩序，经营安全难以得到保障。数字不正当竞争行为类型繁多，包括传统所列的恶意混淆、虚假宣传、商业诋毁、侵犯商业秘密等，以及新型的互联网不正当竞争。早在互联网刚兴起时，互联网不正当竞争行为就泛滥于市场之中。金山公司诉奇虎360公司诱导用户卸载软件不正当竞争案，又被称为"3Q大战"。奇虎360公司通过弹窗方式，诱导用户卸载金山毒霸软件，被法院判定为恶意不兼容，属于不正当竞争行为。2013年以来，国内数据抓取不正当竞争纠纷的年数量从五十余件增至百余件，如"今日头条诉新浪微博不正当竞争案""百度公司诉奇虎360不正当竞争案""新浪微博诉今日头条不正当竞争案""抖音诉小葫芦不正当竞争案"等，域外类似案件如Hiq vs. LinkedIn案等。在这些案件中，由于不正当竞争的行为严重扰乱了市场竞争秩序，给经营者的正常经营活动带来了极大的安全隐患，当事方常需要支付额度不等的罚款，由监管检查部门责令停止违法行为。而在某些案件中，由于不正当竞争行为性质过于恶劣，甚至需要承担相应的刑事责任。例如，在典型的流量挟持第一案中，因奇虎360不当地抓取了百度公司网页中不被允许的内容，需要赔偿原告公司经济损失和合理支出费用。而在付某、黄某恶意修改DNS案中，由于被告人使用恶意代码修改互联网用户路由器的DNS设置，进而使用户登录"2345.com"等导航网站时跳转至其设置的"5w.com"导航网站，最终被认定为破坏计算机信息系统罪，被判处有期徒刑。

（三）与消费者相关的数字安全法律责任

数字技术作为经营者的新型工具，不仅演化为竞争者们争夺市场的武器，也悄无声息地诱导着消费者的行为偏好。随着图像识别、语音识别、人脸识别乃至体态识别等技术的奇点式发展，以感知型人工智能为技术基底的情感计算开始逐渐渗透到数字时代人们社会生活的方方面面，数字化营销方式成为企业的经营重点。实践中，诸如阿里巴巴、亚马逊等大型互联网企业纷纷将情感计算嵌入到商业平台，促进平台商业目标的实现。甚至当下颇为火热的，以情感理解与情感认知为重要技术支撑，并能进行情感分析和情感反

---

① See Herbert J. Hovenkamp, Structural Antitrust Relief Against Digital Platforms, *Journal of Law & Innovation*, Vol. 7, No. 1, 2024.

馈的 ChatGPT 等大型生成式人工智能,也正被紧锣密鼓地安排部署到互联网平台,展开商业应用。通过定制化消费服务与广告营销,人工智能情感计算一定程度上提升了服务质量与服务效率。但是,情感计算也会利用消费者的偏好或弱点,诱使用户作出无意识的、可能有害的决定。英国竞争与市场管理局(CMA)在《算法:如何减少竞争并危害消费者》专项报告中,将这种行为界定为"暗黑模式"(Dark Patterns)技术架构。

情感计算的侵入性、使能性、隐蔽性、化约性与消费者的隐私权、个人信息权、公平交易权、知情权、受尊重权存在着内生性冲突。相对而言,我国《消费者权益保护法》所规定的法律责任较轻,难以应对数字时代市场中的高风险和复杂性。而我国《个人信息保护法》规定,对于利用个人信息的自动化决策行为,应当保证决策的透明度和结果公平、公正,不得对个人在交易价格等交易条件上实行不合理的差别待遇,应当同时提供不针对其个人特征的选项,或者向个人提供便捷的拒绝方式。当自动化决策对个人权益有重大影响时,个人有权要求个人信息处理者予以说明,并有权拒绝个人信息处理者仅通过自动化决策的方式作出决定。否则,经营者将面临高额的罚款,以及责令暂停相关业务或者停业整顿、通报有关主管部门吊销相关业务许可或者吊销营业执照等处罚。直接负责的主管人员和其他直接责任人员也可能面临罚款,监管部门可以一并决定禁止其在一定期限内担任相关企业的董事、监事、高级管理人员和个人信息保护负责人。显然,《个人信息保护法》中的法律责任要更为严厉,以更好促进和维护数字市场的有效市场秩序。

二、数字安全法律责任对数字社会治理的秩序功能

社会治理是政府、社会组织、企事业单位、社区以及个人等多种主体,通过平等的合作、对话、协商、沟通等方式,依法对社会事务、社会组织和社会生活进行引导和规范,旨在最终实现公共利益最大化的过程。政府改革的浪潮催生了"多中心治理理论"的诞生,奥斯特洛姆夫妇将这一理论上升到系统的高度,认为强化层级节制、权责界限清晰、同一件事情必须交由一个部门完成的、集权的政府中心统治未必能够保证或提高效率。[①] 事实上,单一的单极化权力中心是不存在的,权力分散、多极管理的多元治理中心是社会秩序维护

---

① See Pual D. Aligica, Vlad Tarko, Polycentricity: from Polanyi to Ostrom, and Beyond, *Governance*, Vol. 25, No. 2, 2012.

的基本模式,且各权力中心之间是平等的、互动的。多中心系统比单一中心系统更有可能提供导致自我组织、自我纠正的制度变革的激励措施。因此,需要实现从国家"构建主义"向国家与社会"双向构建"的转向,促进共建共享的治理秩序的形成。① 社会治理尤为强调主体的多元性,治理主体不仅包括政府,还涵盖社会组织、企事业单位、社区以及个人等,各主体之间通过合作、对话、协商、沟通等互动方式,共同参与社会治理。社会治理的最终目标是实现公共利益的最大化,即通过有效的治理手段,促进社会的和谐、稳定和可持续发展。

数字时代的社会多元治理,深度依赖于数字平台的自治,以社会各部门智慧化变革为基本面向,还以算法设计为重要依托。以数据治理为例,我国《关于构建数据基础制度更好发挥数据要素作用的意见》("数据二十条")将个人数据、企业数据、公共数据进行分类分级确权,要求构建政府、企业、社会多方协同的治理模式,创新政府治理方式,明确各方主体责任和义务。在数据采集汇聚、加工处理、流通交易、共享利用等各环节,不仅要强调企业依法依规承担安全保障、秩序维护的法律责任,还要强调政府应承担有序引导和规范发展的责任,鼓励行业协会等社会力量积极参与建设数据要素市场,如果政府或其他组织滥用行政权力扰乱数据市场秩序、损害数据相关人权益,则必然需要承担相应的法律责任。此外,数据处理者在收集、存储、使用、加工、传输、提供、公开等各处理阶段都可能涉及合同的签订,违反合同约定则可能引起违约责任。典型如委托处理数据的规定,《数据安全法》第40条规定了国家机关委托他人建设、维护电子政务系统,存储、加工政务数据的受托方义务。违约责任引起的损害赔偿不仅包含物质损害赔偿,也包括精神损害赔偿。多重多元数字安全法律责任的设置,为数字社会秩序治理奠定了坚实的基础。

为了应对数字时代的社会风险,应急管理是国家安全体系的重要组成部分,也是社会治理体系的有机组成部分。我国应急管理是在各级党委领导下,由各级政府负责、全社会广泛协同参与的防范化解公共安全风险的事业。智慧应急是新发展阶段应急管理创新的重要面向。AI、云计算、物联网、大数据等新技术推动应急管理发生深刻变革。应急管理信息化、智慧安监、韧性

---

① 参见马长山:《国家"构建主义"法治的误区与出路》,载《法学评论》2016年第4期。

城市、公众安全应急服务等创新解决方案层出不穷,应急管理工作呈现信息化、智能化、智慧化多层并进、蓬勃发展。例如,国内涌现了上海"一网统管"下的城市智慧应急、广州"穗智管"和"微应急"、合肥"智慧大脑"、嘉兴"浙里安全"等代表案例。智慧社会治理以云计算系统架构部署的视频监控系统、应急数据采集、监测预警系统等为基础,就必然需要人脸、声音和文字识别等技术的支持。目前人脸识别技术已经在公安刑侦上得到深度应用,现实生活中的"天眼"无疑对维护社会安全、保护居民生活安定和谐具有重要意义。但是,在智慧治理的背后,侵犯公民隐私、滥用管理权力的风险也如影随形。

三、数字安全法律责任对数字国际贸易的秩序功能

自19世纪中叶以来,经济全球化带来了自由贸易和资本流动、移民可能性、技术进步,并在很大程度上改变了全球增长和发展模式。① 虽然全球化也带来了一些不利后果,但这种不利后果并非不可避免,而应归结于全球化管理不善。考虑到全球化的重要性以及二战之后建立的全球秩序,全球化的体系应该尽可能公平和有效。② 中国是全球化浪潮中毋庸置疑的受益者。入世以来,我国经济规模从世界第六跃升为第二,外汇储备稳居世界第一,对外贸易总额从第七跃升到第一。享受到全球化红利的中国,继续在全球化的推进上做出贡献,通过亚洲基础设施投资银行、新开发银行或金砖国家银行和"一带一路"倡议等,成功地倡导了一种新形式的多边主义。"一带一路"式的中国主导型全球化成果斐然,区域全面经济伙伴关系协定(RCEP)也标志着多边主义的胜利,将对于区域各国贸易投资增长具有积极作用。全球化的浪潮席卷全球,整体来看,包括美国在内,经济全球化也远利大于弊。各国与国际贸易的法律、规则、机构紧密相连,在一个日益一体化的世界中,国家不能退出全球贸易体系,正如一个人不能退出人类群体一样。③ 因此,虽然在网络无边界的状态下,一国数字主权容易遭受冲击,国民信息和隐私等权益容易受到侵害,但这并不意味着要直接关闭数据流动的通道,而是构建更合理、更科

---

① See Salifou K. Coulibaly, Cao Erbao, T. Metuge Mekongcho, Economic Globalization, Entrepreneurship, and Development, *Technological Forecasting and Social Change*, Vol. 127, 2018.
② 参见〔美〕约瑟夫·E.斯蒂格利茨:《全球化逆潮》,李杨、唐克、章添香等译,机械工业出版社2019年版,"前言"XIII。
③ See Harold Hongju Koh, Trump Change: Unilateralism and the "Disruption Myth" in International Trade, *The Yale Journal of International Law Online*, Vol. 44, 2019.

学、更有利于国际数字安全的治理框架。

中国在数字技术、数字平台以及电子商务等多个关键领域在全球展现出了显著的领先地位与市场优势,诸如阿里巴巴、腾讯、百度等中国顶尖的数字平台企业,已在全球范围内,特别是在跨境电商、跨境支付以及信息服务等前沿领域,确立了其不可小觑的竞争优势。当然,由于这些企业内部处理着海量且高度复杂的数据流,必须确保内部的跨境数据流动能够为个人数据主体提供保障,以推动国际贸易的可靠性和合法性。欧盟针对向未列入其充分性认定清单的国家出口数据的行为,规定了若干替代性方案,替代方案可行性的衡量标准是关注个人在面临个人数据问题时不是孤立无援的,而是通过该等方案可以协助覆盖解决。目前明示替代方案包括约束性企业规则、标准合同条款、经批准的行为准则以及认证机制等。例如,约束性企业规则,是指跨国企业在其内部制定一套能够为个人数据主体提供保障的"公司规则",应当包括受规则约束的所有成员组织结构和详细信息、普遍数据保护原则、详细的数据传输内容,以及企业集团及其成员违反"有约束力的公司规则"时应当承担的法律责任。[①] 通过政府指导、鼓励建立企业内部数据跨境安全风险治理框架,明确义务和责任,能很好避免"全能政府"能力不足的尴尬局面,以明确的规则指引、严厉的责任威慑,推动数据跨境合规自治。与之类似,我国《促进和规范数据跨境流动规定》规定,关键信息基础设施运营者以外的数据处理者应当依法与境外接收方订立个人信息出境标准合同或者通过个人信息保护认证。自然,如违反了所签订的合同内容,运营者则需要承担相应的违约责任。

根据《网络安全标准实践指南——网络数据分类分级指引》第6.3条的规定,按照数据一旦遭到篡改、破坏、泄露或者非法获取、非法利用,对个人、组织合法权益造成的危害程度,将一般数据从低到高分为1级、2级、3级、4级共四个级别。2024年9月出台的《网络数据安全管理条例》也单独强调了应该加强对重要数据的保护,并设置了罚款、责令暂停相关业务、停业整顿、吊销相关业务许可证或者吊销营业执照等法律责任。企业在处理跨国贸易中的跨境数据时,也应该遵循数据的重要级别。不同的数据处理违法行为分别与不同程度的法律责任对应,以实现对违法行为的最优威慑效果。此外,与

[①] 参见京东法律研究院:《欧盟数据宪章——〈一般数据保护条例〉GDPR评述及实务指引》,法律出版社2018年版,第106—107页。

数字安全法律责任相配合,行业自律也需要确立相应的惩戒机制,灵活配置警告、行业内通报批评、公开谴责、取消会员资格、向有关部门通报等惩戒措施,使行业自律制度有保障手段。

在全球数字贸易和数据流动日益频繁的当下,欧盟与美国等地区或国家正积极通过拓展数据规则的域外适用性,以增强其在数据跨境领域的影响力和控制力。美国通过颁布《CLOUD法案》,明确了对域外数据的执法管辖权,采用"数据控制者标准"突破了传统地域限制。欧盟则通过GDPR构建了以属地原则为基础、以效果原则为辅助的管辖机制,不仅在欧洲内部建立了高标准的数据保护框架,还通过其域外效力的扩展,力图将"欧盟标准"推向全球,成为国际数据保护的新标杆。总体而言,中国涉及国家安全和数据跨境的法律规则以维护"安全"为核心,数据规则体系呈防御性特征。但是,除了高度重视以国家主权、国家安全为核心内容的国家利益,作为数字经济繁荣和数字技术超前的科技强国,我国也需要建立起科学合理、风险可控的国际贸易法律规范体系,积极参与全球数据治理,主动参与国际数字贸易规则的制定和谈判,推动建立更加公正、合理、包容的国际数据治理规则和数字安全法律责任体系,不断提升中国在全球数字治理中的影响力和竞争力。

典型案例

2013年,美国检察官要求微软提交涉嫌毒品走私的邮件信息,而这些调查所需的邮件存储在微软位于爱尔兰首都都柏林的服务器上。微软质疑美国本土的调查令是否有权要求调阅存储在海外的数据。美国司法部则称,因为微软是美国公司,检方有权要求企业提供这些数据。2016年,微软在美国西雅图联邦地区法院起诉美国政府,诉由是美国政府在调查中越来越经常使用"秘密指令",以获得用户存储在微软云服务平台中的信息,同时要求微软不能告知用户其信息已经被调取;微软认为美国宪法赋予组织、公民知晓政府是否获取了其信息的权利,而政府现在的做法恰恰违反了宪法提供的保护。微软总裁兼首席法务官Brad Smith曾对媒体表示,美国政府不应单方面要求获取这些信息而不考虑别的国家的利益,"这可能会造成国际间的紧张和混乱"。美国执法机关和司法部则认为,微软和其他科技公司拒绝移交云数据,这损害了对犯罪行为的调查。

2016年,位于纽约的美国第二上诉法院(2nd U. S. Court of Appeals)做

出了有利于微软的判决。其后,特朗普政府就此项判决向美国最高法院提起了上诉。

问题与思考

1. 如何理解数字法治框架中数字安全法律责任的特殊性?
2. 如何实现安全保障和数字发展之间的动态平衡?
3. 如何为企业过度收集个人信息行为设置合理的法律责任?
4. 数字安全法律责任如何发挥其保障功能和秩序功能?

延伸阅读

1. 〔英〕罗杰·布朗斯沃德:《法律3.0:规则、规制和技术》,毛海栋译,北京大学出版社2023年版。
2. 〔美〕富勒:《法律的道德性》,郑戈译,商务印书馆2005年版。
3. 〔美〕约瑟夫·E.斯蒂格利茨:《全球化逆潮》,李杨、唐克、章添香等译,机械工业出版社2019年版。
4. 〔法〕米歇尔·福柯:《规训与惩罚:监狱的诞生》,刘北成、杨远婴译,生活·读书·新知三联书店2007年版。
5. 〔德〕乌尔里希·贝克:《风险社会:新的现代性之路》,张文杰、何博闻译,译林出版社2018年版。
6. 马长山主编:《数字法治概论》,法律出版社2022年版。